歷代「朱陸異同」典籍萃編

第四册

上海古籍出版社

朱子聖學考略（上）……………………［清］朱澤澐 一

朱子聖學考略

[清] 朱澤澐 撰
戴揚本 校點

目録

校點説明

朱子聖學考略十卷，清朱澤澐編撰。朱澤澐（一六六六—一七三二），字湘淘，一作湘陶，别號止泉，揚州府寶應（今江蘇寶應）人，康熙五年生，雍正十年卒。朱澤澐是清代前期有著較大影響的朱子學學者，著述甚富，然多已失傳，今存著作除朱子聖學考略十卷外，尚有止泉文集八卷、外集五卷、陽明朱子晚年定論辯、宗朱要法等。清史稿儒林傳一有傳。

朱澤澐出身於一個仕宦家庭。祖父克簡，順治朝進士，父約，康熙壬子副榜，皆曾擔任過地方官員，故朱澤澐有侍父親晉州任所的經歷。自幼「生而端愨，不好嬉戲，言動如老成人」，嘗習舉子之業，爲縣諸生。少有經世志，凡天文、算數、河渠關於政治民生者，博覽遐稽。青年時期在讀了性理大全書後，「心悦神怡，景仰聖賢，撫膺嘆慕，不能自已」。後又讀南宋著名朱子學學者程端禮的讀書分年日程，遂按照書中所列，依次讀了小學、四書、周易、尚書、三禮、春秋經傳等儒家基本典籍，以及史部類的資治通鑑、文獻通考和明代學者的文集多種，學術旨趣以朱子爲宗，對於由科舉而進身仕途的興趣不甚熱衷。雍正六年，詔公卿舉所知人才，同邑劉師恕時任直隸總督，素知其學行，欲舉於朝，事先作書其弟，輒轉探詢其意，朱澤澐當即予以謝絶。由這些記載來看，行狀中所言「持躬莊敬齊肅」，「居常清苦簡默，布衣蔬食終日，處之泊如也」，似非溢美之詞，與朱澤澐主張通過涵養未發，居敬窮理，以臻聖人境界的精神追求應該是相一致的。

南宋後經元明以降，理學形成了宗朱和宗陸兩大門户，雙方各執所見，由争執而至詬詈，誠如章學誠所言，「宋儒有朱陸，千古不可合之同異，亦千古不可無之同異也。末流無識，争相詬詈」（文史通義朱陸，中華書局一九九四年校注本，頁二六二）。彼此攻訐，固爲門户之争，争執則難免趨於極端，以致知争勝而不知所以争。及至清初，學者中徒然知宗朱，而不知在朱子之學上下工夫，不知用功於本原之地，是當時十分普遍的現象。朱澤澐對此深有感觸，曾批評世之所謂宗朱學者，論居敬不過矜於言貌而已，并非「不睹」、「不聞」，其窮理亦不過泛濫於名物，談到「無方」、「無禮」則茫然不知，甚至還以舍德性而道問學爲朱熹本義。在這種學風瀰漫之下，朱澤澐能篤學謹行，下工夫細心研讀朱子著述，尋求有所發明，在當時的宗朱子學者中自屬難能可貴。他所編撰的朱子聖學考略，引起了人們的關注，成爲清代朱子學的一部重要著作，究其原因，正在於此。

朱子聖學考略的主要内容由朱熹的論述和朱澤澐所加的按論兩個部分組成。論述部分的内容，採自文集中的書信、雜議、記序，包括語類等，并兼及四書集註、四書或問、近思録、周易本義、詩集傳、儀禮經傳通解、太極圖説、西銘解、小學等朱熹的其他著作。朱澤澐在自序中談到編撰緣起時，稱自己對於朱熹學術思想的體會，「歷數十年而稍有見焉」，應該是多年研讀的心得。全書十卷，按照朱熹生平時間順序逐年編排，凡有重要著作完成，亦於是年加以註明，以示其學術思想發展的歷程。按論爲朱澤澐所撰寫，或就其論述時間進行考辨，或針對陸王之學的觀點加以駁斥，或就某階段的思想特點進行總結。由於時間脈絡明晰，觀點編排一目瞭然，雖然書名「考略」，編年體的形式，包括夾雜在文獻中按論部分的論述，皆依循内容自身的發展路徑逐次道來，井然有序，某種意義上亦可視作一部朱熹的學術思想史。

從朱澤澐在體例上的編排設計來看，顯然有他兩個方面的考慮。其一，針對了當時「末流無識」對朱熹學術思想缺乏真正的認識和理解，因爲這在宗陸宗朱的學者中，都是一個非常普遍的現象。數百年來朱陸異同之辨，尤其自明代正、嘉以後，王學興起，以陸象山「無善無惡，直透心體」爲宗旨，天下學者靡然響應。然反觀宗朱子學者，因爲缺少反省和思考，對於朱熹學術思想的理解甚爲膚淺，面對姚江之學的挑戰，僅以習聞習見之説駁之，「不獨無以服彼之心，折彼之氣，反使執吾之説以相訾謷，幾成聚訟」，這是令宗奉朱子之學的朱澤澐最爲不安的。他認爲由於缺少對朱子之學形成及其發展的了解，不僅學理上導致晦暗不明，宗朱子之學者亦寥若晨星，未有得力深造之儒出於其間，這使得朱子學陷入了困境。故朱澤澐引用朱熹所講的「異端害正，固君子所當闢，然須是吾學既明，洞見大本達道之全體，然後據天理以開有我之私，因彼非以察吾道之正」（朱子全書晦庵先生朱文公文集卷三九答范伯崇），努力使聖學「透徹形體，分別名義，會歸身心」。在朱陸異同之辨中，朱澤澐並没有將眼光過多地投射在對方陣營，而是試圖通過對於朱熹思想文獻的梳理，發明其中的内在邏輯，「洞見大本達道之全體」，完整地把握朱熹的學術思想。按論中的分析内容，既有針對姚江之學的批駁，亦多有批評宗朱學者認識上的缺陷和不足。由此可見朱澤澐的用心，包括他對當時朱子學發展的認識，無疑是深刻的。

其二，將朱熹相關論述以年代先後順序加以整理的做法，是建立在朱子學本身是動態和發展的這樣一個基本認識上的。通過全面系統地研究朱熹的著述，包括對宗陸和宗朱的不同觀點的梳理，朱澤澐認爲，朱熹的學術思想是經歷了長時段的發展過程而逐步形成的，忽略發展過程中不同階段的特點，必定對分析和理解其思想有著至關重要的影響。此前，朱澤澐曾撰有陽明輯朱子晚年定論辨，就王陽明的朱子晚年定論逐條進行辯駁，揭發王陽明爲了論證朱熹晚年思想的發展與陸象山趨同的觀點，有意混淆了朱熹中年和晚年思想文獻之間的區别。思想發展的脈絡是通過時間的順序展開的，完整地理解朱子學的内涵，必須把握好發展的時間線索。故朱澤澐强調「讀朱子書者，烏可不推究吾學之極致，與夫先後論定之次序，而徒嘵嘵於口舌争辯哉」。吾學之極致，即指朱子學内在的發展邏輯；先後論定之次序，則指把握好不同階段的特點。此亦朱澤澐爲研究和闡明朱子之學的兩項基本前提。

朱澤澐數十年服膺朱子之功，專治朱子學説，雖學無師承，然他與當時一些朱子學學者的往來互動是十分密切的。如以編撰朱子年譜著稱的王懋竑，不僅與他同時、同邑，更有相同的學術旨趣，兩人還兼有兒女親家之誼，學術上多有往還。朱止泉文集中保留數通與無錫顧培的書信往來，討論的内容皆與朱子之學相關，朱澤澐還曾應約到顧培的共學山居拜訪并講學。顧培的學術淵源與東林書院相關，故東林學術風氣或對之不無影響。就治學形式來看，將學術思想的文獻按照時間順序排列并加以考辨的做法，明代學者陳建學蔀通辨已經採用。當然對於陳建主張朱陸「前同後異」的觀點，朱澤澐頗不以爲然，并在按論中數次加以批評，然這亦是對明代至清前期朱子學發展面臨挑戰的一種回應。此外，王懋竑編撰朱子年譜，稍晚於朱澤澐的學者李紱編撰的朱子晚年定論，與朱子聖學考略皆屬於清前期具有代表性的朱子學著作，亦都可以視作編年敘事體中加以考據的一種嘗試。

朱澤澐在朱子聖學考略一書中，就自己探究朱子學學理方面提出了一些新的見解。如向來關於朱陸之學有所謂「尊德性」和「道問學」之分，故謂朱子偏於道問學，宗陸氏之學者遂以支離批評朱子；謂陸氏偏於尊德性，宗朱子之學者便有以虛無來批評陸學。然在朱澤澐看來，這是一個根本不存在的命題，因爲朱子之學原本講的就是尊德性和道問學齊頭並進的功夫，他認爲朱熹學術的核心便是「尊德性以立格致誠正、修齊治平之本，道問學以盡格致誠正、修齊治平之功」，類似的思想，在文集和語類中多處出現，通過尋繹其前後用功次第，脈絡線索歷歷可見。不僅如此，朱澤澐認爲朱熹平生在尊德性方面有許多精透切要的思想，而宗朱子之學者對這些精透處不加闡述和發明，固然爲其見解所限，如果是出於迴避心學之隱諱的話，「無異於藉寇兵而賫盜糧」（朱止泉先生文集卷八選讀語類目録後序），實在是令人費解。

關於朱熹涵養未發、進學致知的思想，是朱澤澐着力闡發的又一個命題。朱熹青年時期於延平門下對察識端倪、涵養端倪工夫的思想似有所悟，及四十而悟未發之旨，即未發之時，四德渾具，自有條理，天命之性體段具焉，至已發時四端各見，品節不差，因此，窮究其根源來歷，爲居敬涵養入門下手之處。又十數年後，朱熹格物致知工夫屢進屢深，研幾探微，晚年時期達到精粗合一，内外渾融，天地萬物之理極其精透，集聖學大成，臻於最高境界。故朱熹所言涵養，是涵養仁義至善之性，而非涵養不使善惡累心、無善無惡之空體，朱熹所言居敬窮理，所窮至者，是仁義至善之全體，亦非不使善惡累心、無善無惡之空體。不但截然區分了與陸王心學的分界，發明太極渾然燦然之理與齊家治國平天下之道，并歸一於仁義性體本源，而涵養未發與居敬窮理的修養工夫，亦有了具體的着落，「從來道體不虚空，只在尋常日用中」（朱止泉先生文集卷一體道），涵養工夫及至人倫社會，義理而爲我有用功，涵養遂與人的生命價值的實現皆相關聯。

對朱熹思想文獻的梳理和擇取，朱澤澐亦有自己一些獨到的見解。或許是對朱熹思想呈現階段性的特點分析體驗甚深的緣故，朱澤澐對朱子語類的價值十分看重，在朱子聖學考略的引證材料中多有所見。他認爲語類的內容，多爲朱子晚年與門人所言，這個時間段思想已經發展成熟，誨喻精詳，爲朱熹思想成熟後的思想精華部分。朱澤澐曾經編有選讀語類目録，其書今不可見，然在朱止泉先生文集中有後序保留。此外，據朱澤澐的女婿王箴傳言，朱澤澐編撰的宗朱要法四十七則，前六條言其綱領，後數十條言其節目，積多年讀書心得，詳細廣備，最是喫緊教人用功處，原本就是附在朱子聖學考略卷首，宗朱要法的內容即完全採自朱子語類。

作爲清前期的一部重要的朱子學著作，朱澤澐在朱子聖學考略中不拘於門户之争，運用文獻整理和考辨的實在工夫，就朱熹學術思想發展的内在邏輯加以清理和闡發，强化了朱子學説内在的學理性，切實推進了清前期朱子學的研究，無論就清代學術思想研究抑或朱子學研究來看，都是一部具有較高學術價值的著作。

朱子聖學考略在朱澤澐身前未得刊行，直到他去世後二十年，即乾隆十七年（一七五二），方由他的侄子朱畧主持刻印。今存朱子聖學考略有刻本兩種和鈔本一種。較早的刻本刊于乾隆十七年，即所謂乾隆刻本，今上海圖書館有藏，書前有高斌、張師載和劉師恕分别撰序三篇，以及作者的自序，全書并有不知名者閲讀時留下的校改塗抹痕跡多處。

另一種刻本刊刻于民國二十四年（一九三五），由朱澤澐七世侄孫朱孫茀、朱孫芬校對刻印。書前除了高、張、劉三序和作者自序外，增加了唐文治先生於民國十三年（一九二四）撰寫的序，及書後吴其昌、劉啓瑞分别於民國十三年和二十四年撰寫的跋。關於民國刻本依據的底本，劉啓瑞跋稱「原本從河南李氏傳抄」。然通過比對，不難發現民國刻本的版式一依乾隆刻本，即頁序、每頁行數和每行起訖及字數，皆與乾隆刻本完全相同。再就兩種刻本對校，文字上相出入的情況亦極爲有限，以卷五的二十餘條校勘記的情況來看，乾隆刻本的錯字，民國刻本多數沿襲，只對兩處明顯的錯誤作了更改。由此推斷，民國本所依據的底本，不排除爲乾隆刻本。唐文治序言中曾談到「乃始聞寶應朱止泉先生有朱子聖學考略一書，亟求之，則聞其家僅存二帙，刻本、鈔本各一。爰乞金壇馮夢花同年轉假刻本讀之」，則唐文治先生寓目的刻本，應該也是乾隆刻本。

除了上述兩種刻本之外，朱子聖學考略還有一種鈔本傳世。鈔本未著抄寫人姓名，同爲一卷，今藏北京清華大學圖書館，故稱清華藏鈔本。上世紀九十年代，編纂四庫全書存目叢書時曾據以影印。鈔本只有朱澤澐的自序，未有乾隆刻本書前三序。鈔本與乾隆刻本對校，文字相出入的情況甚多，除鈔本上原有的一些補改處外，還有文字漏缺的情況，如刻本自序「兩家分塗，各執一説，無有定論久矣」，鈔本頁二作「各執一説，無有定論久矣」，缺「兩家分塗」。同頁有文字出入顯著者，如「夫朱子之尊德性以立格致誠正、修齊治平之本，道問學以盡格致誠正、修齊治平之功，載之文集語類者」，鈔本作「夫朱子統會大學格致誠正、中庸遵道之旨在於居敬窮理、循序漸進，載之文集語類者」，其下文「原有早晚用功次第之可考」，作「其極致本原之實功，先後早晚之次第，昭然可考」。與刻本相比較，鈔本文字缺失情況比較多，甚至有一些顯著的順序錯亂的情況，如卷九頁二「委教授措置嶽麓書院牒云」條，鈔本置是年「十一月，過玉山，邑宰司馬邁請爲諸生講説」以下内容共六頁於此前。類似情況亦較多。

再就其文字出入的情況加以比較，刻本的一些文字似經過斟酌而較爲凝練，而出現在鈔本的文字則稍顯隨意，或刻本的文字內容豐富充實，鈔本則敘述簡單。如刻本卷前朱子聖學考略提要「朱子涵養直接孔孟者」，「直接」二字，鈔本作「高出諸儒」；「蓋朱子合下窮究仁義禮知之性」，「合下」二字，鈔本作「高出諸儒者在合下」。又如朱氏自序「宗朱子者於朱子洞見大本達道、全體大用之所在未加深究，極力發揮，即其於朱子居敬窮理處亦著實用力，但得其半而不得其全，見其然而不見其所以然，其發明朱子之學，已失大頭腦矣。至於朱子早年、中年、晚年用力處，所以屢進益深之故，所以疑而悟、悔而勇革之說，若有所深諱而不言，反使朱子垂教學者一片真精神、真門徑不大顯明於萬世，而後之學朱子者往往不得其精神門徑而遵循之，徒執異端之說以闢彼，其無以服彼之心、折彼之氣，猶其後者，且恐學彼之學者其徒轉盛，而學朱子之學者反落落晨星，而無得力深造之儒出於其間，豈不大可憂哉」一段，闡述因不明朱子聖學精神致朱子學陷入困境，敘述詳盡。清華藏鈔本作「宗朱子者於朱子聖學之極致本原既未究悉，至於朱子早年、中年、晚年所以屢造益深，疑而悟，悟而精進之故，又未嘗留意，從（徒）襲文字語言之粗跡，以闢彼虛無誕妄之邪說，使朱子教學一片真精神、真門徑不顯於後世，是以學彼之學者其徒轉盛，而朱子之學反晦盲否塞，湮鬱不彰，此其罪豈僅主張異説者獨任其咎哉」，闡述較爲簡略，前者當爲在後者基礎上加以充實豐富。但是，刻本出現的一些錯字，鈔本未誤，可藉以校勘之用，鈔本的文獻價值還是應該肯定的。

綜上所述，可以斷定刻本與鈔本不是同一個來源，從以上種種跡象來看，鈔本更像作者的底稿，而乾隆刻本所依據的底本，應該是在此基礎上修改過的定稿。此外，通過比對，上海圖書館藏朱子聖學考略上的校改塗抹，依據基本上就是清華藏鈔本。

此外，還有與之相關的朱子聖學考略節要一種，亦十卷，綱領一卷，今藏南京圖書館。是書爲朱澤澐侄子朱軺根據朱子聖學考略原書所作的刪節本①，書前有乾隆十七年江蘇督學雷鋐序，稱「顧是書卷帙頗繁，先生從子軺又纂爲節要若干卷。余細加考訂，文雖簡而關鍵脈絡咸具是焉」。又有沈錫鼎跋，稱「先生猶子賓旭兄克承先生之學，善讀先生之書，嘆其廣大粹精，恐初學者不得門徑，輯爲考略節要，謹於卷末各立總旨，而於十卷後又通論其

① 據臺灣臺北圖書館著録，該館亦藏清鈔本朱子聖學考略一種，十卷十册，正文首題「朱子聖學考略卷第一」，次題實應朱澤澐止泉氏輯，男光進敬録，從子轡、輿、軺、衡、輈仝校。半頁十行，行二十二字，無格。前有自序、提要、朱軺識語、朱軺刪訂凡例，目録後有丙寅朱軺識語。扉頁有光緒戊戌年二月澄齋惲毓鼎題記七行。由所録朱軺刪訂凡例以及書後朱軺識語等情況推測，疑該鈔本所據爲朱子聖學考略節要，而非朱子聖學考略原書。

會歸，非敢删先生之書，正所以發明先生之遺意。凡讀朱子之書者，先生所纂其統會也；讀先生之書者，賓旭兄所輯其端緒也」。朱軨在後記中亦謂「略删其繁冗，逐年細考，使次第瞭然，以便初學」。綜三人所言，皆强調通過歸納和删減各卷内容，以顯明全書脈絡旨要的删訂宗旨。據朱軨書前所定凡例，并比對全書内容來看，主要工作爲二，一是每卷開頭標以年歲，以明其年月，二是删去了原書所引文獻中年歲未可考者的内容，故在篇幅和字數上有較大的減少。王箴傳在聖學考略辨僞中曾言及此書，謂「軨私閉梓人於外宅，并節要亦梓焉」，可見此書當與朱子聖學考略同時刊印。

關於乾隆本朱子聖學考略付梓一事，朱澤澐的女婿即王懋竑的兒子王箴傳與主持刻印的朱軨之間産生了齟齬，并圍繞朱子聖學考略刻書一事發生了争議。據王箴傳言，朱軨刻書事自己事先并不知道，及他輾轉見到時，書已經裝訂了。王箴傳并認爲朱子聖學考略一書，在朱澤澐生前已經編定，并覓人謄寫了清本，還專門送了一部請王懋竑加以删訂。王懋竑在閲讀時曾有夾籤，似欲作相商，然最終卻未有修改。及朱澤澐過世後，其子朱光進屢以遺囑爲請，王懋竑再三勘定，回復云「嘗願有所删定，今思之亦不必然，但使本書流傳，自可使後人見前輩用功處深」，維持了原稿的面貌而未加删訂。未久光進病故，而這部謄清本則由王箴傳保存了下來。

王箴傳堅持認爲保存在自己手邊的謄清本即爲定稿，因此流傳的乾隆刻本便是一部經過朱軫「改易貿亂，盡失其舊」的本子。王箴傳專門爲此撰寫了一篇聖學考略辨僞，詳列多條改動的證據，如「先生原本著凡例後有宗朱子要法四十七條，詳悉廣備，最是喫緊教人用功處，今軫删去不載」，又如「先生原本有總目，見編年分敘，不致遺漏，俾閲者開卷便識大概規模，今軫删去不載」。除了這些缺漏之處，又列舉并批評了原書按論部分出現的時間含混的問題以及缺漏的文字等。

從他的批評意見來看，確實有因爲缺少足以證明朱澤澐本人定稿本的資料，但是，王箴傳的説法不是没有漏洞的，尤其是他斷言現行的刻本爲「僞本」的理由是不能成立的。朱澤澐生前曾經將一部謄清本交給王懋竑，請他加以删訂，目的是聽取其批評意見，以便進行修改，此稿出自朱澤澐之手是没有疑問的，然并不可據之爲定本，因爲我們不能排除朱澤澐本人在謄清底稿後，自己亦動手加以修改的可能。再者，王箴傳的一些批評意見也過於苛刻，例如他批評朱熹五十九歲即戊申年的材料九條不當歸入卷六，理由是據他所藏的「定本」，戊申年的材料就是編在卷七。然按照這種編排方法的話，雖然時間上看每卷各三年似乎平允，實際内容却會出現畸重畸輕的情況，清華藏鈔本即如此編排，卷六只有三十七頁，而卷七則多達一百三十五頁。刻本應該是考慮到了這個問題，將戊申年的九條材料歸入卷六。經過調整，卷六爲七十六頁，卷七爲九十五頁，改變了原稿輕重分佈不匀的情況。又如對卷一丁亥朱子三十八歲三條的處理，王箴傳指責刻本「將首卷丁亥三年移於卷末」，「又移七卷首戊申九條於六卷之末」，「這兩處夾雜不清，不獨此二卷眉目混淆，并令各卷旨意皆欠分曉」，指責之詞，亦似有意氣用事之嫌。

根據上述情況，本次整理工作，選擇了刻印最早且錯字亦較少的乾隆刻本爲底本。朱澤澐在編撰朱子聖學考略時，徵引了大量朱熹論述的内容，主要採自文集中的奏議、雜著、書信和語類以及其他多種著述，引用朱熹的文字，與朱熹的原著對校，有一些文字出入的情況。由於所見朱熹著述的版本不同，同時也考慮到古代學者引用文獻的習慣，對朱熹著述中的異文，原則上凡没有引起理解上的歧義或扞格不通的情況，儘可能不做改字處理，只是針對其中影響文義理解的異文，引原書及參校的鈔本作了校勘和改字出校的工作。

本書的整理工作，得到了魏小虎、占旭東和許超傑三位先生的大力襄助，謹此深表謝忱。限於校點者水平，整理工作中或有錯誤，敬請讀者賜正。

戴揚本　二〇一七年六月

朱子聖學考略序

聖門傳心之學，至宋儒而講明切究，闡發無遺，而諸儒之中，尤以紫陽朱子爲詣乎微而臻其極。學者苟從事於身心性命之間，求其動静交養，體用兼賅，而純乎至善無弊者，固非是莫由已。考朱子生平，其喫緊用力之處在居敬以立其本，窮理以致其知，反躬以踐其實，其此凡承學紫陽者類能言之。顧全集浩繁，而語類、大全多出於門人記載，未及詳爲詮次，其於朱子平日用功之次第，或由淺而入深，或從疑而得信，諄切往復，立言垂教之深心，往往隱而不發，是蓋未能昭晰無疑而確然得其指歸之所在也。寶應朱止泉先生生於朱子六百餘年之後，誦習遺書，其講求也切，其踐履也醇，蓋實體驗於躬行心得者數十年之久，故語焉詳，擇焉精，豈與夫徒探索於章句文字間者可同日語哉。先生著述甚富，其編爲聖學考略，既取朱子當日由少壯以迄耄期所爲深造自得者，分年條敘，而於延平既殁以後與南軒辨論中和未能有合，至四十而恍然於未發之旨，自此專用力於涵養，由純而幾於化，其間功候曲折，尤反覆推尋，參稽互證，俾學者共曉然於敬静合一、知行並進之實驗，迺若封章啓事有關於治術經濟者，亦從載列。蓋體既具則用自周，所謂天德王道，一以貫之，胥於是乎見也。嗚呼，先生之功偉矣！後之學者誠能由先生之緒言以上溯紫陽之微旨，更由紫陽而遠稽孔孟之心法，則夫昔人所爲傳道授業解惑者，均惟是書有深賴焉。開雕既竣，爰識數語以爲之序。乾隆歲次壬申五月，後學高斌敬題。

朱子聖學考略序

聖學之或明或晦，不能燦如日星，常光昭於宇宙間者，固由邪説橫行，榛蕪塞路，足以簧鼓天下，而自命爲學道者亦不得辭其責焉。蓋其志無定向，中心回惑，未能洞悉夫聖學之大本大原，内外精粗，始終一貫，而任其意見之偏以爲取舍，不覺悞入岐途。又其甚者，逞其聰明才辨，牽合敷會，以僞亂真，初意欲委曲調停，令學者直趨於捷徑，比及末流，猖狂恣肆，聖學綱維，潰敗决裂，伊誰之咎哉。紫陽朱子繼周程正脈，直接孔孟真傳，其爲學之功夫次第，由下學而上達，至詳且密，與象山之直指人心，静中見所謂光明洞徹，以爲道在是者，如水火冰炭之不相入。而議者猶以朱子爲偏於道問學，獨未考其中晚四十年沉潛體認未發已發、天理人欲之交，無一息不主敬，以致其存養省察，至老而義精仁熟，知命達天，夫豈溺於詞章訓詁之習，狗外而遺内者哉。然此猶知與陸學相背而馳，私心竊議其南轅北轍爾。迨至明之中葉，程王諸人繼起，深契象山心學宗旨，巧爲立説，顛倒誣妄，以彌其矯强附合之迹。如陽明所著晚年定論，以早年爲晚年，以壯年自悔者爲晚年方悔，以屢經改正者爲不久謝世不及更定，種種舛謬，援儒入釋，學者驚其才辨，並不詳究朱子歷年進學變更之次第，翕然宗之。略有所見，陵鑠今古，蔑視聖賢，蕩然於禮法之外，此風沿至明末未已也。余弱冠追隨先公宦遊南北，趨庭之下，祇承訓誨，極嚴朱陸之辨，謂偶一失檢，必至流入異端，惟陳清瀾學蔀通辨爲能抉其幽隱，然尚多含容，更須體究也。荏苒數年，先公即世，有懷疑未決者無從質證。丁巳、戊午間，余監司河庫，爲東軒高先生屬吏，公事之餘，虛衷請益。先生邃精理學，服膺朱子之教，身體力行，隨事切指，幸得盡釋所疑，勉自砥礪，不至望洋而歎，今已十餘年矣。戊辰之歲，奉命來南，協辦河務，典型在望，復得親承風旨。先生出止泉朱先生聖學考略十卷授余，謂：「是後學津梁也。吾子家學淵源，體認最久，與作者有同志焉，校訂之責，舍子其誰？」余謹受教，盥手讀之，不禁喟然歎曰：「惜乎哲人已往，不及就正矣。」顧書存則道存，何患湮没不彰？向來學者每苦朱子全集卷帙浩繁，猝難得其要領；又其中隨手編次，早中晚年難於稽考，是以姚江之徒得假借以行其私耳。今是編也，分年以核其實，確不可移，如自延平既殁而悔未得未發之旨，與南軒反覆推究，至四十而恍然，爲一變。後十數年，涵養未發功夫，屢造屢深，學如不及，爲進境。至丙午、丁未，動静合一，胸羅天地；庚戌之歲，聖學已純，復經十年，涵養益粹，精而幾於化，爲大成。逐年分晰，以朱子自礪勉人之語詳載分疏，而即以象山所傳心法、姚江指爲晚年定論者抉摘幽隱，印證於其間，其是非邪正朗如列眉，瞭如指掌，不特傳習録、道一編可廢，即通辨一書亦可不再展卷矣。至於禮樂刑政，朱子一生忠君愛民之實心實事備載靡遺，并疏其所以可法可傳之故，蓋天德王道，一以貫之，自集全書以來，未有如此書之深切著明者也。爰請於先生，付之梓人，以公同學。或者謂是書衛道之功誠偉矣，第指斥前人太過，子復揚其波而張其燄，毋乃分門別户，啓後人以口舌辨論之端乎？余曰：否否。學者之入道也如行路然，惟當蹊徑叢雜，舉足不前，乃多計較耳。今示之以康莊大道，自發軔以至百里千里，如砥如矢，有力者固竭蹶奔趨，懦弱者亦循途漸進，又何必遲迴瞻顧，執塗之人而嘵嘵置辨於旁蹊側徑之遠近曲折乎哉？且余曷敢自負衛道之有功，惟是仰承東軒先生諄諄提命，私心竊慰可以自淑其身心，或至老而有得，庶幾不負先公嚴辨學術，發聾振聵之苦心，并藉是以廣道統之傳，將舉天下皆躬行實踐之君子不徒沾沾於口耳誦習之間，即以此書卜聖學之有明無晦可也。是則吾道之厚幸已夫。乾隆歲次壬申三月，儀封後學張師載敬題。

朱子聖學考略敘

吾邑朱止泉先生，宗朱子之學而得其心傳者也，曩刻文集八卷，余嘗妄爲之序。比年來，先生猶子賓旭復出先生所著朱子聖學考略十卷，余反覆展誦，益歎其精粹切要，闢聖學之門庭，振世人之聾聵，其有功於朱子者更大。蓋朱子之書卷帙浩繁，讀者如涉大海中，茫無畔岸，要其進學大關鍵則在延平没後，與南軒講論，至己丑而深悟未發之旨，如中和舊説序、已發未發説，與湖南諸公、答張欽夫諸書昭然可考也。先生潛心朱子數十年始得其要領，因按年細考，自少至老，其下手轉關，積疑生悟，屢造益深之故，無不參稽互證，融會貫通，俾學者讀之，於朱子一生全體大用，漸積以極於純粹盛大之域者，瞭如指掌，而數百年來淆亂於異説者，亦燦然復明。彼拘文牽義，偏舉一二條嘵嘵於口舌争辯者，孰若此書之本末詳明，首尾一貫，開示後學於無窮哉。余衰老杜門，慨然奮興，思任校讐之役，顧以病未能也。適東軒高公以名世大儒奉命總督河道，公事之餘，訪求文獻，一見是書，深契於中，因與西銘張公共爲參訂，付之剞劂，以廣其傳。將見朱子之學益彰，有志之士得以探討服行，有階可升，有門可入，日積月累，馴至於聖賢之途而不爲異説所惑，則正學之興，人才之盛，於是乎在，豈曰小補之哉。余既樂先生之書大顯於世，而益欽二公之表微闡幽，維持道脈於不墜也。爰次始末，附數語於簡編云。乾隆歲次壬申夏六月，同里後學劉師恕敬題。

朱子聖學考略序

朱子上繼孔、孟、周、程之聖學，自紹興以來至於今，歷六百餘年，如天地開朗，日月昭明，可謂盛矣。中間正、嘉數十年王學突興，特宗象山，以「無善無惡、直透心體」立教，至指朱子之學，有洪水猛獸之禍。自是以後二百餘年，天下學者多宗其說，間有宗朱子者，又不得朱子聖學先後次序之精微，但以習見習聞之說駁之，不獨無以服彼之心，折彼之氣，反使執吾之說以相訾謷，幾成聚訟，無有底止。是以遷延至今，學脈卒分兩途，不歸於一，良可歎已。朱子答范伯崇云：「異端害正，固君子所當闢，然須是吾學既明，洞見大本達道之全體，然後據天理以開有我之私，因彼非以察吾道之正。議論之間，彼此交盡，而內外之道一以貫之，如孟子論『養氣』而及告子『義外』之非，因夷子而發天理一本之大，豈徒攻彼之失哉，所以推明吾學之極致本原，亦可謂無餘蘊矣。」答石子重云：「二先生說經如此不同亦多，或是時有先後，或是差舛，當以義理隱度而取舍之。」玩此二條，則讀朱子書者，烏可不推究吾學之極致，與夫先後論定之次序，而徒嘵嘵於口舌爭辨哉。夫大學之要在於格致誠正、修齊治平，中庸之要在於尊德性、道問學，此朱子所服膺終身而不倦者也。議朱子者曰「朱子格物，析心理爲二，徇外遺内」，又曰「朱子只是道問學」，宗朱子者曰「朱子格致，非析心理爲二，非徇外」，又曰「朱子道問學即所以尊德性」。議朱子者曰「朱子晚年方悔，方指示本體，同於陸學」，宗朱子者曰「晚年不專指示本體，不同陸學，所引晚年者非晚年」。兩家分塗，各執一説，無有定論久矣。夫朱子之尊德性以立格致誠正、修齊治平之本，道問學以盡格致誠正、修齊治平之功，載之文集、語類者，原有早晚用功次第之可考。宗朱子者於朱子洞見大本達道、全體大用之所在未加深究，極力發揮，即其於朱子居敬窮理處亦著實用力，但得其半而不得其全，見其然而不見其所以然，其發明朱子之學，已失大頭腦矣。至於朱子早年、中年、晚年用力處，所以屢進益深之故，所以疑而悟、悔而勇革之説，若有所深諱而不言，反使朱子垂教學者一片真精神、真門徑不大顯明於萬世，而後之學朱子者往往不得其精神門徑而遵循之，徒執異端之説以闢彼，其無以服彼之心、折彼之氣猶其後者。且恐學彼之學者其徒轉盛，而學朱子之學者反落落晨星，而無得力深造之儒出於其間，豈不大可憂哉。余少不敏學，既壯方讀朱子全書，求其用功次序而不可得。後讀中和舊説序、記論性答稿後二篇，並與湖南諸公、答張欽夫胡廣仲諸書，其前後涵養未發、進學致知之次序，皆顯然易見。按年細考，覺朱子當年虚心浩氣、積累深造之微妙雖不能得，而其居敬窮理，不同於陸學者亦可判别矣。蓋朱子仁義至善之性根於心者，合下便是聖賢資質，又有先生長者爲之師友，又好六經、孔、孟、周、程、張、邵之書，註述講貫，孜孜不懈，故其明德盡性之功，入手便是聖人之學，有源本，有條目，絶異於任心自大、蔑視經籍之輩。其居敬也，自見延平便用力存心養性，知仁義之根心者，自天地來與萬物體統是一箇，而不能不分於形器，擾於念慮。延平教以合心理氣之説當見用力處，三十以前，已有察識端倪、涵養端倪工夫。延平既没，悔其未得未發之旨，與南軒反復參究，至四十而恍然。又十數年而丙申、庚子，更加涵養，形於答書，是朱子自用涵養未發功夫屢進屢深，學如不及之意，自有如此境地。至丙午、丁未，而動静合一，包羅含弘，天地萬物之理歸宿於此。至庚戌而聖學純，後十年則涵養益純而幾於化矣。其窮理也，自延平教以聖經中求義理，日用間做工夫，早知天地萬物與我一理相貫，一氣相通，而分殊處尤不可混淆，故其窮仁義之説至精至密。是時尚未悟未發之旨，留心文義訓釋而見理分明，仁義充積，格物大頭腦已極其正當，極其開濶矣。至四十悟未發之旨，便了然於未發時天命之性，體段具焉。又十數年而丙申、庚子，悔其稍涉訓釋，是朱子自用格物致知工夫，屢進屢深，研幾精微之詣，自有如此進境。至丙午、丁未而精粗合一，内外渾融，天地萬物之理極其精透，至庚戌而聖學徹，後十年則無事窮究而幾於化矣。夫朱子之居敬窮理固是齊頭用功，而其接孔孟之正脈，實在認真仁義之性。自癸酉見延平後，十年工夫用力於格物致知，而其所以常存此心，不爲他物所勝者，即由此得手。其行事講説處，只體究仁義之性；其心思存主處，亦只操持仁義之性，皆此一件，非有兩事也。但其行事講説、心思存主之專一於仁義者，偏於察識端倪著力，而天命本然未發之旨未透耳。至己丑而心統性情之旨了然於心，自是以往覺不知涵養，專於致知，固前日受病之由，而所知不精，害於涵養，又今日切身之病。特與諸儒往復詳審，使來歷精確，不稍舛錯。其尤著意者，在大學、中庸章句、或問、論孟集註、太極、通書、西銘註、易本義、詩傳，皆是此旨。雖丙庚有悔，究之居敬之功，即是居其所窮底，窮理之功，即是窮其所居底，原非截然兩事，所以深切明示，直向涵養做工夫，全不似他家遮前掩後，知非不悔，一概大言自護。又不似他家只事把捉，明知道理未曾透徹，一概屏去意見，飾非長傲也。是故義利公私之介，儒釋分判之原，辨之不遺餘力，如同父三代漢唐之分，子淵悟道罵人之弊，折之斥之，毫不假借。以至無極、太極之論，與象山屢書申明，皆所以使天理精明，涵養工夫方不墮那一邊去。戊申，出太極、西銘註以示學者。己酉，序大學、中庸以明聖學之宗。至於六十一歲，涵養純粹，一切道理貫通融會，有心在理在、理在心在之妙。自此後極純極熟，許多道理都在這裏，敬不待持而自篤，理不待窮而自著，性體在是，工夫在是，内外融徹無迹，漸近神化，如玉山講義、答陳器之書，與陳安卿講説，發明太極渾然燦然之理，齊家治國平天下之道，總從仁義性體本原處該括流通，一以貫萬，萬歸於一。此全體大用只完全明德盡性之實學，而萬世學者之指南，定於一而無有兩途者也。嗚呼！朱子聖學高出諸儒上者，自窮理入；朱子深潛涵養高出諸儒上者，亦自窮理入。惟其於心性道理精詳研究，直透本然體段，故其所涵養者是涵養仁義至善之性，而非涵養不使善惡累心、無善無惡之空體也；其所窮至者，是窮至仁義至善之全體大用，而非窮至不使善惡累心、無善無惡之空體空用也。如是涵養，初非晚年始然，而亦何曾有毫髮之司於陸氏耶？如是窮至，亦自道訓釋之煩，而何嘗因悔而謂前此格物之差耶？正、嘉以來宗朱子者，亦間有人止言朱子窮理，而不言朱子居敬之基於早年，邃於中、晚；即言窮理，亦止言文義訓釋，而不言其透徹性體，分別名義，會歸身心，呈體達用之妙。聖學不明而欲有以服彼之心，折彼之氣，其亦難矣。予不自量其見之淺，力之弱，歷數十年而稍有見焉，故纂此編，實望當世積學君子，摘予所不逮而校正之，使朱子聖學昌明，則彼之議朱子者不辨而其誣罔自見，庶幾共爲聖人之徒也夫。實應朱澤澐止泉氏書於顧天齋。

分校姓氏

後學

李　弘　戢思　古燕
翁　照　霽堂　江陰
王世業　恒齋　盧陵
周天度　讓谷　仁和
高瀛海　滙川　錢塘
錢大昕　曉徵　嘉定
沈錫鼎　曙堂　仁和
邵謙吉　青門　鄞縣

汪　枚　鉢山　山陽

門人

邱　照　侶遠　山陽

陳　霖　時菴　贛榆

王箴傳　維師　寶應

喬元臣　咸一　寶應

潘鶴鳴　臯聞　寶應

喬其光　覲西　寶應

喬其繩　萬承　寶應

王箴邵　辰耀　寶應

外孫王希伊　耕伯　寶應

弟

澤沅　蘭皋

之璣　海若

澤代　韓若

澤濂　懷溪

澤況　景顧

姪

輅　賓旭

輿　道久

轡　馭麒

輈　履安

姪孫

秉彝　葆初

敦儒

孫

毓賢

朱子聖學考略提要

一、朱子聖學所以遠承孔孟，近接周程者，全在體驗仁義禮知渾然之性，惻隱羞惡、辭讓是非燦然之情。孔子所謂依仁，孟子所謂性善，周子所謂定之以中正仁義而主静立極，程伯子所謂識仁體，程叔子所謂五性具焉，天地所以爲天地而生人物，俱是此旨。夫天地只是太極陰陽五行之理，天地生人只是太極健順五常之德。朱子實見得太極健順五常之德是天命我之性，性體無爲，渾全在我，發處呈幾，著力體驗，積累擴充，透到未發氣象，皆統會於一心，方有歸宿。其全體也，只此渾然燦然者，無一毫私欲之自累，無一毫條理之不精，充滿分量，無少欠缺也。其大用也，只此渾然燦然者無一物不措之得其所，無一事不經之適其宜，各有脈絡，不稍紛擾也。其即體以該用而成天德也，只此渾然燦然者貫徹於身心内外、五事五倫，而同胞吾與之無不偏覆，完性體而無不足也。其即用以見體而行王道也，只此渾然燦然者流通宫府八政六官，而吉凶同患之無不施行，亦完性體而非有餘也。其始也只此渾然燦然者爲之始，其終也只此渾然燦然者爲之終；其實也只此渾然燦然者有倫有要，其虚也只此渾然燦然者無聲無臭。自始學至易簀，滿腔子是太極健順五常之德與天地合撰而已，此其所以爲孔孟周程之大宗也夫。

一、朱子聖學全從大學、中庸得力，合下見明新、止善，是大人之學之全量，稍虧欠不得。八條目工夫必自格物入，身心性情、天地人物鬼神皆物也，自己心性統得一切，故從身心性情格起，漸而通之修己治人，皆是明德裏事，只要著實逐次用功，充滿明德全量，方爲完備。其最得力者，在補主敬一條，此朱子四十時有得於親切要妙之旨，非主敬則格物以下工夫無主宰，無歸宿。是接聖學嫡傳，惟其於格物認得來歷的確，故於中庸天命之性、率性之道、修道之教，從自己心性中歷歷真切，則戒懼謹獨，喫緊精明，然後本來未發氣象可復，而發處各有節度，積累涵養，愈造愈深，愈斂愈實，自有不動而敬，不言而信者，在這裏方能完全天性。朱子一生是從本來明德貫徹於格物致知、誠意正心修身，以至家國天下，達德達道九經，皆一心統會，非有二物也。朱子體於身、著於書，而聖學之天德王道、全體大用備矣。

一、朱子聖學全從論語、孟子得力，章章研究體驗，身行心得，無一處不到，而一貫克復，如見如承。博文約禮、居處執事數章，尤是孔門爲仁切要處，體入細密，究極淵源，故於仁統四端備萬善之旨，渾融包涵，通透活絡，身心内外，皆是生意周流。收拾放心，透存養之要，便是致中；集義擴充，透愛敬之用，便是致和。總是仁義路脈認得真切，所以論、孟精髓發得詳明。此爲孔孟大宗，他家莫能與焉。

一、朱子聖學究造化之原，歷陰陽之變，順性命之理，得之於易焉。識風土之宜，别貞淫之情，審治亂之故，得之於詩焉。觀二帝、三王之心傳，味臯益伊周之忠懇，玩典謨誓誥之治要，得之於書焉。恭敬辭遜，以會其身心；尊卑内外，以别其分限；隨時制宜，以定其典章，得之於禮焉。君臣治亂以明其是非，恤民重役以行其仁愛，因革制作以詳其法度，得之於春秋焉。統五經道理會而歸之，自己身心中自有易、詩、書、禮、春秋道理，渾融無間矣。

一、朱子聖學宗兩程夫子如已發未發説是朱子四十時，統會程子論心性情諸條，透得未發性體原由。其潛心先儒遺訓如此，他家直是鹵莽滅裂之學矣。

一、朱子聖學宗五經、四子外，周、程、張子書極深研究，而於太極、西銘尤精詳焉。實見得太極是無聲無臭之理，生陰陽五行，而人物得是以生。這一點理氣來自太極，必居敬主静，然後不虧損了太極，實見乾坤是大父大母之性體，生宗子家相，而聖賢因以全生。這一身來自乾坤，必存養不愧，能純乎孝，然後不辜負了乾坤，所以一生兢兢業業，窮理盡性。於太極圖説遡西銘之來歷，即體會自己身心來歷，於西銘識太極圖説之實際，即體會自己身心實際也。由是推之，書言降衷恒性、天地萬物父母，易言太極兩儀四象、乾元坤元，詩言天生烝民、物則秉彝，禮言人生而静，陰陽之會，皆是太極圖説、西銘之宗祖，惟周子、張子會而通之，著此二篇，惟朱子深信此二篇，發經書要旨而潛心焉，此其足目俱到，迥出諸儒者與。

一、宗朱子聖學當先心體神會，究極朱子所以居敬窮理，契合周程，上承孔孟，其用功次第若何，先後得力若何，何以不同於陸王，何以立萬世後學之宗，歷歷分明，令人開卷了然，方得朱子推明吾學極致之旨。

一、朱子聖學在格物窮理，知得性中萬理具備，則涵養不涉於虛静。如明道識仁篇云「義禮知信皆仁」，伊川好學論「人生真而静，五性具焉」，即孟子性善、孔子「繼善成性」之旨。朱子知性直從此入，故體會得性中萬理皆實而渾然無迹，所以與陸王從静入者絶不同也。

一、議朱子者皆以朱子泛求事物之理爲格物而本體不虛，不知朱子存心工夫，自三十前便知得心是仁義禮知之性所統會處，夙夜持守，不去於心，但在用處著力，至四十透未發之旨，已悟本體矣。此後屢悔，亦以仁義禮知之性理，見於文字事物者其塗徑，通於心思者其幾竅，見於躬行者其實地，藏於宥密者其歸宿。塗徑、幾竅相感發，造到實地，又造到歸宿，愈收斂愈充實，愈充實愈虛明。如答徐彦章云所謂「純於善而無間斷」者，非遂晝度夜思無一息之暫停，其外物不接，内欲不萌之際，心體湛然，萬理皆備，此「純於善而無間斷」之謂也。如此分説，真至虛至明境地，若陸王虛則有之，至心體湛然，萬理皆備則未也。以其從静入而不透仁義禮知之性理，故差入禪派耳。

一、朱子四十前常存此心以格物致知，但在端倪上著力，故認心是已發，性是未發。及四十時知心統性情，未發之中，性體具焉。此後窮理愈精，惟恐所知不精，害於涵養，故尊德性、道問學是相通工夫。答勉齋云「此心常明，講求義理以栽培之」，即此意也。此朱子喫緊處，讀者不可忽略，必自家體驗到心上透得是如此，方爲自得。若依象山之説，竊恐心雖定而義理不透，終是半明半暗，豈可哉。

一、朱子居敬，自少時即著力，亦在端倪上用功。至四十時便覺涵養本體，只是「敬以直内」，玩答林擇之書可見其親切矣。後又云「敬於讀書，敬於應事，敬於接物，不可頃刻使心在烏何有之鄉」，又云「有事無事，吾之敬未嘗間斷」，又云「此心既立，由是格物致知，則所謂尊德性而道問學；由是誠意正心修身，則所謂先立乎其大者，小者不能奪；由是齊家治國平天下，則所謂篤恭而天下平。敬者，聖學之所以成始而成終也」。朱子從居敬實實持守，步步有行程去處，讀敬齋箴可見。故以此補小學工夫，立八條目之主宰，聖學之宗，自此定矣。

一、朱子透無聲無臭本體，見於語類、文集者甚多，而答吕寺丞者更爲詳明。彼謂朱子本體不虛者，由未曾體驗到自己心中只有仁義禮知渾然無迹之性體，而無思爲念慮的時節。故以朱子所論者爲言語文字，而終不識朱子也。

一、朱子講説雖多，著述雖繁，其血脈喫緊處，只是整齊嚴肅，直内方外。此是朱子心體中真氣象，善學者須體驗此真氣象，前後有許多工夫，到德全仁熟、至虛至静，只此氣象。此乃萬善之根柢樞紐，渾然一太極也。吁，至矣哉，微矣哉。

一、朱子窮理直接孔孟者有數層。自見延平，窮究理氣仁義之心；及訪南軒，窮究太極陰陽、仁體敬静未發之旨；與吕伯恭論仁説之旨，與胡廣仲論性無善惡及真妄動静之旨，極真精密，皆身心體認實下踐履工夫矣。後與陳同父辨王霸，與陸子美論太極、西銘，與陸象山論太極，皆嚴辨黑白，不容假借。蓋由用數十年讀書窮理之功，反身實驗，胸中萬理明徹，所以涵養得心體正大，陶鎔得行誼純全，無一毫偏蔽，故於諸儒之專於養心而缺於窮理，精於講説而疏於力行，重於應事而輕於立本，宗其師説而不能理會本原義理者，直察其受蔽之由，究其貽害之大，决不輕易放過。而教學者以讀書窮理、切己反身爲要，最忌一場大脱空，徒放言高論以滋學術之患也。

一、朱子涵養直接孔孟者有數層。四十前只在發念正大、敬畏小心處用功，是一層察識端倪工夫也。四十悟本體未發、心統性情，是自己本領。隨事觀理，即物推明，亦必以是爲本，是又一層主靜御動也。丙申又悔涵養工夫少，如復齋記所云「不肆焉以馳於外，則本心全體即此而在」，又云「動靜語默之間，有以貫乎一而不爲内外之分」，此又一層即動亦靜動、靜皆敬。也。至丁未、戊申，動靜周流，渾然全體，而靜者常爲主焉，此又一層動靜合一敬貫動靜，渾然一理。也。至庚戌以後，純是天理發見，如太極在陰陽中，即陰陽即太極，即動靜即天理，只是天理斂舒，不得以動靜言敬渾是理，不見動靜矣。蓋朱子聖學得力在四十前工夫，用力於格物致知，擴充克治，直向道理上窮究體驗。及其透悟未發之旨，深信天理體段是道理源頭，只在這裏透此主宰方能御動，由此居敬窮理，再加深入，覺語默動靜總是一理，更加深入，隨動隨靜，其理皆感通於寂然不動之中。至於暮年，天性充滿洋溢，只見道理，無意於動靜界限，惟其學以理始，以理終，此朱子萬理渾然之涵養，而非諸儒比也。若他家之學，始以靜始，終以靜終。其見理也不過隨其聰明，任心而行，雖有夾雜，不自知覺，而只以虛靜爲主，烏能及朱子之萬一哉。

一、朱子涵養窮理合一功夫有數層。自見延平，如是窮究，如是涵養，培得心氣正大，總在道理上行。此初用功時，不以涵養窮理爲二也，但窮究處未免零星，故涵養統會，未有得力。及丁亥後，所窮究者由用遡體，所涵養者亦由用遡體，至己丑，直會本原，此時即窮理即涵養也。至壬辰後，窮究性善真靜，極其精嚴，則涵養無有流失。丙申，猶悔涵養功淺，正其極深細處，此窮理涵養相資更進也。至丁未、戊申，道理充足，涵泳優游，亦不著力用窮究工夫，涵養了然處便是知；亦不著力用持守工夫，光明肅然處便是敬。涵養窮理渾融一片，漸次知天命之候。至庚戌而直透天命之性，渾融無迹，自此至易簀時，純是天理在這裏。不獨不用窮究，而亦自然涵養，無有用力處矣。蓋朱子合下窮究仁義禮知之性，惻隱羞惡、辭讓是非之情，所謂天理也。果力卓識，辨得這天理真，守得這天理定，積累擴充，滿腔子是這天理。開眼便見，觸著便應，動也是這天理，静也是這天理，一切收斂條理，無非天理鎮定，運行天地，只這天理。朱子只這天理，到此境地，只完得立人之道曰仁與義也。彼虚静者，何曾透仁義真面目哉。

一、朱子四十前於發處用功，如云「惟兹酬酢處特達見本根」，又云「以察識端倪爲初下手處」是也。四十時透徹未發，補小學「主敬涵養」工夫，如云「不待發而後察，察而後存」，又云「敬貫動静，以静爲本」是也。自朱子補小學工夫，自以「主敬涵養」爲先，然告鄭滕輩每舉五峰「立志以定其本，居敬以持其志」爲喫緊處，答陳超宗云「須合下立志，略見義理大概規模，於自己方寸間若有愧懼勇決之志，然後加討論玩索存養省察之功，而期於有得」，是從立志做起，仍在發處用功，此處最宜體驗。雖在發處用功，然志在此，敬即在此，即立志，即主敬涵養，便是有本原了。凡發處皆有本原之發，與無主宰倏發倏消者大懸絶，蓋立志真切，即至理之源，與動而生陽，復見天地之心一般，不可以喜怒哀樂已發爲言。喜怒哀樂之發與四端之發不同，四端之發與立志真切之發又微有辨。若就人身上推尋，見得大本達道處衮同只是此理，便是動静闔闢、終始萬物一貫之理，此義甚精，見庚辰延平答問。是時朱子立志已久，只缺涵養一段工夫，故從居敬直透本原，教人以主敬補小學，與答陳超宗即此旨也。學者非用數十年工夫，豈易及此哉。

一、朱子請問延平李先生至癸未而終，其得力處在仁義之性識得的確，反心窮理，躬行實踐做去。

一、己丑，朱子悟未發之中之旨，是聖學大關鍵。

一、朱子悟未發之旨得力主敬最深。見得聖人之學始終在此，故以主敬補小學工夫。壬辰，朱子追序中和舊説原由及論性之真静、至善，知性最精，所以涵養無弊。朱子聖學大關鍵在此數年。

一、朱子悟未發之旨在己丑，非是四十前有錯，到四十方是也。此與曾子唯一貫同。蓋朱子四十前工夫窮義理，識端倪，躬行實踐，敬畏整嚴，處處循理，只於未發之旨未透。

一有所疑，復味遺書，便冰解凍釋，透徹中和藴奥。亦如曾子「隨事精察而力行之，但未知其體之一」，及聞一貫之言而無疑耳。切不可錯看如陳清瀾輩也。

一、未發之旨是朱子潛心深思，積累通透，上契程子，發明其所未竟者。此時南軒先生亦只在發處用功，未透此義。及聞朱子之訓而專一涵養，所造益深矣。

一、朱子遇南軒先生後二三年，尊道兼進，所見所養，遠勝南軒。如先敬存而後省察，辨知言性無善惡之差，實大有益於南軒。南軒幡然從之，是以深入聖道，而爲朱子所亟許也。蓋性不以善惡名發於龜山與常總，然龜山人欲非性之説極其直截，胡氏遂有天理人欲同體異用之論，非朱子嚴辨之，其貽害學者不淺。信乎朱子格物或問之訓爲闡明大學正宗也。

一、朱子戊子答汪書，丙申答龔韓書，暢言不應召之故，出處謹嚴不苟。居位後庚子、辛丑、壬寅、戊申、庚戌、甲寅，外任不過一二年，在朝止四十九日，已定於四十前矣。

一、庚子，朱子論陸徒賢否，及自悔講説太多，是尊道工夫進步緊要處，極細密處。所謂獨覺其進而人不及知者，非猶夫他家之悔也，粗看一毫便不足語此。

一、朱子闢浙學即孟子之闢霸功；闢陸學即孟子之闢楊墨，無非衛道苦心，非好辨也。故闢浙學則引以收斂身心，闢陸學則引以窮究義理。陽明專採其對針浙學者，而於箴砭陸學之失則遺之，以爲朱子晚年定論。且顛倒早晚，以誣天下後世，是何心哉。讀者於朱子晚年辨浙學、陸學處細心體究自得之。

一、丙午，朱子序易學啓蒙，本幹枝一以貫之。

一、丁未，朱子答劉袁吕諸書，透徹本原久矣。

一、丁未，朱子與二陸論太極、西銘，極精。

一、己酉，朱子作大學中庸序，尤聖學喫緊處。

一、庚戌，朱子云「而今方見得恁地」，朱子所謂「恁地」者，只是性命道理；所謂「見得恁地」者，只是性命道理透徹表裏，光明著見耳。凡屬意氣激昂、心境虚静者，去此遠甚。

一、甲寅，朱子玉山講義、答陳器之書，的是「立人之道，仁義而已」，玩此二篇，自知所謂「見得恁地」者，仁義之性而已。

一、丁巳，朱子云「許多道理在這裏」，玩此言知朱子此時之心都是性命道理渾然燦然而已。到此地位只是誠敬純熟，即心即理，滿足光輝。宗朱子者皆於朱子心地工夫粗疏影響，深可歎息。

一、己未，朱子與陳安卿論身心内外全體大用之學，後儒罕有及此者。當與庚戌教安卿「窮究根源來處」一段參看，切己體之，不異親承教誨也。

一、朱子纂小學、近思録以教後學，學朱子者須熟讀熟玩，守定規矩，積累久之，必有得處。斷不可厭卑近而騖高遠，如洪濤巨浪，茫無津涯也。

一、朱子教人讀六經、四書及先賢遺書之切要者，須成誦在心，神會身行，步步體驗，覺得心定理明。目視、耳聽、口言，應事接物，皆聖賢説過道理，自家只是行之不盡，斷不可説不在語言文字。

一、朱子教人在讀書，陸氏流於異端，其弊教人不讀書。朱子歎其誤人，致使終身愚盲，無知而已。此是諄切指示處，學者切不可空談性命，陷於陸氏脱空之弊也。

一、朱子禮書編於暮年，雖喪、祭二禮未備，而三十七卷中由冠婚以至王朝，其明倫立教，經世宰物，大綱細目，無不畢具。學者反復理會，所謂明三代法度，通之當今而無不宜者，必在此書，不可不盡心焉。

一、朱子綱目直接春秋，如正統無統、君王主帝、盛僭得失、賢否用舍、刑臣外家、征寇誅殺、薨殂卒死，不同之類，其所以提綱挈要，明白謹嚴，無不條分縷析，而又著凡例十九門，一百三十七條，尤極炳如。學者窮理工夫不究乎此，安能四通八達。甘吉甫録云：「讀史當觀大倫理，大機會，大治亂得失。」教人從此用工，方見頭緒。

一、朱子論語或問闢上蔡知仁之説最詳。語類一百一卷中有數段論上蔡以知覺言仁，似先立一物之非，蓋不知知仁之錯，只去想象安排，必趨於知覺一路。況又有陽明良知陽儒陰佛之學，稍不辨清，差迷弗悟。答吴晦叔「温厚慈良」一書，答張南軒「驚怪恍惚」一書，熟讀之方知游、楊、謝、吕之不可不辨，此是朱子立教之大關鍵也。

一、朱子孟子註教人「察識擴充」，答石子重「著箇察識字便有尋求捕捉之意」，此兩言各有所指，教人察識者，欲人於此深識其本而善推之也；著不得察識者，不可求見未發之中也。合孟註與答吕子約「心無形體」書熟讀身體之，方知此中消息，不可偏執一邊以失朱子之遺意也。

一、朱子教人以存養爲主，而省察不可疏。察識與省察略有不同，實是一幾，察識主善説，省察兼善惡。

一、朱子格物或問大抵以程子「涵養立誠意」、五峰「立志居敬」、延平「常存此心」爲主，即朱子默識此心之靈而存之於端莊静一之中，以爲窮理之本之旨也。以程子九條、五峰「知乃可精」、延平「反復推尋，以究其理」爲用功法，即朱子知有衆理之妙，而窮之於學問思辨之際，以致盡心之功之旨也。存心方有主宰，由内及外，由近及遠，循序加功，逐件窮格，不蔓不浮，不隘不疏，漸次久之，可以會通。其辨諸儒錯處，尤當細玩。

一、朱子中庸或問辨吕氏求中之非，不可不體驗。未發之中，全在涵養，從主敬致知力行，齊頭並進，久之自然呈露，非積數年工夫不能到此。一涉察識，愈求愈遠矣。

一、朱子答路德章云「謂東萊遺言有涉於經濟維持者，别爲一事，而異於平日道學之言，恐亦未免有累於東萊也。龜山嘗譏王氏之學離内外、判心迹，使道常無用於天下，而經世之務皆私智之鑿，正謂此。耳玩此段與近思録八卷横渠答范巽之書同意，是以善學朱子者當講求朱子陳善敬君、行政愛民之實事，皆從仁義肫懇透露，與循吏迥别，方知聖學全體大用不可作兩事觀也。

一、朱子封事奏劄皆是惓惓忠君愛國之心自然呈露出來，故正君心處句句切實，而用人軍政諸大事各有條理，實可見之施行。

一、朱子南康、浙東救荒，凡告天子、申上官、語同僚、曉屬員、勸上户、懲貪吏，井井有條。巡歷郡縣，不憚勞苦。皆愛民之心切，格物之功明，故事事周到如此。

一、朱子漳州經界雖未得行，其法制之詳，經營之密，皆可考而知。爲政者師其意而行之，一邑田畝高下多寡，可有成局矣。

一、朱子戊申封事是漢唐宋明以來告君第一篇文字。其言正君心也，自君心敬畏以檢其身，以及后嬪左右暬御之臣無不納於規矩法度之中，直足繼二典三謨、仲虺之誥、旅獒、召誥、天官冢宰之後，而周南、召南宫闈根本之化俱了然在目矣。其言教帝冑也，慎選老成，遠斥邪佞，直足繼文王世子，補樂正瞽宗之所不逮矣。其言用大臣也，以剛正爲棟梁，以柔媚爲蛇蝎，直足繼舜典命官、臯陶九德、周公立政三宅三俊之旨，而憂危懼亂，尤兼家父、凡伯之苦衷矣。其言振紀綱、變風俗也，佞倖盤據深可憂，贓吏得位深可懼，啗宰相、通近習深可恥，譏道學、擯賢哲深可危，直足繼姻亞膴仕、車馬徂向之刺，而垂涕泣以道之矣。其言愛民力、修軍政也，十分登足爲壞祖法，殿最郡守必剥民膏，掊克士卒以植私財，結交倖臣而得債帥，直足繼杼柚其空、如賈三倍之痛，而披肝膽以陳之矣。末段闢因循奮厲之非，破老、佛、管、商之謬，歸本於古先聖王之説，天經地義，自然之理，而以斥私人結之，又惓惓於天顔非昔，歲月逾邁之感，以冀盛德之日新，其愛君憂國之誠，洋溢於語言文字之表者，不愧古帝臣王佐焉，雖武侯、宣公猶不能望其項背，況長沙中壘諸人哉。學者熟復此篇，則知朱子爲州郡，爲監司，爲侍從，其所以格君治民者，皆本於天德王道全體大用之聖學而措之，豈僅史傳所載名臣循吏比哉。

一、朱子壬午封事主於明理，而定計任賢，各極其是。戊申封事主於精一克復，而六事各極其是。此前後告君之大主腦，即朱子用工之大主腦也。

一、己酉封事臚列分明，實實可見行事。

一、甲寅奏劄二與福州經史閣記參看，則帝王與儒生正學工夫只是一箇塗徑。

一、朱子於經世道理法制無不講究，胸中了了，及任職事，坦然行去，與朋友議論即明白言之，盡其曲折。如田賦一事，朱子便欲將無名額外錢凡所增名色一切除盡，只從民正賦，民始得脱浄。賦入既正，總見數目量入爲出，又須上之人一切掃除妄費，如名園麗圃、宴遊雜冗，以及中間白乾消没之類，盡行拔去冒破根由。卧薪嘗膽，日夜圖求而更新之始得。如兵制一事，朱子嘗以今天下兵約四五十萬，一歲計以一百萬貫養一萬人，皆羸弱無用。其患却在主兵之員多，費不可勝計，又刻剥士卒，害未有艾。要之此事但可責之郡守，使之練習士卒，修治器甲，築固城壘，以爲一方之寄，豈不有備。其在漳州練兵之法，答趙子直書皆歷歷可考。如建官一事，朱子嘗以朝廷只置一相三參政，則事易達。宰相擇長官，長官却擇其僚，併天下監司，一路只著一漕一憲，茶鹽將兼了。監司薦人，後犯贓犯罪，須與鐫三五資，恁地也須怕。他如學校、救荒、屯田、經界、保甲、社倉、均役諸法，皆逐件講明，通透了徹，故隨所設施，出之裕如，而無有不當也。或曰：朱子欲行古制，恐不宜於今否？曰：是不知朱子聖學者。朱子何嘗堅執古制哉？如古史餘論、井田類説雖惓惓於封建井田之不復，而仍以行之必俟其時與其人，非謂南宋之時必如此行之而後可也。朱子云：「封建井田乃聖王之制，豈敢以爲不然。但在今日，恐難下手。」又云：「封建亦難行，使膏粱子弟不學而居士民上，其害豈有涯。」語類所載，分明如此。大抵朱子經世之學，亦只是因當日之法，就其中隨時整理，而不失古聖王之遺意耳。讀朱子書須考究得各項規模是如何，朱子運用是如何，雖未能徹底精透，然其大綱所在，亦必詳晰而貫通之，因理勢而區處之，得賢才而共理之，要在不生事，不擾民，而却能整頓變化於其間，是能得朱子之遺意者矣。

朱子聖學考略正訛

胡敬齋

胡敬齋奉羅一峰書云：「程子、朱子俱傳聖人之道，其全體大用，無不同者。然其工夫造極，亦不能無大同小異處。細推之，程子涵養功完，故踐履極其純正；朱子窮理玩索功密，故文理極其纖悉。」居業録云：「程子之學是内裏本領極厚，漸次廓大以致其極；朱子之學是外面博求廣取，收入内裏以充諸己。譬如人家，程子是田地基業充實，自生出財穀以致富；朱子是廣積錢穀，置立田地家業以致富。用力雖異，其富則一也。但朱子喫了辛苦，明道固容易，伊川亦不甚費力。」

澐謂此二説非是。程子、朱子皆以涵養爲主，而窮理以栽培之者也；皆踐履極其純正，文理極其纖悉者也。吴草廬方謂朱陸有尊德性、道問學之分，而敬齋所云如此，是又謂程朱有分途矣。且以文理纖悉與踐履純正對舉，毋乃大失學道輕重之旨乎？若外面博求廣取之説，則更不然焉。夫萬物萬事原來只是一理，此理一之無内外也。萬物萬事其分各具一理，此分殊之有内外也。朱子之學，其根本在立定此心，不爲他物所勝，是内裏第一著工夫。凡讀書窮理，皆以培養此心，使之擴充盛大，其用功次第即實有諸己，講求義理，以栽培之意與伊川同一規模者也。敬齋之意，得毋以朱子注釋太多，爲外面博求廣取乎？伊川於周易、春秋、論、孟未嘗不講論而注釋之，朱子之學實本之伊川，而講論注釋又加詳悉焉。敬齋乃以伊川用功於内，漸次廓大；朱子用功於外，收入内裏，不可解矣。又得毋以伊川心性功夫早年透徹，朱子心性功夫中年透徹，遂謂功夫有内外之分乎？不知朱子四十前雖未透未發之旨，而心地之光大高明，已具聖賢體段，初非從外面求取而後能也。夫格物之學，程子嘗有「纔明彼即曉此」之訓，程子方以宛轉歸己爲非是，而敬齋乃云「外面博求廣取，收入内裏」，是不知費多少宛轉，方能收入。而以是定朱子之學，其亦輕於立言矣。若云收入内裏以充於己，即大畜「君子多識前言往行以畜其德」，是又程朱皆然，而又豈朱子之所獨專者耶？雖外面求取與泛求徇外之説不同，而即此一言，其未曾深體朱子涵養立本之曲折亦可見矣。敬齋亦不幸遽卒耳，若壽至八十，親見姚江泛求徇外之説，豈復爲是言哉。

羅整菴

羅整菴與王陽明書云："嘗讀朱子文集，其第三十二卷皆與張南軒答問，第四書亦自以爲「其於實體似益精明，復取凡聖賢之書以及近世諸老先生之遺語，讀而驗之，則又無一不合。蓋平日所疑而未白者，今皆不待安排，往往自見灑落處」，與執事之所以自序者，無一語不相似也。書中發其所見不爲不明，而卷末一書，提綱振領，尤爲詳盡，竊以爲千聖相傳之心學，殆無以出此矣。不知何故，獨不爲執事所取，無亦偶然也耶？"

澐謂三十二卷第四書與卷末一書，朱子所見有不同處。考中和舊説序、與湖南諸公書皆是以心是已發，性是未發爲非。第四書所見，正是如此，當在己丑春未悟之前；卷末一書，在己丑春既悟之後，整菴並舉，亦考之未精矣。

余子積

余子積謂文公論心學凡三變。如存齋記所言心之爲物，不可以形體求，不可以聞見求，惟存之之久，則日用之間若有見焉，此則少年學禪，見得昭昭靈靈意思。及見延平，盡悟其失，後會南軒，始聞五峰之學以察識端倪爲最初下手處，未免缺却平時涵養一節工夫。別南軒詩「惟應酬酢處，特達見本根」，答叔京書尾謂「南軒入處精切」，皆謂此也。後來自悟其失，改定已發未發之論，然後體用不偏，動静交致其力，功夫方得渾全，此其終身定見也，安得以其入門功夫謂之晚年哉？

澐謂子積所言三變，惟會南軒以察識端倪爲最初下手處一段爲是，前後二段有未當焉。朱子學禪在癸酉以前，然其閲上蔡語録，已向克己用功夫。癸酉見延平後，惟讀書窮理，從日用實事上著力。存齋記作於戊寅，是時雖未能見得心理的確，而已不學禪，子積乃以此記正在學禪之時，其亦誤矣。至於己丑悟後改定已發未發説，是説中先言未發之中天性體段，發時即從此省察；後言敬貫通動静，而以静爲本，何曾平言動静？即答張南軒「諸説例蒙印可」書、中庸首章註，雖平言動静，而必先體立而後用行；如太極註、易本義皆言以静爲主，語類又言周子太極主静即是主敬。此方是朱子終身定見，而子積皆不言，宜其啓梨洲之譊譊也。然當晚年定論初出之時，從風應響，不辨黑白，群以爲然，而整菴、子積獨能闢其非是，可謂朱子功臣矣。子積不得以入門功夫謂之晚年一語，尤能折彼鋭氣，其爲敬齋高弟何疑哉！

高忠憲

高忠憲云：朱子初年之見，認性爲未發，心爲已發，凡謂之心則無未發之時，而未發之性存焉，則終未嘗發也。故其工夫亦只在察識端倪，而却於程子所謂涵養於未發之前者有疑，蓋全向流行發見處尋求也。後來却見得渾然全體之在我，存者存此，養者養此，非別有未發者限於一時，拘於一處，然其樞在我，非如向日在萬起萬滅方往方來之中立脚矣。後又益見得性情之妙管攝於心，而動静之功貫徹於敬，當其未發，仁義禮知之性具焉，此心寂然不動之本體也。及其已發，惻隱、羞惡、辭讓、是非之情形焉，此心感而遂通之妙用也。而戒慎恐懼之功，則周流貫徹於動静之間，而尤必以涵養爲省察之本，此所以未發則鏡明水止，而喜怒哀樂之發則無不中節也。凡朱子所見，大抵歷三轉而始定。

澐謂忠憲三轉之説亦極當矣，然有未盡者焉。朱子當延平在時，只向日用實事上用功，於未發之旨未暇深思。延平没而反思未發之旨不能了然，是時朱子已三十五，非初年也。及會南軒，從察識端倪以透未發，有與張欽夫「人自有生」二書，「萬起萬滅而寂然之體未嘗不寂然」云云者，是會南軒時初見也。後有「前書所稟」一書，中云「取聖賢之書及近世諸老先生遺語讀而驗之，無一不合」云者，即中和舊説序中「後得胡氏與曾吉父論未發之旨，適與吾意合」者也。此書中已明言已發者人心，而未發者皆其性，仍是心爲已發，性爲未發之見，與初見雖若不同，而不甚相遠，雖不似向日在萬起萬滅、方往方來之中立脚，而尚在端倪上得樞軸；雖不全向流行發用處尋求，而亦是端倪上得疊定也。至於己丑春與蔡季通講論，因疑而悟心統性情之妙，覺從前專在察識端倪上用力，缺却涵養一段工夫，詞氣之間有躁迫浮露之病，而無雍容暇豫氣象，是以有與湖南諸公書、答張欽夫「諸説例蒙印可」書、已發未發説，而日用工夫直是敬貫動静，以涵養未發氣象爲本。自此後三十年，工夫愈深愈純矣。忠憲於二轉、三轉大概平敘，而己丑透悟之由未曾提掇清白，故特正之焉。

高忠憲云：自古以來，聖賢成就俱有一箇脈絡，濂溪、明道與顏子一脈，陽明、子静與孟子一脈，横渠、伊川、朱子與曾子一脈，白沙、康節與曾點一脈。

澐謂顏曾孟氣象不同，而居敬窮理工夫總是一脈，朱子正是顏曾孟一脈。朱子自見延平及南軒，論心理氣仁義甚詳，此正窮理要緊處，若稍糢糊，便有害於涵養。自見延平，即用力存心；及遇南軒，反復未發之旨，數年而有得，此正存養要緊處。若稍氣質用事，雖知亦何益？故朱子於居敬窮理，實齊頭用功也。象山窮理不精，涵養不謹，以氣質用事，雖收斂直捷，不爲無得，而豈孟子比乎？告子上篇，前數章辨仁義明白詳盡，不使告子執一遺百，以氣混理之説得以淆亂吾儒仁義根心之旨。後數章養良心、守本心、求放心、養大體、立大者，亦以前既辨明，則存養方得無悮，便須着實體驗。朱子答呂伯恭云「界限分明，即實下克己莊敬工夫」，正告子上篇之意。此孟子千餘年後，能接知性存心之傳者，惟朱子也。忠憲不詳此旨，漫以陽明、子静與孟子一脈，豈有當哉。忠憲第以象山、陽明自學教人，皆直指本心，爲得孟子立言之意，殊不思孟子辨仁義禮智之性，惻隱羞惡、辭讓是非之情如此的確，斥告子執一遺百，以氣混理之説如此嚴明，象山能之乎？朱子能之乎？象山全不如朱子精密，僅以自心之明認爲全體，而性情之根原來歷無一語詳明，則其胸中之偏雜必有不免，遽以孟子一脈許之，立言亦稍易矣。明乎此義，則知朱子之窮理是顔、曾、孟之窮理，朱子之居敬，是顔、曾、孟之居敬，而陸王不得與焉，安容以餘分閏位躋於周程張朱諸賢之側也耶。

右四先生皆宗朱子者也，其契心傳，精義理，步步著實，不涉影響，直超出前明一代儒者之上。敘述朱子能具隻眼，透徹精微，但稍有未盡曲折處，特爲指出，雖不敢略其説而遂以爲無可議，亦不敢執其説，而竟以爲若相合也，惟好學者有以味其淺深焉。

朱子聖學考略凡例

一、延平先生答問數條與朱子同序，以明聖學所自來。

一、凡朋友門人因朱子教而有得其言，可以證朱子聖學者，概見於按論。若有疑問而朱子答之精密切實者，亦直序其説於前，以明聖學所裁成。

一、朱子文集、語類中有關聖學無年可考者，或語意有似於中年某書、晚年某書，則附載於後。若並不能斷其似中年晚年者，間見於按論。

一、朱子文集其年之可考者，序於某年。其無可考證，而按其文義，大概在某年前者，如文中敘及曾答某人書、得某人書而某人卒於某年，則序於某人卒年之前；大概在某年後者，如文中追敘著述之書、朋友之舊，則序於著述之後與朋友卒年之後。又有無可考證，而據所答之人，其人語録在某年者，則附序於後。如此類者，概不敢遽定爲何年，然相去不遠，亦不至大舛錯矣。

一、朱子語類其專録某年所聞者，自序於某年；其録某年以後，有別年可考者，則序於別年。如廖子晦問竇三段，因訓竇文卿在丙午，則别序於丙午。其無可考者，仍附序於後。

一、文集、語類有年可考者，載於前，無年可考而語意之相近者，附於後。

一、文集、語類既分以年，則不能以類分矣。其或言讀書窮理，或言居敬存心，錯見不一，閱者識其切要而留意焉。

一、朱子有統言工夫自某年後云云者，間見於按論。

一、凡無年可考而附於後者，概不敢輕定，以俟博學者訂正焉。

一、有文在後而録在前者，以追遡從前工夫行事也。有事在前而録在後者，以文作於後也。

一、敘朱子註釋纂集諸書，一遵年譜。

一、敘朱子治道，如南康、浙東、漳州、潭州、經筵，分年了然。惟泛論治道，如農兵、錢穀、刑罰之類，從諸儒所録年分載其要者，仍當詳閱文集、語類，方知其細密曲折。

一、是編如通鑑之有紀事本末，閱通鑑而不悉一事之本末，此紀事之當閱也。閱文集、語類而不知朱子進德行政之次第，或於是編有取焉。

朱子聖學考略目録

卷一

李先生書戊寅
存齋記戊寅
謝上蔡語録後序己卯三月
李先生書庚辰五月
李先生書庚辰
李先生書庚辰
李先生書庚辰七月
李先生書庚辰
李先生書庚辰
李先生書庚辰
李先生書庚辰
朱子問太極庚辰
李先生書辛巳五月
李先生書辛巳
李先生書辛巳八月

答汪尚書書癸未
答李伯諫書甲申
答李伯諫書甲申
困學詩甲申
答何叔京二
答何叔京
請徐王二生充學賓申縣劄子
舉柯翰狀
與鍾户部
潘時舉録
王過録
訪張敬夫於長沙丁亥
與曹晉叔書丁亥
酬張敬夫贈言丁亥

卷二

卷三

程氏外書後序癸巳
太極圖傳通書解成癸巳
中庸集解序癸巳
跋古今家祭禮甲午五月戊戌
答吕伯恭甲午
崇安縣五夫社倉記甲午五月
已發未發説
義觀説
知言疑義
與張敬夫論癸巳論語説
答張敬夫論仁説
答張敬夫又論仁説
答張敬夫論仁説
仁説
答吕伯恭書

卷四

答吳晦叔書
答廖子晦書
答程允夫書
答方耕道書
答張敬夫書
答張敬夫書
定性説
答曾泰之書
答林一之書
答方伯謨書
答方伯謨書
答游誠之書
答游誠之書
答林伯和書
答林叔和書

卷五

與王運使劄子庚子
與星子諸縣議荒政書庚子
奏勸諭到賑濟人户狀庚子
大修荒政庚子
開塲濟糶辛丑
與象山至白鹿洞講習辛丑
答吕伯恭書辛丑
乞住招軍買軍器罷新寨狀辛丑
乞禁保甲擅關集劄子辛丑
延和殿奏劄二辛丑
視事西興辛丑
滕璘録年譜序辛丑
鄭可學録年譜序辛丑
救荒事宜狀辛丑
瓊州學記壬寅

張南軒文集序甲辰

答萬正淳書

答林擇之書

答潘恭叔書

答包顯道書

答包詳道書

答包詳道書

答包敏道書

答李濱老書

答汪太初書

答黄商伯書

答吕子約書

答吕子約書

答陳超宗書

答潘叔昌書

卷六

答吕子約書
答黄直卿書
答黄直卿書
答黄直卿書
答袁機仲書
答袁機仲書
答袁機仲書
答余正叔書
答余正叔書
答程正思書
答周舜弼書
答周舜弼書
廖德明録
竇從周録
題太極西銘解後戊申

卷七

答周叔謹書庚戌
童伯羽録庚戌
陳淳録庚戌
劉砥録庚戌
楊道夫録庚戌
到漳郡首頒禮教庚戌
奏經界狀庚戌
經界申諸司狀庚戌
楊道夫録庚戌
陳淳録庚戌
元亨利貞説
易寂感説
太極説
周禮三德説
答林黄中書

答項平父書
答趙子欽書
答邵叔誼書
答鄭仲禮書
答蘇晉叟書
答王子合書
答吴伯豐書
答劉履之書
李方子録
陳文蔚録
吴必大録
李閎祖録
不知何氏録
李壯祖録
楊道夫録

卷八

卷九

答胡季隨書
答劉季章書
答劉季章書
答孫敬甫書
答孫敬甫書
輔廣録
林學蒙録
黄士毅録
林賜録
不知何氏録
廖德明録
董銖録
潘時舉録
林學蒙録
萬人傑録

卷十

答孫敬甫書戊午
答林正卿書戊午
答潘子善書戊午
作書傳戊午
胡泳録戊午
答廖子晦書己未
吕燾録己未
陳淳録己未
林學履録己未
沈僩録己未
吕燾録己未
李儒用録己未
陳淳録己未
黄義剛與陳淳同録己未
答吕子約書

周深父更名序庚申

改大學誠意章庚申三月辛酉

朱子卒庚申三月甲子

【校勘記】

〔一〕舜典象刑説　「典」字原在「象」下，據正文乙。

朱子聖學考略卷一

宋高宗庚戌九月，甲寅，朱子生。

癸亥，朱子十四歲。

丁父韋齋先生憂。初禀學於胡籍溪、劉草堂、劉屏山三君子之門。

乙丑，朱子十六歲。

嘗言某十五六時見呂與叔「雖愚必明，雖柔必强」一段，解得痛快，讀之未嘗不竦然警勵奮發。

丙寅，朱子十七歲。

嘗言十六七時，下工夫讀書。彼時四旁皆無津涯，只自恁地硬著力去做，至今日雖不足道，但當時也是喫了多少辛苦讀了書。楊道夫録。

己巳，朱子二十歲。

嘗言從十七八歲讀孟子，至二十歲，只逐句理會，更不通透。二十歲後，方知只恁地熟讀，自見得意思。葉賀孫。

又云：二十歲前，得上蔡語録觀之。初用朱筆畫出合處，再觀用粉筆，三觀用墨筆，數過之後，全與元看時不同矣。余大雅。

又云：二十歲前已看得書大意如此。錢木之。

朱子二十歲前讀孟子，觀上蔡語録，費多少辛苦工夫窮究聖學。雖有留心於禪處，而希聖之心，發端已大不同。

此三年所紀五段皆後日語，預序於此，如年譜例。

癸酉，朱子二十四歲。

夏，始受學於延平李先生之門。

按：年譜云朱子嘗言始見李先生，告之學禪，李先生但曰「不是」。再三質問，則曰「且看聖賢言語」。熹遂將所謂禪權倚閣起，取聖賢書讀之。讀來讀去，日復一日，覺得聖賢言語漸漸有味，却回頭看釋氏之説，漸漸破綻，罅漏百出。又言初見李先生，說得無限道理，李先生曰：「公恁地懸空理會得許多道理，而面前事却理會不下。道亦無他玄妙，只在日用間着實做工夫，便自見得。」熹後來方曉得他說，故今日不至於無理會耳。又言李先生令去聖經中求義理，熹後刻意經學，推見實理，始信前日諸人之誤。玩此，則朱子自見李先生後，深究聖賢言語而實體之，是第一大關。「道無他玄妙，日用間著實做工夫，便自見得」數語，朱子始聞在此，後來得力在此。下文載延平答問中，讀論孟玩心理之說，入手用功已與象山大不同矣。學蔀通辨以朱子此時學禪同陸，豈知朱子者哉！

乙亥，朱子二十六歲。

同安縣學宫書記後云：「凡九百八十五卷，與諸生議所以斂藏守視、出内凉暴之禁戒，以幸教此縣之人。」

按此篇記於紹興二十五年，正朱子聚經籍，與同安學者共爲窮經之實功也。

丁丑，朱子二十八歲。

六月二十六日，李先生書云：「承諭涵養用力處，足見近來好學之篤，甚慰甚慰。

但常存此心，勿爲他事所勝，即欲慮非僻之念自不作矣。孟子有夜氣之説，更熟味之，當見涵養用力處也。於涵養處著力，正是學者之要，若不如此存養，終不爲己物，更望勉之。」

戊寅，朱子二十九歲。

李先生書云：「又所謂但敬而不明於理，則敬特出於勉强，而無灑落自得之功，意不誠矣。灑落自得氣象地位甚高，恐前數説方是言學者下工夫處，不如此則失之矣。由此持守之久，漸漸融釋，使之不見有制之於外，持敬之心，理與心一，庶幾灑落爾。某自聞師友之訓，賴天之靈，時常只在心目間，雖資質不美，世累妨奪處多，此心未嘗敢忘也。於聖賢之言，亦時有會心處，亦間有識其所以然者，但覺見反爲理道所縛，殊無進步處。今已老矣，日益恐懼，吾元晦不鄙孤陋寡聞，遠有質問所疑，何愧如之。」

朱子存齋記略云：「人之所以位天地之中而爲萬物之靈者心也。心之爲體，不可以聞見得，不可以思慮求，謂之有物則不得於言，謂之無物則日用之間無適而非是也。君子於此，將何所用其力哉？必有事焉而勿正，心勿忘，勿助長，則存之之道也。如是而存，存而久，久而熟，心之爲體，必將有見乎參倚之間，而無一息之不存矣。」

朱子學禪止在少年，自見李先生後，尚未能透徹心理，如存齋記亦非學禪如象山也。通辨云「專説求心見心，全與禪陸合」，大失之矣，特朱子此時見理未透，工夫未到耳。若云禪學，何能一二年後，即覺其非而力闢之乎？且戊寅質問延平甚多，正與存齋記同時，皆是窮究語、孟實學，存之之道數語，即用力於延平所謂持敬涵養而未融釋，豈真求心而遺理哉。通辨「與禪陸合」之言，不知朱子之甚者也。宗朱子者反以爲然，何不詳考朱子進德之實，而隨聲附和若此，故不得不力辨之。

己卯，朱子三十歲。

三月，作謝上蔡語録後序，略云：獨板本所增多猶百餘章，然或失本指，雜他書，其尤者五十餘章，至詆程氏以助佛學，直以「或者」目程氏，而以「予曰」自起，其辭皆荒浪無根，非先生所宜言，亦不類答問記述之體，意近世學佛者私竊爲之，以亢其術。偶出於曾氏雜記異聞之書，而傳者弗深考，遂附之於先生，傳之久遠，疑誤後學，使先生爲得罪於程夫子，而曾氏爲得罪於先生者，則必是書之爲也。故竊不自知其固陋，輒放而絶之，雖或被之以僭妄之罪而不敢辭也。

是時朱子衛道闢禪之心已於此篇發之。後十年作上蔡語録後記，云江民表辨道録一篇，乃盡向所削去五十餘章者。夫民表所著以詆程氏而雜於上蔡語録之中以欺世，非朱子深識其禪而削去之，則上蔡幾冒大不韙矣。朱子是時闢禪如是精明，而謂其同於陸氏，然乎？否乎？

庚辰，朱子三十一歲。

五月八日，李先生書云：「某曩時從羅先生學問，終日相對静坐，只説文字，未嘗及一雜語。先生極好静坐，某時未有知，退入室中，亦只静坐而已。先生令静中看喜怒哀樂未發之謂中，未發時作何氣象。此意不唯於進學有力，兼亦是養心之要。元晦偶有心恙，不可思索，更於此一句内求之，静坐看如何，往往不能無補也。」

此段朱子親受李先生静坐之説，後日且以爲説得偏重，其静之不同於禪可知矣。

李先生書云：「嘗愛黄魯直作濂溪詩序云『舂陵周茂叔人品甚高，胸中灑落如光風霽月』，此句形容有道者氣象絶佳，胸中灑落，即作爲盡灑落矣。學者至此雖甚遠，亦不可不常存此體段在胸中，庶幾遇事廓然，於道理方少進，願更存養如此。」

李先生書云：「聞召命不至，復有指揮，今來亦執前説辭之，甚佳。蓋守之已定，自應如此，縱煎迫擾擾，何與我事？若於義可行，便脱然一往亦可也。某嘗以謂遇事若能無毫髮固滯，便是灑落，即此心廓然大公，無彼己之偏倚，庶幾於道理一貫。若見事不徹，中心未免微有偏倚，即涉固滯，皆不可也。未審元晦以爲如何？爲此説者，非理道明、心與氣合，未易可以言此。不然，只是説也。」

前一書延平教朱子立本須灑落，後一書教朱子應事須灑落，所云「此心廓然大公，無彼己之偏倚」，即立本應事一貫之理，而要歸於理道明、心氣合，此正朱子居敬窮理之淵源也。

七月，李先生書云：「某自少時從羅先生學問，彼時全不涉世故，未有所入。聞先生之言，便能用心静處尋求，至今淟涊憂患，磨滅甚矣。四五十年間，每遇情意不可堪處，即猛省提掇，以故初心未嘗忘廢，非不用力，而迄於今，更無進步處。常竊静坐思之，疑於持守及日用儘有未合處，或更有關鍵未能融釋也。向來嘗與夏丈言語稍無間，因得一次舉此意質之，渠乃以釋氏之語來相淘，終有纖奸打訛處，全不是吾儒氣味，旨意大段各别，當俟他日相見劇論可知。大率今人與古人學殊不同，如孔門弟子群居終日相切摩，又有夫子爲之依歸，日用間相觀感而化者甚多，恐於融釋而脱落處非言説可及也。不然，子貢何以謂『夫子之言性與天道不可得而聞』耶？元晦更潛心於此，勿以老邁爲戒而怠於此道，乃望。承欲秋凉一來，又不知侍下别無人可以釋然一來否？只爲往來月十日事，疑亦可矣，但亦須處得老人情意帖帖無礙乃佳爾。」

李先生書云：「所云見語録中有『仁者渾然與物同體』一句，即認得西銘意旨，所見路脈甚正，宜以是推廣求之。然要見一視同仁氣象却不難，須是理會分殊，雖毫髮不可失，方是儒者氣象。」

李先生書云：「又云因看『必有事焉而勿正，心勿忘，勿助長』數句，偶見全在日用間非著意、非不著意處，才有毫髮私意，便没交涉。此意亦好，但未知用處却如何，須喫緊理會這裏始得。某曩時傳得吕與叔中庸解甚詳，當時陳幾叟與羅先生門，皆以此文字説得浸灌浹洽，比之龜山解却似枯燥，晚學未敢論此。今此本爲相知借去，亡之已久，但尚記得一段云『謂之有物，則不得於言；謂之無物，則必有事焉』。不得於言者，視之不見，聽之不聞，無形聲接乎耳目而可以道也。必有事焉者，莫見乎隱，莫顯乎微，體物而不可遺者也。學者見乎此，則庶乎能擇乎中庸而執之隱微之間，不可求之於耳目，不可道之於言語，然有所謂昭昭而不可欺，感之而能應者，正惟虚心以求之，則庶乎見之。又據孟子説『必有事焉』至於助長不耘之意，皆似是言道體處。來諭乃體認出來，學者正要如此，但未知用時如何脗合渾然，體用無間乃是。不然，非著意，非不著意，溟溟涬涬，疑未然也。某嘗謂進步不得者髣髴多是如此類窒礙，更望思索，它日熟論，須見到心廣體胖，遇事一一灑落處方是道理，不爾，只是説也。」

李先生書云：「又云『便是日月至焉氣象』一段，某之意只謂能存養者，積久亦可至此，若比之不違氣象，又迥然别也。今之學者雖能存養，知有此理，然旦晝之間一有懈焉，遇事應接舉處不覺打發機械，即離間而差矣。唯存養熟，理道明，習氣漸爾消鑠，道理油然而生，然後可進，亦不易也。來諭以爲能存養者無時不在，不止日月至焉。若如此説，却似輕看了也。如何？」

李先生書云：「承諭心與氣合及所注小字，意若逐一理會心與氣即不可。某鄙意止是形容到此，解會融釋，不如此不見所謂氣，所謂心，渾然一體流浹也。到此田地，若更分别那箇是心，那箇是氣，即勞攘爾。不知可以如此否？不然，即成語病無疑。若更非是，無惜勁論，吾儕正要如此。」

第一書辨釋氏也，第二書云理會分殊，第三書云用處脗合。第四書云存養熟，理道明，習氣漸爾消爍，道理油然而生，總是教朱子體認本體，理會用處，必體用無間，方是真功夫。第五書言理會心與氣又不可分别勞攘，正要會得一體流浹處。朱子早年便聞此切要著實語，所以後來見地甚高。

辛巳，朱子三十二歲。

問「太極動而生陽」。先生嘗曰：「此只是理，做已發看不得。」熹疑既言「動而生陽」，即與復卦「一陽生而見天地之心」何異？竊恐「動而生陽」，即天地之喜怒哀樂發處，於此即見天地之心；二氣交感，化生萬物，即人物之喜怒哀樂發處，於此即見人物之心。如此做兩節看，不知得否？李先生曰「太極動而生陽」，至理之源，只是動静闔闢。至於終萬物、始萬物，亦只是此理一貫也。到得二氣交感化生萬物時，又就人物上推，亦只是此理。中庸以喜怒哀樂未發已發言之，又就人身上推尋，至於見得大本達道處，又衮同只是此理。此理就人身上推尋，若不於未發已發處看，即何緣知之？蓋就天地之本源與人物上推來，不得不異。此所以於動而生陽，難以爲喜怒哀樂已發言之，在天地只是理也。今欲作兩節看，切恐差了。復卦「見天地之心」，先儒以爲静見天地之心，伊川先生以爲動乃見，此恐便是「動而生陽」之理。然於復卦發出此一段示人，又於初爻以「顔子不遠復」爲之，此只要示人無間斷之意。人與天理一也，就此理上皆收攝來，「與天地合其德，與日月合其明，與四時合其序，與鬼神合其吉凶」，皆其度内爾。妄測度如此，未知元晦以爲如何？

玩此段，知朱子潛心太極所由來也。太極動而生陽，至理之源，動静闔闢，只是此理；一貫人物上推，只是此理；見大本達道處，又衮同只是此理，皆天理自然也。若喜怒哀樂就人身上推尋，不得不異者，不盡是天理自然，與「太極動而生陽」有不相似處，所以不得將動而生陽作已發看也。到得見大本達道處，又衮同只是此理，總是天理自然，所以不可作兩節看也。末言「不遠復」、無間斷，並功夫都説了，究竟只就此理上皆收攝來，人功盡而天理全也。此旨甚微，非十分透徹，終無歸宿。朱子後來體驗極精，故言聖人不是閑動靜，又言聖人一動一靜，莫非妙道精義之發，深契此旨矣。

五月二十六日李先生書云：「某村居一切如舊，無可言者。窘束爲人事所牽，間有情意不快處，一切消釋，不復能恤。蓋日長之離，理應如此爾。」

李先生書云：「承録示韋齋記，追往念舊，令人凄然。某中間所舉中庸始終之説，元晦以謂『肫肫其仁，淵淵其淵，浩浩其天』，即全體是未發底道理，惟聖人盡性能然。若如此看，即於全體何處不是此氣象，第恐無甚氣味爾。某竊以謂『肫肫其仁』以下三句，乃是體認到此達天德之効處，就喜怒哀樂未發處存養，至見此氣象，儘有地位也。某嘗見呂芸閣與伊川論中説，呂以謂循性而行，無往而非禮義；伊川以謂氣味殊少。呂復書云云，政謂此爾。大率論文字切在深潛縝密，然後蹊徑不差。釋氏所謂一超直入如來地，恐其失處正坐此，不可不辨。」

八月七日李先生書云：「某歸家凡百只如舊，但兒輩所見凡下，家中全不整頓，至有疏漏欲頽敝處，氣象殊不佳。既歸來，不免令人略略修治，亦須苟完可爾。家人猶預未歸，諸事終不便，亦欲於冷落境界上打疊，庶幾漸近道理。他不敢恤，但一味窘束，亦有沮敗人佳處，無可奈何也。」

中一書就喜怒哀樂未發處存養數語，實有用功曲折，方能到得，朱子教人讀書當深潛縝密，皆本於此。前後二書，就境上實打疊，朱子壁立萬仞，百折不回，得力於此。後一書首有「辛巳」二字，原本錯在壬午，今改正。

壬午，朱子三十三歲。

四月二十二日李先生書云：「吾儕在今日，止可於僻寂處草衣木食，苟度此歲月爲可，他一切置之度外，惟求進此學問爲庶幾爾。若欲進此學，須是盡放棄平日習氣，更鞭飭所不及處，使之脱然有自得處，始是道理少進。承諭應接少暇即體究，方知以前皆是低看了道理。此乃知覺之効，更在勉之。」

五月十四日李先生書云：「承諭處事擾擾，便似内外離絶，不相該貫。此病可於静坐時收攝，將來看是如何，便如此就偏著處理會，久之知覺，即漸漸可就道理矣。更望勉之。」

六月十一日李先生書云：「承諭仁一字條陳所推測處，足見日來進學之力，甚慰。某嘗以謂仁字極難講說，只看天理統體便是。更心字亦難指說，惟認取發用處是心。二字須要體認得極分明，方可下工夫。仁字難說，論語一部，只是說與門弟子求仁之方。知所以用心，庶幾私欲沉、天理見，則知仁矣。如顔淵、仲弓之問，聖人所以答之之語，皆其要切用力處也。孟子曰：『仁，人心也。』心體通有無，貫幽明，無不包括，與人指示於發用處求之也。又曰：『仁者，人也。』人之一體，便是天理，無所不備具。若合而言之，人與仁之名亡，則渾是道理也。來諭以謂仁是心之正理，能發能用底一箇端緒，如胎育包涵其中，生氣無不純備，而流動發生，自然之機，又無頃刻停息。憤盈發洩，觸處貫通，體用相循，初無間斷。此說推擴得甚好。但又云『人之所以爲人而異乎禽獸者，以是而已。若犬之性，牛之性，則不得而與焉』，若如此說，恐有礙。蓋天地中所生物本源則一，雖禽獸草木，生理亦無頃刻停息間斷者。但人得其秀而最靈，五常中和之氣所聚，禽獸得其偏而已，此其所以異也。若謂流動發生自然之機，與夫無頃刻停息間斷，即禽獸之體亦自如此。若以爲此理唯人獨得之，即恐推測體認處未精，於他處便有差也。又云『須體認到此純一不雜處，方見渾然與物同體氣象』一段，語却無病。又云『從此推出分殊合宜處便是義，以下數句，莫不由此，而仁一以貫之，蓋五常百行，無往而非仁也』，此說大概是，然細推之，却似不曾體認得伊川所謂『理一分殊』，龜山云『知其理一，所以爲仁；知其分殊，所以爲義』之意，蓋全在知字上用着力也。謝上蔡語録云不仁便是死漢，不識痛癢了。仁字只是有知覺了了之體段，若於此不下工夫令透徹，即何緣見得本源毫髮之分殊哉？若於此不了了，即體用不能兼舉矣。此正是本源體用兼舉處，人道之立，正在於此。仁之一字，正如四德之元，而仁義二字，正如立天道之陰陽，立地道之柔剛，皆包攝在此二字爾。大抵學者多爲私欲所分，故用力不精，不見其効。若欲於此進步，須把斷諸路頭，静坐默識，使之泥滓漸漸消去方可。不然，亦只是説也。更熟思之。」

細玩此書，知朱子功夫皆淵源於此。朱子嘗言論語只説功夫，不説仁體。能用功夫，仁體自見，即李先生「知所以用心，則人欲沉、天理見」之謂也。朱子大學或問、孟子集註辨人物理同氣異、氣同理異甚詳，即李先生「天地中所生物本源則一，禽獸得偏」之謂也。至於理一分殊之説，朱子以理一是仁，在本源上看，分殊是義，在推行上看，自李先生言之。本源上分殊須下工夫，於此透徹，方是本源體用兼舉處。看來天理本源，原是如此。周子云「五行一陰陽，陰陽一太極，太極本無極」，程子云「沖漠無朕，萬象森然已具。未應不是先，已應不是後」，周程分明説在這裏。李先生特地提醒，乃知人心只是仁義是主，千變萬化，道理皆在其中。如辭受去就，凡不可受、不可就者，本源處原是不可受、不可就，一切可否輕重厚薄，本來原有合宜的，只患不知，所以格物致知不可忽也。朱子特重格致，要使心地了了，於本源分殊處無毫髮蒙混，方不虧了仁義本體。居仁便由義，由義便居仁，不待推行始是義，其得於李先生之教深矣。

李先生書云：「以今日事勢觀之，處此時唯儉德避難，更加韜晦爲得所，他皆不敢以姑息自恕之事奉聞也。元晦更切勉之。上蔡先生語『近看甚有力』。渠一處云『凡事必有根』，又云『必須有用處尋討，要用處病根〔一〕，將來斬斷便没事』，此語可時時經心也。」

七月二十一日李先生書云：「某在建安，竟不樂彼，蓋初與家人約，二老只欲在此。繼而家人爲兒輩所迫，不能謹守，遂往。某獨處家中，亦自不便，故不獲已往來，彼此不甚快。自念所寓而安，方是道理，今乃如此，正好就此下工夫，看病痛在甚處以驗之，他皆不足道也。某幸得早從羅先生遊，自少時粗聞端緒，中年一無佽助，爲世事淟汩者甚矣。所幸比年來得吾元晦，相與講學，於頽惰中復此激發，恐庶幾於晚境也。何慰如之。」

李先生處境遇煞用力，學者當着眼。暮年涵養深純，猶借資於朱子，朋友之益，豈淺鮮哉。

李先生書云：「謝上蔡語極好玩味，蓋渠皆是於日用上下工夫。又言語只平說，尤見氣味深長。」

朱子二十歲前玩上蔡語録甚有味，李先生即以是立教，針芥之契微矣。

朱子問：「熹昨妄謂仁之一字，乃人之所以爲人而異乎禽獸者。先生不以爲然。熹因以先生之言思之，而得其説，復求正於左右。熹竊謂天地生萬物，本乎一源，人與禽獸草木之生，莫不具有此理。其一體之中，即無絲毫欠剩；其一氣之運，亦無頃刻停息，所謂仁也。先生批云：「有有血氣者，有無血氣者，更體究此處。」但氣有清濁，故稟有偏正，惟人得其正，故能知其本，具此理而存之，而見其爲仁。物得其偏，故雖具此理而不自知，而無以見其爲仁。然則仁之爲仁，人與物不得不同；知人之爲人而存之，人與物不得不異。故伊川夫子既言『理一分殊』，而龜山又有『知其理一，知其分殊』之説。而先生以爲全在知字上用着力，恐亦只是此意也。先生勾斷，批云：「以上大概得之，它日更用熟講體認。」不知果是如此否。又詳伊川之語推測之，竊謂理一而分殊，此一句言理之本然如此，全在性分之內，本體未發時看，先生抹出，批云：「須是兼本體已發未發時看，合内外爲可。」合而言之，則莫非此理，然其中無一物之不該，便自有許多差别。雖散殊錯糅，不可名狀，而纖微之間，同異畢顯，所謂理一而分殊也。『知其理一，所以爲仁；知其分殊，所以爲義』，此二句乃是於發用處該攝本體而言，因此端緒而下工夫，以推尋之處也。蓋『理一而分殊』一句，正如孟子所云『必有事焉』之處，而下文兩句，即其所以事乎此之謂也。先生抹出，批云：「恐不須引孟子説以證之。孟子之説，若以微言，恐下工夫處落空，如釋氏然。孟子之説，亦無隱顯精粗之間。今録謝上蔡一説於後玩味之，即無時不是此理也。此説極有力。」大抵仁字正是天理流動之機，以其包容和粹，涵育融漾，不可名貌，故特謂之仁。其中自然文理密察，各有定體處，便是義。只此二字，包括人道已盡，義固不能出乎仁之外，仁亦不離乎義之内也。然則理一而分殊者，乃是本然之仁義。先生勾斷，批云：「推測到此一段甚密，爲得之。加以涵養，何患不見道也。甚慰甚慰。」前此乃以從此推出分殊合宜處爲義，失之遠矣。又不知如此上推測，又還是否？更乞指教。」李先生曰：「謝上蔡云：『吾常習忘以養生，明道曰：「施之養則可，於道則有害。習忘可以養生者，以其不留情也。學道則異於是，必有事焉勿正，何謂乎？且出入起居，寧無事者，正心待之，則先事而迎，忘則涉於去念，助則近於留情。故聖人心如鑑，所以異於釋氏心也。」』上蔡録明道此語，於學者甚有力。蓋尋常於靜處體認下工夫，即於鬧處使不着，蓋不曾如此用功也。自非謝先生確實於日用處下工夫，又言：吾每就事上作工夫學。即恐明道此語亦未必引得出來。此語録所以極好玩索，近方看見如此意思顯然。元晦於此更思看如何，唯於日用處便下工夫，或就事上便下工夫，庶幾漸可合爲己物，不然只是説也。某輒妄意如此，如何如何？」

玩此一段，朱子窮理之精，李先生指示之密，皆可見矣。仁之爲仁，人得其正，物得其偏，故有知與不知之分。就此體究，伊川、龜山之意方顯明透闢，知字關頭便是人禽之別。朱子推測到此，自然切實用功也。理一分殊，朱子看到未發時原是如此，又看到發用處該攝本體，又看到包容和粹，涵育融漾，不可名貌，文理密察，各有定體，直歸到本然仁義。其入微處從天性源頭窮格，非江西家能及也。李先生又教以兼本體已發未發時看，合内外爲可。又教以於日用事上下工夫，庶可漸合爲己物，而引謝上蔡一段以證之，蓋吾道不比釋氏，既窮理見得本體，只是仁義包括人道已盡，便於出入起居、應事接物兼體用下工夫，方得内外合一。此李先生以伊川、龜山嫡傳示朱子之意，至今如見者也。潓向玩此，亦曾依之以行，只是難得合爲己物。後閲朱子已發未發説、與湖南諸公書，所云日用本領工夫，亦必以是爲本之説而力行之，始信朱子發明親切，而益悟李先生兼體用下工夫之訓原來如是的確。苟非朱子於心性仁義之本窮究精詳，亦引不出李先生此語；非朱子後來疑悟之深，亦發不出李先生兼體用下工夫，有如此次第之可循而行也。有志於道者，尚潛心體驗焉。李先生尋常於靜處三句，説透學者病痛，日用處便下工夫，是鬧静合一秘訣。

朱子又問：「孟子『養氣』一章，向者雖蒙曲折面誨，而愚意竟未見一總會處，近日求之，頗見大體，只是要得心氣合而已。故説『持其志，無暴其氣』，『必有事焉而勿正，心勿忘，勿助長也』，皆是緊切處。只是要得這裏所存主處分明，則一身之氣，自然一時奔湊翕聚，向這裏來。存之不已，及其充積盛滿，睟面盎背，便是塞乎天地氣象，非求之外也。如此則心氣合一，不見其間，心之所向，全氣隨之。雖加齊之卿相，得行道焉，亦沛然行其所無事而已，何動心之有？易曰：『直方大，不習無不利。』而文言曰『敬義立而德不孤』，『則不疑其所行也』，正是此理。不審先生以爲如何？」李先生曰：「養氣大概是要得心與氣合，不然，心是心，氣是氣，不見所謂集義處，終不能合一也。元晦云『睟面盎背，便是塞乎天地氣象』，與下云『亦沛然行其所無事』，二處爲得之。見得此理甚好，然心氣合一之象，更用體察，令分曉路陌方是。某尋常覺得於畔援歆羨之時，未必皆是正理，亦心與氣合，到此若髣髴有此，氣象一差，則所失多矣。豈所謂浩然之氣耶！某竊謂孟子所謂養氣者，自有一端緒，須從知言處養來乃不差，於知言處下工夫儘用熟也。謝上蔡多謂『於田地上面下工夫』，此知言之説，乃田地也。先於此體認，令精審，認取心與氣合之時，不偏不倚氣象是如何，方可看易中所謂『直方大，不習無不利』，然後『不疑其所行』皆沛然矣。元晦更於此致思看如何，某率然如此，極不揆是與非，更俟他日面會商量可也。」

朱子體驗養氣，已是反身切己用功，李先生分曉路陌之語尤精微。養氣端緒須從知言處下工夫，旨哉斯言也。知言即窮理，不從窮理入，雖心與氣合，非浩然氣象。陽明一派學者，喜言静坐收斂，以朱子格物窮理爲狗外，雖能收斂，非大學之知止定静安慮得，勢必偏重一邊，即不入禪，亦是虚寂一派。究於性理半明半暗，有許多强制遏捺處，不遵朱子窮究體驗仁義禮智渾然燦然之性，斷不能認取心氣合時不偏不倚氣象，用工夫者自知之。

朱子問：「熹近看中庸『鬼神』一章，竊謂此章正是發明顯微無間只是一理處。且如鬼神有甚形跡，然人却自然有畏敬之心，以承祭祀，便如真有一物在其上下左右。此理亦有甚形蹟，然人有自然秉彝之性，才存主著這裏，便自見得許多道理。參前倚衡，雖欲頃刻離而遁之而不可得，只爲至誠貫徹，實有是理。無端無方，無二無雜。方其未感，寂然不動；及其既感，無所不通。濂溪翁所謂『静無而動有，至正而明達』者，於此亦可以見之。不審先生以爲如何？」李先生曰：「此段看得甚好，更引濂溪翁所謂『静無而動有』作一貫曉會，尤佳。中庸發明顯微之理，於承祭祀時爲言者，只謂於此時鬼神之理昭然易見，令學者有入頭處爾。但更有一説，若看此理，須於四方八面盡皆收入體究來，令有會心處方是。謝上蔡云：『鬼神，横渠説得來别，這箇便是天地間妙用，須是將來做箇題目入思慮始得，講説不濟事。』又云：『鬼神自家要有便有，要無便無。』更於此數者一併體認，不可滯在一隅也。某偶見如此，如何如何？」

朱子體驗鬼神,直從秉彝之性存主處透出,即李先生所謂「令學者有入頭處」之意也。至於看此理「須於四方八面盡收入體究有會心處方是」云者,朱子數十年窮理工夫,實本此語。蓋天地間妙用日生日斂,無有窮盡,此便是鬼神。若不理會天地間妙用,只認鬼神是人心所爲,許多病痛,皆從此出,大失此章鬼神全理,故須從太極陰陽動靜、五行消息人物變化一總看來,方知鬼神是無方無體,而秉彝存主是統會處,愈不可須臾離也。

李先生書云:「韜晦一事,嘗驗之,極難。自非大段涵養深潛,定不能如此,遇事輒發矣,亦不可輕看也。如何如何?」

韜晦一事,是李先生儉德自守學力,朱子雖仕,亦是此意。

秋八月,朱子應詔上封事,略曰:「帝王之學,必格物致知,以極夫事物之變,使夫事物之過乎前者,義理所存,纖微畢照,瞭然乎心目之間,不容毫髮之隱,則自然意誠心正,而所以應天下之務者得矣。」又曰:「程顥與弟頤皆以大學篇乃孔氏遺書,願陛下留意此經,延訪真儒深明厥旨者,置諸左右,以備顧問,研究充擴,務於至精至一之地,而知天下國家之所以治者不出於此,然後知體用之一原、顯微之無間,而獨得乎堯、舜、禹、湯、文、武、周公、孔子之所傳矣。於是考之以六經之文,監之以歷代之蹟,會之於心,以應當世無窮之變!

其所至豈臣所能量哉。」又曰：「今日之計，在修攘而已，然其計所以不時定者，講和之説疑之也。」又曰：「陛下前日所號召者，皆天下所謂忠臣賢士也，誠與之共圖天下之事，使疏而賢者，雖遠不遺，親而否者，雖邇必棄。毋主先入以致偏聽獨任之譏，毋篤私恩以犯示人不廣之戒，進退取舍惟公論是從，則朝廷正而内外遠近莫不一於正矣。」

此篇朱子告孝宗者，在去詞華虚無之見，專意格致誠正、修齊治平之道，不講和，用忠賢，以成中興之業，而讀大學段尤其喫緊處，惜孝宗之不振也。

十月朔日李先生書云：「承諭近日看仁一字，頗有見處，但乍喧乍静，乍明乍暗，仔細點檢，儘有勞攘處。詳此足見潛心體認用力之效，蓋須自見得病痛窒礙處，然後可進，因此而修治之，推測自可見。甚慰，甚慰。孟子曰：『夫仁，亦在乎熟之而已。』乍喧乍静，乍明乍暗，皆未熟之病也，更望勉之。至祝至祝。」

「乍喧乍静，乍明乍暗」，朱子三十三歲尚如此，固見用功之難。亦是必歷境候，過得此關，方踏實地，善學者斷不可稍見影響，便謂已是。蓋不見未熟，終身不熟矣，可懼哉！

癸未，朱子三十四歲。

五月二十三日李先生書云：「近日涵養必見應事脱然處否？須就事兼體用下工夫，久久純熟，漸可見渾然氣象矣。勉之勉之。」

「就事兼體用下工夫」一語，是存養體驗要緊處，須參朱子所云「日用本領工夫」、「亦必以是爲本」等語，實實下手去做，自有貫通處。

六月十四日李先生書云：「承諭令表弟之去，反而思之，中心不能無愧悔之恨。自非有志於求仁，何以覺此！語録有云『罪己責躬不可無，然亦不可常留在心中爲悔』。來諭云悔吝已顯然，如何便銷隕得，胸中若如此，即於道理極有礙。有此氣象，即道理進步不得矣，政不可不就此理會也。某竊以謂有失處，罪己責躬，固不可無，然過此以往，又將奈何？常留在胸中，却是積下一團私意也。到此境界，須求其所以愧悔不去，爲何而來。若來諭所謂，似是於平日事親事長處，不曾存得恭順謹畏之心，即隨處發見之時，即於此處就本源處推究涵養之，令漸明，即此等固滯私意當漸化矣。又昔聞之羅先生云：『横渠教人，令且留意「神」、「化」二字，所存者神，便能所過者化。私吝盡無，即渾是道理，即所過者自然化矣。』更望以此二説於静默時及日用處下工夫，看如何。吾輩今日所以差池道理不進者，只爲多有坐此境界中爾。禪學者則不然，渠亦有此病，却只要絶念不採，以是爲息滅，殊非吾儒就事上各有條理也。元晦試更以是思之，如何？或體究得不以爲然，便中示報爲望。」

玩此段，須事事克己，必所存者神，方能所過者化。靜時、動時無一刻不存神，存之之久且熟，則所過者可漸漸化矣。

按朱子事李先生十年，往來書問於要緊處切實言之，如養氣、鬼神、仁義、理一分殊等奥旨，究極底裏，不作尋常依文逐句解説，專令於日用下工夫，四方八面，盡收入來體究，皆朱子所身體而心會之者。是以此十年間，用力於格物，總是反身收心，初非泛泛求之事物者也。惟於未發氣象及肫肫、淵淵、浩浩就未發處存養，至見此氣象之義未徹，故李先生没一二年間，思透此旨，與南軒講究其微，從遺書參透其妙而有得焉。此朱子聖學顯然次第，而宗朱子者不獨於透未發處不加發明，即從李先生切己格物如心理氣合一、秉彝存主、本源理一、本源分殊之説，其中條理脈絡、親切要妙處，亦少探本尋源之論，如是而謂能明朱子聖學，豈其然哉！愚竊憂之，備録答問數十條，則知朱子下手功夫切實，不涉虛玄，異於陸氏者於此分其途。諸儒議朱子格物狥外者，於此辨其謬，要在玩味而自得之，非筆舌所能悉也。

按：朱子與李先生講論仁義誠敬，分晰精微，何嘗不求諸心，又何嘗儱侗專事求心耶，又何嘗同於空虛耶。通辨乃云與陸合，大不然矣。

答許順之書云：「凡前日所從事一副當高奇新妙之説，並且倚閣，久之見實理，自然都使不着矣。蓋爲從前相聚時，熹亦自有此病，所以相漸染成此習尚，今日乃成相誤，惟以自咎耳。」

此書通辨載在朱子四十一歲後，且云「朱子初年學專説心，謂與書册言語全無交涉，此正一副當高奇新妙之説」，非也。按此書作於癸未，書中云「伯崇去年得書問論語，因以呈李先生，李先生以爲不然」，又云「子韶之説直截不是正理」。是時李先生尚在，安得謂四十一以後乎？所謂從前相聚者，指三十以前；所謂高奇新妙之説者，指三十以前所言，非指答何叔京書也。癸未已悟禪學子韶之非，豈至四十後方悟乎？朱子又答許順之云：「大抵舊來多以佛、老之似亂孔、孟之真，故每有過高之病。近年方覺其非，而亦未能盡革，但時有所覺，漸趨平穩耳。」此書亦係三十四以前語，朱子與順之闢佛書不一，不應至四十以後，始云方覺其非，而亦未能盡革也。試閲四十以後書，其闢佛處絶無一宛轉語，通辨亦大誤矣。

答汪尚書書云：「熹於釋氏之説，蓋嘗師其人，尊其道，求之亦切至矣，然未能有得。其後以先生君子之教，校乎先後緩急之序，於是暫置其説，而從事於吾學。其始蓋未嘗一日不往來於心也，以爲俟卒吾説而後求之，未爲甚晚。而一二年來，心獨有所自安，雖未能即有諸己，然欲復求之於外學以遂其初，不可得矣。」

此書作於隆興元年癸未，與答許順之「從前相聚」一書同時。其云「求之切至」，即少年學佛也；「先生君子之教」，即李先生也；「一二年來心獨有所自安」，即奉李先生教而自安也。此書末云和戰之説一段，按孝宗元年李顯忠、邵宏淵兵敗於宿州，與金人議和，而朱子論此甚詳，其爲癸未無疑。且此書中段所載上蔡文定之言以闢佛者，語意亦宛轉，誠如所謂方覺其非者。若甲申答李伯諫諸書，則明白嚴厲，以痛斥之。通辨乃序之庚寅，何不詳考也。

甲申，朱子三十五歲。

答李伯諫書云：「詳觀所論，大抵以釋氏爲主。從初讀孔、孟、伊洛文字，止是資舉業，固無緣得其指歸，所以敢謂聖學止於如此。至於後來學佛，乃是怕生死而力究之，故陷溺深，從始至末，皆是利心。然敢詆伊洛而不敢非孔、孟者，直以舉世尊之，而吾又身爲儒者，故不敢耳，豈真知孔、孟之可信而信之哉！是猶不敢顯然背畔，而毁冠裂冕，拔本塞源之心已竊發矣。學者豈可使有此心萌於胸中哉！」

又答李伯諫書云：「來書謂伊川先生所云内外不備者爲不然，蓋無有能直内而不能方外者，此論甚當。據此正是熹所疑處，若使釋氏果能敬以直内，則便能義以方外，便須有父子君臣、三綱五常，缺一不可。今曰能直内矣，而其所以方外者果安在乎？又豈數者之外，別有所謂義乎？以此而觀伊川之語，可謂失之恕矣。然其意不然，特老兄未之察耳。所謂有直内者，亦謂其有心地一段工夫耳，但其用力却有不同處，故其發有差，他却全不管着，此所以無方外之一節也。固是有根株則必有枝葉，然五穀之根株則生五穀之枝葉，華實而可食；稊稗之根株則生稊稗之枝葉，華實而不可食，此則不同耳。參术以根株而愈疾，鈎吻以根株而殺人，其所以殺人者，豈在根株之外而致其毒哉？故明道先生又云釋氏惟務上達而無下學，然則其上達處豈有是也，元不相連屬，但有間斷，非道也。此可以見内外不備之意矣。然來書之云，却是從儒向佛，故猶藉先生之言以爲重，若真胡種族，則亦不肯招認此語矣。」

甲申朱子答伯諫書凡十六，雖非一時，然亦不遠。其闢佛甚力，不復如前之宛轉矣。通辨泥答薛士龍「馳心空妙二十餘年」之語，遂云中年始覺其非。若細考答伯諫諸書，闢佛如此之力，根株枝葉之辨如此之精，則自不爲此言矣。通辨知尊朱子而舛謬至此，學者宜詳審焉。

困學詩云：舊喜安心苦覓心，捐書絶學費追尋。困横此日安無地，始覺從前枉寸陰。

此詩通辨序之庚寅，且云朱子謂與守書册、泥言語全無交涉，故致捐書絶學而苦覓心。又云禪學近似亂真，能陷高明，雖朱子初猶捐書絶學，馳心二十餘年，而於象山何怪焉。亦考之未詳矣。按年譜，甲申困學恐聞成，因以名其燕坐之室而有是詩。第二首「旁人莫笑標題誤，庸行庸言恐未能」，是從書學返之言行，明有據矣，安得序於四十後，而以爲朱陸早同之證乎？

朱子自見李先生後，同安官餘，反覆其説，已知其不我欺，漸漸看出釋氏破綻。及癸未、甲申，深識其非而力闢之，是又一大關。

乙酉，朱子三十六歲。

丙戌，朱子三十七歲。

答何叔京云：「某孤陋如昨，近得伯崇過此，議論踰月，甚覺有益，所憾者不得就正高明。李先生教人，大抵令於静中體認大本未發時氣象分明，即處事應物，自然中節，此乃龜山門下相傳指訣。然當時親炙之時，貪聽講論，又方竊好章句訓詁之習，不得盡心於此，至今若存若亡，無一的實見處，孤負教育之恩。每一念此，未嘗不愧汗沾衣也。脱然之語，乃先生稱道之過，今日猶如掛鉤之魚，當時寧有是耶？然學者一時偶有所見，其初皆自悦懌，以爲真有所自得矣。及其久也，漸次昏暗淡泊，又久則遂泯滅，而頑然如初無所睹。此無他，蓋其所見者非卓然真見道體之全，特因聞見揣度而知故耳。竊意當時日聞至言，觀懿行，其心固必有不知所以然者。迨失其所依歸，而又加以歲月之久，汩没浸漬，今則尤然爲庸人矣〔二〕。此亦無足怪者。因下問及之，不覺悵然，未知其終何所止泊也。」

玩書中語意，自是甲申李先生没後，未遇南軒先生前筆。此書大旨，當與中和舊説序參看。朱子當甲申後，未發氣象未了然於中，屢有孤負此翁之語，殆爲此也。雖自云當時貪聽講論，竊好章句，然其格物窮理、省心制行之功，何嘗有一刻疏忽。既用功於身心矣，又云未達，又云孤負教育者何也？蓋朱子從事胡、劉、李四先生之門，至甲申凡二十餘年，講論章句，格物窮理，其知已造於高明，省心制行，刻不疏忽，其體已詣乎正大。獨心性源流之故，存亡動静之微，未見得大本在此，未得大本安穩在此，回思李先生未發氣象之教，不禁爽然自失。所以己丑未悟之前有答何叔京諸書，己丑既悟之後有中和舊説序、答林擇之書，再三闡明此旨。而此一書，乃其發端之最先者也。玩「非卓然真見」二句，朱子原不以聞見揣度之知爲足據，故急於真見道體之全，自此以往，有多少曲折在，稼書先生但云此書恐尚未是朱子定論而已。夫未是定論固也，然不明其用功始末、屢進親切之詣，只以未定了之，竊慮朱子體會未發氣象而無諸儒之偏者，其中所以然之故，終隱晦而不顯著也，豈細故哉！敢據鄙見，依年細考，以發明之，未知有當否。

又答何叔京云：「中庸集説如戒歸納，愚意竊謂更當精擇，未易一概去取。蓋先賢所擇〔三〕，一章之中，文句意義自有得失精粗，須一一究之，令各有下落，方愜人意。然又有大者。昔聞之師，以爲當於未發已發之幾，默識而心契焉，然後文義事理，觸類可通，莫非此理之所出，不待區區求之章句訓詁之間也。向雖聞此而莫測所謂，由今觀之，始知其爲切要至當之説，而竟亦未能一蹴而至其域也。」

玩此書，則知答叔京所云，不守書册、泥語言者，正欲默識心契未發已發之幾，非如世之專事心學，清淨自守之謂，平湖謂此書非晚年，是矣。但以爲與「孤陋如昨」書同爲未定，則不見朱子聖學次序耳。

按：朱子進學次序，皆本延平。如此書所云，一一究之，各有下落，即延平答問中所辨論語、春秋義理，毫不儱侗含糊者也。此書所云「不區區求之章句訓詁之間」，即答問中所謂「但未知用時如何脗合」、「不然只是説」、「惟於日用處下工夫」、庶幾「合爲己物，不然，只是説之意也」，默識心契，即尊德性居敬之功；各有下落，即道問學致知之功，朱子終身學力，總不出此。但此時尚未悟未發之中，而讀書窮理、涵養本原未得打成一片，是以追思教誨，與張、何、林、范諸君子日相切劘，親切著力，正是根本工夫，上承程門在此，不同象山在此。不獨各有下落，象山無此一層，即默識未發而文義事理觸類可通，絶非象山所及，宗朱子者，豈可使朱子與諸賢窮究體驗本原處一概抹殺，以爲在出入佛、老之時耶？學者細讀此等書，平心而觀之，豈有一語涉於佛、老，同於象山，而曲爲忌諱耶。

請徐、王二生充學賓申縣劄子云：「契勘縣學教集生徒，漸成次第，但職事員數既少，又皆頗有分職者，以此不得專意教導。竊見本縣進士徐應中留意經學，議論純正；進士王賓天資樸茂，操履堅慤，求之輩流，未見其比，乞從縣司行下本學，具禮差人敦請赴學，特給厨饌，待以賓客之禮。不惟使生徒覩其言行，得以矜式，亦庶幾士民向風，有所興勸。」

舉柯翰狀云：「照對縣學見缺直學一員。竊見進士柯翰守道恬退，不隨流俗，專以講究經旨爲務，行年五十，亹亹不倦。置之學校，必能率勵生徒興於義理之學，少變奔競薄惡之風。欲乞備申使府，差補施行。」

與鍾户部論虧欠經總制錢書云：「今執事之涖事數月矣，四方之聽，未有所聞也。熹不佞，竊有所懷，敢以請於下執事。蓋熹聞之，天子憐憫斯民之貧困未得其職，故數下寬大詔書，弛民市征口算與逃賦役者之布，又詔税民毋會其奇贏以就成數。又詔遣執事使蜀，弛其逋負，如前所陳者。熹愚竊以爲此皆民所當輸，官所當得，制之有藝〔四〕，而取之有名者，而猶一切蠲除，不復顧計。又出御府金錢，以償有司，是天子愛民之深，而不以利爲利也明矣，而況於民所不當輸、官所不當得、制之無藝而取之無名，若所謂虧少經總制錢者乎？熹以謂有能開口一言於上，以天子之愛民如此，所宜朝奏而暮行也，而公卿以下共事媕阿，莫肯自竭盡以助聰明、廣恩惠。前日之爲户部者，又爲之變符檄、急郵傳，切責提刑司，提刑司下之州，州取辦於縣，轉以相承，急於星火。奉行之官，如通判事者，利於賞典，意外督趣，無所不至。此錢既非經賦常入，爲民所逋負，官吏所侵盜，而以一歲偶多之數制爲定額，責使償之，自户部四折而至於縣，如轉圜於千仞之坂，至其址而其勢窮矣，縣將何取之？不過巧爲科目以取之於民耳。而議者必且以爲朝廷督責官吏補發，非有與於民也，此又與盜鐘掩耳之見無異。蓋其心非有所蔽而不知，特藉此爲説，以詿誤朝廷耳。計今天下州縣以此爲號而率取其民者，無慮什之七八，幸其猶有未至於此者，則州日月使人持符來，逮吏繫治撻擊，以必得爲效。縣吏不勝其苦，日夜相與撼其長官，以科率事不幸行之，則官得其一，吏已得其二三，並緣爲姦，何所不有！是則議者所謂督責官吏者，乃所以深爲之地而重困天子所甚愛之民也。夫吏依公以侵民，又陽自解曰『此朝廷所欲得，非我曹過也』。夫愚民安知其所以然者何哉，亦相聚而怨曰『朝廷不恤我等耳』。嗚呼，此豈民之所當輸，官之所當得者耶！其制之無藝，取之無名甚矣。夫以天子之愛民如此，彼所當輸當得，有藝而有名者猶一切出捐而無所吝，況如此者？惟其未之知耳，一有言焉，其無不聽且從矣，而獨愛其言者，何哉？是執政任事之臣負天子也。執事誠能深察而亟言之，使所謂虧欠經總制錢者一日而罷去，則州縣之吏無以藉其口，而科率之議寢矣。然後堅明約束，痛加繩治，敢以科率病民者，使民得自言尚書省、御史臺，則昔之嘗爲是者，其罪亦無所容矣。於以上廣仁厚清静之風，下副四方幽隱之望，無使西南徼外巴賨邛莋之民夷獨受賜也，豈不休哉！」

按：此三篇皆仕同安事，未詳何年，故附於首卷末。朱子自見延平後，即事即政，直透心理。其教士愛民懇摯之情，藹然流於行墨間，此正是就日用著實做工夫也。

因說「慢令致期謂之賊」，曰：「昔在同安作簿時，每點追税，必先期曉示，只以一幅紙截作三片，作小榜徧貼，云『本廳取幾日點追某鄉分税，仰人户鄉司主人頭知悉』〔五〕。只如此，到限日近時，納者紛紛。然此只是一箇信而已，如或違限遭點，定斷不恕，所以人怕。」潘時舉録。

又曰：「初任同安主簿，縣牒委補試，喚吏人問例，云『預榜曉示，令其具檢頗多』，即諭以不要如此，只用一幅紙寫數榜，但云縣學某月某日補試，各請知悉。臨期吏覆云『例當展日』，又諭以『斷不展日』。」王過録。

按：舉録在癸丑，過録在甲寅，皆敘同安時政，故列於前，以見朱子初仕之有綱紀也。

丁亥，朱子三十八歲。

訪張敬夫於長沙。

按年譜載丁亥往長沙，朱子與南軒先生論中庸之義，三日夜而不能合，殆因未發之旨未透，急於往見，講論如此。玩前與何叔京書，後作中和舊説序，自知長沙之行、己丑之悟，是朱子聖學要緊處也。

按語類一百三卷云「上初召魏公，先召南軒來，某亦赴召至行在，語南軒」云云，是朱子遇南軒於臨安在癸未十月。

與曹晉叔云：「某此月八日抵長沙，今半月矣。荷敬夫愛予甚篤，相與講明其所未聞，日有問學之益，至幸至幸。敬夫學問愈高，所見卓然，議論出人意表。近讀其語説，不覺胸中灑然，誠可嘆服。嶽麓學者漸多，其間亦有氣質醇粹、志趣確實者，只是未知向方，往往騁空言而遠實理。告語之責，敬夫不可辭也。共父到闕之後，言事者數矣，其言又皆慷慨勁正，近世之所未有，聖主聰明，無不容納。然所憂者一薛居州，若得三五人贊助之，國事或可扶持也。」

按共父言事，正在丁亥，朱子因未透未發之旨，聞欽夫有得於胡氏之學，不憚跋涉往來，共講明印證，好學真切如此。所以一二年間，恍然有得。通辨以爲同於陸學，其亦何所據耶？

奉酬敬夫贈言並以爲別云：「昔我抱冰炭，從君識乾坤。始知太極蘊，要妙難名論。謂有寧有跡，謂無復何存。惟應酬酢處，特達見本根。萬化自此流，千聖同茲源。曠然遠莫禦，惕若初不煩。云何學力微，未勝物欲昏。涓涓始欲達，已被黃流吞。豈知一寸膠，救此千丈渾。勉哉共無斁，此語期相敦。」

此朱子別南軒先生於櫧州第二詩也。中和舊説序云「欽夫告予以所聞，余亦未之省，退而沉思，殆忘寢食」數語，與此詩互相發明，其要在「惟應酬酢處，特達見本根」十二句，只於發處見本根，故從察識端倪下手耳。朱子未遇南軒先生，格致必入其奧，身心不懈其防，但未知未發何如，太極何如，千聖之源何如，及與講論沉思，乃悟酬酢語默，莫非已發，而未發本根自在。蓋南軒先生得力原從端倪處保積，所以朱子亦於此驗未發也。其送朱子詩云「妙質貴强矯，精微更窮搜。毫釐有弗察，體用豈周流」，此亦可知兩賢所講論者矣。南軒先生送張深道詩云：「良知本易直，天機驗所起。涵濡自日新，日新乃無蔽。聖學非空言，要領故在此。」此詩年月雖不可考，玩「天機驗所起」與「毫釐有弗察」，同是察識端倪之意，自丁亥冬至己丑春答張、何、石、范諸書，大旨都是如此。此是一大關，通辨概以爲馳心空渺，概以爲未是定論，不胥失之乎？

按：年譜洪本有云「朱子與敬夫論中和，幾十年而後定」，此語恐非知朱子者。朱子丁亥八月訪南軒，己丑春與蔡季通論次間，因疑復玩遺書，遂透中和之旨，與湖南諸公書昭然可考。即南軒答書，在壬辰前已信朱子所論中和的確無疑。「諸説例蒙印可」一書亦可考。不過二三年間，朱子見透中和，體用在我，超越南軒之上，何得云幾十年而後定乎！

【校勘記】

〔一〕必須有用處尋討要用處病根　是句原作「必須於用處尋討凡用處病根」，清華鈔本作「必須有用處尋討要用處病根」，朱子全書本延平李先生答弟子問（下簡稱延平答問）、朱子全書本伊洛淵源録卷九同清華鈔本，據改。

〔二〕今則尤然爲庸人矣　「尤」，原作「兀」，據清華鈔本、朱子全書本晦庵先生晦庵集（下簡稱晦庵集》卷四〇改。

〔三〕蓋先賢所擇　「擇」，原作「釋」，據清華鈔本、晦庵集卷四〇改。

〔四〕制之有藝　「藝」，原作「義」，清華鈔本同，據宋刻元明遞修本晦庵先生晦庵集、明天順四年刊本晦庵先生朱文公晦庵集卷二四改。

〔五〕仰人户鄉司主人頭知悉　「悉」，清華鈔本、朱子全書本朱子語類（下簡稱語類）卷一〇六作「委」。

朱子聖學考略卷二

戊子，朱子三十九歲。

序程氏遺書後云：「右程氏遺書二十五篇，二先生門人記其所見聞答問之書也。始，諸公各自爲書，先生没而其傳寖廣，然散出並行，無所統一，傳者頗以己意私竊竄易，歷時既久，殆無全編。某家有先人舊藏數篇，皆著當時記録主名，語意相承，首尾通貫，蓋未更後人之手，故其書最爲精善。後益以類訪求，得凡二十五篇，因稍以所聞歲月先後，第爲此書篇目皆因其舊，而又别爲之録如此，以見分别次序之所以然者。然嘗竊聞之，伊川先生無恙時，門人尹焞得朱光庭所抄先生語，奉而質諸先生。先生曰：『某在，何必讀此書？若不得某之心，所記者徒彼意耳。』尹公自是不敢復讀。夫以二先生倡明道學於孔孟既没千載不傳之後，可謂盛矣，而當時從遊之士，蓋亦莫非天下之英材，其於先生之嘉言善行，又皆耳聞目見而手記之，宜其親切不差，可以行遠，而先生之戒猶且丁寧若是，豈不以學者未知心傳之要，而滯於言語之間，或者失之毫釐，則其謬將有不可勝言者乎！又況後此且數十年，區區掇拾於殘編墜簡之餘，傳誦道説，玉石不分，而謂真足以盡得其精微嚴密之旨，其亦誤矣。雖然，先生之學，其大要則可知已。讀是書者，誠能主敬以立其本，窮理以進其知，使本立而知益明，知精而本益固，則日用之間，且將有以得乎先生之心，而於疑信之傳可坐判矣。此外諸家所抄尚衆，率皆割裂補綴，非復本篇。異時得其所自來，當復出之，以附今録。無則亦將去其重複，别爲外書，以俟後之君子云爾。」

又程氏遺書附録後序云：「右附録一卷，明道先生行狀之屬，凡八篇。伊川先生祭文一篇，奏狀一篇，皆其本文，無可議者。獨伊川行事本末，當時無所論著，熹嘗竊取實録所書，文集、内、外書所載，與凡他書之可證者，次其後先，以爲年譜。既不敢以意形容，又不能保無謬誤，故於每事之下，各系其所從得者，今亦輒取以著於篇，合爲一卷，以附於二十五篇之後。嗚呼！學者察言以求其心，考跡以觀其用，而有以自得之，則斯道之傳也，其庶幾乎！乾道四年，歲在著雍困敦四月壬子。」

按年譜，程氏遺書成於戊子，附録後序亦紀戊子，故前序亦載於此。伊川卒於丁亥，去此時六十一年，非朱子亟爲搜羅輯敘，後將散逸，愈難用力矣。朱子真程門功臣哉！至於主敬立本、窮理致知，以求得乎先生之心數語，實可由是以得其精微嚴密之旨，讀者宜盡心焉。

與張欽夫書云：「人自有生即有知識，事物交來，應接不暇，念念遷革，以至於死，其間初無頃刻停息，舉世皆然。然聖賢之言，則有所謂未發之中，寂然不動者。夫豈以日用流行者爲已發，而指夫暫而休息，不與事接之際爲未發耶？試以此求之，則泯然無覺之中，邪暗鬱塞，似非虚明應物之體，而幾微之際，一有覺焉，則又便爲已發，而非寂然之謂。蓋愈求而愈不可見，於是退而驗之於日用之間，凡感之而通，觸之而覺，蓋有渾然全體應物而不窮者，是乃天命流行、生生不已之機，雖一日之間萬起萬滅，而其寂然之本體則未嘗不寂然也。所謂未發如是而已，夫豈别有一物，限於一時，拘於一處，而可以謂之中哉？然則天理本真，隨處發見，不少停息者，其體用固如是，而豈物欲之私所能壅遏而梏亡之哉？故雖汩於物欲流蕩之中，而其良心萌蘖，亦未嘗不因事而發見。學者於是致察而操存之，庶乎可以貫乎大本達道之全體而復其初矣。不能致察，使梏之反覆，至於夜氣不足以存而陷於禽獸，則誰之罪哉？周子曰：『五行，一陰陽也；陰陽，一太極也；太極，本無極也。』其論至誠，則曰：『静無而動有。』程子曰：『未發之前更如何求？只平日涵養便是。』又曰：『善觀者，却於已發之際觀之。』二先生之説如此，亦足以驗大本之無所不在、良心之未嘗不發矣。」

又與張欽夫書云：「只一念間已具此體用，發者方往，而未發者方來，了無間斷隔截處，夫豈別有一物可指而名之哉？然天理無窮，而人之所見有遠近深淺之不一，不審如此見得又果無差否？」又曰：「只是來得無窮，便常有箇未發底耳。若無此物，則天命有已時〔一〕，生物有盡處，氣化斷絕，有古無今久矣。」

此二書朱子自注「非是」，此時朱子與南軒先生講求未發已發，未有領會處也。前一書劉念臺先生序爲中和説第一，且云：「説得大意已是，但有覺處不可便謂已發，此覺性原自渾然，原自寂然。」愚謂朱子自云非是者，蕺山以爲第一説恐未確。程子云「有知覺却是動」，朱子已發之説未爲非也。且朱子所謂幾微之際，一有覺焉便爲已發，指念之動於事言，非謂本體之覺爲已發也。向玩此二書朱子自註「非是」者，不知其何以非是，忠憲、蕺山皆取其説亦未爲非，及通前後而深味之，乃恍然於其故矣。前一書朱子與南軒先生論察識端倪以驗未發，故返求日用之間，即於感通觸覺者察而存之，以貫大本達道之全體，而於天命之性尚未契焉。第二書亦是此意，方往方來，來得無窮之説，尤覺重看端倪，無須臾止息。質之與湖南諸公書、已發未發説、「諸説例蒙印可」書及恒卦、艮卦註，皆主於静，太極註説「静者常爲主」之語，顯然鑿枘不相入，始知所謂非是者職此故也。且前書於萬起萬滅中驗寂然，後書於來處驗未發，試以事物未至、思慮未萌時，即是心體流行、寂然不動之處，而天命之性、體段具焉數語參之，則是非愈了然矣。《通辨》敘朱子之學，此等書皆不載，則清瀾未嘗究心於此可知。蕺山學承陽明，是以有覺性渾然之說，實不知朱子察識端倪之學。所可惜者，忠憲編《朱子節要》十四卷，而一卷載「人自有生」一書，與《已發未發說》等篇類敘，略無分別。平湖《讀朱隨筆》但評云「念臺雖知此非朱子定論，然深有契焉，則以與其學合」而已，高、陸兩先生篤信朱子，皆不詳考朱子察識端倪之學而發明之，真有不可解者也。大抵朱子己丑前以動爲重，己丑後敬貫動靜，而以靜爲本，此進學之最要緊、最顯明者，而與南軒先生諸書尤歷歷可考。宗朱子者尚其潛心而深味之。

按：朱子《太極說》有「靜而常覺，動而常止」之言，《答呂寺丞》有「至靜之時，但有能知能覺者」之言，朱子後來得力靜而常覺矣。蕺山覺性渾然之說，恐似是而非也。

《答張敬夫書》云：「誨諭曲折數條〔二〕，始不能無疑，近深思之，偶見得所以然者，輒具陳之，以卜是否。大抵日前所見累書所陳者，只是儱侗地見得箇大本達道底影象，便執認以爲是了，却於『致中和』一句全不曾入思議，所以累蒙教告，以求仁之爲急，而自覺殊無立脚下工夫處。蓋只見得箇直截根源傾湫倒海氣象，日間但覺爲大化所驅，如在洪濤巨浪之中，不容少頃停泊，蓋其所見一向如是，以故應事接物處但覺麤厲勇果增倍於前，而寬裕雍容之氣略無毫髮。雖竊病之，而不知其所自來也。而今而後，乃知浩浩大化之中，一家自有一箇安宅，正是自家安身立命、主宰知覺處，所以立大本、行達道之樞要。所謂體用一源，顯微無間者，乃在於此。而前此方往方來之説，正是手忙足亂，無著身處。道邇求遠，乃至於是，亦可笑矣。」

此書向疑在四十後，今細玩書中「前此方往方來之説」，是去前二書不甚遠。又玩答石子重書中「大化之中自有安宅」數語，正指此書所言，則知此書在答石子重前矣。

丁亥，朱子與南軒遇，論中和不合，蓋爲未喻未發之旨，故往復問難，至於再三。前二書未得其要領，此書又直言「『致中和』一句，今不曾入思議」，真自道其好學苦衷，歷歷如見。總由心地中必欲體會得未發性體何如，未發中感應已發處何如，感應已發適如其未發何如，是以孜孜急急，求契程門未發之旨。此一二年間，講論潛思，漸有契合，實已丑見道之先幾也。朱子聖學關鍵全在於此，何曾有留心於禪處？何曾有同陸學處？通辨泥答薛士龍「馳心空妙」一語，遂不詳考此數書。忠憲節要一書，亦以此書與前後諸篇類敘，無有分別，平湖云「此條所謂主宰，未曾明指，想必是指心，念臺以此爲中和説二，而以爲指天命之性，則失之矣」。愚謂平湖之言固是，但主宰雖指心言，然朱子此時正要從心識性，只未契未發氣象，偏於動耳。惜未發明此意，此予每讀朱子書而不勝浩歎也。

答張敬夫書云：「前書所稟寂然未發之旨，良心發見之端，自以爲有小異於疇昔偏滯之見，但其間語病尚多，未爲精切。比遺書後，累日潛玩，其於實體似益精明。因復取凡聖賢之書以及近世諸老先生之遺語，讀而驗之，則又無一不合。蓋平日所疑而未白者，今皆不待安排，往往自見灑落處。始竊自信，以爲天下之理其果在是，而致知格物、居敬精義之功，自是其有所施之矣。聖賢方策，豈欺我哉！蓋通天下只是一箇天機活物，流行發用，無間容息。據其已發者，而指其未發者，則已發者人心，而凡其未發者皆其性也，亦無一物而不備矣。夫豈別有一物，拘於一時，限於一處而名之哉？即夫日用之間，渾然全體，如川流之不息、天運之不窮耳。此所以體用精麤、動靜本末洞然無一毫之間，而鳶飛魚躍，觸處朗然也。存者存此而已，養者養此而已，『必有事焉而勿正，心勿忘，勿助長也』。從前是做多少安排，没頓著處，今覺得如水到船浮，解維正柁而沿洄上下，惟意所適，豈不易哉。始信明道先生所謂『未嘗致纖毫之力』者，真不浪語。而此一段事，程門先達惟上蔡謝公所見透徹，無隔礙處，其餘雖不敢妄有指議，然味其言亦可見矣。近范伯崇來自邵武，相與講此甚詳，亦歎以爲得未曾有，而悟前此用心之左。且以爲雖先覺發明指示不爲不切，而私意汩漂，不見頭緒。向非老兄抽關啓鍵，直發其私，誨諭諄諄，不以愚昧而捨置之，何以得此？其何感幸如之！區區筆舌，蓋不足以爲謝也，但未知高明觀之，復以爲何如爾。孟子諸説，始者猶有齟齬處，欲一一條陳以請。今復觀之，恍然不知所以爲疑矣。但『性不可以善惡名』，此一義熹終疑之。蓋善者無惡之名，夫其所以有好有惡者，特以好善而惡惡耳，初安有不善哉？然則名之以善，又何不可之有？今推有好有惡者爲性，而以好惡以理者爲善，則是性外有理而疑於二矣。知言於此雖嘗著語，然恐孟子之言，本自渾然，不須更分裂破也。知言雖云爾，然亦曰『粹然天地之心，道義完具』，此不謂之善，何以名之哉？能勿喪此，則無所適而不爲善矣。以此觀之，不可以善惡名，大似多卻此一轉語。此愚之所以反覆致疑，而不敢已也。」

細考此書，恐亦是浩浩大化自有安宅之見。其云「讀而驗之，無一不合」，即舊説序中所云胡氏與曾吉父論未發之旨與余意合者。然雖是舊見，亦體驗功深，會得全體疊定，不似從前在萬起萬滅、方往方來中流動矣。故與南軒先生講求心理，汲汲孜孜，將有統會，而又與何叔京書云云也。至於性不可以善惡名之非，則終身辨之嚴，立後世之防矣。

朱子尊德性工夫，後儒多不言。閑闢録云朱子尊德性授受於師，講明於友久矣，豈待至此而始集於静哉。此數語大有見識。但朱子尊德性工夫曲折，甚長甚密，可引證者甚多，乃引此二書，殊不可解。蓋「浩浩大化」一書，朱子自云此立語固有病，「水到船浮」一書，前幅明言已發者人心，而凡其未發者皆其性也，正是中和舊説序、與湖南諸公書中所不以爲然者。此二書皆在己丑前，以此爲朱子講明尊德性則疏矣。惟朱子尊德性工夫不明於世，致起良知家無窮妄議，必反復詳究，體於身心，方知其所以然。前朝一代諸儒無有知朱子尊德性之奥旨者，予故不得已而辨之。

答程允夫云：「去冬走湖湘，講論之益不少。然此事須是自做工夫於日用間行住坐卧處，方自有見處。然後從此操存，以至於極，方爲己物爾。敬夫所見，超詣卓然，非所可及。近文甚多，未暇録，且令寫此一銘去，此尤勝他文也。密院闕期尚遠，野性難馴，恐不堪復作吏，然亦姑任之，不能預以爲憂耳。」又云：「如艮齋銘便是做工夫底節次。近日相與考證古聖所傳門庭，建立此箇宗旨，相與守之，吾弟試熟味之，有疑却望示諭。秋試得失當已決，早了此一事亦佳，然是有命焉，亦不足深留意也。」

按：密院秋試數語，自在戊子春夏間。艮齋銘乃南軒先生傳五峰先生之旨，從四端入手，實體驗過來，到大體呈露，兢業保守，事事循其天則，艮止之妙可得。是時兩夫子皆未透未發之中，而此銘用功次第，直從發見處大可充達而行，故朱子深服其超詣，有契合得力處，即以此教允夫。今讀此銘此書，朱子取友何其切也。後朱子所造益深，透未發之中，著四書章句集註，南軒先生極其佩服，進所未至，以臻簡易平實，是又皆得力於朱子者也。後學可不親師友以求益哉。

答石子重書云：「某自去秋之中走長沙，閲月而後至，留兩月而後歸，在道繚繞又五十餘日。還家幸老人康健，諸況纍適，他無足言。欽夫見處卓然不可及，從游之久，反復開益爲多。但其天資明敏，從初不歷階級而得之，故今日語人，亦多失之太高〔三〕，湘中學子從之游者，遂一例學爲虛談，其流弊亦將有害。比來頗覺此病矣，别後當有以救之。胡氏子弟及它門人亦有語此者，皆無實得，拈槌竪拂，幾如説禪矣，與文定合下門庭大段相反，更無商量處。惟欽夫見得表裏通徹，舊來習見微有所偏，今此相見，盡覺釋去，儘好商量。『敬』字之説，深契鄙懷，只如大學次序，亦須如此看始得。非格物致知全不用誠意正心，及其誠意正心，却都不用致知格物，但下學處須是密察，見得後便泰然行將去，此有始終之異耳。其實始終是箇『敬』字，但敬中須有體察工夫，方能行著習察。不然，兀然持敬，又無進步處也。觀夫子荅門人爲仁之問不同，然大要以敬爲入門處，正要就日用純熟處識得，便無走作。非如今之學者，前後自爲兩段，行解各不相資也。近方見此意思，亦患未得打成一片耳。『大化之中，自有安宅』，此立語固有病，然當時之意却是要見自家主宰處。所謂大化，須就此識得，然後鳶飛魚躍，觸處洞然。若但泛然指天指地，説箇大化便是安宅，安宅便是大化，却恐顢頇儱侗，非聖門求仁之學也。不審高明以爲何如？」順之留書見儆甚至，但終有桑門伊蒲塞氣味。到家又寄書，曰『謗釋氏者不須寄來』，又云『不如且棲心淡泊，於世少求，時玩聖賢之言，可以資吾神、養吾真』者，一一勘過，似此説話，皆是大病。此道寂寥，近來又爲邪説汩亂，使人駭懼。聞洪适盡取張子韶經解板行，此禍甚酷，不在洪水猛獸之下，令人寒心。熹忽有編摩之命，出於意外，即不敢當。復聞闕期尚遠，遂且拜受。然亦不敢久冒空名，旦夕便爲計矣。」

此書云「自去秋走長沙」，又云「忽有編摩之命」，其爲戊子無疑。書内深譏順之是桑門伊蒲塞氣味，而答順之書既闢資神養真之非，又教以看六經、語孟及程子文字，則朱子是時未嘗絶學捐書也。答許順之只看六經語、孟云云者，爲順之學佛之弊言之，亦隨事理會所當然也。參互考證，答兩家書同出於一時，而有不同者，因人之教，體用之理不得不異故耳。南軒明敏，朱子尚嫌其太高，豈其躬自蹈之。「敬」字之功，致知格物、誠意正心之序，字字親切，又豈屏書册語言而專事養心者。總之居敬窮理，朱子原是齊頭做工夫，特是時未見到動静合一之理。而大化、安宅之説，雖有體用，未得打成一片，由於日用工夫止以察識端倪爲下手處，而涵養之功少也。陽明援答叔京書爲晚年定論已非矣，通辨既闢其非，乃云「專求心學，早年同陸」，何不互考此數書而輕立論耶？

按：此一書最宜詳玩。玩「湘中學子學爲虛談」，「胡氏子弟門人拈槌豎拂，幾如説禪」，則朱子四十前之闢佛可知矣。玩「大化之中，自有安宅」數語，則答南軒先生誨諭曲折書在戊子可知矣。玩「下學處須密察，見得後便泰然行將去」，則用功誠正時，全要理會性命以達事爲可知矣。至其工夫把柄，全在以敬爲入門數語，一則曰「就日用純熟處識得，便無走作」，再則曰「要見自家主宰處」，三則曰「須就此識得」，其示人日用處識根本之意，深切著明，雖未悟未發之旨、心統性情之義，而其把柄已確有實據，所以積學生悟，一旦恍然於中和復艮，即在此心動靜之間，非偶然也。通辨不發明此旨，以爲四十前學禪同陸，而平湖因之，其失朱子聖學之精微豈淺鮮哉。此書自「敬字之説」以下凡二百五十八字，字字當玩味，其云敬中有體察工夫者，即察識端倪之謂，蓋察識端倪原是聖門要緊工夫。書言「惟幾」，易言「研幾」，孟子言「充四端」，周子言「誠幾德」，皆重幾字，必由此察識擴充，方得天機流行。此朱子自做工夫而又有得於南軒先生天機驗所起之説也。其云「日用純熟處識得，便無走作」、「近方見得此意思，患未打成一片」者，即萬化自此流之謂，自古聖賢，皆内外合一，身心相攝，必由此打成一片，方不爲兩段。此朱子自做工夫而又有得於南軒先生日新無蔽之説也。自甲申至戊子五年間，在察識端倪合行解處用力，雖屬已發，而未發自在，所謂主宰在此，把柄在此，答何叔京書固原於此，己丑之悟亦原於此，用功益親，所見益明，一節進一節耳。豈有迷悟之大懸殊而絶不相蒙者哉。

答何叔京書云：「熹奉親遣日如昔。向來妄論持敬之説，亦不自記其云何。但因良心發見之微，猛省提撕，使心不昧，則是做工夫底本領。本領既立，自然下學而上達矣。若不察良心發見處，即渺渺茫茫，恐無下手處也。所諭多識前言往行，固君子之所急，熹向來所見亦是如此。近因反求未得箇安穩處，却始知此未免支離。如所謂因諸公以求程氏，因程氏以求聖人，是隔幾重公案，曷若默會諸心，以立其本，而其言之得失，自不能逃吾之鑒耶？欽夫之學所以超脱自在，見得分明，不爲言語所桎梏，只爲合下入處親切。今日説話雖未能絶無滲漏，終是本領是當，非吾輩所及。」

又答何叔京書云：「今年不謂饑歉至此。初夏所至洶洶，縣中委以賑糶之役。百方區處，僅得無事。欽夫臨川之除，薦者意不止此，亦係時之消長，非人力所能爲也。前此拜稟博觀之弊，誠不自揆，乃蒙見是。然來喻似有未能遽舍之意，何耶？此理甚明，何疑之有？若使道可以多聞博觀而得，則世之知道者爲不少矣。熹近日因事方有少省發處，如『鳶飛魚躍』，明道以爲與『必有事焉，勿正』之意同者，今乃曉然無疑。日用之間，觀此流行之體初無間斷處，有下功夫處，乃知日前自誑誑人之罪蓋不可勝贖也。此與守書册、泥言語全無交涉，幸於日用間察之，知此則知仁矣。」

此二書陽明不考年歲，載爲晚年定論，顛倒已極，通辨闢之是矣。通辨謂此二書專說心學，與象山所見不約而同，亦有考之未詳者。按此二書，一云「狐鼠雖去」，指曾覿之出，一云「饑歉至此」，指救荒之事，自在戊子無疑矣。朱子既悟禪學之非，當李先生沒後，惟恐不得與聞於道，一聞南軒之名，亟往見焉。其所與講求心理者，皆是因酬酢處見本根，又因程子凡言心者，皆指已發而言，遂以良心發見之微，猛省提撕，使心不昧，必於日用間體之察之，故有與南軒數書可考。此是朱子切近用力處，亦朱子求入道而將有得處。朱子所謂察於良心發見處者，即就此察識擴充涵養仁義之心耳，非如陸子完養精魂之心也。特其以已發屬心、未發屬性爲稍偏耳。及己丑春，由疑而悟，乃得心貫動靜之理，用工次第，了然可見。至於答叔京二書，所謂無間斷處有用工夫處，即答南軒安身立命、主宰知覺，一源無間，乃在於此之意；所謂默會諸心，以立其本，即答南軒存者存此、養者養此之意。惟叔京有博觀之弊，故以所得告之。明道以謝上蔡之多聞博識爲「玩物喪志」，伊川曰「解義理若一向靠書册，何由得居之安、資之深？不惟自失，兼亦誤人」，朱子所言亦因病發藥之教，通辨遂執守書册、泥言語，全無交涉之語，謂與象山同，何其疏也。

書中「默會諸心，以立其本」，即答石子重敬中體察、行解相資、打成一片之旨，故有不「守書册、泥語言」之句。蓋朱子以察識端倪爲立本，與姚江不同，平湖乃云「此等語易爲姚江之徒所借」，若因諸公以求程氏三句恐爲姚江所借則可，若因良心發見、猛省提撕，使心不昧，正是因其所發而遂明之之要法，亦恐爲姚江所借，一概抹盡，則大失朱子本旨矣。況因諸公以求程氏三句，即爲靠書册不用功於良心發見者而言，亦豈姚江所得借者乎？

按：通辨云「右答何叔京二書，學專説心，而謂與書册語言無交涉，正與象山所見不約而合」，平湖與秦定叟書云「答何叔京三書正四十以前，出入佛老之言」，兩家説如此，流傳海内，失朱子聖學次序爲最甚，烏可以不辨乎？朱子出入佛老止在癸酉前後，即此二十餘年中，亦有分别。癸酉前未見延平，固不免矣。既見延平，雖知聖學，而此心未忘。至己卯已看出異學破綻，壬癸之間，窮究四德道理。甲申與伯諫書，大闢禪非。甲申後，悔從延平時未透未發之旨，故與張、何諸君子講求玩味，直以察識端倪爲最初下手處。四五年間，默會諸心，敬中體察，只是此意。兩家遂以四十前同於象山出入佛老，可謂讀書不詳，而輕評朱子矣。通辨率略，若未窺見聖學底藴，平湖潛心朱子極細極密，亦何輕信通辨而不詳味遺書乃至此乎？試即其説而辨之。其云「朱子四十以前出入佛老，雖受學延平」，至「此朱子之轉關」，似有錯。己卯後，朱子闢佛甚力，中和舊説、答叔京書與延平之學原不相矛盾，其幾微之介在察識端倪而不涵養未發耳。況察識端倪是延平之教，因南軒而益信，而平湖以爲出入佛老，與延平矛盾，過矣。答叔京此二書乃戊子筆，如答子重、順之諸書皆在此二書前，豈有前已闢佛，而後復好佛之理乎？答彼闢佛，答此好佛，豈朱子之學乎？中和舊説序首云「求未發之旨未達而先生没」，答何叔京「孤陋如昨」書云「孤負教育之恩」，皆是未遇南軒前即追憶延平之教，而平湖專執答林擇之書，謂四十以後始追憶其言，此一轉關之説不當於朱子者一也。其云「答薛士龍書『比乃困而自悔』」，至「此又朱子之一轉關」，似亦有錯。朱子所謂「困而自悔」者，朱子當延平没未達未發之旨，一困也；與季通講論不合，再困也。自遇南軒以察識端倪爲立本，又見程子心是已發之言，遂以諸儒所記爲不可信，所以有隔幾重公案與守書册、泥言語、全無交涉數語，及其疑而悟，始悔其誤認心是已發之差，悔其只察識端倪爲下手之偏，非悔其答叔京會心立本，初無間斷，不守書册、泥言語爲出入佛老之失也。即所謂退求之於句讀文義，亦是指復取程氏遺書，未及數行，冰解凍釋，因著已發未發説，以發明程子之訓，以見程子書不可不字句體會。而平湖以爲服膺延平，反復推尋，以究斯理之言，獨不思朱子之尋究斯理已非一日乎？朱子序延平答問，自丁丑至癸未七年中，往還書問，無非反復推尋，以究斯理之教，即上封事以格物窮理爲先務，正是自述其學，以告人君，平湖乃謂答薛士龍時悔答叔京書，而服膺尋究之語，恐有未當。況朱子之學先窮理格物，後以居敬爲主，而窮理格物工夫仍益精進，不執己見爲是，答胡廣仲書言此甚明。其中曲折先後兩進之故，次第井然，平湖乃以朱子之學一定於悟未發之中之後，再定於退求之句讀文義之後，豈其然哉！此又一轉關之説不當於朱子者二也。要而論之，答叔京書由於察識端倪，大體莫非已發之見，斷非出入佛老，至答薛士龍書原合求句讀文義，謹視聽言動，齊頭用功，此即涵養須用敬，進學在致知之旨。平湖偏重句讀文義，遂謂朱子之學再定於此，恐有識者自尋朱子立言之意，而未便據此以爲確論也。平湖宗朱子最堅確，闢象山、陽明最精密，玩其論敬静之分、至善無惡之辨，入於毫芒，絶不假借，真衛道之嚴而薛、胡之後之純正者。澐嘗恨不得親登其堂而請業焉，安敢徒尚筆舌，輕駁其非。但按朱子之學實不如其所論，又安敢私阿所好而不精考之，此澐不得已之苦心也夫。

答汪尚書云：「徐倅轉致五月二十七日所賜教帖，恭審比日暑雨潤溽，台候起居萬福，感慰之深。伏蒙勸行，尤荷眷念。熹近拜手啓，並申省狀，自崇安附遞，懇請祠禄，不審已得徹台聽否。熹孤賤無庸，學不加進，而戆愚日甚，與世背馳，自度不堪當世之用久矣。往者猶意明公來歸，必將有以上正君心，下起頽俗，庶幾或可效其尺寸，以佐下風，是以未敢決然遂爲自屏之計。而今也，明公之歸亦既累月矣，似又未有以大慰區區平昔之望，則熹也尚復何望於他人，而可輒渝素守，以從彼之昏昏哉？所以深不獲已，而有前書之請，非獨自爲，亦欲明公識察此意而圖其新耳。今承誨飭之勤，敢不深體至意。然熹愚竊謂明公必欲引内其身，不若聽用其言，言行矣，則其身之出也可以無所愧，其不出也可以無所恨。若言不用、道不合，顧踽踽然冒利禄而一來，前有厚顔之愧，後有駭機之禍，熹雖至愚，獨何樂乎此而必爲之，而明公亦何取乎熹而必致之也？抑明公之教熹曰：『既到之後，若有未安，則在我矣。』兩得元履書，亦以公言見告如此。此則明公愛熹之深，而所以爲熹謀者反未盡也。夫事之可否，方雜乎冥冥之中而未知所決，則姑爲之以觀其後可也。今此身之不可仕，仕路之不見容，已昭然矣，尚何待於既至然後有所未安耶？古之君子量而後入，不入而後量。今身在山林，尚恐不能自主，況市朝膠擾之域，當世之大人君子，至是而失其本心者踵相尋也，若熹者又可保其不失耶？故熹深有所不能無疑於明公之計，惟前書之懇，敢因是而復有請焉。如蒙矜許，固爲大幸；若其不遂，則熹豈敢坐違朝命而不一行？但老人年來多病，既不敢勞動登途，又不敢遠去膝下，只此一事，便自難處。藉令單行至彼就職，則便被拘縻；不就，則重遭指目。就職之後遽去，則又似無説；不去，則自違素心。凡此曲折，皆已思之爛熟，其勢必至顛沛，無可疑者。伏惟明公以其所以見愛之心施之於此而爲之謀，則必有所處矣。然熹亦非必欲祠禄，若荒僻無士人處教官、少公事處縣令之屬，似亦可以藏拙養親，但恐無見闕耳。窮空已甚，若有數月之闕，即不可待，又不若且作祠官之爲便也。復因徐倅便人拜啓，區區底藴，敢盡布之，伏惟明公察焉。」

又答汪尚書云：「區區之懷所欲陳者，所附徐倅書已索言之，但不知向託元履致丞相書及申省狀等，曾一一投之否？度可否之報，必已有所定。然未知諸公所以必欲其來，何謂也哉？以爲欲行其道，則熹學未自信，固無可行之道。今日所處，人得爲之，又非可行之官。且諸公皆以耆德儁望服在大僚，而紀綱日紊，姦倖肆行，未有能遏之者，又非有可行之效也。以爲欲榮其身，則使熹捐親而仕，舍靈龜而觀朶頤，隨行逐隊，則有持禄之譏；卬首信眉，則有出位之戒。是亦何榮之有哉？凡此數者，久已判然於胸中。往時猶欲以明公卜之，是以未敢决然爲長往之計。今明公還朝期年，諸事又且如此，則熹亦豈待視一魏元履而爲去就哉！然聞元履數有論建，最後者尤切至。若一旦真以此去，則有志之士雖欲不視之以爲去就，亦不可得矣。蓋出處語默，固不必同，然亦有不得不同者，皆適於義而已。熹累蒙敦譬，固已不敢輒狥匹夫之守，今只俟前日之報，若已得請，固爲幸甚，無所復言。若猶未也，而諸公果能協成元履之論，使聖德日新，讒佞屏遠，逆耳利行之言日至於前而無所忤焉，則熹失所望於前者，猶或可以收之於後，又何説之辭哉？程張二先生固可仕而仕，然亦未嘗不可止而止也。熹則何敢議此，特因來教而及之。」

與陳丞相云：「熹昨以愚懇，冒瀆威尊，似聞鈞慈憐念，未許遽就閑退，區區感激，何可具言。實以鄙性惷愚，觸事妄發，竊觀近事，深恐一旦不能自抑，以取罪戾，不肖之身非敢自愛，誠懼仰負相公手書招徠之意，重玷聽言待士之美，則其爲罪大矣。伏況老親行年七十，旁無兼侍，尤不欲其至於如此，旦夕憂煩，幾廢寢食，人子之心，深所不遑。是敢再瀝悃誠，仰干大造，欲乞檢會前狀，特與陶鑄嶽廟一次，俾得婆娑丘林，母子相保，遂其麋鹿之性，實爲莫大之幸。」

又答汪尚書云：「重蒙戒喻，令熹審思出處之計，苟合於義，他不必問也。熹雖至愚，荷蒙公矜念之深、教誨之切，至於如此，豈不願奉承一二，少答知己之遇？然區區之意已具前書，更望留意反復，則有以知熹之所處，其度於義蓋已審矣。但恐熹所謂義，乃明公所謂不必問者而忽之耳。然熹既已申省，則今日亦須再得省劄而後敢行，但至彼不過懇辭而歸，他亦無以自效。却慮一旦親見諸公之訑訑，聲音顔色有不能平，所發或至於過甚，以自取戾，則明公雖欲曲加庇護而不可得，殆不若早爲一言，遂其所請之爲愈也。前書戒以勿視元履爲去就，熹固已略言之矣。夫朝有闕政，宰執、侍從、臺諫熟視却立，不能一言，使小臣出位犯分，顛沛至此，已非聖朝之美事。又不能優容獎勵，顧使之逡巡而去，以重失士心，又不俟其自請而直譴出之，則駭聽甚矣。陳公之待天下之士乃如此，明公又不少加調護而聽其所爲，則熹亦何恃而敢來哉？蓋熹非敢視元履爲去就，乃視諸公所以待天下之士者而爲進退耳。願明公思之，爲熹謝陳公。熹之坐違朝命已三月矣，欲加之罪，不患無辭，既不早從所請，則不若正其違傲之罪而譴斥之，亦足以少振風聲，使天下之士知守道循理之不可爲，而一於阿諛委靡之習，以遂前日之非，亦一事也。不識明公其亦以爲然乎？頃年陳公在建安，明公在蜀郡，熹嘗獲侍言於陳公，竊以爲天下之事非兩公不能濟，陳公蓋不辭也。至於今日，乃復自憂言事之不效，往者則不可諫矣，來者其亦尚可追乎？伏惟明公深達陳公，相與亟圖之，熹之心蓋猶不能無拳拳也。承諭旦夕即上告歸之請，熹竊惑之。蓋明公非不可去，特萬里還朝，主知人望如此其不薄也，一旦未有以藉手而無故以去，此古人所以有屑屑往來之譏也。愚意却願明公審思以合於義，毋使人失望焉，則熹之願也。」

朱子此時義利關頭極確極精，出處進退籌之已熟，必達可行於天下而後出，豈肯輕於一往，以蹈屑屑往來之轍。雖陳福公、汪聖錫之相知，决不受職，蓋職之受不受，原於道之行不行，道不行而受職，是爲官餌也，烏可哉！所以丙申再辭，不肯苟就，寧受郡路地方之任，猶得拯濟民生，上報君恩，不掛名清要，虛負陳善責難之義。甲寅在朝，隨事進言，期成至治，只四十九日，不合而歸。朱子終身出處，總是此理也。明朝儒者惟顧端文、高忠憲出處甚正，其餘諸儒淹滯爵禄之中，高談性命之奥如是而側身儒林，斷斷不可矣。

己丑，朱子四十歲。

與湖南諸公論中和第一書云：「中庸未發已發之義，前此認得此心流行之體，又因程子『凡言心者，皆指已發而言』，遂目心爲已發，性爲未發。然觀程子之書，多所不合，因復思之，乃知前日之説，非惟心性之名命之不當，而日用功夫全無本領，蓋所失者不但文義之間而已。按文集、遺書諸説，似皆以思慮未萌、事物未至之時，爲喜怒哀樂之未發。當此之時，即是此心寂然不動之體，而天命之性當體具焉。以其無過不及，不偏不倚，故謂之中。及其感而遂通天下之故，則喜怒哀樂之性發焉，而心之用可見。以其無不中節，無所乖戾，故謂之和。此則人心之正，而性情之德然也。然未發之前不可尋覓，已發之後不容安排，但平日莊敬涵養之功至，而無人欲之私以亂之。則其未發也，鏡明水止；而其發也，無不中節矣。此是日用本領工夫。至於隨事省察，即物推明，亦必以是爲本，而於已發之際觀之，則其具於未發之前者固可默識。故程子之答蘇季明反復辨論，極於詳密，而卒之不過以敬爲言。又曰『敬而無失，即所以中』，又曰『入道莫如敬，未有致知而不在敬者』，又曰『涵養須用敬，進學則在致知』，蓋爲此也。向來講論思索，直以心爲已發，性爲未發〔四〕，而日用工夫亦止以察識端倪爲最初下手處，以故闕却平日涵養一段工夫，使人胸中擾擾，無深潛純一之味，而其發之言語事爲之間，亦常急迫浮露，無復雍容深厚之風。蓋所見一差，其害乃至於此，不可以不審也。程子所謂『凡言心者，皆指已發而言』，此乃指赤子之心而言，而所謂凡言心者，則其爲説之誤，故又自以爲未當而復正之。固不可執其已發之言而盡疑諸説之誤，又不可遂以爲未當而不究其所指之殊也。不審諸君子以爲何如？」

朱子向以心爲已發，性爲未發，遂以察識端倪爲最初下手處，故從良心發見著力，而自有未發者存，所謂大化安宅即此而在。及己丑春悟心貫動静之理，未發已發之體用，皆具於此，因有此書。後來太極圖説、四書集註，心會身行，深造自得，而上契孔孟之旨，皆由於此，是又一大關。然則此悟也，悟察識端倪之無當於未發，而豈悟學佛之非乎？傳習、道一顛倒誣妄，亦篁墩、陽明未曾細考耳。通辨力扶正學，乃以朱子既得本領之日爲馳心空妙之年，與陸學同，其亦疏矣，故特表而正之。

按：朱子己丑之悟，見於中和舊説序。此書即序中所云「亟以書報欽夫及嘗爲此論者」，是朱子悟心統性情，以涵養本體爲本，實自四十歲始。良知家執晚年定論之説，與宋史晚年指示本體之言，遂以爲朱子至晚年方悟本體。取朱子凡言及本體者概目爲晚年，已失之矣。至宗朱子者竟置此書勿論，專主窮理一路，即重言居敬，至居敬之功，所以涵養未發、貫通已發之故，無一字發明。嗚呼，朱子之學晦而不明，令良知家得據文執詞，敢以窮至事理爲泛涉，至謂本體不虚，誰任其咎與？夫朱子自己丑悟心統性情後，從此涵養，有答林擇之、吕子約、吴茂實諸書，又懲單指本體類於禪家張皇之態，有答吕伯恭、傅子淵、包敏道輩諸書。又數年，從此涵養益熟，有答陸子静「昨聞丐外」一書。至六十而愈純矣。然則朱子涵養未發之中，上承濂溪、二程之脈以遡孔孟者，自己丑而大進也。既悟未發之中，歷三十年，居敬窮理，克復擴充，集義養氣，道理飽滿，本原堅固盛大，透天命至善性體，大異乎善亦累心之學者，自己丑而更精進也。宗朱子者不從此極力探討，求其所以立體達用、合下不同於良知家之故，亦非朱子所望於後學者矣。

按：自朱子與湖南書後，南軒先生取益於朱子者多矣。南軒先生只用功於發端擴充，而居敬主静、涵養本原之功實得力於朱子，此其一。南軒先生天資高，無物欲纏繞，覺得自此擴充則仁在是，漸能廣大。此是五峰傳授，故其教人亦只要依此做去，不見辛苦細密曲折層次。自聞朱子講説教人用功，亦有階級密境，如答胡廣仲、季隨、周允升、陳平甫、劉宰、潘文叔諸書可見矣，此其二。以性善爲贊歎之詞，善不足以名之之説，胡氏主之，湖南諸學子宗之，自朱子辨其未當，南軒先生深以爲然，此其三。胡子知言，南軒先生服膺久矣，自與朱子講論，窮理益精，方能見其所未到，擇可疑者共商之，以歸於至當，此其四。他如論仁、論論語、論政事，深入理奥，究極精微，日用工夫愈卑近，愈高遠，此朱子所謂益深益遠而反就於簡易平實之地者，廣仲、晦叔輩皆不及也。讀兩先生書當於此留意，知朱子之取益於南軒者在己丑以前，南軒先生之取益於朱子者在己丑以後。前後之説，亦大概言之，其實互相資助之忱無有已時，無有界限，兩先生虚心以成其德如此，後學可不勉哉。

庚寅，朱子四十一歲。

朱子曰：「舊來失了此物多時，今收來尚未便入腔窠，但畫此生之力而後已。」

又曰：「舊在湖南，理會乾坤，乾是先知，坤是踐履；上是知至，下是終之。却不思今只理會箇知，未審到何年月方理會終之也。是時覺得無安居處，常恁地忙，又理會動静，以爲理是静，吾身上出來便是動，却不知未發念慮時静，應物時動，静而理感亦有動，動時理安亦有静。初尋得箇動静意思，其樂甚乖〔五〕，然却一日舊似一日。當初看明道答横渠書，自不入也。」

因看「心生道也」，云「不可以湖南之偏而廢此意。但當於安靜深固中涵養出，此以靜應動，湖南以動應動。動靜相涵」。

又曰：「應物，物與我心中之理本是一物，兩無少欠，但要我應之爾。物心共此理。定是靜，應者是動。」

又曰：「古人唯如此，所以其應事敏不失機。今人躁擾，却失機。」

又曰：「今隨事忽忽，是以動應動，物交物也。」

又曰：「以靜應，兵家亦言。主靜點着便有。」

此七段楊方録，庚寅所聞。

按：朱子己丑透悟，即著實用涵養工夫，如答林擇之前三書，附載於後。子直所録其最顯著者。玩「哀苦之餘」數語，是自家心裏主敬涵養極其專一，實見此理不待外求，「只就此處見得向來未見底意思」，「從人身上指出，此理充塞」二段，正前書所云「親切要妙」處。即此知朱子於持敬中見仁體自然昭明呈露，歷歷可驗如此。子直所紀前二段，朱子自道向來未曾專用功於本體以示學者，後五段就近日所見親切全在安靜涵養本體以示學者。合觀之，朱子自學教人，諄諄以涵養本體爲主，後來無窮工夫，皆基於此二三年間。則此二三年間所答之書，門人所録之語，正宜細心潛玩，方見朱子立大本曲折，有層次可循，而非晚年始悔者也。無如攻朱子者概不詳玩，但以言及本體者目爲晚年；宗朱子者或謂同於陸學，或謂講求文義。謂同於陸學者非矣，即謂講求文義亦未盡得。不知朱子此時力務涵養，講求文義之功未嘗有輟，而其所講求者，即其所涵養者；處處養本原，即處處明本原，如後所載答胡廣仲諸篇總是此旨。乃諱而不言，致使近日宗陸王者謂朱子晚年方悔，方指本體示及門，以尊朱子之詞寓不滿朱子之意，是彼之不滿朱子者，實宗朱子者開其隙，而不得專責之也。予故力言之，庶了然於朱子安静深固、涵養本體之教自庚寅已然，則後世之紛紛有詞不滿於朱子者，皆朱子門外人，宜其言之不當矣。

理感非已發也，理安即未發也。理感，常如此貫通也；理安，决如此貞固也，實是一般未發氣象。此中消息甚微密，細心體驗，要在以静應而窮理以培之，只就此處用功也。

朱子問李先生云「存主在這裏，仁流動，義定體，是就心地用功也」，答叔京云「良心發見，猛省提撕」，贈南軒云「惟應酬酢處特達見本根，是就發處用功也」，己丑悟未發，庚寅理感、理安，以静應之説，是就未發處用功也。得此安静深固田地，向後日明日充，尚有許多功夫在，讀朱子書者，須反心做去，實有如此階級，方信得是這樣。不然，終日批閲，自不相入也。微哉微哉。

家禮成。

按：年譜朱子居喪盡禮，既葬，日居墓側，旦望則歸奠几筵。自始死至祥禫，參酌古今，咸盡其變，因成喪祭禮，又推之於冠、婚，共爲一編，命曰家禮。

人之所以爲人者，禮也。禮之所以爲禮者，孝弟忠順、和義哀敬之心與行也。朱子家禮一書，有以立本，有以達文，立本必致其誠篤，達文必求其合節，誠熟講而勉行之，不可以爲儀章度數已也。自己孝弟忠順、和義哀敬之心與行，非此無以守之固，非此無以發之暢，然後知朱子進德之方，而因以嘉惠後學，惓惓於禮教者，此其門徑也夫。

答許順之書云：「聖門求仁格物之學，無一事與釋氏同。今細觀二書，如所謂『棲心淡泊，與世少求，玩聖賢之言可以資吾神、養吾真者，一一勘過』，只此二十餘字，無一事不有病痛。夫人心是活物，當動而動，當静而静，動静不失其時，則其道光明矣。是乃本心全體大用，如何須要棲之淡泊然後爲得？且此心是箇什麽，又如何其可棲耶？聖賢之言無精麤巨細，無非本心天理之妙，若真箇看得破，便成己成物更無二致，内外本末一以貫之，豈獨爲資吾神、養吾真者而設哉？若將聖賢之言作如此看，直是全無交涉。聖門之學所以與異端不同者，灼然在此。吾友若信得及，且做年歲工夫，屏除舊習，案上只看六經、語、孟及程氏文字，開擴心胸，向一切事物上理會，方知『體用一源，顯微無間』是真實語，不但做兩句好言語説，爲資神養真、胡荼自己之説而已也。」

按：順之資神養真之言，正陸氏完養精神之見。朱子再三非之，又與石子重言之，通辨何不細考此書，而遽以爲與陸合耶？

答張欽夫書云：「諸説例蒙印可，而未發之旨又其樞要，既無異論，何慰如之！然比觀舊説，却覺無甚綱領，因復體察，得見此理須以心爲主而論之，則性情之德、中和之妙，皆有條而不紊矣。蓋人之一身，知覺運用，莫非心之所爲，則心者固所以主乎身，而無動静語默之間者也。然方其静也，事物未至，思慮未萌，而一性渾然，道義全具，其所謂中，是乃心之所以爲體而寂然不動者也。及其動也，事物交至，思慮萌焉，則七情迭用，各有攸主，其所謂和，是乃心之所以爲用，感而遂通者也。然性之静也而不能不動，情之動也而必有節焉，是則心之所以寂然感通、周流貫徹而體用未始相離者也。然人有是心而或不仁，則無以著此心之妙；人雖欲仁而或不敬，則無以致求仁之功。蓋心主乎一身而無動静語默之間，是以君子之於敬，亦無動静語默而不用其力焉。未發之前，是敬也固已主乎存養之實，已發之際，是敬也又常行於省察之間。方其存也，思慮未萌而知覺不昧，是則靜中之動，復之所以『見天地之心』也；及其察也，事物紛糾而品節不差，是則動中之靜，艮之所以『不獲其身，不見其人』也。有以主乎靜中之動，是以寂而未嘗不感；有以察乎動中之靜，是以感而未嘗不寂。寂而常感，感而常寂，此心之所以周流貫徹而無一息之不仁也。然則君子之所以『致中和而天地位、萬物育』者，在此而已。蓋主於身而無動靜語默之間者，心也；仁則心之道，而敬則心之貞也。此徹上徹下之道，聖學之本統。明乎此，則性情之德、中和之妙可一言而盡矣。某向來之說固未及此，而來諭曲折，雖多所發明，然於提綱振領處似亦有未盡。又如所謂『學者先須察識端倪之發，然後可加存養之功』，則某於此不能無疑。蓋發處固當察識，然人自有未發時，此處便合存養，豈可必待發而後察，察而後存耶？且從初不曾存養，便欲隨事察識，竊恐浩浩茫茫，無下手處，而毫釐之差、千里之謬將有不可勝言者。此程子所以每言孟子才高，學之無可依據；人須是學顏子之學，則入聖人爲近，有用力處。其微意亦可見矣。且如『灑掃應對進退』，此存養之事也，不知學者將先於此而後察之耶？抑將先察識而後存養也？以此觀之，則用力之先後判然可觀矣。來教又謂動中涵靜〔六〕，所謂復見天地之心，亦所未喻。某前以復爲靜中之動者，蓋觀卦象便自可見。而伊川先生之意似亦如此。來教又謂言靜則溺於虛無，此固所當深慮。然此二字，如佛者之論，則誠有此患。若以天理觀之，則動之不能無静，猶静之不能無動也；静之不能無養，猶動之不可不察也。但見得一動一静，互爲其根，敬義夾持，不容間斷之意，則雖下静字，元非死物，至静之中蓋有動之端焉。是乃所以見天地之心者。而先王之所以至日閉關，蓋當此之時，則安静以養乎此爾，固非遠事絶物，閉目兀坐而偏於静之謂。但未接物時，便有敬以主乎其中，則事至物來，善端昭著，而所以察之者益精明爾。伊川先生所謂『却於已發之際觀之』者，正謂未發則只有存養，而已發則方有可觀也。周子之言主静，乃就中正仁義而言，以正對中，則中爲重；以義配仁，則仁爲本爾，非四者之外别有主静一段事也。來教又謂某言以静爲本，不若遂言以敬爲本，此固然也。然敬字工夫，通貫動静，而必以静爲本，故某向來輒有是語。今者遂易爲敬，雖若完全，然却不見敬之所施有先有後，則亦未得爲諦當也。至如來教所謂『須察夫動以見静之所存、静以涵動之所本，動静相須，體用不離，而後爲無滲漏也』，此數句卓然意語俱到，謹以書之座右，出入觀省。然上兩句次序似未甚安，意謂易而置之，乃有可行之實。不審尊意以爲何如？」

此篇是南軒答朱子前書以爲然，而朱子又答之如此也。前幅發明心、性、情、中和，透徹極矣。後言敬貫動静，以静爲本，正教人下手涵養處。宗朱子者竟將以静爲本、喫緊工夫一概抹過，使朱子静動用功先後之序不明，大可慨也。

按：此書朱子從察識端倪透涵養未發，是爲學根本，故力言之，以定聖學之宗。答林擇之書亦同此旨。學者當急涵養根本，庶立體達用，漸漸成德矣。至其曲折又有可歷言者，學不主敬涵養，而專於察識端倪，則有忙迫紛擾之病，與湖南諸公書、已發未發説不可不讀也。學者不主敬存省，交用其力，而第以察識爲功，稍見心性影子，便以爲本心之妙在此，自陷於擎夯作弄、狂妄張皇之病，答方賓王「此事一過」書不可不讀也。不能立志見義理大概規模於自己方寸間，但從莊敬持養平做將去，必陷於若存若亡、徒勞把捉之病，答陳超宗書不可不讀也。不能集義，但從事主敬，必陷於昏憒雜擾之病，答余正叔「敬非其敬」書不可不讀也。不能窮理，但用功把捉，必有今日捉住，明日不見之病，葉味道所録「端的知得」之訓不可不讀也。是以學者麤知向學，未有入處，全在立志以定其本，居敬以持其志，滕德粹、鄭子上所録立志居敬、四端下手等語甚詳甚透，須實做去，方知此中有如許曲折。不知曲折，只謂涵養可以得力，便藏了無志、不明、不正等弊，究不能到主一地位。知其曲折，不速用涵養工夫，終是忙迫紛擾，躁急影響，此察識端倪未始非用功，要著而必以立志居敬爲田地。此際立志，此際居敬，無先後次第，朱子與張、林兩先生諄諄言之，良有以也。更有説焉。四端是發處，立志亦是發處，發雖同而不同，不可不辨。四端因事而發，如愛牛、入井之類，誠有「此事一過，此用遂息」之義。若立志真切處，此時感觸發動氣象，便是主宰，便是根本。苗芽發生，即夫子所謂「志於道」，後來工夫皆從此始。在人爲不遠之復，在天爲一陽之復，自一陽至六陽，天理自此充長，聖賢天地之發動在此，與愛牛、入井不同。延平先生云：「動而生陽，不可作喜怒哀樂已發看。」即此義也。雖然，人無二心，心之所發果是正理。亦無二念，但看真切與否。如上蔡聞玩物喪志之語，面赤汗背，固一時因感而動，實是志氣感動真切，有主宰之義，即根本苗芽發生，何可輕看。朱子所云「不待發而後察，察而後存」者，謂無主宰但從發處尋討，則不可耳。且朱子以靜爲主之說，原於周子「定之以中正仁義，主靜立極」之旨。靜不原於中正仁義與虛無者無別，篇中懇懇言之，蓋以性命之理靜中具足，寂然不動之中而間架條理自在，斷不以虛無爲靜也。當與玉山講義、答陳器之書參看。其曰定曰主曰立，皆志爲之，惟此志專於中正仁義，故未發而知覺不昧，已發而品節不差。即不昧不差之際，此志卓然統乎性情，動靜皆有所主，而必有主靜之功，然後動中能察，不失所主，愈了然明白。若非從立志居敬、窮理集義參觀潛玩，反身服行，烏知朱子教人從小學做工夫，以至成德，一以貫通，有如此滋味乎？彼疏解文義者難語此矣。

南軒先生初於發處用功，如桂陽學、嶽麓書院、擴齋等記，答直夫、范主簿等書，艮齋、克齋等銘，皆是後來見得主敬涵養是喫緊工夫。如答呂伯恭、胡廣仲、喬德瞻、劉宰、潘文叔等篇，自道曲折，全在涵養未發，主敬立本。而主一箴、葵軒石銘，尤極親切，教人有下手用功處，實得力於朱子此書也，深體味之乃見。

答胡廣仲云：「欽夫未發之論，誠若分別太深，然其所謂無者，非謂本無此理，但謂物欲交引，無復澄靜之時耳。某意竊恐此亦隨人稟賦不同，性靜者須或有此時節，但不知敬以主之，則昏憒駁雜，不自知覺，終亦必亡而已。故程子曰：『敬而無失，乃所以中。』此語至約，是真實下工夫處。願於日用語默動靜之間試加意焉，當知其不妄矣。近來覺得「敬」之一字真聖學始終之要，向來之論，謂必先致其知，然後有以用力於此，疑若未安。蓋古人由小學進於大學，其於灑掃應對進退之間，持守堅定，涵養純熟，固已久矣。是以大學之序，特因小學已成之功，而以格物致知爲始。今人未嘗一日從事於小學，而曰必先致其知，然後敬有所施，則未知其以何者爲主而格物以致其知也。故程子曰：『入道莫如敬，未有能致知而不在敬者。』又論敬云：『但存此久之，則天理自明。』推而上之，凡古昔聖賢之言，亦莫不如此者。試考其言而以身驗之，則彼此之得失見矣。」

又答胡廣仲云：「上蔡雖說明道先使學者有所知識，却從敬入，然其記二先生語，却謂未有致知而不在敬者。」又云：「諸君不須別求見處，但敬與窮理，則可以入德矣。二先生亦言:『根本須先培壅,然後可立趨向。』又言:『莊整齊肅,久之則自然天理明。』五峰雖言『知不先至,則敬不得施』,然又云『格物之道,必先居敬以持其志』,此言皆何謂耶?熹竊謂明道所謂先有知識者,只爲知邪正、識趨向耳,未便遽及知至之事也。上蔡、五峰既推之太過,而來喻又謂『知』之一字便是聖門授受之機,則是因二公之過而又過之。試以聖賢之言考之,似皆未有此等語意,却是近世禪家説話多如此。若必如此,則是未知已前,可以怠慢放肆、無所不爲,而必若曾子一『唯』之後,然後可以用力於敬也。此説之行,於學者日用工夫大大有所害,恐將有談玄説妙以終其身而不及用力於敬者,非但言語之小疵也。上蔡又論横渠以禮教人之失,故其學至於無傳。據二先生所論,却不如此。蓋曰『子厚以禮教學者最善,使人先有所据守』,但譏其説『清虚一大』,使人向别處走,不如且道敬耳。此等處上蔡説皆有病,如云『正容謹節,外面威儀,非禮之本』,尤未穩當。子文、文子,知言疑義亦已論之矣。僭冒不韙,深以愧懼,但講學之際務求的當,不敢含糊,不得不盡言耳。」

又答胡廣仲云:「須平日有涵養之功,臨事方能識得。若茫然都無主宰,事至然後安排,則已緩而不及於事矣。至謂『静』字所以形容天性之妙,不可以動静真妄言,則熹却有疑焉。蓋性無不該,動静之理具焉。若專以静字形容,則反偏却性字矣。記以静爲天性,只謂未感物之前,私欲未萌,渾是天理耳,不必以静字爲性之妙也。真妄又與動静不同,性之爲性，天下莫不具焉，但無妄耳。今乃欲並與其真而無之，此韓公『道無真假』之言所以見譏於明道也。伊川所謂其本真而静者，真、静兩字，亦自不同，蓋真則指本體而言，静則但言其初未感物耳。」

第一書與答擇之論涵養一節同意，二書、三書亦主涵養，而辨「知」字、「静」字尤確。儒釋之分在此，通辨以爲同於陸學，何其誤也。細玩敬貫始終，「是真實下工夫處」，全在「無失」二字；自家反求，實覺得心體常常兢業，管攝通身，如有主人在内，處處提綱挈領，不敢放鬆失馭，如此年餘，自然得力，朱子示人立本之教著明極矣。

又答胡廣仲云：「熹承諭向來爲學之病，足見高明所進日新之盛，一方後學，蒙惠厚矣。然以熹觀之，恐猶有所未盡也。蓋不務涵養而專於致知，此固前日受病之原；而所知不精，害於涵養，此又今日切身之病也。若但欲守今日之所知，而加涵養之功以補其所不足，竊恐終未免夫有病，而非所以合内外之道，必也盡棄今日之所已知，而兩進夫涵養格物之功，庶乎其可耳。蓋來書所論，皆前日致知之所得也，而其病有如左方所陳者，幸垂聽而圖之。」

此一段已丑悟後。與廣仲論學書所陳凡七條，晰理精微，正朱子涵養時用功致知之明驗也。朱子嘗警學者不可儱侗虛静，黑窣窣底涵養，致趨到那一邊去。居敬窮理雖曰相須，以居敬爲主，窮理以光明之直是一事。玩平日涵養，臨事識得所知不精，害於涵養數語，是朱子四十後立大本喫緊處，即防虚静流弊，非攻朱子者所知，宜其專以道問學目之矣。

朱子自己丑悟未發之中是性體，即居敬以涵養之。蓋不敬則無由理會未發性體，即理會得未發性體，不常居敬以涵養之，依舊散漫去矣。然不窮至道理之極，於七條中有一不透，則含糊疑似，其弊有不可勝言者。如執先有專一之陰，後有兼體之陽，别有無對之善等説，必差入虚寂一路。無善無惡之説早已開其隙端，非所知不精，害於涵養之明驗乎？故朱子以居敬爲聖學之成始成終，而格物致知即貫乎始終，不可不透頂徹底，使渾然無欲之衷有森然條分縷析之理，而後涵養致知用功時，渾是理一分殊規模在這裏，無有舛謬者也。所以答薛士龍書有「求之於句讀文義，謹之於視聽言動」之語，殆齊頭用功一定之法。蓋朱子此時涵養固不敢放鬆，而格致又加精密矣。後書不全載，學者當細玩。

玩記論性答稿後一篇，則知答廣仲論性在壬辰前，故序此三書於庚寅、辛卯間。

答薛士龍云：「熹自少愚鈍，事事不能及人。顧嘗側聞先生君子之教，粗知有志於學，而求之不得其術，蓋舍近求遠，處下窺高，馳心空妙之域者二十餘年。比乃困而自悔，始復退而求之於句讀文義之間，謹之於視聽言動之際，庶幾銖積絲累，分寸躋攀，以幸其麤知義理之實，不爲小人之歸，而歲月侵尋，遽如許矣。」

按：此書内云「孤露餘生」，自在己丑以後。其云馳心空妙者，非專指佛學也，中和舊説序云舍近求遠、厭常喜新，即指心爲已發、性爲未發言。此書所云「馳心空妙」亦同此意，未免視未發已發有分别，非周子「動而無動，静而無静」之旨耳。惟以此書與舊説序參看，字字脗合，則知馳心空妙原不專指佛學，而絶不與陸同也。且所云求之句讀文義者，實是講明聖賢之書，如易本義、詩集傳、綱目，道理與視聽言動合一，以爲誠正修齊治平之體用，豈如鄭康成陸德明諸公哉。兩邊不可看錯，方知朱子之學矣。

答林擇之云：「熹哀苦之餘，無他外誘，日用之間，痛自斂飭，乃知敬字之功，親切要妙乃如此。前日不知於此用力，徒以口耳浪費光陰。人欲横流，天理幾滅，今而思之，怛然震慄，蓋不知所以措其躬也。」

又答林擇之云：「熹近只就此處見得向來所未見底意思，乃知存久自明，何待窮索之語，是真實不誑語。今未能久，已有此驗，況真能久耶？但當益加勉勵，不敢少弛其勞耳。」

又答林擇之云：「如『滿腔子是惻隱之心』，此是就人身上指出此理充塞處，最爲親切。

若於此見得，即萬物一體，更無内外之别。若見不得，却去腔子外尋覓，則莽莽蕩蕩，愈無交涉矣。」

前一書「哀苦之餘」自在居憂時。後二書語意相近，故類序於己丑、庚寅後。此三書是朱子用功切要處，學者宜潛心體認。

又答林擇之云：「答熙之仁説甚佳，其頗未盡處，熹答其書復詳言之。仁著於用，用本於仁，當時自不滿意，今欲改云『仁者心體之全，其用隨事而見』。所舉伊川先生格物兩條，極親切。上蔡意固好，然却只是説見處。今且論涵養一節，疑古人先從小學中涵養成就，所以大學之道只從格物做起。今人從前無此工夫，但見大學以格物爲先，便欲只以思慮知識求之，更不於操存處用力，縱使窺測得十分，亦無實地可據。大抵敬字是徹上徹下之意，格物致知乃其間節次進步耳。」

此書與答胡廣仲「欽夫未發」書同旨，是朱子因哀苦之餘體認敬字親切要妙，悟向來不先涵養而先致知之悮，大學或問補主敬工夫實原於此。此一條後學切不可易視，蓋學者自幼不從事小學，雖謹飭讀書者，亦不免怠慢。非痛下工夫，整頓數年，則此身心怠慢慣了，何能竪立得起？故必翻然悔悟，依立教明倫敬身規矩，循循做去，使此身嚴肅不惰，此心收斂常在，方有實地可據，其用功利病乃有可言。自此格致誠正，修齊治平，節次進步，階級甚明，曲折甚多，終身無有止境，始信朱子主敬補小學一著，真貫通始終之金針也。

又答林擇之云：「『人生而靜』，不知如何看靜字？恐此亦指未感物而言〔七〕。當此之時，此心渾然，天理全具，所謂中者狀性之體，正於此見之。但中庸、樂記之言有疏密之異，中庸徹頭徹尾説箇謹獨工夫，即所謂敬而無失平日涵養之意。樂記却直到好惡無節處，方説『不能反躬，天理滅矣』。殊不知未感物時，若無主宰，則亦不能安其靜，只此便自昏了天性，不待交物之引然後差也。蓋中和二字，乃道之體用，以人言之，則已發未發之謂。但不能慎獨，則雖事物未至，固已紛紜膠擾，無復未發之時。既無以致夫所謂中，而其發必乖，又無以致夫所謂和。惟其戒謹恐懼，不敢須臾離，然後中和可致而大本達道乃在我矣。此道也二先生蓋屢言之。龜山所謂『未發之際能體所謂中，已發之際能體所謂和』，此語爲近之，然未免有病。舊聞李先生論此最詳，後來所見不同，遂不復致思。今乃知其爲人深切，然恨已不能盡記其曲折矣。如云『人固有無所喜怒哀樂之時，然謂之未發，則不可言無主也』，又云『致字如致師之致』，又云先言慎獨，然後及中和，此意亦嘗言之。但當時既不領略，後來又不深思，遂成蹉過，孤負此翁耳。」

按：此書無年可考。玩其語意，深信平日涵養未發是當下主宰第一著工夫，必未發時有主宰方能安其静，不昏了天性也。此書自是己丑悟後語，須合乙酉答何叔京書、丁亥贈張敬夫詩、庚寅楊子直録參看。當李先生没後，思未發之旨而不得，汲汲皇皇，講求體認，遠涉江湖，尋求良友，二三年間，遂悟未發、乾坤動静之理。向時聞見揣度，此時見道全體；向時忙，此時有安居處，用功曲折顯然矣。又須合後答擇之四段參看。蓋能涵養未發，則不至若有若亡，且涵養中漸漸體出端倪，實是己物，湛然貞静之性，自復其常。而要歸於主敬必能克己復禮，始無流弊。由此觀之，答擇之數書，正悟後工夫切實處，故姑附焉。

又答林擇之云：「『精一』之説誠未盡。但擇之之説乃是論其已然，須見得下工夫底意思乃佳。伊川云：『惟精惟一，言專要精一之也。』如此方有用力處。如擇之之説，却不見『惟』字意思如何。前日『中和』之説看得如何？但恐其間言語不能無病，其大體莫無可疑？數日來玩味此意，日用間極覺得力，乃知日前所以若有若亡、不能得純熟，而氣象浮淺，易得摇動，其病皆在此。湖南諸友，其病亦似是如此。近看南軒文字，大抵都無前面一截工夫也。大抵心體通有無、該動静，故工夫亦通有無、該動静，方無透漏。若必待其發而後察，察而後存，則工夫之所不至者多矣。惟涵養於未發之前，則其發處自然中節者多，不中節者少，體察之際，亦甚明審，易爲著力，與異時無本可據之説大不同矣。」

又答林擇之云：「古人只從幼子常視無誑以上、灑掃應對進退之間，便是做涵養底工夫了。此豈待先識端倪而後加涵養哉？但從此涵養中漸漸體出這端倪來，則一一便爲己物。又只如平常底涵養將去，自然純熟。今曰即日所學，便當察此端倪而加涵養之功，似非古人爲學之序也。」

又云：「涵養則其本益明，進學則其志益固，表裏互相發也，此語甚佳。但所引三傳語，自始學以至成德節次，隨處可用，不必以三語分先後也。蓋義理人心之固有，苟得其養而無物欲之昏，則自然發見明著，不待別求。格物致知，亦因其明而明之爾。今乃謂不先察識端倪，則涵養箇甚底，不亦太急迫乎？『敬』字通貫動静，但未發時則渾然是敬之體，非是知其未發，方下敬底工夫也。既發則隨事省察，而敬之用行焉。然非其體素立，則省察之功亦無自而施也，故敬義非兩截事。『必有事焉而勿正，心勿忘，勿助長』，則此心卓然，貫通動静，敬立義行，無適而非天理之正矣。」

又云：「伊川論中，『真』、『静』二字，謂之就常體形容是也。然『静』字乃指未感本然言，蓋人生之初，未感於物，一性之真，湛然而已，豈非常體本然未嘗不静乎？惟感於物，是以有動。然所感既息，則未有不復其常者。故熹常以爲静者性之貞也，不審明者以爲如何？『主静』二字，乃言聖人之事，蓋承上文『定之以中正仁義』而言，以明四者之中，又自有賓主爾。觀此則學者用功固自有次序，須先有箇立脚處，方可省察。就此進步，非謂静處全不用力，但須如此，方可用得力爾。前此所論敬義，即此理也。」

又答林擇之云：「比因朋友講論，深究近世學者之病，只是合下欠却持敬工夫，所以事事滅裂。其言敬者，又只説能存此心，自然中理。至於容貌詞氣，往往全不加工。設使真能如此存得〔八〕，亦與釋老何異？上蔡説便有此病了。又況心慮慌惚，未必真能存得耶？程子言敬，必以整齊嚴肅、正衣冠、尊瞻視爲先，又言未有箕踞而心不慢者，如此乃是至論。而先聖説克己復禮，尋常講説，於禮字每不快意，必訓作『理』字然後已。今乃知其精微缜密，非常情所及耳。」

此四段年無可考。細玩書中語意，似皆己丑、庚寅後筆。第一段云「前日中和之説」，即承「爲人深切」書中所論中和也。第二段云「豈待察識而後涵養」，即「諸説例蒙印可」一書意也。第三段與二段一時所答也。第四段論主敬工夫極周密，從有形象處著力，内外交養，方不走漏，與第二段正相發明，即静貞本體，必能主敬，始得安固也。姑統附之。

按此五段，朱子全副精神用功涵養，實見得未發之中是大本原所在，不可有一毫攪擾，專一潛心於此。平日若有若亡，至此而志氣大定，有清明氣象。平日察識體驗，至此從涵養中一一呈露端倪，非復向時動中體察。平日以動應動，至此有立脚處，體察亦甚明審。平日未明性體，至此知一性之真，湛然虚明，本體未嘗不静。朱子涵養工夫，吐肝膽以示來學如此分明，其要歸只在整齊嚴肅、正衣冠、尊瞻視、克己復禮處著力。學者實下主敬工夫，處處涵養，久之自有大定處，有呈露處，有立脚審幾處，有本體湛然處，何等親切要妙。宗朱子者諱而不言，吾不解也。

自丁亥以後，數年窮理，疑悟涵養生熟工夫，是朱子後數十年功力根本。讀朱子書者宜推類玩味，反身體佩方知其旨趣也。

玩南軒先生文集，用力敬静，培植前面一截頗有工夫，亦自發處透入涵養沉潛者也。「精一之説」一書所云「無前面一截工夫」者，想指嶽麓書院記、擴齋記、艮齋銘等篇耳。

答張敬夫云：「垂諭曲折，必已一一陳之。君相之意果何如，今當有一定之論矣。伏蒙不鄙，令誦所聞，以裨萬一，此見臨事而懼之意。推是心也，何往不濟？然此蓋非常之舉，廢興存亡，所繫不細。在明者尚不敢輕，況愚昧荒迷之餘，其何敢輕易發口耶？大抵來教綱領極正當，條目亦詳備，雖竭愚慮，亦不能出是矣。顧其間有所未盡，計非有所不及，恐以爲無事於言而不言耳，請試陳之。夫春秋之法，君弑，賊不討，則不書葬者，正以復讎之大義爲重，而掩葬之常禮爲輕，以示萬世臣子，遭此非常之變，則必能討賊復讎，然後爲有以葬其君親者。不則雖棺椁衣衾極於隆厚，實與委之於壑，爲狐狸所食、蠅蚋所嘬無異。其義可謂深切著明矣。而前日議者乃引此以開祈請之端，何其與春秋之義背馳之甚耶！又況祖宗陵寢、欽廟梓宫，往者屢經變故，傳聞之説，有臣子所不忍言者，此其存亡，固不可料矣。萬一狡虜出於漢斬張耳之謀以誤我，不知何以待之，何以處之？熹昨日道間見友人李宗思，相語及此，李云此决無可問，爲臣子但當思其所以不可問之痛，沫血飲泣，益盡死於復讐，是乃所以爲忠孝耳。此語極當，若朝廷果以此義存心，發爲號令，則雖瘖聾跛躄之人，亦且增百倍之氣矣，何患怨之不報，恥之不雪，中原之不得，陵廟梓宫之不復，而爲是紕繆倒置、有損無益之舉哉！不知曾爲上論此意，請罷祈請之行否？此今日正名舉義之端，不可不審。萬一果有如前所陳張耳之説，却無收煞。若前日之言未盡此意，當更論之，此不可放過也。其他則所論盡之，但所謂德者當如何而修，所謂人才者當如何而辨，所謂政事者當如何而立，須一一有實下功夫處。愚謂以誠實恭畏存心，而遠邪佞、親忠直、講經訓以明義理爲之輔。凡廷臣之狡險逢迎、軟熟趨和者，以漸去之；凡中外以欺罔刻剥生事受寵者，一切廢斥。而政令之出，必本於中書，使近習小人無得假託以紊政體，此最事之大者。又須審度彼己，較時量力，定爲幾年之規。若孟子大國五年、小國七年之説，其間設施次第，亦當一一子細畫爲科條，要使上心曉然開悟，知如此必可以成功，而不如此必至於取禍，决然不爲小人邪説所亂，不爲小利近功所移。然後所以向前擔當，鞠躬盡力，上成聖主有爲之志，下究先正忠義之傳。如其不然，則計慮不定，中道變移，不惟不能成功，正恐民心内摇，讐敵外侮，其成敗禍福，又非坐而待亡之比。家族不足惜，奈宗社何？此尤當審處，不可容易承當，後將有悔而不及者。願更加十思，不可以入而後量也。抑又有所獻。熹幸從遊之久，竊覵所存，大抵莊重沉密氣象有所未足，以故所發多暴露而少含蓄，此殆涵養本原之功未至而然。以此慮事，吾恐視聽之不能審，而思慮之不能詳也。近年見所爲文，多無節奏條理，又多語學者以所未到之理，此皆是病。理無大小，小者如此，則大者可知矣。又丐免丁絹，期反牛羊之説，宣播遠近，尤非小失，不可不戒。願深察此言，朝夕點檢，絶其萌芽，勿使能立〔九〕，則志定慮精，上下信服，其於有爲，事半而功倍矣。事之有失，人以爲言，固當即改，然亦更須子細審其本末，然後從之爲善。向見舉措之間多有一人言而爲之，復以一人言而罷之者，亦大輕易矣。從之輕，則守之不固必矣。慕仰深切，不勝區區過計之憂，敢以爲獻，想不罪其僭易也。」

又答張敬夫書云：「今日既爲此舉，則江淮荆漢當戒嚴以待，不知將帥孰爲可恃者？近年此輩皆以貨賂倚託幽陰而得兵柄，漫不以國家軍律爲意。今日須爲上説破此病，進退將帥，須以公議折中，與衆共之，則軍不待自練而精，財不待自節而裕矣。此張皇國威之本，不可不早慮也。兩淮屯田，兩年來措置不知成緒否？議者紛紛，直以爲不可，固不是議論。然亦恐任事者未必忠信可仗，其所措畫未必合義理、順人心，此亦不可不早爲之所。向見范伯達丈條具夫田之説甚詳，似可行於曠土，便爲井地寓兵之漸，試詢究其利病。均輸之政，見上曾及之否？此決無益於事，徒失人心。今時州縣，老兄所親見，豈有餘剩可刬刷耶？閩中之兵，春間忽有赴帥司團教指揮，七郡勞遣，所費不貲，然後肯行。至彼又無營寨止泊，聞極咨怨，出不遜語。此等舉動誠不可曉。憂居窮寂，不聞外事，接於耳目者僅有此耳，一一僭聞，幸少留意。」

又答張敬夫書云：「熹嘗謂天下萬事有大根本，而每事之中，又各有要切處。所謂大根本者，固無出於人主之心術，而所謂要切處者，則必大本既立，然後可推而見也。如論任賢相、杜私門，則立政之要也；擇良吏、輕賦役，則養民之要也。公選將帥，不由近習，則治軍之要也。樂聞警戒，不喜導諛，則聽言用人之要也。推此數端，餘皆可見。然未有大本不立而可以與此者，此古之欲平天下者所以汲汲於正心誠意，以立其本也。若徒言正心，而不足以識事物之要，或精覈事情，而特昧夫根本之歸，則是腐儒迂濶之論，俗士功利之談，皆不足與論當世之務矣。吾人向來非不知此，却是成己功夫於立本處未甚端的，如不先涵養而務求知見是也。故其論此，使人主亦無下工夫處。今乃知欲圖大者當謹於微，欲正人主之心術，未有不以嚴恭寅畏爲先務、聲色貨利爲至戒，然後乃可爲者。此區區近日愚見之拙法，若未有孟子手段，不若且循此塗轍之無悔吝也。」

又答張敬夫書云：「向者請對之云，乃爲不得已之計，不知天意慇勤，既以侍立開盡言之路，而聖心鑒納，又以講席延造膝之規，此豈人謀所及哉？竊觀此舉，意者天人之際、君臣之間，已有響合之勢，甚盛甚盛，勉旃勉旃！凡平日之所講聞，今且親見之矣。蓋細讀來書，然後知聖主之心乃如此，而尊兄學問涵養之力，其充盛和平又如此，宜乎立談之頃，發悟感通，曾不旋踵，遂定腹心之契，真所謂千載之遇也。然熹之私計，愚竊不勝十寒衆楚之憂，不審高明何以處之？計此亦無他術，但積吾誠意於平日，使無食息之間斷，則庶乎其可耳。夜直亦嘗宣詔否？夫帝王之學雖與韋布不同，經綸之業固與章句有異，然其本末之序，愚竊以爲無二道也。聖賢之言平鋪放著，自有無窮之味。於此從容沉潛，默識而心通焉，則學之根本於是乎立，而其用可得而推矣。患在立説貴於新奇，推類欲其廣博，是以反失聖言平淡之真味，而徒爲學者口耳之末習。至於人主能之，則又適所以爲作聰明自賢聖之具，不惟無益，而害有甚焉。近看論語舊説，其間多此類者，比來尊兄固已自覺其非矣。然近聞發明『當仁不讓於師』之説，云『當於此時識其所以不讓者爲何物，則可以知仁之義』，此等議論又只似舊來氣象，殊非聖人本意。才如此説，便只成釋子作弄精神意思，無復儒者脚踏實地功夫矣。進説之際，恐不可以不戒。筵中見講何書？愚意孟子一書最切於今日之用，然輪日講解，未必有益。不若勸上萬幾之暇，日誦一二章，反復玩味，究觀聖賢作用本末，然後夜直之際，請問業之所至而推明之。以上之聰明英睿，若如此見得洞然無疑，則功利之説無所投，而僥倖之門無自啓矣。異時開講，如伊川先生所論坐講之禮，恐亦當理會也。孟子論王道以制民産爲先，今井田之制未能遽講，而財利之柄制於聚歛掊克之臣，朝廷不恤諸道之虚實，監司不恤諸縣之有無，而爲州縣者又不復知民間之苦樂。蓋不惟道學不明，仕者無愛民之心，亦緣上下相逼，只求事辦，雖或有此心而亦不能施也。此由不量入以爲出，而反計費以取民，是以末流之弊不可勝救。愚意莫若因制國用之名而遂修其實，明降詔旨，哀憫民力之凋悴，而思所以膏澤之者，令逐州逐縣各具民田一畝歲入幾何，輸税幾何，非泛科率又幾何，一縣内逐鄉里不同者亦依實開。州縣一歲所收金穀總計幾何，諸色支費總計幾何，逐項開。有餘者歸之何許，不足者何所取之，俟其畢集，然後選忠厚通練之士數人，類會考究，而大均節之。有餘者取，不足者與，務使州縣貧富不至甚相懸，則民力之慘舒，亦不至大相絶矣。陸宣公論兩税利害數條，事理極於詳備，似可採用也。是則雖未能遽復古人井地之法，而於制民之産之意亦彷彿其萬一。如此然後先王不忍人之政庶乎其可施也。又屯田之議久廢不講，比來朝廷似稍經意，然四方未覩其效，而任事者日被進擢，不知果能無欺誕否。今日財賦歲出以千百巨萬計，而養兵之費十居八九，然則屯田實邊，最爲寬民力之大者。但恐疆理不足，因陋就簡，則欺誕者易以爲姦，而隱覈者難於得實。此却須就今日邊郡官田，略以古法畫爲丘井溝洫之制，亦不必盡如周禮古制，但以孟子所言爲準，畫爲一法，使通行之。邊郡之地已有民田在其間者，以内地見耕官田易之，使彼此無疆場之争，軍民無雜耕之擾，此則非惟利於一時，又可漸爲復古之緒，高明幸一思之。今日養民之政，恐無出於兩者，其他忠邪得失，不敢概舉。但政本未清，倖門未窒，殊未有以見陽復之效。願更留意，暇日爲上一一精言之。至於省中職事，施行尤切，伏想直道而行，無所回互，不待愚言之及矣。」

是時朱子居家，惓惓君民之念，旦夕不忘，所論立政、養民、治軍、聽言、用人之要，歸本於人主心術，即庚子、戊申封事之張本。賦税一條，令逐州縣各項金穀總數，與支費總數一一清明，此量入爲出，最要緊處。屯田是養兵最要緊處，施之確有條理者也。按綱鑑，庚寅召張栻爲尚書吏部員外，又兼侍講；辛卯諫用張説，壬辰出知袁州，則此書在寅卯間。

按朱子答南軒先生四書所以發明論語、大學、孟子道理，則知求之句讀文義當如此用功，非僅訓詁也。

辛卯，朱子四十二歲。

【校勘記】

〔一〕則天命有已時　「已時」，原作「時已」，清華鈔本同，據晦庵集卷三〇乙正。

〔二〕誨諭曲折數條　「數條」二字原闕，清華鈔本同，據晦庵集卷三二補。

〔三〕亦多失之太高　「亦」，原作「益」，據清華鈔本、晦庵集卷四二改。

〔四〕直以心爲已發性爲未發　清華鈔本同，晦庵集卷六四無「性爲未發」四字。

〔五〕其樂甚乖　「其樂」二字原闕，清華鈔本同，據語類卷一〇四補。

〔六〕來教又謂動中涵静　「涵静」，原作「静涵」，清華鈔本同，據晦庵集卷三二乙正。

〔七〕恐此亦指未感物而言　「恐此」二字原闕，清華鈔本同，據晦庵集卷四三補。

〔八〕設使真能如此存得　「得」字原闕，據晦庵集卷四三補。

〔九〕勿使能立　「勿」，原作「必」，清華鈔本同，據晦庵集卷二五改。

朱子聖學考略卷三

壬辰，朱子四十三歲。

語孟集義序云：「論孟之書，學者所以求道之至要，古今爲之説者，蓋已有百餘家，然自秦漢以來，儒者類皆不足以與聞斯道之傳。其溺於卑近者，既得其言而不得其意；其騖於高遠者，則又支離踳駁，或乃并其言而失之，學者益以病焉。宋興百年，河、洛之間有二程先生者出，然後斯道之傳有繼。其於孔子、孟氏之心，蓋異世而同符也。故其所以發明二書之説，言雖近而索之無窮，指雖遠而操之有要。使夫讀者非徒可以得其言，而又可以得其意；非徒得其意，而又可以并其所以進於此者而得之。其所以興起斯文，開悟後學，可謂至矣。間嘗蒐輯以附本章之次，既又取夫學之同於先生者，若横渠張公、范氏、二吕氏、謝氏、游氏、楊氏、侯氏、尹氏，凡九家之説，以附益之，名曰論孟精義，以備觀省。而同志之士，有欲從事於此者，亦不隱焉。抑嘗論之，論語之言無所不包，而其所以示人者，莫非操存涵養之要。七篇之指無所不究，而其所以示人者，類多體驗充擴之端。夫聖賢之分，其不同固如此，然而體用一源也，顯微無間也，是則非識先生之學之至，其孰能知之？嗚呼，兹其所以奮乎百世絶學之後，而獨得夫千載不傳之統也歟。若張公之於先生，論其所至，竊意其猶伯夷、伊尹之於孔子。而一時及門之士，考其言行，則又未知其孰可以爲孔氏之顏、曾也。今録其言，非敢以爲無少異於先生而悉合乎聖賢之意，亦曰大者既同，則其淺深疏密，毫釐之間，正學者所宜盡心耳。至於近歲以來，學於先生之門人者，又或出其書焉，則意其源遠末分，醇醨異味而不敢載矣。或曰：然則凡説之行於世而不列於此者，皆無取已乎？曰：不然也。漢、魏諸儒正音讀、通訓詁、考制度、辨名物，其功溥矣。學者苟不先涉其流，則亦何以用力於此？而近世二三名家，與夫所謂學於先生之門人者，其考證推説，亦或時有補於文義之間。學者有得於此而後觀焉，則亦何適而無所得哉！特所以求夫聖賢之意者，則在此而不在彼耳。若夫外自托於程氏，而竊其近似之言，以文異端之説者，則誠不可以入於學者之心。然以其荒幻浮夸，足以欺世也，而流俗頗已向之矣，其爲害豈淺淺哉！顧其語言氣象之間，則實有不難辨者，學者誠用力於此書而有得焉，則於其言雖欲讀之，亦且有所不暇矣。然則是書之作，其率爾之誚，雖不敢辭，至於明聖傳之統，成衆説之長，折流俗之謬，則竊亦妄意其庶幾焉。乾道壬辰月正元日。」

《論》、《孟》註疏，如馬季長、鄭康成、何平叔、邢叔明、趙邠卿、孫宗古輩，不過解釋文義，其於孔、孟微旨，無有也。幸兩程夫子以身體之，以心會之，筆之簡策，以教來學。又有横渠先生及門諸子爲之羽翼，然後孔、孟微旨燦然明白。特是諸家之説亦未盡合程子，以無失聖賢之本意，若非朱子反復申明，將又有流弊焉。嗚呼，讀「未知孰可爲孔氏之顔、曾」一語，乃知朱子辨謝、吕、游、楊諸公之差者，大有苦心在。學者誠深味而默會之，則其以孔氏之顔、曾自任也，豈得已哉，豈得已哉！

資治通鑑綱目序云：「先正温國司馬文正公受詔編集資治通鑑既成，又撮其精要之語，别爲目録三十卷，并上之。晚病本書太詳，目録太簡，更著舉要歷八十卷以通厥中，而未成也。至紹興初，故侍讀南陽胡文定公始復因公遺稿，修成舉要補遺若干卷，則其文愈約而事愈備矣。然往者得於其家而伏讀之，猶竊自病記識之弗强，不能有以領其要而及其詳也。故嘗過不自料，輒與同志因兩公四書别爲義例，增損隱括，以就此編。蓋表歲以首年，逐年之上，行書外某甲子。遇「甲」字、「子」字，則朱書以别之。雖無事，依舉要以備歲年。而因年以著統，凡正統之年歲下大書，非正統者兩行分注。大書以提要，凡大書，有正例，有變例。正例，如始終、興廢、災祥、沿革及號令、征伐、殺生、除拜之大者。變例，如不在此例，而善可爲法，惡可爲戒者，皆特書之也。而分注以備言，凡分注，有追原其始者，有遂言其終者，有詳陳其事者，有備載其言者，有因始終而見者，有因拜除而見者，有因事類而見者，有因家世而見者，有温公所立之言、所取之論，有胡氏所收之說、所著之評。而兩公所遺，與夫近世大儒先生折衷之語，今亦頗采，以附於其間云。使夫歲年之久遠，國統之離合，辭事之詳略，議論之同異，通貫曉析，如指諸掌，名曰資治通鑑綱目，凡若干卷，藏之巾笥，姑以私便檢閲，自備遺忘而已。若兩公述作之本意，則有非區區所敢及者。雖然，歲周於上而天道明矣，統正於下而人道定矣，大綱概舉而監戒昭矣，衆目畢張而幾微著矣。是則凡爲致知格物之學者，亦將慨然有感於斯，而兩公之志，或庶乎其可以默識矣。因述其指意條例如此，列於篇端，以俟後之君子云。乾道壬辰夏四月甲子。」

按綱目一書，朱子雖云「兩公之志，可以默識」，蓋謙詞也。表歲以首年者，春秋紀年之旨也；因年以著統者，即魯史而推之天下也；大書以提要者，春秋大書之旨也；分注以備言者，合三傳、温公、胡氏及諸先生之語，而取其粹精，斷以至理也。夫如是，天道人道，常理不易；大綱衆目，治戒昭然。國家君德之修否，政治之得失，師儒之興廢，人才之盛衰，皆於是乎見。其所以上承聖人春秋之傳，下定萬世君臣之則者，嚴而確矣。學者不識綱目之旨，烏可語春秋哉？

中和舊説序云：「余蚤從延平李先生學，受中庸之書，求喜怒哀樂未發之旨，未達而先生没。余竊自悼其不敏，若窮人之無歸。聞張欽夫得衡山胡氏學，則往從而問焉。欽夫告予以所聞，余亦未之省也。退而沉思，殆忘寢食。一日，喟然嘆曰：『人自嬰兒以至老死，雖語默動静之不同，然其大體莫非已發，特其未發者，爲未嘗發耳。』自此不復有疑，以爲中庸之旨果不外乎此矣。後得胡氏書，有與曾吉父論未發之旨者，其論又適與余意合，用是益自信。雖程子之言有不合者，亦直以爲少作失傳，而不之信也。然間以語人，則未見有能深領會者。乾道己丑之春，爲友人蔡季通言之，問辨之餘，予忽自疑，斯理也，雖吾之所默識，然亦未有不可以告人者。今析之如此其紛糾而難明也，聽之如此其冥迷而難喻也，意者乾坤易簡之理，人心所同然者，殆不如是。而程子之言，出其門人高弟之手，亦不應一切謬誤，以至於此。則予之所自信者，其無乃反自誤乎？則復取程氏書，虚心平氣而徐讀之，未及數行，凍解冰釋，然後知情性之本然、聖賢之微旨，其平正明白乃如此。而前日讀之不詳，妄生穿穴，凡所辛苦而僅得之者，適足以自誤而已。至於推類究極，反求諸身，則又見其爲害之大，蓋不但名言之失而已也。於是又竊自懼，亟以書報欽夫及嘗同爲此論者。惟欽夫復書深以爲然，其餘則或信或疑，或至於今累年而未定也。夫忽近求遠，厭常喜新，其弊乃至於此，可不戒哉！暇日料撿故書，得當時往還書稿一編，輒序其所以而題之曰中和舊説，蓋所以深懲前日之病，亦使有志於學者讀之，因予之可戒而知所戒也。獨恨不得奉而質諸李氏之門，然以先生之所已言者推之，知其所未言者，其或不遠矣。」

愚讀此序與答薛士龍書，其大旨有一一契合者焉。序言「從李先生學，求未發之旨，未達而先生没」，即答薛書「聞先生君子之教，粗知有志於學，而求之不得其術」也。序言「忽近求遠，厭常喜新」，即答薛書之「舍近求遠，處下窺高」也。序言「語默動静之不同，大體莫非已發，特其未發者未嘗發」，即答薛書之「馳心空妙」也。覺佛之非而未盡革，固空妙也，察識端倪，錯認未發之旨，亦空妙也。癸酉以前之空妙，指佛言也；癸未以前十年之空妙，指未能盡革，不得其術言也；己丑以前數年之空妙，指未喻未發之旨言也。其工夫時候各有不同，而二篇所指大抵如此。通辨不細加分别，第據「馳心空妙」一語，以爲與陸學同。所以宗朱子者，皆言朱子四十以前出入於佛，而至是始覺其非也。若考與湖南諸公書及此序，則知其不然矣。

按：此序朱子自序己丑時悟涵養未發爲主之故，而序中無言及涵養語。予由此篇歷考己丑後至壬辰所答書，及語類中言涵養處敘之，庶知朱子後三十年操存工夫，得力在此數年中。雖後日與伯恭、子澄言缺却涵養，深以爲悔，亦其所見愈親，愈不敢輕信之實學。有識者切不可泥後日自誤誤人之語，並疑從前皆蹈語言講論，而無切己涵養之功也。

記論性答稿後云：「此篇出於定論之初，徒以一時之見，驟正累年之失，其向背出入之際，猶有未服習者。又持孤論以當衆賢，心亦不自安，故自今讀之，尚多遺恨。如廣仲之言，既以靜爲天地之妙，又論性不可以真妄動靜言，是知言所謂嘆美之善，而不與惡對者云爾。應之宜曰：『善惡也，真妄也，動靜也，一先一後，一彼一此，皆以對待而得名者也。不與惡對，則不名爲善；不與動對，則不名爲靜矣。既非妄又非真，則亦無物之可指矣。今不知性之善而未始有惡也，真而未始有妄也，主乎靜而涵乎動也。顧曰善惡、真妄、動靜，凡有對待，皆不可以言性。而對待之外，別有無對之善與靜焉，然後可以形容天性之妙，不亦異乎？』當時酬對既不出此，而他所自言亦多曠闕。如論性無不該，不可專以靜言，此固是也。然其說當云：『性之分雖屬乎靜，而其蘊則該動靜而不偏。故樂記以靜言性則可，如廣仲遂以靜形容天性之妙則不可。』如此則語意圓矣。如論程子真靜之說，以真爲本體，靜爲未感，此亦是也。然當云：『下文所謂未發，即靜之謂也。所謂五性，即真之謂也。然則仁、義、禮、智、信云者，乃所謂未發之蘊，而性之真也歟？』如此則文義備矣。答敬夫書所謂復、艮二卦，亦本程子之意，而擇之疑思慮未萌者是坤卦事，不應以復當之。予謂此乃易傳所謂無間可容髮處，夫思慮未萌者固坤也，而曰知覺不昧則復矣。此雖未爲有失，而詞意有未具。擇之之疑雖過，然其察之亦密矣。又所謂周子主靜之説，則中正仁義之動靜，有未當其位者。當云以中對正，則正爲本；以仁配義，則義爲質，乃無病爾。此稿中間亦屢有改定處，今不能復易，因題其後，以正其失云。」

朱子既透未發之旨，與湖南諸公往復其説，以涵養爲主矣。而格物窮理尤致其精明者，正恐稍有舛錯，以致涵養之未當也。如胡氏「性不可以真妄動静言」，但以知言歎美之善，而不與惡對爲據，其流失不小，後來無善無惡、無善而至善之説，皆淵源於此。若不明著其非，將體性者必以此種論説發於程子之徒之派，雖力剖其未當，誰能信其非是而距之？惟玩朱子「善而未始有惡」、「真而未始有妄」、「主乎静而涵乎動」三語，則論性的當，無過於此，而程子「性即理」之言，昭如日星矣。夫朱子於未發之性體經幾番體驗，而後悟未發之中，本體自然，不須窮索於未發至善之性體，經幾番窮究，而實信性之至善至真，主静涵動，確不可混。惟用力居敬，使根本已定，貫徹始終，而又辨别精詳，絶無似是之病留於隱微之地，以滋涵養之累，所以直繼周、程，而無旁蹊捷徑之失也。若陸、王兩家，只以養心爲重，愈養愈静，愈静愈空，並將善字抹殺，反以格物爲狥外，爲零碎，亦其流弊所必至。豈知朱子之涵養實爲格物之本，而格物之功皆所以精其涵養之體，無有内外，無有兩途者乎！此數年中，居敬窮理已透旨歸，而通辨仍以爲同陸，其與詆朱子者無異矣。

八朝名臣言行録成，西銘解義成。

按：年譜載二書成於壬辰。

言行録載名臣事君、治身、用人、愛民、理財、緝兵之美績可爲師範者，並間有瑕瑜互見可爲鑑戒者。讀之可想見諸臣立心制行，各有法程，不可稍不檢以貽玷。又想見朱子當日一片公大心胸，不因短棄長，不著美掩失，真涵蓋萬象，彙集衆材，而條理井然焉。

澐往日讀朱子西銘註，晝夜玩味，不知所自來。及讀文集、語類，序聖學考略若有會焉。蓋朱子是時，其滿腔惻隱萬物一體之意，實從己心體驗發生，不能自已。又與南軒先生窮究仁說，直透仁體，即是天地之帥非有我所得私，正程子所謂「其體此意，令『有諸己』，地位已高」者，故註得親切有味如此。不得此消息，而欲有見於朱子之註，其亦難矣。

克齋記略云：「仁也者，天地所以生物之心，而人物之所得以爲心者也。惟其得夫天地生物之心以爲心，是以未發之前，四德具焉，曰仁、義、禮、智，而仁無不統。已發之際，四端著焉，曰惻隱、羞惡、辭讓、是非，而惻隱之心無所不通。此仁之體用所以涵育渾全，周流貫徹，專一心之妙，而爲衆善之長也。然人有是身，則有耳、目、鼻、口、四肢之欲，而或不能無害夫仁。人既不仁，則其所以滅天理而窮人欲者，將益無所不至。此君子之學所以汲汲於求仁，而求仁之要，亦曰去其所以害仁者而已。蓋非禮而視且聽焉，人欲之害仁也；非禮而言且動焉，人欲之害仁也。知人欲之所以害仁者在是，於是有以拔其本、塞其源克之，克之而又克之，以至於一旦豁然，欲盡而理純，則其胸中之所存者，豈不粹然天地生物之心，而藹然其若春陽之温哉。默而成之，固無一理之不具，而無一物之不該也。感而通焉，則無一事之不得於理，而無一物之不被其愛矣。嗚呼，此仁之爲德，所以一言而可以盡性情之妙。而其所以求之之要，則夫子之所以告顔淵者，亦可謂一言而舉也與。」

朱子是時體驗未發之深，煞有得力。所謂欲盡理純者，即前答林擇之云「從此涵養中，漸漸體出這端倪來，則一一便爲己物」也。必從涵養中體出端倪，方是天機活潑，生理藹然。本來仁體呈露氣象，此仁體原自徹動静表裏，無有間息，非克己之盡，不能到此地位耳。前答子重不遽作記而有待焉，至此實見這仁體，故下筆親切。此聖學入深時候，通辨猶以爲同陸，而近世儒者信之，吾不解矣。

癸巳，朱子四十四歲。

尹和靖言行録序云：「程夫子所言『涵養必以敬，進學則在致知』二言者，夫子所以教人造道入德之大端，而不可以偏廢焉者也。若和靖尹公先生者，其學於夫子而有得於敬之云乎，何其説之約而居之安也？其門人馮氏、祁氏、吕氏記其緒言，各爲一書。某嘗得而伏讀之，所以收放心而伐邪氣者，幾微之際，所助深矣。顧其記録之間尚多牴牾，至於人名事跡亦或不同，然則其於精微之意，豈得無可疑者。惜乎其不得親見先生而面質之也。書之篇首，以告同志，其亦熟玩而審取之哉。乾道癸巳孟夏初吉。」

按：朱子於程門弟子，必講求其學，辨別其微，如謝氏、尹氏詳矣，玩幾微之際，所助深矣，非切己體察，能如是乎？精微之意，豈得無可疑者，非析理最精，能如是乎？後學於勉齋、安卿兩先生集不虚心體驗，豈能有得於朱子聖學哉？

序程氏外書後云：「右程氏外書十二篇，其所序次，可繕寫。始某序次程氏遺書二十五篇，皆諸門人當時記録之全書，足以正俗本紛更之謬，而於二先生之語則不能無所遺也。於是取諸集録，參伍相除，得此十有二篇，以爲外書。夫先生之言非有精粗之異，而兩書皆非一手所記，其淺深工拙，又未可以一概論。其曰外書云者，特以取之之雜，或不能審其所自來，其視前書，學者尤當精擇而審取之耳。乾道癸巳六月乙亥。」

按：朱子於遺書，既訂而序之，又訂外書十二篇，其於暢潛道録不能無疑，猶必謹存之，以備全訓，私淑之誠至矣。後學於朱子語類，未窺其門徑，未見其頭面，動云記録之誤，亦可謂侮聖人之言而不知自懼也夫。

朱子輯程子遺書有序，附録有序，外書有序，合三序觀之，朱子有功於程門何如哉！由後世以遡北宋程門高弟，如楊、吕、謝、尹諸君子所集録，或存或亡，缺略已甚，苟非朱子裒而集之，安能使千百年後全帙宛然，以開後學心胸，而契精微於往昔哉。抑不獨此也。朱子接聖道之傳，實有賴於文集、語録焉。自見延平先生之後，惟以程子之學爲宗，玩味於講習討論之間，體驗於躬行心得之實。如格物致知之補傳，已發未發之奥旨，復艮動静之微言，居敬窮理之交進，夾持天理之密詣，仁立義行、定性兩忘之要歸，種種明訓，實自程子以入孔、孟之室，其功深而詣極者。如歷階以升，而亹亹無有已時也。若夫纂輯所取，既擇其要者附於經書註中，又集爲近思録，其餘講説發揮載於語類，不一而足。使後學讀之，如迷津得舟楫，如暗室有燈光，不啻親聆其教誨者。蓋程子之言，簡質渾噩，不易尋其脈理。得朱子反復暢達，使其曲折藴奥，源源委委，朗然昭明，有所循塗而往。其嘉惠至教，安可以數計也耶。此義惟北溪先生敘朱子文首言之，諸前輩未嘗及此。有志求道者，能深有味乎此義而奮然以興，法朱子之學程子者以學朱子，則不至不得其門而入矣。

太極圖傳、通書解成。

按：年譜載二書成於癸巳。朱子太極後序二，一作於己丑，一作於己亥。年譜小註列己丑序於癸巳，誤矣。題太極西銘解後在戊申，有云「始予作二解，未嘗敢出以示人」，亦不言成於何時。而年譜序西銘解於壬辰，敘太極通書解於癸巳者，據語類李性傳序也。序作於理宗嘉熙戊戌，去朱子卒時凡三十九年。

中庸集解序略云：「熹惟聖門傳授之微旨見於此篇者，諸先生言之詳矣。熹之淺陋，蓋有行思坐誦，没世窮年而不得其所以言者，尚何敢措一辭於其間。然嘗竊謂秦漢以來，聖學不傳，儒者惟知章句訓詁之爲事，而不知復求聖人之意，以明夫性命道德之歸。至於近世先知先覺之士始發明之，則學者既有以知夫前日之爲陋矣。然或乃徒誦其言以爲高，而又初不知深求其意；甚者遂至於脱略章句，淩籍訓詁，坐談空妙，展轉相迷，而其爲患反有甚於前日之爲陋者。嗚呼，是豈古昔聖賢相傳之本意，與夫近世先生君子之所望於後人者哉！熹誠不敏，私竊懼焉。故因子重之書，特以此言題其篇首，以告夫同志之讀此書者。使之毋跂於高，毋駭於奇，必沉潛乎句讀文義之間，以會其歸；必戒懼乎不睹不聞之中，以踐其實。庶乎優柔厭飫，真積力久，而於博厚高明悠遠之域，忽不自知其至焉，則爲有以真得其傳而無徒誦坐談之弊矣。」

朱子所云「沉潛乎句讀文義之間，以會其歸，戒懼乎不睹不聞之中，以踐其實」者，教人從居敬窮理用功，因聖言以反身心，自有互相發明處。宗朱子者偏重句讀文義，使後學讀朱子書專力於訓解，檢飭其行誼，未爲無益。至於沉潛戒懼、會歸實踐之功，無所闡發，終覺滋味淺薄，没有歸宿，而難於深入持久，恐未得朱子之遺意，而又安能有以勝彼哉。

甲午，朱子四十五歲。

跋古今家祭禮云：「右古今家祭禮，某所纂次，凡十有六篇。蓋人之生，無不本乎祖者，故報本反始之心，凡有血氣者之所不能無也。古之聖王，因其所不能無者制爲典禮，所以制其精神，篤其恩愛，有義有數，本末詳焉。遭秦滅學，禮最先壞。由漢以來，諸儒繼出，稍稍綴緝，僅存一二。以古今異便，風俗不同，雖有崇儒重道之君，知經好學之士，亦不得盡由古禮以復於三代之盛。其因時述作，隨事討論，以爲一國一家之制者，固未必皆得先王義起之意。然其存於今者，亦無幾矣。惜其散脱殘落，將遂泯没於無聞，因竊蒐輯敘次，合爲一篇，以便觀覽，庶其可傳於後。然皆無雜本可參校，往往闕誤不可曉知，雖通典、唐書，博士官舊藏板本，亦不足據，則他固可知已。諸家之書，如荀氏、徐暢、孟馮翊、周元陽、孟詵、徐潤、孫日周等儀，有録而未見者，尚多有之。有能采集附益，并得善本通校而廣傳之，庶幾見聞有所興起，相與損益折衷，共成禮俗，於以上助聖朝敦化導民之意，顧不美哉。淳熙元年五月戊戌。」

按：通典禮書諸種，未免太煩。朱子家祭禮十六篇，必詳略得宜，惜不可見矣。惟遵家禮，參以續通解，而酌之以定其儀節，然終以不見朱子原本爲恨也。

答呂伯恭書云：「伏惟孝履支福。已經祥祭，追慕何窮。然俯就先王之制，誠有望於賢者。某再辭未報，惕息俟命，未知所以爲計。所喻講學克己之功，裒多益寡，政得恰好，此誠至論。然此二事，各是一件功夫，學者須是無所不用其極，然後足目俱到，無偏倚之患。若如來諭，便有好仁不好學之蔽矣。且中庸言學問思辨而後繼以力行，程子於涵養進學亦兩言之，皆未嘗以此包彼而有所偏廢也。若曰講習漸明，便當痛下克己工夫，以踐其實，使有以真知其意味之必然，不可只如此説過，則其言爲無病矣。昨答敬夫言仁説中有一二段已説破此病。近看吴才老論語説論子夏『吾必謂之學』一章與子路『何必讀書』之云，其弊皆至於廢學，不若『行有餘力，則以學文』、『就有道而正，可謂好學』之類，乃爲聖人之言也。」

按：象山年譜壬辰春，伯恭試禮部考官，以内難出院。本傳云「父憂」，是伯恭祥祭在甲午春後，此書正其時也。書内云「昨答敬夫言仁説」，是朱子答敬夫論仁説即在此書前也。細味論仁説數條，朱子窮理之功直入毫芒，無有儱侗語。使學者讀之，自知性中四德統於仁，便當下克己工夫，以保守此仁。其發明孔門求仁、伊川性情之旨，可謂明且盡。而示學者下手爲仁工夫，亦顯有門徑，而無岐途之惑矣。

崇安縣五夫社倉記云：「乾道戊子春夏之交，建人大饑。予居崇安之開耀鄉，知縣事諸葛侯廷瑞以書來，屬予及其鄉之耆艾左朝奉郎劉侯如愚，曰：『民饑矣，盍爲勸豪民發藏粟，下其直以振之？』劉侯與予奉書從事，里人方幸以不饑。俄而盜發浦城，距境不二十里，人情大震，藏粟亦且竭。劉侯與予憂之，不知所出，則以書請於縣於府。時敷文閣待制信安徐公嘉知府事，即日命有司以船粟六百斛泝溪以來，劉侯與予率鄉人行四十里，受之黄亭步下。歸，籍民口大小仰食者若干人，以率受粟，民得遂無饑亂以死，無不悦喜歡呼，聲動旁邑。於是浦城之盜無復隨和而束手就禽矣。及秋，徐公奉祠以去，而直敷文閣東陽王公淮繼之。是冬有年，民願以粟償官，貯里中民家，將輦載以歸有司。而王公曰：『歲有凶穰，不可前料，後或艱食，得無復有前日之勞，其留里中，而上其籍於府。』劉侯與予既奉教，及明年夏，又請于府曰：『山谷細民無蓋藏之積，新陳未接，雖樂歲不免出倍稱之息貸食豪右，而官粟積於無用之地，後將紅腐，不復可食。願自今以來，歲一斂散，既以紓民之急，又得易新以藏。俾願貸者出息什二，又可以抑僥倖、廣儲蓄。即不欲者，勿强。歲或不幸，小饑則弛半息，大侵則盡蠲之，於以惠活鰥寡，塞禍亂原，甚大惠也。請著爲例。』王公報，皆施行如章。既而王公又去，直龍圖閣儀真沈公度繼之。劉侯與予又請曰：『粟分貯民家，於守視出納不便，請放古法，爲社倉以儲之。不過出捐一歲之息，宜可辦。』沈公從之，且命以錢六萬助其役。於是得籍坂黄氏廢地，而鳩工度材焉。經始於七年五月，而成於八月。爲倉三，亭一，門墻守舍，無一不具。司會計董工役者，貢士劉復、劉得輿、里人劉瑞也。既成，而劉侯之官江西莫府，予又請曰：『復與得輿皆有力於是倉，而劉侯之子將仕郎琦嘗佐其父於此，其族子右修職郎玶亦廉平有謀，請得與并力。』府以予言悉具書禮請焉，四人者遂皆就事。方且相與講求倉之利病，具爲條約，會丞相清源公出鎮兹土，入境問俗，予與諸君因得具以所爲條約者迎白於公。公以爲便，則爲出教，俾歸揭之楣間，以視來者。於是倉之庶事，細大有程，可久而不壞矣。予惟成周之制，縣都皆有委積，以待凶荒。而隋唐所謂社倉者，亦近古之良法也。今皆廢矣，獨常平義倉尚有古法之遺意，然皆藏於州縣，所恩不過市井惰游輩，至於深山長谷、力穡遠輸之民，則雖饑餓瀕死而不能及也。又其爲法太密，使吏之避事畏法者，視民之殍而不肯發，往往全其封鐍，遞相付授，至或累數十年，不一訾省。一旦甚不獲已，然後發之，則已化爲浮埃聚壤而不可食矣。夫以國家愛民之深，其慮豈不及此？然而未之有改者，豈不以里社不能皆有可任之人，欲一聽其所爲，則懼其計私以害公；欲計其出入，同於官府，則鈎校彌密，上下相遁，其害又必有甚於前所云者。是以難之而有弗暇耳。今幸數公相繼，其愛民慮遠之心，皆出於法令之外，又皆不鄙吾人以爲不足任，故吾人得以及是。數年之間，左提右挈，上説下教，遂能爲鄉閭立此無窮之計，是豈吾力之獨能哉！惟後之君子，視其所遭之不易者如此，無計私害公以取疑於上，而上之人亦毋以小文拘之，如數公之心焉，則是倉之利，夫豈止於一時，其視而效之者，亦將不止於一鄉而已也。因書其本末如此，刻之石，以告後之君子云。淳熙甲午五月。」

按：此記前敘立倉之由，後言持久之道，一片愛民至情，惓惓無已。凡讀是篇者，皆當深體此意。夫社倉是備荒要着，合朱子所記觀之，其法有四：領粟於官，加二收息，隨時散斂，如五夫倉之式，一也。富而好禮之士能捐米數百石，加二收息，隨時散斂，如金華潘叔度所爲，二也。守令出無礙公廨錢，市穀買田，隨時散斂，並不收息，如光澤張侯訢所爲，三也。富而好禮之士能出穀數千石，隨時收斂，並不收息，如南城吴伸、吴倫所爲，四也。統此四法，其責在守令與邑之縉紳，同心協力，四鄉多積至二三萬石，可無凶荒流離之虞，而縉紳之責尤重焉。蓋縉紳在鄉黨中，與百姓多是親友，獨享豐厚，而親友饑餓，有人心者豈其忍爲？若以身行之，有愛恤鄉里之心，有倡率富民之任，有揀擇老成之識，有確别窮餓之法，有輔佐守令之權，視疾病爲同患，則能愛恤鄉里；捐穀米爲先聲，則能倡率富民；引賢德爲同志，則能揀擇老成；察貧富於平時，則能確别窮餓；秉公心以鎮奸頑，則能輔佐令守。此五美者，惟縉紳是賴，更得賢守令主持於上，自相與有成矣。要之，守令者，朝廷責其牧養斯民，而縉紳之倡也。讀朱子社倉四記而不感動，豈有人心者哉！

已發未發説云：「右據此諸説，皆以思慮未萌、事物未至之時，爲喜怒哀樂之未發。當此之時，即是心體流行，寂然不動之處，而天命之性，體段具焉。以其無過不及，不偏不倚，故謂之中。然已是就心體流行處見，故直謂之性則不可。呂博士論此大概得之，特以中即是性，赤子之心即是未發，則大失之，故程子正之。蓋赤子之心動静無常，非寂然不動之謂，故不可謂之中。然無嘗欲知巧之思，故爲未遠乎中耳。未發之中，本體自然，不須窮索，但當此之時，敬以持之，使此氣象常存而不失，則自此而發者，其必中節矣。此日用之際本領工夫。其曰『却於已發之處觀之』者，所以察其端倪之動，而致擴充之功也。一不中則非性之本然，而心之道或幾乎息矣。故程子於此每以『敬而無失』爲言。又云：『入道莫如敬，未有能致知而不在敬者。』又曰：『涵養須用敬，進學則在致知。』以事言之，則有動有静；以心言之，則周流貫徹，其功夫初無間斷也，但以敬爲本爾。周子所主静者亦是此意，但言静則偏，故程子又説敬。向來講論思索，直以心爲已發，而所論致知格物亦以察識端倪爲初下手處，以故缺却平日涵養一段功夫。其日用意趣，常偏於動，無復深潛純一之味，而其發之言語事爲之間，亦常躁迫浮露，無古聖賢氣象，由所見之偏而然爾。程子所謂『凡言心者，皆指已發而言』，此却指心體流行而言，非謂事物思慮之交也。然與中庸本文不合，故以爲未當而復正之。固不可執其已改之言而盡疑論説之誤，又不可遂以爲當而不究其所指之殊也。周子曰：『無極而太極。』程子曰：『「人生而静」以上不容説，纔説時便已不是性矣。』蓋聖賢論性無不因心而發，若欲專言之，則是所謂無極而不容言者，亦無體段之可名矣。」

按：此説是朱子統會程子諸説，體驗性體至精至粹之論，不可率意以讀者也，謹分段而詳解之。「右據此諸説」以下，是明未發本體。「即是心體流行」三句，指點未發氣象極顯明。心體流行者，當未發時原是流行的，若不流行，則斷滅了。「寂然不動」者，流行却是不動，玩「處」字尤指點親切。「天命之性，體段具焉」者，當此心體流行，寂然不動之處，正是仁、義、禮、智渾然之性全具於中，教人當未發時識其處，即識此是自己天性，切不可作空虚見解，即程子所云「冲漠無眹，萬象森然已具」之義，而指點處比程子更明白，有可依尋，從古先儒未有説得如此透闢者也。「吕博士」以下，明吕説互有得失也。「未發之中」以下，示人用功保守之法。「未發之中」三句，承上言性體如是。「當此之時」三句，教人體會性體如是，急宜主敬保守，不可疏忽放失，通篇喫緊在此三句。然亦不是僅騰口舌，費筆墨，須是目到神到，身到心到，識到力到，守到養到，認得此是人禽關，放鬆此關，便無着手處。必刻刻懼，刻刻操，方是敬以直内工夫也。「則自此而發」二句，是指發處説，「自此」二字宜着眼。上三句是戒慎恐懼工夫，做得箇大地盤、大安宅。玩「自此」二字，只就戒慎恐懼、大地盤大安宅中發念處，不違本色，可無過差。學者必自驗得果有地盤、安宅，方解「自此」二字之妙。不然，倏然而發，發亦不省，雖省亦畫脂鏤冰也。「此日用之際本領工夫」二句，承上八句，言學道人須有此本領工夫，方可進步也。自「右據諸説」至「本領工夫」，是朱子從天命本然説來，教人體會性體，用工保守，實有合下便居敬持志，用許多讀書窮理力行工夫，方能復安於義理，而不妄動之性體，勉勉循循，以保守之，非必待靜坐體會性體，而後主敬保守。此朱子異於陸學大關頭，切不可走錯路也。「却於已發之處觀之者」六句，教人於幾處察識擴充，正慎獨切要着，全在此處把捉得定，方得保守性體。此處一差，變人爲禽，如墜深淵，如迷鬼窟，茫茫蕩蕩，無住足處，所謂地盤、安宅依舊又散失了，可懼如此。已發之處差，未發之處失，無有二處，所以要存，所以要觀，而歸於主敬也。故「程子於此」以下歷引程説，言工夫全在主敬，「周流貫徹」、「初無間斷，但以敬爲本」數語〔二〕，尤寫出戰兢保守天性體段之要，無踰於敬靜，以復未發性體也。「向來講論」以下，朱子自敘於動處用功，不免於急迫，深以平日涵養爲主。此真見得主敬必以靜爲本，非同偶然一悟也。「程子所謂」以下，發明程子立言之意。而「此却指心體流行而言」二句，與前「已是就心體流行處見」一語直契性體不已之旨，教人就心會性，從「寂然流行」四字理會得如此氣象，則知程子立言而又改正之意，和盤托出，無有疑議也。「周子曰」以下，遡人生本原，即是天命於穆不已之妙，透到性體來歷處也。統而論之，先之以未發本體，繼之以敬存本體工夫而省察即此而在，又繼之以敬貫動静，而以静爲本，本體、工夫方是合一，因言自已所見之偏，因言程子改正之故，而以無極不容説之義終焉。通篇大旨如此，不知有當於朱子否？予生至愚至拙，宗朱子教凡二十餘年，不得其門而入。雖由中和舊説序考年歲早晚進德之概，究難尋其得力處。後復玩序文，及與湖南諸公、答敬夫書、已發未發説，朱子透徹未發之旨，見於此數篇。於是日夜體驗，屏去邪雜，收心窮理，依朱子所言力行做去，静中不敢紛馳，動中不敢擾亂，方寸之中，稍有主宰，方信朱子栽培根株之學如此切當。向來總未見得，徒説敬，説誠，初不解未發之中爲何物，良可歎已。如是者又一年，幾自信其得於朱子傳心之奥，爲不差錯。體驗之暇，忽自念曰：「静中有動，動中有静，自是一定準則，然而動静起伏之交復艮動止之宜，畢竟有些轉换在。有些轉换在，畢竟不能一手握定。隨時隨處，無非大本運用，進道之幾，正在此時，無容忽過，以致不得定静。」於是復取朱子書而玩味之，沉思累日，恍然有以自信。與湖南諸公、答敬夫書、致中和註，先分言動靜用功，後言必體立而用行，皆是從涵養未發做起。而已發未發説直從未發本體指示，使人有所領會，即就本體緊着主敬工夫，使人有所持循。入門下手，無如此篇。從此篇實反之身心，自朝至夜，兢業端莊。讀書窮理，積之之久，覺性體時時呈露只在這裏。仁、義、禮、智、信，渾然在這裏，如穀種生性。惻隱、羞惡、辭讓、是非，皆在這裏發生，如穀種萌芽。視聽應酬，皆自這裏發動，觀物考古，皆在這裏分曉，真有不用轉換，一直做去之妙。舉從前日誦日習而不解者，今方透得，覿面相承，亦竊自幸矣。嗟乎，未發之旨，自周子發之，兩程夫子繼之，越百餘年，朱子會之而著此篇。果會得此旨，真箇大本在我，存在此處存，發在此處發，存處含得發，發處仍是存。周子主靜立極、無欲則靜虛動直之旨，程子廓然大公、物來順應之旨，總統於此。朱子答直卿、周卿、敬甫、德久諸書皆發揮於此，動靜分合用功皆貫通於此。此予所以歎此篇之旨實朱子聖學之樞紐，而願畢力而不辭者也。予質至愚至拙，幸窺奥義，僭爲疏解，實愧淺陋，因紀朱子聖學次序，故録於篇後云。

養觀説云：「程子曰：『存養於未發之前則可。』又曰：『善觀者却於已發之際觀之。』何也？曰：此持敬之功貫通乎動靜之際者也。就程子此章論之，方其未發，必有事焉，是乃所謂静中之知覺，復之所以『見天地之心』也。及其已發，隨事觀省，是乃所謂動上求静，艮之所以『止其所』也。然則静中之動，非敬孰能形之？動中之静，非敬其孰能察之？故又曰：『學者莫若先理會敬，則自知此矣。』然則學者豈可舍是而他求哉！」

程子涵養觀已發之旨，既見於已發未發説，而此説又特提明歸於持敬，真是要言不煩。學者誠於此二説反復玩味，熟讀精思，依此實下工夫，未有不得其門而入者。方知朱子於程子、子思中和傳心之妙獨得其宗，而開示後學，垂教無窮矣。

知言疑義云：「熹按：此章亦性無善惡之意，與『好惡性也』一章相類，似恐未安。蓋天理莫知其所始，其在人則生而有之矣。人欲者，梏於形，雜於氣，狃於習，亂於情而後有者也。然既有而人莫之辨也，於是乎有同事而異行者焉，有同行而異情者焉，君子不可以不察也。然非有以立乎其本，則二者之幾，微曖萬變，夫孰能別之？今以天理人欲混爲一區，恐未允當。祖謙曰：『天理人欲同體而異用者，却似未失。蓋降衷秉彝，固純乎天理，及爲物所誘，人欲滋熾，天理泯滅，而實未嘗相離也。同體異用，同行異情，在人識之爾。』熹再詳此論，胡子之言，蓋欲人於天理中揀別得人欲，又於人欲中便見得天理。其意甚切，然不免有病者。蓋既謂之同體，則上面便著『人欲』兩字不得，此是義理本原極精微處，不可少差。試更子細玩索，當見本體實然只一天理，更無人欲。故聖人只説克己復禮，教人實下工夫，去却人欲，便是天理，未嘗教人求識天理於人欲汨没之中也。若不能實下工夫，去却人欲，則雖就此識得，未嘗離之，天理亦安所用乎！」

知言疑義又云：「熹按『人之爲道，至善也，至大也』，此説甚善。若性果無善惡，則何以能若是耶？栻曰：論性而曰善不足以名之，誠爲未當，如元晦之論也。夫其精微純粹，正當以至善名之。龜山謂人欲非性也，亦是見得分明，故立言直截耳。」

知言疑義又云：「熹按『性無善惡』、『心無死生』兩章似皆有病。性無善惡，前此論之已詳，心無死生，則幾於釋氏輪迴之説矣。天地生物，人得其秀而最靈。所謂心者，乃夫虚靈知覺之性，猶耳目之有見聞耳。在天地則通古今而無成壞，在人物則隨形氣而有始終。知其理一而分殊，則亦何必爲是心無死生之説，以駭學者之聽乎？栻曰『心無死生』章亦當删去。」

自康侯先生有「孟子道性善云者，歎美之辭，不與惡對」之説，五峰先生遂曰「天理人欲，同體而異用」，又曰「性也者，天地鬼神之奥，善不足以言之，況惡乎」，由是湖湘學者皆宗其説，不以善惡言性，幾有性無善惡之意，是性學明晦一大關。朱子從而疑之，發明性之本體實然只是一理，更無人欲。南軒先生深以爲然，因有「正當以至善名之」之答。此朱子大有功於五峰先生，以救湖湘學者之蔽，而南軒幡然從之之爲不易得也。若「心無死生，流於輪迴」之見，而南軒亦深然之，其從善虛心，千載如接矣。疑義又云：「聖人下學上達，盡日用酬酢之理，而天道變化行乎其中。若有心要本天道以應人事，則胸次先横了一物，臨事之際，著意將來把持作弄，而天人之際終不合矣。大抵自謝子以來，纔説灑掃應對，便須急作精義入神意思想像主張，惟恐其滯於小也，不免有病。」又云：「以其大者移於小者，作日用功夫，正是打成兩截也。」按：此辨極精。朱子是時見得純是天理，故即人事即天理，非造道之深者，難知其曲折矣。

知言疑義又云：「熹按『欲爲仁，必先識仁之體』，此語大可疑。觀孔子答門人問爲仁者多矣，不過以求仁之方告之，使之從事於此而自得焉爾，初不必使先識仁體也。又『以放心求心』之問甚切，而所答者反若支離。夫心操存舍亡，間不容息，知其放而求之，則心在是矣。今於已放之心，不可操而復存者置不復問，乃俟異時見其發於他處，而後從而操之，則夫未見之間，此心遂成間斷，無復有用功處。及其見而操之，則所操者亦發用之一端耳。其於本源全體，未嘗有一日涵養之功，便欲『擴而充之，與天同大』，愚竊恐其無是理也。○栻曰：必待識仁之體而後可以爲仁，不知如何而可以識也？學者致爲仁之功，則仁之體可得而見，識其體矣，則其爲益有所施而亡窮矣。然則答爲仁之問，宜莫如敬而已矣。○祖謙曰：仁體誠不可遽語，至於答『放心求心』之問，却自是一説。蓋所謂『心操存舍亡，間不容息，知其放而求，則心在是矣』者，平時持養之功也。所謂『良心之苗裔，因利欲而見，一有見焉，操而存之』者，隨事體察之功也。二者要不可偏廢。苟以此章欠説涵養一段，『未見之間，此心遂成間斷，無復用功處』是矣。若曰『於已放之心置不復問，乃俟其發見於他處，而後從而操之』，語却似太過。蓋見牛而不忍殺，非此心之發見於他處也。又謂所操者亦發用之一端，胡子固曰『此良心之苗裔』，固欲人因苗裔而識本根，非徒認此發用之一端而已。○熹謂二者誠不可偏廢，然聖門之教，詳於持養而略於體察，與此章之意正相反，則其得失可見矣。孟子指齊王愛牛之心，乃是因其所明而導之，非以爲必如此，然後可以求仁也。夫必欲因苗裔而識本根，孰若培其本根而聽其枝葉之自茂耶！」

此四段朱子因知言「欲爲仁，必先識仁之體」及「見牛不忍，良心之苗裔」大有可疑，而共商之者也。合觀四段，則必爲仁，方能識仁。因苗裔識本根，不若培其本根而枝葉自茂已了然矣。南軒論末段處，又當參看。按吳晦叔云：「若不令省察苗裔，便令培壅根本。夫苗裔之萌且未能知，而遽將孰爲根本而培壅哉？此亦何異閉目坐禪，未見良心之發，便敢自謂已見性者。故胡文定公曉得敬字便不差也。」南軒答云：「不知苗裔，固未易培壅根本，然根本不培，則苗裔恐愈濯濯也。此語須兼看，大抵涵養之厚，則發見必多；體察之精，則根本愈固。未知大體者，且據所見自持，如知有整衣冠，一思慮便整衣冠。一思慮，此雖未知大體，然涵養之意，已在其中。而於發處加察，自然漸覺有功。不然都不培壅，但欲省察，恐膠膠擾擾，而知見無由得發也。敬以致知之語，『以』字有病，不若云居敬致知。『公』字只爲學者不曾去源頭體究，故看得不是。觀元晦亦不是略於省察，令人不知有仁字，正欲發明仁字。如説『愛』字，亦是要人去所以愛上體究，但其語不能無偏，却非閉目坐禪之病也。」細玩此書，所答甚確。反身體驗，實可持循，必以培本根爲主，而體察以謹之充之。「未知大本者」四句，與朱子答楊子直「一主於敬」書、答林擇之「程子言敬」書同意，尤初學入門所當依此下手也。至「觀元晦」以下，尤能發明朱子微意。朱子「詳於持養」二句，非謂體察可略，正教人在仁體上用功，持養當密也。與陸學專主虛静，有天淵之别。晦叔乃以爲何異於閉目坐禪，亦大差矣，非南軒孰能闢之哉。

南軒先生於知「苗裔培」、「根本立」兼看之訓，誠用功要着。而「未知大體」四句，正下手實功，從此做去，合下立志，合下主敬，合下謹幾致曲，合下窮理力行，必有大本可立，達道可行，庶於已發、未發不至有偏，亦不遲迴於已發、未發。既防張皇，又防虚寂，而徒生擾擾也。夫南軒教人，切實如此，究其進步，得力於朱子者不淺。當朱子未透未發之旨，急往長沙，相與講究，大有切磋之益。但南軒平日原在發處體究，不獨朱子「諸説例蒙印可」一書，箴其發而後察，察而後存之有差，並答伯崇、擇之書，皆有益於南軒。即其答呂伯恭云：「某自覺向來於沉潛處少工夫，故本領尚未完。一二年來，頗專於敬字上勉力，愈覺周子主静之意爲有味。程子謂於喜怒哀樂未發之前，更怎生求，只平日涵養便是。此意須深體之。」由此觀之，益信南軒得力朱子以用功於涵養者，有明徵也。嗚呼！學道深造之功難矣哉，亦微矣哉。朱、張兩先生未相遇之前，其用功立志主敬者爲何如，而其所以立志主敬者，猶未免於發處着力。及兩相遇，兩相勉，各自於隱微幽獨之地，言貌詞氣之間，省驗其疏密，檢點其生熟，一則曰「缺却平日涵養一段工夫」，一則曰「自覺向來於沉潛處少工夫」；一則曰「敬字之功，親切要妙乃如此」，一則曰「一二年來，頗專於敬字上勉力」；一則曰「敬貫徹動静，以静爲本」，一則曰「愈覺周子主静有味」。於是力從敬静用功，直透天命明德之本然。謹幾致曲，窮理力行，不厭不倦，優入聖人之域而不自覺，此所以啓孔、孟、周、程之秘奥，而立萬世來學之準繩也。嗚呼，兩先生於已發未發之關如是自學，如是教人，歷五百餘年，其人雖往，其書常流行天壤中，昭昭如也。後來學者，防張皇而疏於端倪，防虚寂而昧於本體，自滋紛擾，無所適從，亦自不細心讀兩先生書耳，豈不大可惜哉。

與張敬夫論癸巳論語説略云：「如所謂『顔子非有樂乎此』，此本明道『簞瓢陋巷，非有可樂』之説。蓋簞瓢陋巷實非可樂之事，顔子不幸遭之，而能不以人之所憂改其樂耳。若其所樂，固在簞瓢陋巷之外。故學者欲求顔子之樂而即其事以求之，有没世而不可得者，此明道之説所以爲有功也。若曾晳言志，乃其中心所願而可樂之事。其見道分明，無所係累，從容和樂，欲與萬物各得其所之意，莫不藹然見於詞氣之間。明道所謂『與聖人之志同，便是堯舜氣象』者，正指此言之。學者欲求曾晳胸懷氣象而舍此以求之，亦有没世而不可得者。二子之樂雖同，所從言則異。今乃以彼之意，爲此之説，豈不誤哉。」又云：「志士仁人，所以不求生以害仁者，乃其心中自有打不過處，不忍就彼以害此，且非爲恐虧其所以生者而後殺身以成仁也。所謂成仁者，但以遂其良心之所安而已，非欲全其所以生者而後爲之也。此解中常有一種意思，不以仁義忠孝爲吾心之不能已者，而以爲畏天命、謹天職，欲全其所以生者而後爲之，則是本心之外，别有一念，計及此等利害輕重而後爲之，誠使能舍生取義，亦出於計較之私，而無慤實自盡之意矣。大率全其所以生等説，自他人言之則可，若挾是心以爲善，已不妥帖，況自言之，豈不可笑。」

按：此説甚多，今載此二條，見朱子體認聖人言語必到極處，涵養既純，窮理又精，所以胸中有至樂，而無一毫計較之私也。

此書當與答曾無疑「此君子所爲而學」一段參看。

又答張敬夫論仁説云：「某詳味此言，恐説『仁』字不著，而以義、禮、智與不忍之心均爲發見，恐亦未安。蓋人生而静，四德具焉，曰仁、義、禮、智，皆根於心而未發，所謂『理也，性之德也』。及其發見，則仁者惻隱，義者羞惡，禮者恭敬，智者是非，各因其體以見其本，所謂『情也，性之發也』。是皆人性之所以爲善者也。但仁乃天地生物之心而在人者，故特爲衆善之長，雖列於四者之目，而四者不能外焉。易傳所謂『專言之則包四者』，亦是正指生物之心而言，非别有包四者之仁，而又别有主一事之仁也。惟是即此一事便包四者，此則仁之所以爲妙也。今欲極言『仁』字而不本於此，乃概以至善目之，則是但知仁之爲善，而不知其爲善之長也。却於已發處方下『愛』字，則是但知已發之爲愛，而不知未發之愛之爲仁也。又以不忍之心與義、禮、智均爲發見，則是但知仁之爲性，而不知義、禮、智之亦爲性也。又謂仁之爲道無所不體，而不本諸天地生物之心，則是但知仁之無所不體，而不知仁之所以無所不體也。按程子曰：『仁，性也；愛，情也。豈可便以愛爲仁？』此正謂不可認情爲性耳，非謂仁之性不發於愛之情，而愛之情不本於仁之性也。按仁但主愛，若其等差，乃義之事。仁、義雖不相離，然其用則各有主而不可亂也。若以一仁包之，則義與禮、智皆無所用矣。」

答張敬夫又論仁説略云：「謹按程子言仁，本末甚備，今撮其大要，不過數言。蓋曰仁者,生之性也,而愛其情也,孝弟其用也。公者所以體仁,猶言克己復禮爲仁也。學者於前三言者可以識仁之名義,於後一言者可以知其用力之方矣。今不深考其本末指意之所在,但見其分別性情之異,便謂愛之與仁了無干涉;見其以公爲近仁,便謂直指仁體最爲深切。殊不知仁乃性之德而愛之本,因其性之有仁,是以其情能愛。但或蔽於有我之私,則不能盡其體用之妙。惟克己復禮,廓然大公,然後此體渾全,此用昭著,動静本末,血脈貫通爾。程子之言意蓋如此,非謂愛之與仁了無干涉也。性發爲情,情根於性。非爲『公』之一字,便是直指仁體也。細觀來喻,所謂「公天下而無物我之私,則其愛無不溥矣」,不知此兩句甚處是直指仁體處?若以愛無不溥爲仁之體,則陷於以情爲性之失。高明之見,必不至此。若以公天下而無物我之私便爲仁體,則恐所謂公者,漠然無情,但如虚空木石,雖其同體之物尚不能有以相愛,況能無所不溥乎?然則此兩句中初未嘗一字説著仁體。須知仁是本有之性,生物之心,惟公爲能體之,非因公而後有也。故曰公而以人體之故爲仁。細看此語,却是人字裏面帶得仁字過來。由漢以來,以愛言仁之弊,正爲不察性情之辨,而遂以情爲性耳。今欲矯其弊,反使仁字汎然無所歸宿,而性、情遂至於不相管,可謂矯枉過直,是亦枉而已矣。其弊將使學者終日言仁,而實未常識其名義,且又并與天地之心、性情之德而昧焉。竊謂程子之意必不如此,是以敢詳陳之。」

又答張敬夫論仁説云:「廣仲引孟子『先知先覺』以明上蔡心有知覺之説,已自不倫,其謂知此覺此，亦未知指爲何説。要之，大本既差，可勿論也。今觀所示，乃直以此爲仁，則是以知此覺此爲知仁覺仁也。仁本吾心之德，又將誰使知之而覺之耶？若據孟子本文，則程子釋之已詳，曰：『知是知此事，知此事當如此也。覺是覺此理。知此事之所以當如此之理也。』意已分明，不必更求玄妙。且其意與上蔡之意亦初無干，上蔡所謂知覺，正謂知寒暖饑飽之類耳。推而至於酬酢佑神，亦是此知覺，無别物也，但所用有大小爾。然此亦只是智之發用處，但惟仁者爲能兼之，故謂仁者心有知覺則可，謂心有知覺，謂之仁則不可。蓋仁者心有知覺，乃以仁包四者之用而言，猶云仁者知所羞惡、辭讓云爾。若曰心有知覺謂之仁，則仁之所以得名，初不爲此也。今不究其所以得名之故，乃指其所兼者便爲仁體，正如言仁者必有勇，有德者必有言，豈可遂以勇爲仁、言爲德哉？今伯逢必欲以覺爲仁，尊兄既非之矣。至於論知覺之淺深，又未免證成其説，非熹之所敢知也。」

此書當與答吕寺丞「至静之時，但有能知能覺者」數語參看。

仁説云：「天地以生物爲心者也，而人物之生，又各得夫天地之心以爲心者也。故語心之德，雖其總攝貫通，無所不備，然一言以蔽之，則曰仁而已矣。請試詳之。蓋天地之心，其德有四，曰元、亨、利、貞，而元無不統。其運行焉，則爲春、夏、秋、冬之序，而春生之氣無所不通。故人之爲心，其德亦有四，曰仁、義、禮、智，而仁無不包。其發用焉，則爲愛恭宜别之情，而惻隱之心無所不貫。故論天地之心，則曰乾元坤元，則四德之體用，不待悉數而足。論人心之妙者，則曰『仁，人心也』，則四德之體用，亦不待遍舉而該。蓋仁之爲道，乃天地生物之心，即物而在。情之未發，而此體已具；情之既發，而其用不窮。誠能體而存之，則衆善之源，百行之本，莫不在是。此孔門之教所以必使學者汲汲於求仁也。其言有曰『克己復禮爲仁』，言能克去己私，復乎天理，則此心之體無不在，而此心之用無不行也。又曰『居處恭，執事敬，與人忠』，則亦所以存此心也。又曰『事親孝，事兄弟，及物恕』，則亦所以行此心也。又曰『求仁得仁』，則以讓國而逃，諫伐而餓爲能不失乎此心也。又曰『殺身成仁』，則以欲甚於生、惡甚於死爲能不害乎此心也。此心何心也？在天地則坱然生物之心，在人則温然愛人利物之心，包四德而貫四端者也。或曰：若子之言，則程子所謂『愛，情；仁，性；不可以愛爲仁』者，非歟？曰：不然。程子之所訶，以愛之發而名仁者也。吾之所論，以愛之理而名仁者也。蓋所謂情性者，雖其分域之不同，然其脈絡之通，各有攸屬者，則曷嘗判然離絶而不相管哉？吾方病夫學者誦程子之言而不求其意，遂至於判然離愛而言仁，故特論此以發明其遺意，而子顧以爲異乎程子之説，不亦誤哉。或曰：程氏之徒言仁多矣，蓋有謂愛非仁，而以萬物與我爲一爲仁之體者矣；亦有謂愛非仁，而以心有知覺釋仁之名者矣。今子之言若是，然則彼皆非歟？曰：彼謂物我爲一者，可以見仁之無不愛矣，而非仁之所以爲體之真也。彼謂心有知覺者，可以見仁之包乎智矣，而非仁之所以得名之實也。觀孔子答子貢『博施濟衆』之問，與程子所謂覺不可以訓仁者，則可見矣，子尚安能復以此而論仁哉！抑泛言同體者，使人含糊昏緩而無警切之功，其弊或至於認物爲己者有之矣；專言知覺者，使人張皇迫躁而無沉潛之味，其弊或至於認物爲理者有之矣。一忘一助，二者皆胥失之，而知覺之云者，於聖門所示樂山能守之氣象尤不相似，子尚安得復以此而論仁哉？因並記其語，作仁說。」

答呂伯恭書云：「仁說近再改定，比舊稍分明詳密，已復録呈矣。此說固太淺，少含蓄，然竊意此等名義，古人之教，自其小學之時已有白直分明訓說，而未有後世許多淺陋玄空上下走作之弊，故其學者亦曉然知得如此名字但是如此道理，不可不著實踐履。所以聖門學者皆以求仁爲務，蓋皆已略曉其名義，而求實造其地位也。若似今人茫然理會不得，則其所汲汲以求者，乃其平生所不識之物，復有何向望愛說而知所以用其力耶？故今日之言，比之古人誠爲淺露，然有所不得已者。其實亦只是祖述伊川『仁、性，愛、情』之說，但剔得名義界分，脈絡有條理，免得學者枉費心神，胡亂揣摸，換東作西耳。若不實下恭敬存養、克己復禮之功，則此說雖精，亦與彼有何干涉耶？故却謂此說正所以爲學者向望之標準，而初未嘗侵過學者用功地步。明者試一思之，以爲如何？」

細按仁說一篇，前幅「仁」字根原來歷，模樣性情，未發已發，歷歷分明。所舉論語數章，包括爲仁大要。後幅統會論仁數條意義，將後來淺陋玄空之弊一一說透，使學者曉其名義，便下切要工夫，實造其地，庶不負立說垂教之苦心耳。蓋朱子己丑前後，體認未發氣象，以爲日用本領，立仁之體，如此其至。癸巳前後，窮究性中道理，以見日用實際。致仁之用如此其精，力行實踐即貫徹於體認窮究之中。故以身立說，以身垂教，所謂無所不用其極，足目俱到者也。乃後世學者不體朱子立說垂教之苦心，以遡孔門求仁、伊川性情之旨，在宗陸、王者，止知靜養，至於窮究性中道理，則全無工夫，任意立言，脈絡不分，迨養得靜定時，反覺窮理爲析二徇外，竟以句讀、文義目朱子，而不知自陷於廢學之弊，並非所以立仁之體。在宗朱子者，止知名義分明，至於涵養未發氣象則欠却工夫，即其克己亦煞用力，而氣質嗜欲猶有未盡，甚至着意時文，以體貼語意推朱子，而不知自陷於章句之弊，並非所以致仁之用。嗚呼！朱子之心，剔得名義分明，正教人實下恭敬存養、克己復禮之功，如此說破，而兩家猶各執一見，以爲後世學術之患，惜哉。

按此書，知朱子苦心分別名義，望學者從此實下功夫。然僅曉名義，不盡實功之弊，已明明言之，所以數年後，於切指中更加切指，即此書可識其由來焉。彼專以名義立教者，豈知朱子哉？

答呂伯恭曰：「屈、宋、唐、景之文，某舊亦嘗好之矣。既而思之，其言雖侈，然其實不過悲愁、放曠二端而已。日誦此言，與之俱化，豈不大爲心害？於是屏絶不敢復觀。今因左右之言，又竊意其一時作於荆楚之間，亦未必聞於孟子之耳也。若使流傳四方，學者家傳而人誦之，如今蘇氏之説，則爲孟子者亦豈得而已哉？況今蘇氏之學，上談性命，下述政理，其所言者非特屈、宋、唐、景而已。學者始則以其文而悦之，以苟一朝之利，及其既久，則漸涵入骨髓，不復能自解免。其壞人才、敗風俗，蓋不少矣。伯恭尚欲左右之，豈其未之思耶？其貶而置之唐、景之列，殆欲陽擠而陰予之耳。」

按：朱子讀唐志論韓文曰：「今讀其書，則其出於諂諛戲豫、放浪而無實者，自不爲少。若夫所原之道，則亦徒能言其大體，而未見其有探討服行之效。使其言之爲文者，皆必由是以出也。」論歐文曰：「考其終身之言，與其行事之實，恐亦未免於韓氏之病也。」王氏續經説論韓氏曰：「原道諸篇，則於道之大原若有非苟、揚、仲淹之所及者。然考其生平意嚮之所在，終不免於文士浮華放浪之習、時俗富貴利達之求，而其覽觀古今之變，將以措諸事業者，恐亦未若仲淹之致懇惻而有條理也。」由答伯恭書及此二篇觀之，朱子立萬世學子文章之正則肇於此矣。夫文所以明道也，韓、歐之文，於道亦間有當，而以朱子之言求之，素無探討服行、細密體驗真實工夫，徒即其所見以爲文，是以有道文分裂之患。學子欲由此合道文而一之，必有所不能。蘇氏又不逮遠甚。無怪乎後世文章全不根本道理，而學脈破壞，無所底止。惟朱子之文即歷聖相傳之文，朱子之道即歷聖相傳之道，選數百篇，奉以爲主而讀之，沉潛反復，歷有歲時。如某某若干篇，可得立志主敬之要；如某某若干篇，可得窮理之要；如某某若干篇，可得躬行之要；如某某若干篇，可得成己成物之全功。誦之於口，會之於心，體之於身，施之於事。道德仁義之實，由此以契其本原；檢身居家涖官之宜，由此以正其規矩。存而養之，擴而大之，斯道之全體大用，充足飽滿於中，則其發見於外者，必有光輝顯著之象，自言動威儀以至出處始終之間，無非本原之呈露矣。由是而筆於簡册，皆所以抒寫其胸中含蓄之蘊。文之所行，即道之所行；道之所在，即文之所在。道文合一之妙，有實喻其所以然者。益信朱子之文之道，即歷聖相傳之文之道，而非韓、歐、蘇氏之文所可校量尺寸者也。文章之正則，其在兹乎！其在兹乎！

答吕子約書云：「陸子静之賢，聞之蓋久，然似聞有脱略文字，直趨本根之意。」

又答吕子約書云：「近聞陸子静言論風旨之一二，全是禪學，但變其名號耳。恐誤後生，恨不識之，不得深扣其説，而因獻所疑也。」

朱子未會象山時已知其爲禪矣，何得謂中年同陸乎？

又答呂子約云：「所示『心無形體』之説，鄙意正謂如此，不謂賢者之偶同也。然所謂『寂然之本體，殊未明白』之云者，此則未然。蓋操之而存，只此便是本體，不待別求。惟其操之久而且熟，自然安於義理而不妄動，則所謂寂然者，當不待察識而自呈露矣。今乃欲於此頃刻之存，遽加察識，以求其寂然者，則吾恐夫寂然之體未必可識，而所謂察識者，乃所以速其遷動而流於紛擾急迫之中也。程子所論『纔思便是已發，故涵養於未發之前則可，而求中於未發之前則不可』，亦是此意。然心一而已，所謂操存者，豈以此一物操彼一物，如鬭者之相捽而不相舍哉？亦曰主一無適，非禮不動，則中有主而心自存耳。聖賢千言萬語，考其發端，要其歸宿，不過如此。子約既識其端，不必別生疑慮，但循此用功，久而不息，自當有所至矣。」

答石子重云：「按孔子言『操則存，舍則亡，出入無時，莫知其鄉』四句，而以『惟心之謂與』一句結之，正是直指心之體用而言其周流變化、神明不測之妙也。若謂以其舍之而亡，致得如此走作，則是孔子所以言心體者，乃只説得心之病矣。聖人立言命物之意恐不如此。兼出入兩字，有善有惡，不可皆謂舍之而亡之所致也。又如所謂心之本體不可以存亡言，此亦未安。蓋若所操而存者初非本體，則不知所存者果爲何物，而又何必以其存爲哉？但子約謂當其存時，未及察識而已遷動，此則存之未熟，而遽欲察識之過。昨報其書嘗極論之，今録求教。其餘則彼得之已多，不必別下語矣。因此偶復記憶胡文定公所謂『不起不滅心之體，方起方滅心之用，能常操而存，則雖一日之間，百起百滅，而心固自若』者，自是好語。但讀者當知所謂不起不滅者，非是塊然不動、無所知覺也。又非百起百滅之中，別有一物不起不滅也。但此心瑩然，全無私意，是則寂然不動之本體，其順理而起，順理而滅，斯乃所以感而遂通天下之故者云爾。向來於此未明，反疑其言之太過，自今觀之，却是自家看得有病，非立言者之失也。」

又答石子重曰：「心説甚善，但恐更須收斂造約爲佳耳。以心使心，所疑亦善，蓋程子之意亦謂『自作主宰，不使其散漫走作耳』。如孟子云『操則存』，云『求放心』，皆是此類，豈以此使彼之謂耶？但今人著箇『察識』字，便有箇尋求捕捉之意，與聖賢所云操存、主宰之味不同。此毫釐間須看得破，不爾，則流於釋氏之説矣。如胡氏之書，未免此病也。昨日得叔京書，論此殊未快，答之如此，别紙求教。如此言之，莫無病否？」

按：答石二書，參以答叔京、子約書，論心體甚細，操心功夫甚密，其大要在主敬存養。若不曾實下工夫，以至終身不能反情復性，徒爲章句，謹愿一派而已。

答何叔京云：「伏蒙示及心説，甚善，然恐或有所未盡。蓋入而存者，固是真心；出而亡者，亦此真心；爲物誘而然耳。今以存亡出入皆爲物誘所致，則是所存之外别有真心，而於孔子之言乃不及之，何耶？子重所論，病亦如此。而子約又欲并其出而亡者，不分真妄，皆爲神明不測之妙，二者皆胥失之。熹向答二公，有所未盡，後來答游誠之一段方稍穩當。今謹録呈，幸乞指誨。然心之體用始終，雖有真妄邪正之分，其實莫非神明不測之妙。雖皆神明不測之妙，而其真妄邪正又不可不分耳。不審尊意以爲如何？潘君之論，則異乎所聞矣。其所誦説環溪之書雖未之見，然以其言考之，豈其父嘗見環溪？而環溪者，即濂溪之子元翁兄弟也歟？元翁與蘇、黄遊，學佛談禪，蓋失其家學之傳已久，其言固不足據。且潘君者，又豈非清逸家子弟耶？清逸之子亦參禪，雖或及識濂溪，然其學則異矣。今且據此書論之，只文字語言便與太極、通書等絶不相類。蓋通書文雖高簡，而體實淵慤，且其所論不出乎陰陽變化、修己治人之事，未嘗劇談無物之先、文字之外也。而此書乃謂『中』爲有物，而必求其所在於未生之前，則是禪家本來面目之緒餘耳。殊不知『中』者特無偏倚、過不及之名，以狀性之體段；而所謂性者，三才、五行、萬物之理而已矣，非有一物先立乎未生之前而獨存乎既没之後也。其曰執、曰用、曰建，亦體此理以修己治人而已矣，非有一物可以握持運用而建立之也。其後所謂立象示人以乾元爲主者，尤爲誑誕無稽。大概本不足辨，以來教未有定論，故略言之。」

又答何叔京云：「心説已喻，但所謂『聖人之心，如明鏡止水，天理純全』者，即是存處。但聖人則不操而常存耳，衆人則操而存之。方其存時，亦是如此，但不操則不存耳。存者，道心也；亡者，人心也。心一也，非是實有此二心，各爲一物，不相交涉也，但以存亡而異其名耳。方其亡也，固非心之本然，亦不可謂别是一箇有存亡出入之心，却待反本還原，别求一箇無存亡出入之心來换却。只是此心，但不存便亡，不亡便存，中間無空隙處。所以學者必汲汲於操存，故雖舜、禹之聖，亦以精一爲戒也。且如世之有安危治亂，雖堯、舜之聖，亦只是有治安而無危亂耳，豈可謂堯、舜之世無安危治亂之可名邪？如此則便是向來胡氏性無善惡之説，請更思之。」

按：朱子答游誠之云：「心體固本静，然亦不能不動；其用固本善，然亦能流而入於不善。夫其動而流於不善者，固不可謂心體之本，然亦不可不謂之心也，但其誘於物而然耳。故先聖只説：『操則存，存則静，而其動也無不善矣。舍則亡，於是乎有動而流於不善者。出入無時，莫知其鄉。』出者亡也，入者存也，本無一定之時，亦無一定之處，特係於人之操舍何如耳。只此一句，説得心之體用始終、真妄邪正無所不備。又見得此心不操即舍，不出即入，别無閑處可安頓之意。」玩答何二書及此書，朱子發明心體之理，使向來蒙翳一旦廓然矣。其喫緊處，在「心固本静」八句，及「非是二心，各爲一物」、「真妄邪正，不可不分」數語。夫不知人心靜而不能不動，善而亦流於不善，則不知靜動善惡之所由判；不知道心、人心非是二心，則不知變動錯綜之皆出於一心；不知真妄邪正之分，則不知神明不測之當歸於一。是無惑乎説之紛紛，而日用間茫無着手處也。惟反復三書，知朱子於心體煞用工夫，透得心體本善，只在操存用力，則所操者要，而推行運用自有主矣。此朱子四十後窮究心理，精密要緊工夫，讀者不可不着眼。

答何二書未詳何年。前一書言太極、通書甚詳，癸巳太極、通書解成，故姑附之。

答何叔京云：「未發之前，太極之靜而陰也；已發之後，太極之動而陽也。其未發也，敬爲之主而義已具；其已發也，必主於義而敬行焉。則何間斷之有哉？」又云：「人之本心無有不仁，但既汩於物欲而失之，便須用功親切，方可復得其本心之仁。故前書有『仁是用功親切之效』之説，以今觀之，只説得下一截，『心是本來完全之物』，又却只説得上一截。然則兩語非有病，但不圓耳。若云心是通貫始終之物，仁是心體本來之妙，汩於物欲，則雖有是心而失其本然之妙，惟用功親切者爲能復之，如此則庶幾近之矣。」又云：「天命之性，有是性，便有許多道理總在裏許，故曰性便是理之所會之地，非謂先有無理之性而待其來會於此也。但以伊川『性即理也』一句觀之，亦自可見矣。『心妙性情之德』，『妙』字是主宰運用之意。」又云：「來教謂不知自何而有人欲，此問甚緊切。熹竊以謂人欲云者，正天理之反耳。謂因天理而有人欲則可，謂人欲亦是天理則不可。蓋天理中本無人欲，惟其流之有差，遂生出人欲來。程子謂善惡皆天理，此句若甚可駭。謂之惡者本非惡，此句便都轉了。但過與不及便如此。自何而有此人欲之問，此句答了。所引惡亦不可不謂之性，意亦如此。」

又答何叔京云：「示喻必先盡心知性，識其本根，然後致持養之功，此意甚善。然此心此性，人皆有之，所以不識者，物欲昏之耳。欲識此本根，亦須合下且識得箇持養功夫，次第而加功焉，方始見得。見得之後，又不舍其持養之功，方始守得。蓋初不從外來，只持養得便自著見，但要窮理功夫互相發耳。來喻必欲先識本根，而不言所以識之之道，恐亦未免成兩截也。主於減者以進爲文，主於盈者以反爲文，中間便自有箇恰好處，所謂性情之正也。此固不離於中和，然只喚作中和，便説殺了。須更玩味進反之間，見得一箇恰好處，方是識得中和也。」又云：「『毋不敬』，是統言主宰處；『儼若思』，敬者之貌也；『安定辭』，敬者之言也；『安民哉』，敬者之效也。」

朱子宗程子主敬以教叔京，此聖學宗主也。帝王聖賢皆是主敬，不主敬，從何處入頭？不謹於衣冠容貌，從何處主敬？蓋敬者德之聚，平日窮究底義理，原在心中，能敬則凝聚在這裏。故朱子屢以「如見」、「如承」、「如臨」、「如履」、「居處恭，執事敬」、「與人忠」立教，正教人從入頭處做工夫。此須以身體之，尤須以端坐爲第一著。坐不端莊，則心不能竪起植立，而行立動卧皆縱肆矣。能主敬，則身心内外一貫而無間隔。不敬以直内而言存養，其能不流於空虛乎？「敬爲之主，而義已具」、「主於義而敬行」二句，尤極要約。主敬是集義根本，窮理又有互相發處，不可偏廢。此朱子四十後力從主敬做持養工夫，讀者當著眼言仁、言性、言天理人欲之辨，有功於子思、孟子、程子尤大，正居敬窮理合一關竅也。

答何叔京云：「持敬之説甚善，但如所喻，則須是天資儘高底人，不甚假修爲之力，方能如此。若顔、曾以下，尤須就視聽、言動、容貌、辭氣上做工夫。蓋人心無形，出入不定，須就規矩繩墨上守定，便自内外帖然。豈曰放僻邪侈於内，而姑正容謹節於外乎？且放僻邪侈正與莊整齊肅相反，誠能莊整齊肅，則放僻邪侈決知其無所容矣。既無放僻邪侈，然後到得自然莊整齊肅地位，豈容易可及哉。此日用功夫至要約處，亦不能多談，但請尊兄以一事驗之，儼然端莊，執事恭恪時，此心如何？怠惰頹靡，涣然不收時，此心如何？試於此審之，則知内外未始相離，而所謂莊整齊肅者，正所以存其心也。」

又答何叔京云：「竊觀尊兄平日容貌之間，從容和易之意有餘，而於莊整齊肅之功終若有所不足。豈其所存不主於敬，是以不免於若存若亡，而不自覺其舍而失之乎？二先生拈出「敬」之一字，真聖學之綱領，存養之要法。一主乎此，更無内外精粗之間，固非謂但制之於外，則無事於存也。所謂『既能勿忘勿助，則安有不敬』者，乃似以敬爲功效之名，恐其失之益遠矣。更請會集二先生言敬處，子細尋繹，自當見之。」

又答何叔京云：「持敬之説，前書亦未盡。今見嵩卿，具道尊意，乃得其所以差者。蓋此心操之則存，而敬者所以操之之道也。尊兄乃於覺而操之之際，操其覺者，便以爲存，而於操之之道不復致力，此所以不惟立説之偏，而於日用功夫亦有所間斷而不周也。愚意竊謂且當就此覺處敬以操之，使之常存而常覺，是乃乾坤易簡，交相爲用之妙。若便以覺爲存，而不加持敬之功，則恐一日之間存者無幾何，而不存者十八九矣。願尊兄以是察之，或有取於愚言耳。所喻旁搜廣引，頗費筋力者，亦所未喻，義理未明，正須反復鑽研，參互考證，然後可以得正而無失。古人所謂博學、審問、慎思、明辨者，正謂此也。奈何憚於一時之費力，而草草自欺乎？」

又答何叔京云：「示喻根本之説，敢不承命。但根本、枝葉，本是一貫，身心内外，原無間隔。今曰專存諸内而略夫外，則是自爲間隔，而此心流行之全體常得其半而失其半也。曷若動静語默由中及外，無一事之不敬，使心之全體流行周浹，而無一物之不偏，無一息之不存哉。觀二先生之論心術，不曰『存心』而曰『主敬』，其論主敬，不曰虚静淵默而必謹之於衣冠容貌之間，其亦可謂言近而指遠矣。今乃曰不教人從根本上做起而便語以敬，往往一向外馳，無可據守，則不察乎此之過也。夫天下豈有一向外馳、無所據守之敬哉？必如所論，則所以存夫根本者，不免著意安排、揠苗助長之患。否則雖曰存之，亦且若存若亡，莫知其鄉而不自覺矣。愚見如此，伏惟試反諸身而察焉，有所未安，却望垂教也。太極『中正仁義』之説，玩之甚熟，此書條暢洞達，絶無可疑。只以『乾，元亨利貞』五字括之，亦自可盡，大抵只要識得上下賓主之辨耳。」

答楊子直云：「承喻太極之説，足見用力之勤，深所歎仰。然鄙意多所未安，今且略論其一二大者，而其曲折，則托季通言之。蓋天地之間只有動静兩端，循環不已，更無餘事，此之謂易。而其動其静，則必有所以動静之理焉，是則所謂太極者也。聖人既指其實而名之，周子又爲之圖以象之，其所以發明表著，可謂無餘藴矣。原極之所以得名，蓋取樞極之義。聖人謂之太極者，所以指夫天地萬物之根也。周子因之而又謂之無極者，所以著夫無聲無臭之妙也。然曰『無極而太極』，太極本無極，則非無極之後別生太極，而太極之上先有無極也。又曰『五行陰陽，陰陽太極』，則非太極之後別生二五，而二五之上先有太極也。以至於成男成女，化生萬物，而無極之妙蓋未始不在是焉。此一圖之綱領，大易之遺意，與老子所謂物生於有，有生於無，而以造化爲真有始終者，正南北矣。來諭乃欲一之，所以於此圖之説多所乖礙而不得其理也。熹向以太極爲體，動静爲用，其言固有病，後已改之，曰

『太極者，本然之妙也；動静者，所乘之機也』，此則庶幾近之。來喻疑於體用之云甚當，但所以疑之之説，則與熹之所以改之之意，又若不相似然。蓋謂太極含動静則可，以本體而言。謂太極有動静則可，以流行而言。若謂太極便是動静，則是形而上下者不可分，而『易有太極』之言亦贅矣。其他則季通論之已極精詳，且當就此虚心求之，久當自明，不可别生疑慮，徒自攪繞也。持敬之説不必多言，但熟味『整齊嚴肅』、『嚴威儼恪』、『動容貌』、『整思慮』、『正衣冠』、『尊瞻視』此等數語，而實加功焉，則所謂『直内』，所謂『主一』，自然不費安排，而身心肅然，表裏如一矣。豈陸棠之謂哉，彼其挾詐欺人，是乃敬之賊耳，今反以敬之名歸之，而謂敬之實真有不足行者，豈不誤甚矣哉？大抵身心内外，初無間隔，所謂心者固主乎内，而凡視聽、言動、出處、語默之見於外者，亦即此心之用而未嘗離也。今於其空虚不用之處則操而存之，於其流行運用之實則棄而不省，此於心之全體，雖得其半而失其半矣。然其所得之半，又必待有所安排布置，然後能存。故存則有揠苗助長之患，否則有舍而不耘之失。是則其所得之半又將不足以自存而失之，孰若一主於敬而此心卓然，内外動静之間無一毫之隙、一息之停哉！叔京來書尚執前説，而來喻之云，亦似未見内外無間之實。故爲此説，并以寄叔京。而所以答叔京者，亦並寫呈，幸詳思之，却以見告也。」

前二書及此五書皆未詳何年，以叔京卒於乙未，故載於乙未前。

前二書教叔京從規矩繩墨上守定，則制外養中，只是一事。第三書即叔京所謂操其覺者，而明示以主敬即操之之道。不可專操其覺者而不加意主敬，且不加意主敬，則所謂覺者必有時而昏且散也。嗚呼！此書之旨，亦微矣顯矣。且「當就此覺處」四句，朱子以人身乾坤易簡交用之義示後世學者，至今五百年無人闡明，徒執良知家復、姤之説，奉爲秘訣，豈知朱子教人如此親切著明哉。蓋就此覺處，即乾以易知之知；敬以操之，即坤以簡能之能。敬以守覺，則敬中有覺，即乾知交於坤而爲復。覺不離敬，則覺中有敬，即坤能交於乾而爲姤。常敬常覺，常覺常敬，即乾坤易簡、交相爲用之妙。至於所以覺、所以敬者，即學問思辨，講明太極中正仁義之理，可以得正而無失者。朱子指點明白如此，何學者漫不經目而深思之也？彼良知家專言知而不從事於敬，竊恐一點虛靈無所依附，不得不入虛寂一路以尋歸根，復命之原。況所謂知者，止是虛靈之知，而非中正仁義之知，宜其終陷於精魂之覺，而非元亨利貞大明之覺也，豈不惜哉。第四書及答子直所論敬貫動靜內外，辨析極精，非過來人不知。得半失半之分，初主敬者，靜時得，動時失，知得動時失，方知得靜時並未得。始有味乎朱子之言，抉我隱微之弊，實體得敬守此心，內外卓然。始有味乎朱子之言，示我周行之路也。合五書而身體之，旨哉旨哉，主敬曲折次第，志聖學者細參之。

答李伯諫云：「承喻及『從事心性之本，以求變化氣質之功』之説，此意甚善。然愚意此理初無内外本末之間，凡日用間涵泳本原，酬酢事變，以至講説辨論，考究尋繹，一動一静，無非存心養性，變化氣質之實事。學者之病，在於爲人而不爲己，故見得其間一種向外者，皆爲外事。若實有爲己之心，但於此顯然處嚴立規程，力加持守，日就月將，不令退轉，則便是孟子所謂『深造以道』者。蓋其所謂深者，乃功夫積累之深；而所謂道者，則不外乎日用顯然之事也。及其真積力久，内外如一，則心性之妙無不存，而氣質之偏無不化矣，所謂自得之而居安資深也。豈離外而内，惡淺而深，舍學問思辨力行之實，而别有從事心性之妙也哉？至於易之爲書，因陰陽之變以形事物之理，大小精粗無所不備，尤不可以是内非外、厭動求静之心讀之。鄙意如此，故於來喻多所未安，竊恐向來學佛病根有未除者，故敢以告。」

此書未詳何年，與答叔京、子直書語意相類，故附之。

細玩此書，與答叔京、子直書著實反身體驗，既無遺内徇外之病，又無是内非外之失，有本可據，有用可施。及其久也，内外合一，隨事隨處，皆是功夫，皆是道理，方是自得之而居安資深逢原地位。朱子垂教至精切矣，後學可不勉哉。

朱子曰：「二三年前，見得此事尚鶻突，爲他佛説得相似。近年來方看得分曉，只是戒謹所不睹，恐懼所不聞，如顏子約禮事是如此，佛氏却無此段工夫。」

此事尚鶻突者，如大化安宅，佛説亦相似耳。豈有癸未、甲申已屢闢佛，而尚與佛同乎？看得分曉者，看得心貫動静，涵養省察，處處通徹，極其分曉。非止看得佛之非處分曉，而佛之非處分曉在其中矣。

問：「春間所論致知格物，便見得一箇是非工夫有依據，秋間却以爲太迫切，何也？」朱子曰：「看來亦有病，侵過了正心誠意地步多，只是一『敬』字好。伊川只説敬，又所論格物致知，多是讀書講學。不專如春間所論，偏在一邊，今若只理會正心誠意，池録作「四端情性」。却有局促之病；只是致知格物，池録作「讀書講學」，一作「博窮衆理」。又却似汎濫。古人語言自是周浹。兼今日學者所謂格物却無一箇端緒，只是尋物去格。如宣王因見牛發不忍之心，此蓋端緒也，便就此擴充，直到無一物不被其澤方是。致與格只是推致、窮格到盡處，凡人各有箇見識，不可謂他全不知。如孩提之童知愛其親，長知敬其兄，以至善惡是非之際，亦甚分曉。但不推致充廣，故其見識終只如此。須是因此端緒從而窮格之。未見端倪發見之時，且得恭敬涵養；有箇端倪發見，直是窮格去，亦不是鑿空尋事物去格也。又曰：涵養於未發見之先，窮格於已發見之後。」

細閲此段，則知前朝儒者議朱子格物向外之非矣。朱子格物直從性情用功，其中言局促、汎濫端緒、涵養窮格，皆朱子默默體驗過來以示學者，最宜潛玩，端倪發見須善看。戊午沈莊仲録「此心無時不發見，必待見孺子入井，怵惕惻隱之發而後用功，則終身無緣有此等時節」，玩此數語，參之「知愛、知敬，是人心生幾，時時發見，全在時時涵養窮格，則生理可以不息而光大矣」，其要緊處在未發見時涵養，涵養後則發見必多，此根本之當培壅也。

又曰：「知愛其親，知敬其兄，此良心也，良心便是明德。止是事事各有箇止處。如坐如尸、立如齋，坐立上須得如此方止得。又如視思明以下，皆止於至善之意，大學須自格物入，格物從敬入最好，只敬便能格物。敬是箇瑩徹底物事。今人却塊坐了相似昏倦，要須提撕著。提撕便敬，昏倦便是肆，肆便不敬。」

問：「程子云『未有致知而不在敬』者，蓋敬則胸次虚明，然後能格物而判其是非。」朱子曰：「雖是如此，然亦須格物，不使一毫私欲得以爲之蔽，然後胸次方得虚明。只一箇持敬也，易得做病。若只持敬，不時時提撕著，亦易以昏困。須是提撕，才見有私欲底意思來，便屏去，且謹守著，到得復來，又屏去，時時提撕，私意自當去也。」

此二段當互看。格物須從敬入，敬亦須格物，自是程子正脈，方無虧欠。

又曰：「『格物』二字最好。物，事物也。須窮極事物之理到盡處，便有一箇是，一箇非，是底便行，非底便不行。凡自家身心上，皆須體驗得一箇是非。若講論文字，應接事物，各各體驗，漸漸推廣，地步自然寬濶。如曾子三省，只管如此體驗去。」

又曰：「痛理會一番，如血戰相似，然後涵養將去。因自云某如今雖便静坐，道理自見得。未能識得，涵養箇甚？」

問：「伊川説萬物皆備於我，謂物亦然，皆從這裏出去，如何？」朱子曰：「未須問此，枉用功夫。且於事上逐件窮看，凡接物遇事，見得一箇是處，積習久自然貫通，便真箇見得理一。禪者云『如桶底脱相似』，可謂大悟。到底不曾曉得，才遇事又却迷去。」

又曰：「常使截斷嚴整之時多，膠膠擾擾之時少，方好。」

以上廖德明録。

前答林擇之云「義理人心固有，苟得其養，而無物欲之昏，自然發見明著」，乃謂不先察識端倪，則涵養箇甚，不太急迫乎？但未發時，則渾然是敬之體，非是知其未發，方下敬底工夫。此謂未能識得涵養箇甚，似乎相反，不知敬是涵養，合下便如此。故程子云「能敬則知此」，所以無先知得而後涵養之理也。到得能敬知此，方見得涵養益得力；若不知此，則涵養亦是空。所以未識得涵養箇甚也。兩説相需，自有次第，意味無窮。體驗之自見，果能見得，須實下截斷嚴整工夫。蓋截斷嚴整，亦是合下便如此。而緊中愈緊，保守愈固，非深入之，難喻此意也。

統玩數段，主敬、格物須齊頭做，必主敬方能窮是非，窮是非則主敬不黑淬淬底。朱子此時雖未動静合一，已是未發性體豁然呈露，事物道理了然心目矣。

井田類説云：「漢文帝十三年六月，除田租。荀氏論曰：古者什一而税，以爲天下之中正也。今漢民或百一而税，可謂鮮矣。然豪强富人占田逾侈，此處疑有闕字。輸其賦大半。官收百一之税，民收大半之賦。官家之惠優於三代，豪强之暴酷於亡秦，是上惠不通，威福分於豪强也。今不正其本而務除租税，適足以資富强。夫土地者，天下之大本也，春秋之義，諸侯不得專封，大夫不得專地。今豪民占田，或至數千頃，富過王侯，是自專封也；買賣由己，是自專其地也。孝武時董仲舒嘗言宜限民占田。至哀帝時，乃限民占田不得過三十頃。雖有其制，卒不得施。然三十頃有不平矣。且夫井田之制，宜於民衆之時，地廣民稀，勿爲可也。然欲廢之於寡，立之於衆，土地既富，列在豪强，卒而規之，並起怨心，則生紛亂，制度難行。由是觀之，若高帝初定天下，及光武中興之後，民人稀少，立之易矣。就未悉備井田之法，宜以口數占田，爲立科限，民得耕種，不得買賣，以贍貧弱，以防兼并，且爲制度張本，不亦宜乎？雖古今異制，損益隨時，然綱紀大略，其致一也。本志曰：古者建步立畝，六尺爲步，步百爲畝，畝百爲夫，夫三爲屋，屋三爲井。井方一里，是爲九夫，八家共之。一夫一婦受私田百畝，公田十畝，是爲八百八十畝，餘二十畝以爲廬舍。出入相交，守望相接，疾病相救。民受田，上田夫百畝，中田夫二百畝，下田夫三百畝。歲更耕之，換易其處。其家衆男爲餘夫，亦以口受田如此比。士工商家受田，五口乃當農夫一人。有賦有税，賦謂計口發財，税謂公田什一及工商虞衡之入也。賦供車馬兵甲士徒之役，充實府庫賜予之費。税給郊社宗廟百神之祀、天子奉養百官禄食、庶事之費。民年二十受田，六十歸田。種穀必雜五種，以備災害。中弗得有樹，以妨五穀。力耕數耘，收穫如寇盜之至。環廬種桑，菜茹有畦，瓜瓠果蓏植於疆畔，雞豚狗彘無失其時，女修蠶織，五十則可以衣帛，七十則可以食肉。五家爲比，五比爲閭，四閭爲族，五族爲黨，五黨爲州，五州爲鄉。鄉，萬二千五百户。比長位下士，自此以上，稍登一級，至鄉爲大夫矣。於是閭有序而鄉有庠，序以明教，庠以行禮而視化焉。春令民畢出於野，其詩云：『同我婦子，饁彼南畝，田畯至喜。』冬則畢入於邑，其詩曰：『嗟我婦子，曰爲改歲，入此室處。』春則出民，閭胥平旦坐於左塾，比長坐於右塾，畢出而後歸，夕亦如之。入者必薪樵，輕重相分，班白不提挈。冬則民既入，婦人同巷夜績，女工一月得四十五日。功必相從者，所以省費燭火，同工拙而合習俗也。男女有不得其所者，因而相與歌詠，以言其情。是月，餘子亦在序室。八歲入小學，學六甲、五方、五行、書計之事，始知室家長幼之節。十五入大學，學先王禮樂，而知朝廷君臣之禮。其有秀異者，移於鄉學。鄉學之秀，移於國學。學於小學，諸侯歲貢小學之秀者於天子。學於大學，其有秀者，命曰造士。行同而能偶，別之以射，然後爵命焉。孟春之月，群居將散，行人振木鐸以徇於路，以採詩獻之太師，比其音律，以聞於天子。三年耕則餘一年之蓄，故三年有成，成此功也。故王者三載考績。九年耕餘三年之食，進業曰登，故三考黜陟。再登曰平，餘六年食。三登曰泰平，二十七歲餘九年食。然後至德流洽，禮樂成焉。故曰『如有王者，必世而後仁』，繇此道也。書曰『天秩有禮』，『天罰有罪』。故聖人因天秩而制五禮，因天罰而制五刑，建司馬之官，設六軍之衆，因井田而制軍賦。地方一里爲井，井十爲通，通十爲成，成方十里；成十爲衆，衆十爲同，同方百里；同十爲封，封十爲畿，畿方千里。地四井爲邑，四邑爲丘，丘十六井，有戎馬一匹、牛三頭。四丘爲甸，六十四丘，有戎馬四匹、兵車一乘、牛十二頭、甲士三人、步卒七十二人，干戈備具。是謂司馬之法。一同百里，提封萬井，除山川坑塹、城池邑居、園囿街道，三千六百井，定出賦六千四百井，戎馬四百匹、兵車百乘，此卿大夫采地之大者，是謂百乘之家。一封三百一十六里，提封十萬井，定出賦六萬四千井，戎馬四千匹、兵車千乘，此諸侯之大者，謂之千乘之國。天子畿方千里，提封百萬井，定出賦六千四萬井，戎馬四萬匹、兵車萬乘，戎馬車徒干戈素具。春振旅以蒐，夏茇舍以苗，秋治兵以獮，冬大閱以狩，於農隙以講事焉。五國爲屬，屬有長；十國爲連，連有帥；三十國有卒，卒有正；二百一十國爲州，州有牧。牧有連、帥，比年簡車卒正，三年簡徒群牧，五年大簡輿徒，此先王爲國立武足兵之大略也。」

此篇未詳何年，朱子講求重農、賦税、軍旅、教化、封建之制，皆備於此。因五夫倉記而附録之。

舜典象刑説云：「聖人之心未感於物，其體廣大而虚明，絶無毫髮之偏倚，所謂『天下之大本』者也。及其感於物也，則喜怒哀樂之用各隨所感而應之，無一不中節者，所謂『天下之達道』也。蓋自本體而言，如鏡之未有所照，則虚而已矣；如衡之未有所加，則平而已矣。至語其用，則以其至虚，而好醜無所遁其形，以其至平，而輕重不能違其則。此所以致其中和而天地位、萬物育，雖以天下之大，而舉不出乎吾心造化之中也。以此而論，則知聖人之於天下，其所以爲慶賞威刑之具者，莫不各有所由。而舜典所論『敷奏以言，明試以功，車服以庸』，與夫制刑明辟之意，皆可得而言矣。雖然，喜而賞者，陽也，聖人之所欲也；怒而刑者，陰也，聖人之所惡也。是以聖人之心雖曰至虚至平、無所偏倚，而於此二者之間，其所以處之者，亦不能無小不同者。故其言又曰『罪疑惟輕，功疑惟重』，此則聖人之微意也。然其行之也，雖曰好賞，而不能賞無功之士；雖曰惡刑，而不敢縱有罪之人。而功罪之實，苟已曉然而無疑，則雖欲輕之重之而不可得。是又未嘗不虚不平，而大本之立，達道之行，固自若也。故其賞也，必察其言，審其功，而後加以車服之賜。其刑也，必曰『象以典刑』者，畫象而示民以墨、劓、剕、宫、大辟五等肉刑之常法也。其曰『流宥五刑』者，放之於遠，所以寬夫犯此肉刑而情輕之人也。其曰『鞭作官刑，扑作教刑』者，官府、學校之刑，所以馭夫罪之小而未麗於五刑者也。其曰『金作贖刑』，使之入金而免其罪，所以贖夫犯此鞭扑之刑，而情之又輕者也。此五者，刑之法也。其曰『眚災肆赦』者，言不幸而觸罪者，則肆而赦之。其曰『怙終賊刑』者，言有恃而不改者，則賊而刑之。此二者，法外之意，猶今律令之明例也。其曰『欽哉欽哉，惟刑之恤哉』者，此則聖人畏刑之心，閔夫死者之不可復生，刑者之不可復續，惟其察之有不審，施之有不當，又雖已得其情，而猶必矜其不教無知而抵冒至此也。嗚呼！詳此數言，則聖人制刑之意可見，而其於輕重淺深、出入取舍之際，亦已審矣。雖其重者，或至於誅斬斷割而不少貸，然本其所以至此，則其所以施於人者，亦必當有如是之酷矣。是以聖人不忍其被酷者之銜冤負痛，而爲是以報之。雖若甚慘，而語其實，則爲適得其宜。雖以不忍之心畏刑之甚，而不得赦也。惟其情之輕者，聖人於此乃得以施其不忍、畏刑之意，而有以宥之。然亦必投之遠方，以禦魑魅。蓋以此等所犯，非殺傷人，則亦或淫或盜，其情雖輕，而罪實重。若彼既免於刑，而又得便還鄉里，復爲平民，則彼之被其害者，寡妻孤子，將何面目以見之？而此幸免之人，髮膚支體了無所傷，又將得以遂其前日之惡而不之悔。此所以必曰流以宥之，而又有『五流有宅，五宅三居』之文也。若夫鞭扑之刑，則雖刑之至小，而其情之輕者，亦必許其入金以贖，而不忍輒以真刑加之，是亦仁矣。然而流專以宥肉刑，而不下及於鞭扑；贖專以待鞭扑，而不上及於肉刑。則其輕重之間，又未嘗不致詳也。至於過誤必赦、故犯必誅之法，則必權衡乎五者之内；『欽哉欽哉，惟刑之恤』之旨，則嘗通貫乎七者之中。此聖人制刑明辟之意，所以雖或至於殺人，而其反復表裏、至精至密之要，一一皆從廣大虛明心中流出，而非私智之所爲也。而或者之論，乃謂上古惟有肉刑，舜之爲流、爲贖、爲鞭、爲扑，乃不忍民之斬戮，而始爲輕刑者。則是自堯以上，雖犯鞭扑之刑者，亦必使從墨、劓之坐。而舜之心，乃獨不忍於殺傷淫盜之凶賊，而反忍於見殺見傷、爲所侵犯之良民也。聖人之心，其不如是之殘賊偏倚而失其正，亦已明矣。又謂周之穆王五刑皆贖，爲能復舜之舊者，則固不察乎舜之贖初不上及於五刑，又不察乎穆王之法亦必疑而後贖也。且以漢宣之世，張敞以討羌之役兵食不繼，建爲入穀贖罪之法，初亦未嘗及夫殺人及盜之品也。而蕭望之等猶以爲如此則富者得生，貧者獨死，恐開利路，以傷治化。曾謂三代之隆，而以是爲得哉？嗚呼！世衰學絶，士不聞道，是以雖有粹美之資，而不免一偏之弊，其於聖人公平正大之心有所不識，而徒知切切焉飾其偏見之私以爲美談，若此多矣，可勝辨哉！若夫穆王之事，以予料之，殆必因其巡遊無度、財匱民勞，至其末年，無以爲計，乃特爲此一切權宜之術以自豐，而又託於輕刑之說，以違道而干譽耳。夫子存之，蓋亦示戒，而程子策試，嘗發問焉，其意亦可見矣。或者又謂四凶之罪不輕於少正卯，舜乃不誅而流之，以爲輕刑之驗。殊不知共、兜朋黨，鯀功不就，其罪本不至死。三苗拒命，雖若可誅，而蠻夷之國，聖王本以慌惚不常待之，雖有負犯，不爲畔臣，則姑竄之遠方，亦正得其宜耳，非故爲是以輕之也。若少正卯之事，則予嘗竊疑之，蓋論語所不載，子思、孟子所不言，雖以左氏春秋内、外傳之誣且駁，而猶不道也，乃獨荀況言之，是必齊、魯陋儒憤聖人之失職，故爲此説以夸其權耳，吾又安得敢輕信其言，而遽稽以爲決乎？聊并記之，以俟來者。」

司刑者必讀是篇而身體之，使自已之心毫無偏倚，又詳察其情，合人心、合天理、合王法而不誤。又既得其情而哀矜惻怛，不自已其不忍之心，方能無愧於己，有益於民，無負朱子立説之至意也夫。

古史餘論七曰：「始皇紀論封建之不可復，其説雖詳，而大要直謂無故國之可因而已。嘗試考之，商、周之初，大賚所富，已皆善人，而其土地廣狹，隨時合度，無尾大外强之患。王者世世修德以臨之，又皆長久安寧，而無倉卒輕摇之變。是以諸侯之封皆得傳世長久而不可動，非以有故國之助而然也。秦至無道，決無久存之理，正使採公卿之議，用淳于越之説，并建子弟，以爲藩屏，不過爲陳、吴、劉、項魚肉之資，雖有故國之助，亦豈能以自安也哉。至若漢、晉之事，則或以地廣兵强而逆節萌起，或以主昏政亂而骨肉相殘，又非以無故國之助而亡也。蘇子之考之也，其已不詳矣。至於又謂後世之封建者，舉無根之人寄之吏民之上，君臣不親，一有變故，則將漂卷而去，亦與秦之郡縣何異。若使秦能寬刑薄賦，與民休息，而以郡縣治之，雖與三代比隆可也。夫以君民不親而有漂卷之患，爲不異於郡縣，是故以封建爲賢於郡縣。但後世之封建，不能如古之封建，故其利害無以異於郡縣耳。而又必曰以郡縣善而治之，猶可以比隆於三代，至於封建，則臣以爲不可。豈封建則不可以善治，而必爲郡縣，乃可以善治耶？若以無根爲慮，則吾又有以折之。夫天生蒸民，有物有則，君臣之義根於性情之自然，非人之所能爲也。故謂之君，則知必撫其民；謂之民，則知必戴其君。如夫婦之相合，朋友之相求，既已聯而比之，則其位置、名號，自足以相感而相持〔二〕，不慮其不親也。如太公之於齊，伯禽之於魯，豈其有根，而康叔之於衛，又合其再世之深讎而君之〔三〕，然皆傳世數十，衛乃後周數十年而始亡，豈必有根而後能久耶？至於項羽初起即戰河北，其爲魯公，未必嘗一日得臨莅其民也。而其亡也，魯人且猶爲之城守不下，至聞其死，然後乃降。以至彭越之於梁、張敖之於趙，其爲君也亦暫耳，而欒布、貫高之徒争爲之死。以至漢、魏之後，則已爲郡縣久矣，而牧守有難爲之掾屬者，猶以其死捍之，是豈有根而然哉?君臣之義固如此也。若秦之時,六國强大,誠不可以爲治。既幸有以一之矣,則宜繼續其宗祀,而分裂其土壤以封子弟功臣,使之維持參錯於其側。以義言之,既得存亡繼絶之美;以勢言之,就使有如蘇子之所病。則夫故國之助、根本之固者,又可於此一舉而兩得之,亦何爲而不可哉?但秦至無道,封建固不能待其久而相安,而爲郡縣亦不旋踵而敗亡。蓋其利害得失之算,初不係乎此耳。蘇子乃以其淺狹之心、狃習之見,率然而立論,固未嘗察乎天理、民彝之常性,而於古今之變、利害之實人所共知而易見者,亦復乖戾如此,是則不惟其窮理之學未造本原,抑其暮年精力亦有所不逮而然也。或曰:然則爲今之計,必封建而後可爲治耶?而度其勢,亦可必行而無弊耶?曰:不必封建而後可爲治也。但論治體,則必如是,然後能公天下以爲心,而達君臣之義於天下,使其恩禮足以相及,情意足以相通,且使有國家者各自愛惜其土地人民,謹守其祖先之業以爲遺其子孫之計。而凡爲宗廟社稷之奉,什伍閭井之規,法制度數之守,亦皆得以久遠相承,而不至如今日之朝成而暮毁也。若猶病其或自恣而廢法,或强大而難制,則雜建於郡縣之間,又使方伯連帥分而統之,察其敬上而恤下與其違禮而越法者,以行慶讓之典,則曷爲而有弊耶?」

封建之説,先儒論其不能行詳矣,然特論其勢,非論其理也。必明其理之當行與夫勢之不能遽行，而待其人而必可行者，然後其理方盡。朱子「雜封建於郡縣間，又使方伯連帥分而統之」數語，聖人復起，不易斯言矣。

【校勘記】

〔一〕但以敬爲本數語　「敬」，原作「静」，據上引已發未發説改。

〔二〕自足以相感而相持　「相持」，原作「特」，清華鈔本同，據晦庵集卷七二改。

〔三〕又合其再世之深讐而君之　「合」，原作「舍」，據清華鈔本、晦庵集卷七二改。

朱子聖學考略卷四

乙未，朱子四十六歲。

書近思録後云：「淳熙乙未之夏，東萊吕伯恭來自東陽，過予寒泉精舍，留止旬日，相與讀周子、程子、張子之書，歎其廣大閎博，若無津涯，而懼夫初學者不知所入也。因共掇取其關於大體而切於日用者以爲此編，總六百一十二條，分十四卷。蓋凡學者所以求端用力、處己治人之要，與夫辨異端、觀聖賢之大略，皆粗見其梗概〔一〕。以爲窮鄉晚進、有志於學，而無明師良友以先後之者，誠得此而玩心焉，亦足以得其門而入矣。如此，然後求諸四君子之全書，沉潛反復，優柔厭飫，以致其博而反諸約焉，則其宗廟之美、百官之富，庶乎其有以盡得之。若憚煩勞，安簡便，以爲取足於此而可，則非今日所以纂集此書之意也。五月五日。」

向讀是篇，朱子教人苦心良法，雖隔五百餘年，如承謦欬，安敢不盡心力以從事於兹？既卒斯編，乃究四先生全集。依此十四則而求之，雖有門徑可尋，終覺渾噩難透。

又從朱子語類所論四先生處反復推究，若有端緒，而用力得力，未見次第之的確者。又從朱子文集、語類、或問、全編沉潛玩味，然後得朱子工夫先後始終之序，修己治人之法，全體大用所在，而循循勉力焉，於是四先生之全體大用顯然明白矣。嗚呼，朱子所遺諸編，乃萬世來學之規矩歟！

朱子送呂東萊至鵞湖，陸子壽、子静、劉子澄來會。

按年譜，乙未五月後，東萊歸，朱子送至信州之鵞湖寺。江西陸子壽、子静、清江劉子澄皆來會，相與講其所聞。子壽賦詩一章，子静和之，既而各持所見，不合而罷。朱子越二載和之。

鵞湖之會，朱、陸已分明冰炭矣。象山詩中自謂「易簡工夫終久大」，不知彼所謂易簡，正假託易詞以自文其禪學也。朱子云：「孟子曰『博學而詳説之，將以反説約也』，語云『博我以文，約我以禮』，須是先博然後至約，如何便要約得？人若先以易簡存心，不知博學、審問、慎思、明辨、篤行，將來便入異端去。」旨哉，是言也。學者不歷許多工夫，遽希易簡，惟恐心不清浄、不直捷、不頓悟，只保此清虚知覺之體，必有暗昧不明、遺漏不盡處，即能保此，已入禪學。此象山陷於異端，終不悔悟，錯認易簡之弊也。或曰：初學不知收心，只向博去，豈不雜乎？曰：朱子教人，原不如是。大學補主敬工夫，中庸註言「下學立心之始」，在「爲己」、「知謹」，何嘗不有操要處。至用功却有許多次第，如學、問、思、辨、行都做了，方能到易簡地位，不入於禪。儒釋、朱陸之分在此，切不可錯認易簡字。

答張敬夫書云：「熹窮居如昨，無足言者。自遠去師友之益，兀兀度日，讀書反己，固不無警省處，終日旁無彊輔，因循汩没，尋復失之。近日一種向外走作、心悅之而不能自已者，皆準止酒例戒而絶之，似覺省事。此前輩所謂『下士晚聞道，聊以拙自修』者。若擴充不已，補復前非，庶其有日。舊讀中庸『慎獨』，大學『誠意』、『毋自欺』處，常苦求之太過，措詞煩猥，近日乃覺其非。此正是最切近處、最分明處，乃舍之而談空於冥漠之間，其亦誤矣。方竊以此意痛自檢勒，懍然度日，惟恐有怠而失之也。至於文字之間，亦覺向來病痛不少。蓋平日解經最爲守章句者，然亦多是推衍文義，自做一文字。非惟屋下架屋，説得意味淡薄，且是使人看者將註與經作兩項工夫做了，下稍看得支離，至於本旨，全不相照。以此方知漢儒可謂善説經者，不過只説訓詁，使人以此訓詁玩索經文，訓詁、經文不相離異，只做一道看了，直是意味深長也。陽明採入定論止此。大學、中庸章句緣此略修一過，再録上呈，然覺其間更有合删處。論語亦如此草定一本，未暇脱稿。孟子則方欲爲之，而日力未及也。此下有言作易一段，文繁不盡載。子壽兄弟氣象甚好，却是盡廢講學而專務踐履，却於踐履之中要人提撕省察，悟得本心，此爲病之大者。要其操持謹質，表裏不二，實有以過人者，惜其自信太過，規模窄狹，不復取人之善，將流於異學而不自知耳。」

通辨三弊闢陽明甚詳，猶有未盡者。中言易一段，正是講求經義之學與陸不同處。前段言「慎獨」、「毋自欺」切近分明者，正朱子涵養省察用功處。如答林擇之、廖子晦書，皆發明此理極親切，極有欛柄之功候。朱子慎獨誠意，兢兢業業；象山以收拾精神爲主，而托於慎獨誠意。朱、陸不同之根原，實於此分冰炭。陽明截去後幅，通辨亦無發明，失其旨矣。

按：子壽兄弟數語，自在初會，通辨序於乙未，故因之。

問「聖人定之以中正仁義」。朱子曰：「本無先後，如乾之元亨利貞，元即仁，亨即中，利即義，貞即正。至於主靜，是以正與義爲體，中與仁爲用。聖人只是主靜，自有動底道理。譬如人説話，也須是先沉默，然後可以説話，蓋沉默中便有箇言語底意思。」「靜中有物如何？」朱子曰：「有聞見之理在，即是靜中有物。」問：「敬莫是靜否？」曰：「敬則自然靜，不可將靜來喚做敬。」

二段金去僞録。

按象山年譜，陸以朱子教人爲支離。觀此二條，朱子教人，豈非以立本爲要哉？

丙申，朱子四十七歲。

答吕伯恭書云：「某正初復至邵武，還走富沙，上崇安，四旬而後歸。將要婺源之行，未及而韓丈召還。極欲一到三衢哭汪丈之喪，而未知所以爲决。旦夕上道，徐思其宜耳。讀易之法，竊疑卦爻之詞本爲卜筮者斷吉凶，而因以訓誡。至彖、象、文言之作，始因其吉凶訓誡之意而推説其義理以明之。後人但見孔子所説義理，而不復推本文王、周公之本意，因鄙卜筮爲不足言，而其所以言易者，遂遠於日用之實，類皆牽合委曲，偏主一事而言，無復包含該貫、曲暢旁通之妙。若但如此，則聖人當時自可别作一書，明言義理以詔後世，何用假託卦象，爲此艱深隱晦之詞乎？故今欲凡讀一卦一爻，便如占筮所得，虚心以求其詞義之所指，以爲吉凶可否之决，然後考其象之所已然者，求其理之所以然者，然後推之於事，使上自王公，下至民庶，所以修身治國，皆有可用。私竊以爲如此求之，似得三聖之遺意。季通行計久未能辦，旦夕或同過婺源，然後入浙。」

明儒郝仲輿輩議本義主卜筮爲非。夫本義主卜筮者，豈每事必問，以卜吉凶哉？如此書所云「讀一卦一爻，便如占筮所得，虚心以求，推之於事，自王公至民庶，所以修身治國皆有可用」者，方是本義卜筮之旨。則知朱子修身治國或用乾健，或用坤順，或用離明，或用坎孚，或用震動，或用巽權，或用兑説，或用艮止，或其人可比與否，或其時可辟與否，或其事當决與否，或其位當舍與否，此便是卜筮，豈非聖學實功乎？不知朱子主卜筮之精義，而遽以爲非，多見其不知量也。此書在朱子丙申往婺源時。

又答伯恭書云：「昨承遠訪，幸數日欵誨論開警良多。某十二日早達婺源，乍到，一番人事冗擾，所不能免。更一兩日，遍走山間墳墓，歸亦不能久留也。道間與季通講論，因悟向來涵養工夫全少，而講説又多强探必取、尋流逐末之弊。推類以求，衆病非一，而其源皆在此。恍然自失，似有頓進之功。若保此不懈，庶有望於將來，然非如近日諸賢所謂頓悟之機也。向來所聞誨諭諸説之未契者，今日細思，吻合無疑。大抵前日之病皆是氣質躁妄之偏，不曾涵養克治，任意直前之弊耳。」

此朱子自做功夫，覺得少涵養。與季通講論而有悟，不因子静而後知。「非如近日諸賢頓悟」一言，已明指子静之非，有同冰炭。而陽明載之定論，何不細味此言耶？細玩答吕伯恭「昨承遠訪」一書，末有近思録數語，又有「精義或以屬景望」數語，精義成於壬辰，近思録成於乙未，此書當在乙未後。陸稼書云「此條似即中和舊説序内所指」，愚意若有不同焉。按中和舊説序云「乾道己丑春，與季通辨論之餘」，年譜云「淳熙三年丙申二月，如婺源，蔡元定從」。一序一譜，各有年歲可考。己丑與季通辨論之所悟者，言心是已發之非也；丙申與季通講論之所悟者，言講説强探之非也。雖答張敬夫、與湖南諸公二書亦言少涵養，其意以少涵養由於認心是已發，止知察識端倪，此則直言少涵養，又有工夫次第、與時俱進之驗。且篇首「昨承遠訪」至「與季通講論」云云，皆是一直説下之詞，非推原往日，指己丑春之所悟，安可以意爲混同耶？其云「非如近日諸賢所謂頓悟之機」，正指象山諸人。在既會鵞湖之後，自是兩次講論。由此觀之，朱子用力涵養得力於自己省悟之深，又得力於蔡子講論之詳，初非因象山也。朱子與蔡子講論處，必有微言精義。蔡仲節沆曰：「獨念先師又有親自删定與先大父西山講論之語，及性與天道之妙，名曰翁季録者，久未得出以流行於世。」倘是書得傳，亦朱子不同於象山之一證，而竟泯没，不深可惜哉。

敬齋箴云：正其衣冠，尊其瞻視。潛心以居，對越上帝。足容必重，手容必恭。擇地而蹈，折旋蟻封。出門如賓，承事如祭。戰戰兢兢，罔敢或替。守口如瓶，防意如城。洞洞屬屬，罔敢或輕。不東以西，不南以北。當事而存，靡他其適。弗貳以二，弗參以三。惟精惟一，萬變是監。從事於斯，是曰持敬。動静無違，表裏交正。須臾有間，私欲萬端。不火而熱，不冰而寒。毫釐有差，天壤易處。三綱既淪，九法亦斁。於乎小子，念哉敬哉。墨卿司戒，敢告靈臺。

按：年譜序此箴於丙申二月如婺源之下，云時朱子與鄉人子弟講學於汪氏之敬齋，因載敬齋箴。又按南軒集二十卷答朱子來書，披玩書云「敬齋箴當書之坐右」。以此考之，年譜所序可信矣。

持敬工夫，入德之門也。他家極力發揮，不如此箴周遍，身心體用、動静表裏無一不到，而斷續之微、邪正之幾辨别分明。循序而行，操之有要，發之有源，日用起居，嘿嘿體驗，皆有行程去處，方知成終成始之妙實在於此。

雜書記疑云：「偶得雜書一編，不知何人所記，意其或出於吾黨，而於鄙意不能無所疑也。懼其流傳久遠，上累師門，因竊識之，以俟君子考焉。淳熙丙申三月乙卯。」

按：雜書所記，如「集己心」、「人亦無思慮」、「公本來還有儒佛否」等語，顯非程子平日立言之旨，若非朱子細心辨别，誰知其爲假託者？是衛道之極功也。至云上累師門，則私淑虚懷又昭如日月。彼象山高視濶步，輕忽先儒之概，真聖門所宜擯斥者矣。

答韓尚書云：「區區行役，前月半間始得還家，忽聞除命，出於意望之外。自視才能，豈稱兹選，愧懼窘迫，不知所爲。然竊妄意，此必尚書丈過恩推挽之力，既而府中遞到六月十五日所賜書，傳丈亦以所得别紙垂示，乃知台意所以眷念不忘者果如此。私感雖深，然非本心平日所望於門下也。熹狷介之性，矯揉萬方而終不能回，迂疏之學，用力既深而自信愈篤。以此自知決不能與時俯仰，以就功名。以故二十年來自甘退藏，以求己志。所願欲者，不過修身守道，以終餘年。因其暇日，諷誦遺經，參考舊聞，以求聖賢立言本意之所在。既以自樂，間亦筆之於書，以與學者共之，且以待後世之君子而已。此外實無毫髮餘念也。中間懇辭召命，反誤寵褒，初亦不敢奉承。既而思之，是乃君相灼知無用之實，而欲假以憫勞惠養之恩，故少進其官，益其禄，而卒許以投閑，似若有可受者，以故懇避踰年，而終於拜受。私竊以爲是足以上承朝廷之美意，而下得以自絶於名宦之途，自是以往，其將得以優游卒歲，就其所業而無迫蹙之慮矣。而事乃有大繆不然者，熹亦安得默然而忘言哉。夫以熹之狷介迂疏，不能俯仰世俗，固已聞風而疾之矣。獨賴一時賢公名卿，或有誤而知之，然聽於下風，考其行事議論之本末，則於鄙意所不能無疑者尚多。今若不辭而漫受，則賓主之間，異同之論，必有所不能免者，無益於治而適所以爲群小嘲笑之資。且熹之私願所欲就者，亦將汩没而不得成。其或收之桑榆而幸有所就，人亦必以爲已試不驗之書而不之讀矣。又況今日一出，而前日所以斟酌辭受而不敢苟然之意，亦且黯闇而不能以自明。諸公誠知之深、愛之厚，則曷爲不求所以伸其志、全其守，而必脅歐縱臾，使至此極也耶？且士大夫之辭受出處，又非獨其身之事而已。其所處之得失，乃關風俗之盛衰，故尤不可以不審也。若熹者，向既以辭召命而得改官矣，今又因其所改之官而有此受，熹若受而不辭，則是美官要職可以從容辭遜，安坐而必致之也。近世以來，風頹俗靡，士大夫倚託欺謾以取爵位者不可勝數，獨未有此一流耳。而熹適不幸，諸公必欲彊之，使充其數，熹雖不肖，實不忍以身蒙此辱，使天下後世持清議者得以唾駡而嗤鄙之也。且熹之言此於門下有年，苦言悲懇，無所不至。而執事者聽之藐然，方且從容遊談，大爲引重，而其要歸成效，則不過使之内違素心，外貽深誚而後已。此熹所不能識，且復竊自計，其生平言行必有大不相副者，而使執事者不信其言以至此也。深自悔責，無所歸咎，然亦不敢終默默於門下，是以敢復言之，伏惟憐而察焉。熹前日所報大參書，怱怱不及盡此曲折，故今僭易有言，非獨以伸鄙意於明公，亦使因是以自達於龔公也。必若成命已行，不欲追寢，則願因其請免，復畀祠官之秩，其於出令之體亦未爲失。何必待其狂疾之既作，然後藥之哉。瞻望門墻，無由趨侍，情意迫切，言語無倫。伏惟高明垂賜矜察。」

與龔參政云：「熹衰陋亡庸，誤蒙引拔，自知不稱，嘗力懇辭，未奉俞旨，祇增震懼。今再有狀，欲望哀憐，早賜敷奏施行，則熹之願也。抑又有以聞於下執事者。熹自幼愚昧，本無宦情。既長，稍知爲學，因得側聞先生君子之教，於是幡然始復，誤有濟時及物之心。然亦竟以氣質偏滯，狂簡妄發，不能俯仰取容於世，以故所向落落，無所諧偶。加以憂患，心志凋零，久已無復當世之念矣。而明公乃欲引而致之搢紳之列，不識明公將何所使之也？

使之隨群而入，逐隊而趨耶？則盛明之世，多士盈庭，所少者非熹等輩也。使之强顔苟禄，以肥妻子耶？則熹於饑寒習安已久，所病者又不在此也。且必無已，而使之得以其所聞於古而驗於今者，效其愚於百執事之後，則熹之所懷將不敢隱於有道之朝，竊料非獨一時權倖所不樂聞，意者明公亦未必不以爲狂而斥之也。由前二者，明公之計決不出此；由後之説，則懼熹之殺身無補，而反得罪於明公也。意迫情切，言不及究，伏紙隕越。」

戊子之辭，託於視元履爲去就。兹二書直自道其不可仕，而勁直不屈之義，婉轉中自然流露。後十八年出處大概，只在此二書，曲曲寫盡矣。

復齋記云：「昔者聖人作易以擬陰陽之變，於陽之消於上而復於下也，爲卦曰復。復，反也，言陽之既往而來反也。夫大德敦化而川流不窮，豈假夫既消之氣以爲方息之資哉？亦見其絶於彼而生於此，而因以著其往來之象爾。惟人亦然，太和保合，善端無窮。所謂復者，非曰追夫已放之心而還之、録夫已棄之善而屬之也，亦曰不肆焉以騁於外，則本心全體即此而存，固然之善自有所不能已耳。嗚呼！聖人於復之卦所以贊其可見天地之心，而又以爲德之本，其不以此歟？吾友黄君仲本以『復』名齋，而謁於予曰：『願得吾子之言以書於壁，庶乎有以目在之而不忘也。』予不敢辭，而請其所名之意。仲本則語予曰：『吾之幼而學也，家公授以程氏之書，讀之而有不得於其説者，則以告而願請益焉。公曰思之。

又問，則曰反諸爾之身以求焉可也。自吾之得是言也，居處必恭，執事必敬，其與人也必忠，如是以求之三年，而後有得也。然其存之也未熟，是以充之不周。往者不循其本，顧欲雜乎事物之間以求之，或反牽於外而亦眩於內。今也溉掃一室於家庭之側，揭以是名而日居之，蓋將悉其溫清定省之餘力以從事於舊學，庶乎真積力久，而於語默動靜之間，有以貫乎一而不爲内外之分焉。然猶懼其怠而不能以自力，是以願吾子之相之也。』予惟仲本所以名齋之意，蓋與予之所聞者合，然其守之固而行之力，則吾黨之士皆有愧焉。則起謝曰：『僕之言未有以進吾子，而子之賜於僕則已厚矣，且將銘諸心，移諸同志，以警夫空言外狥之弊，而豈敢有所愛於子之求哉？抑予聞之，古人之學，博文以約禮，明善以誠身，必物格而知至，而後有以誠意而正心焉。此夫子、顔、曾、子思、孟子所相授受，而萬世學者之準程也。仲本誠察於此，有以兩進而交養焉，則夫道學之體用，聖賢之德業，不在仲本而安歸乎？願書此言以記於壁，且將因過庭之際而就正焉，予亦庶乎又有以自新也。』」

朱子自己丑透心貫動靜，分寸積累，尚覺涵養工少，故有與呂、張二書。復齋記作於丙申十月，已透得「不肆焉以騁於外，則本心全體即此而存」，博約明誠，兩進交養，此又是一進境。

丁酉，朱子四十八歲。

六月，論孟集註、或問成。

按：續集答黃直卿書云：「爲學直是先要立本，文義却可且與説出正意，令其寬心玩味，未可便令考校同異、研究纖密，恐其意思促迫，難得長進。將來見得大意，略舉一二節目，漸次理會，蓋未晚也。此是向來定本之誤，今幸見得，却煩勇革，不可苟避譏笑，却誤人也。」陽明著晚年定論，敘此書於首。通辨云：「此是説教人定本。朱子嘗言教人有定本，正同此。陽明不得假借以爲悔集註諸書之證。」誠哉是言也。其云「可且與説出正意」者，與人説正意也。「令其寬心玩味」者，令受教之人玩味也。「未可便令」云云者，未可以同異纖密教人也。「恐其意思」云云者，恐學者促迫不得長進也。「將來見得大意」云云者，學者能見大意，直卿可略舉節目以教之也。「不可苟避」云云者，欲直卿改其誤，不可執向來定本以致教人之誤也。細玩文義，顯然主教人定本説，愚故因通辨之説而解之，陽明何得以爲悔集註耶？況論、孟集註雖成於丁酉，後來改定甚多，年譜、行狀鑿鑿可考。即以續集答黃直卿者言之，一云「諸經舊説皆看得一過，其間亦有改定處」，一云「近却改得論語中兩三段，如『葉公、子路、曾皙之志』，如『知我其天』之類，頗勝舊本，旦夕録去」，一云「彭子壽初亦疑中庸首章，近得書却云已釋然矣，方知章句之説爲有功也」，一云「大學、中庸集註中，及大學或問改字附去，可子細看過，依此改定令寫，但中庸或問改未得了爲悵耳」。以上數書考之，集註、章句、或問，朱子再三改定，命直卿玩味。陽明其忽略而未之審耶？且此卷中又云：「伯起説去年見陸子静説游、夏之徒自是一家學問，不能盡棄其説，以從夫子之教，惟有琴張、曾晳、牧皮乃是真有得於夫子者。其言怪僻乃至於此，更如何與商量討是處也？可歎可歎。」朱子與直卿痛斥象山如此，陽明乃據「向來定本之誤」一語，遂以集註、或問之類指爲中年未定之説，旣改定而未及者，何不詳味文義，細檢諸書，而輕議先儒也？

按：朱子答張元德云：「論、孟集註後來改定處多，遂與或問不甚相應。又無功夫修得或問，故不曾傳出。今莫若且就正經上玩味，有未適處，參考集註，更有思索爲佳。不可恃此未定之書，便以爲是也。」玩此是指初出者爲未定，後來改定者即非未定。陽明概指爲未定，舛矣。又按語類一百十六卷云：朱子曰：「某所解語、孟，和訓詁註在下面，要人精粗本末，字字爲咀嚼過。此書某自三十歲便下工夫，到而今改猶未了，不是草草看者。」此段是曾祖道丁巳録，朱子年六十八猶加改定，益信陽明未及改正之爲輕言也。

論語或問曰：「謝氏正與程子説中或人所問由孝弟可以至仁者相似，而反乎程子之説者也。但其意不主乎爲仁，而主乎知仁，比之或説，其失益遠耳。蓋其平日論仁，嘗以活者爲仁，死者爲不仁，但能識此活物，乃爲知仁，而後可以加操存踐履之功。不能識此，則雖躬行力踐，極於純熟，而終未足以爲仁也。夫謂活者爲仁、死者爲不仁可矣，必識此，然後可以爲仁，則其爲説之誤也。其誤如此，故其於旁引四條者，皆有若不知仁，則但爲某事而已之説，而又以孝弟特爲近仁而非仁也。夫四條者，皆所以求仁之術，謂之非仁猶可也，若孝弟固爲仁之發而最親者，如木之根，如水之源，豈可謂根近木而非木，源近水而非水哉！其曰『以事親從兄充之，則何往而非仁』，又以不好犯上作亂，特爲閭巷之人由而不知之事，必其深念自省而有以察夫事親從兄之時之心，然後爲知仁，皆此意也。夫曰由孝弟充之而後爲仁，則是孝弟非仁，必其識此活物而充之，然後爲仁也。故又以爲閭巷之人徒能謹於事親從兄，而不識其爲活物，則終不可以入道，必其潛聽默伺於事親從兄之時，幸而得其所謂活物者，然後可以爲知仁也。然直曰『知仁』，而不曰『爲仁』，則又并與其擴充之云者而忘矣。必如其説，則是方其事親從兄之際，又以一心察此一心，而求識夫活物，其所重者乃在乎活物，而不在乎父兄，其所以事而從之，特以求夫活物，而初非以爲吾事之當然也。此蓋源於佛學之餘習，而非聖門之本意。觀其論此，而吕進伯以爲猶釋氏之所謂禪，彼乃欣然受之而不辭，則可見矣。又所謂人心之不僞，莫如事親從兄者，亦非是。有子之意，乃論其當然之要，非論其僞不僞也。且若專以孝弟爲不僞，則五常百行，豈皆出於人爲之僞耶？曰：然則程子之論手足頑痺爲不仁者，奈何？曰：是固所謂愛之理者，與謝氏活者之説相似，而其所以用力者不同，學者不可以不察也。蓋人能事親而孝，從兄而弟，則是吾之所謂愛之理者，常存不息，而爲仁之本於此乎在也。事親而不知所謂孝，從兄而不知所謂弟，則是吾之本心頑然不仁，而應乎事者皆不得其當，如手足之痺頑矣。仁與不仁，皆必責之踐履之實，非若謝氏反因孝弟以求活物，幸其瞥然見之，而遂以爲得仁也。」

按：上蔡先生，程門高弟。朱子於其以生意論仁，以實理論誠，以常惺惺論敬，以求是論窮理，皆深服其精當，獨於「活者爲仁」一語，闢之如此其嚴者，何也？蓋「活者爲仁，識此活物乃知爲仁」之弊，有不可勝言者。程子「能敬則知此」、「公而以人體之」二語，是求仁實功。上蔡不教人從敬、公處實下手，而曰知曰識，則潛思默聽，瞥然見之之病，皆自此出，將走入驚怪恍惚一路，迄無實得，此朱子力防而辨之之意也。然則求仁之實功，奈何朱子固已言之，而人不自省耳。其曰事親孝，事兄弟，則吾所謂愛之理者常存不息，而爲仁之本於此乎在。此數語親切指示，只要人小心翼翼，公平無私，以身體之，自有實地。如欲求仁而徒曰知曰識，則不免於潛伺默聽，瞥然見之之病。

如懲此病，而求之文義講論之間，不求之躬行實踐之地，則又大失朱子之意，而無得於仁矣。旨哉朱子答吴晦叔温厚慈良、公平正大之體常存而不失一書，乃教學者求仁之要，安可不身體而心會之耶？

孟子或問曰：「范氏諸説皆善，但以齊王不能推其所爲，不能舉斯心加諸彼，則孟子此言正謂推近及遠者發，以明齊王能遠遺近之失。欲其於此深識其本而善推之，非欲其反推愛物之心以及於仁民也。其曰『心有輕重長短』，而又曰『當以心爲權度，試稱量之』，語若有病，然輕重長短之當然，固本心之正理，其爲權度而稱量之者，亦以此心之用而反求之耳。」又曰：「此心之發，固當密察存養而擴充之矣，然其明暗通塞之幾，乃存乎平日所以涵養之厚薄，若曰必待其發見之已然而後始用力焉，則喜怒哀樂未發之時，學者爲無所用其力，可乎？」

或問：「夫子之言性與天道，子貢猶有不得而聞者；孟子之言性善，乃以語夫未嘗學問之人，得無陵節之甚耶？」曰：「性命之理，若究其所以然而論之，則誠有不易言者。若其大體之已然，則學者固不可以不知也。蓋必知此，然後知天理人欲有賓主之分，趨善從惡有順逆之殊。董子所謂『明於天性，知自貴於物，然後能知仁義。知仁義，然後能重禮節。重禮節，然後安處善。安處善，然後樂循理』。程子所謂『知性善以忠信爲本，此先立其大者』，皆謂此也。」

朱子曰：「呂氏之論明善誠身，皆有所未盡。其於明善，直以爲凡在我者，皆明其情狀而知所從來，殊不知天下事物之理，皆有所謂善，要當明其當然而識其所以然，使吾心曉然真知善之爲善而不可不爲，是乃所謂明善者。若曰知在我者之所從來而已，則恐其狹而未究於理也。其於誠身，直以爲知有是善於吾身而已，是亦未知孟子所謂誠身，正謂心思言行之間，能實見其所明之善而有諸身也。」

或問：「心無限量者也，此其言盡心，何也？」曰：「心之體無所不統，而其用無所不周者也。今窮理而貫通，以至於可以無所不知，則固盡其無所不統之體、無所不周之用矣。是以平居靜處，虛明洞達，固無毫髮疑慮存於胸中，至於事至物來，則雖舉天下之物，或素所未嘗接於耳目思慮之間者，亦無不判然迎刃而解。此其所以爲盡心，而所謂心者，則固未嘗有限量也。大概此章所謂盡心者，物格知至之事，曾子所以一唯而無疑於夫子之言者是也。所謂事天者，誠意、正心、修身之事，曾子所以臨深履薄而無日不省其身者是也。所謂立命者，如是以没身焉。曾子所以啓手足而知免，得正斃而無求者是也。以是推之，則一章之旨略可見矣。」又曰：「游氏於此章首尾、次序、大意甚有條理，而其所以爲說，則皆老、佛之餘也。如曰『心之地無餘藴，而性之本體見』者，如曰『守靜復本，内視反聽，致一致專』者，豈儒者之言而孟子之旨乎？」曰：「然則存心養性，儒者之説可得聞乎？」曰：「存心者，氣不逐物而常守其至正也；養性者，事必循理而不害其本然也。以此推之，則儒者異端之辨明矣。」曰：「然則心之爲物，與其盡之之方，奈何？」曰：「由窮理致知積累其功，以至於盡心，則心之體用在我，不必先事揣量，著意想象，而別求所以盡之也。」

或問四章之説。曰：「萬物皆備之説，程子至矣。蓋萬物之生，同乎一本，其所以生此一物者，即其所以生萬物之理也。故一物之中，莫不有萬物之理焉。所謂萬物皆備云者，亦曰有其理而已矣。反身而誠，則張子無不慊於心，作德日休，實到實有之説爲實。若不責之處心行事之實，而但欲反心以求衆理，而想象安排，使其備於此焉，則將何所據以爲實，而其爲心亦已勞矣，尚何樂之可言哉？若程子云學者先須識仁一條，則其説高矣，非所謂盡心知性、不假存養者不能及也，其諸程子自道其所以入德之由乎？雖非學者之所及，然玩而繹之，其所以發人者亦深矣。楊氏之説，正是想象安排之病。」

按：朱子己丑前用功識端倪，己丑後用功涵養，非不教人識端倪也，欲人平日涵養本原，於端倪處深識其本而善推之，即由其惻隱知其有仁之旨，豈欲人就端倪上推，就端倪上玩弄乎？或曰：既養之而又識之，仍犯尋求捕捉之病矣。曰：非也。朱子云「於此深識」者，是動時幾也，是於動時體會本原也，與存時尋求捕捉者大不同。若以此例彼，仍不知涵養省察地頭工夫，則其爲門外漢可知，烏足與言此中微密之旨乎。

知性善與論呂氏條當參看。不知性善，安能立大本也？只知在我者，未免於狹也。此段道理，格物或問已説透，要當以知性善、主忠信爲本，而窮究事物之理，以盡明善之量焉。

存心養性、反身强恕之學，朱子只教人氣不逐物，常守至正，事必順理，不害本然，與張子實到實有之説同，最闢守静内視、想象安排等見，故於游、楊之説再三申明焉，後學須實從此用功，方知朱子爲人深切。

十月，周易本義成。

讀此一書，朱子主卜筮，非世俗所云也。玩一卦一爻，即如身處其地、值其事，務窮其理，使吾一身言行，以至制事治人，各有準則，所謂日用之實在此，即左氏所載、周禮卜人所掌，無非根於道理，以善其日用行事。故本義一書，所以補易傳之不逮，教人有規矩者也。象山語録云：「臨川一學者，初見，問曰：『每日如何觀書？』學者曰：『守規矩。』曰：『如何守規矩？』學者曰：『伊川易傳、胡氏春秋、上蔡論語、范氏唐鑑。』忽呵之曰：『陋説。』次日對學者誦『乾知大始，坤作成物，乾以易知，坤以簡能』一章畢，乃言曰：『大哉乾元，至哉坤元，聖人贊易，却只是箇簡易字。』又曰：『道在邇而求諸遠，事在易而求諸難。』顧學者曰：『這方唤作規矩。公昨日來，道甚規矩？』」象山以意氣侮先賢，以己見解聖經，不讀易傳以詳盡事理，遽趨易簡，直容易苟簡耳，與朱子本義尊崇易傳之旨大懸殊矣。陸説之害，不重可憂哉？

本義成丁酉，在啓蒙前，亦不可拘。本義註云「説見啓蒙者再三言之」，則本義修改又在啓蒙後。按答孫敬甫云「易傳初以未成，不敢出」一段，則本義成在甲寅後，如論孟集注亦成於丁酉，後多更定。今姑依年譜序列耳。

詩傳序云：「或有問於予曰：『詩何爲而作也？』余應之曰：『人生而静，天之性也；感於物而動，性之欲也。夫既有欲矣，則不能無思；既有思矣，則不能無言；既有言矣，則言之所不能盡而發於咨嗟咏歎之餘者，必有自然之音響節族而不能已焉。此詩所以作也。』曰：『然則其所以教者，何也？』曰：『詩者，人心之感物而形於言之餘也。心之所感有邪正，故言之所形有是非。惟聖人在上，則其所感者無不正，而其言足以爲教。其或感之之雜，而所發不能無可擇者，則上之人必思所以自反，而因有以勸懲之，是亦所以爲教也。昔周盛時，上自郊廟朝廷，而下達於鄉黨閭巷，其言粹然無不出於正者。聖人固已協之聲律，而用之鄉人，用之邦國，以化天下。至於列國之詩，則天子巡狩，亦必陳而觀之，以行黜陟之典。降自昭、穆而後，寖以陵夷，至於東遷，而遂廢不講矣。孔子生於其時，既不得位，無以行帝王勸懲黜陟之政，於是特舉其籍而討論之，去其重複，正其紛亂，而其善之不足以爲法，惡之不足以爲戒者，則亦刊而去之，以從簡約，示久遠，使夫學者即是而有以考其得失，善者師之，而惡者改焉。是以其政雖不足行於一時，而其教實被於萬世，是則詩之所以爲教者然也。」曰：「然則國風雅頌之體，其不同若是，何也？」曰：「吾聞之，凡詩之所謂風者，多出於里巷歌謠之作，所謂男女相與詠歌，各言其情者也。惟周南召南親被文王之化以成德，而人皆有以得其性情之正，故其發於言者，樂而不過於淫，哀而不過於傷，是以二篇獨爲風詩之正經。自邶而下，則其國之治亂不同，人之賢否亦異，其所感而發者，有邪正是非之不齊，而所謂先王之風者，於此焉變矣。若夫雅頌之篇，則皆成周之世，朝廷郊廟樂歌之詞，其語和而莊，其義寬而密，其作者往往聖人之徒，固所以爲萬世法程而不可易者也。至於雅之變者，亦皆一時賢人君子閔時病俗之所爲，而聖人取之，其忠厚惻怛之心、陳善閉邪之意，尤非後世能言之士所能及之。此詩之爲經，所以人事浹於下，天道備於上，而無一理之不具也。」曰：「然則其學之也，當奈何？」曰：「本之二南以求其端，參之列國以盡其變，正之於雅以大其規，和之於頌以要其止，此學詩之大旨也。於是乎章句以綱之，訓詁以紀之，風詠以昌之，涵濡以體之，察之性情隱微之間，審之言行樞機之始，則修身及家、平均天下之道，其亦不待他求而得之於此矣。」問者唯唯而退，余時方輯詩傳，因悉次是語，以冠其篇云。」

後世讀詩各有意見，如鄭氏通志序論天籟，郝氏京山論趣旨，雖有可取，皆無切於身心，反以儒生論義不論聲爲非，此詩教之日遠於孔、曾也。孔子「思無邪」、曾子「戰戰兢兢」之訓，是何等切於身心，乃後儒以詞章之説混雜之，不深可慨哉！惟朱子直從人心性情之原，指示親切，以教來學，學者誠能遵孔、曾之訓以立其本，而於朱子所謂「求其端」、「盡其變」、「大其規」、「要其止」者，一一從自己性情隱微念慮倫物行事處實實體驗，如何是求其端、盡其變，如何是大其規、要其止，皆有路可行、有門可入、有宅可居，乃信朱子教人學詩之法真孔、曾之正傳，而非後世論詩家所能窺其萬一也夫。

聖人往矣，經籍具在，聖人傳心之書也。秦漢後習經者非無專家，轉相授受，第詳訓詁，解文義，其書散逸不傳。董揚繁露、太玄、法言，又只自言己意，與經書本旨無當。若王輔嗣注易，孔安國注書，毛萇公注詩，鄭康成箋詩、禮，杜元凱注春秋，何平叔注論語，趙臺卿注孟子，辭略意淺，鮮有發明。即孔仲達之正義，邢叔明、孫宗古之疏，雖勞精力，費詞説，亦只考據詳核，句解顯明而止，求其造乎淵源，入乎精密，則無之矣。是以聖人作經傳心之旨，所以體天地造化之原，而措之民物事業之實者，晦而不明，塞而不通。然則前聖之有待於後聖者，豈不亟亟哉？周子崛起，兩程子嗣興，著太極、通書、易傳、論孟精義等書，深得聖人本旨。又不及百年而流傳失真，幾致擾亂。幸朱子出，註四書、易、詩，而書、禮、春秋雖未成編，各有論説。又注太極、通書，訂其訛僞，敘兩程子經説遺書，然後聖人作經傳心之旨晦而復明，塞而復通，如日麗天，如河行地，始歎服朱子之繼周、程而注釋經書，孜孜不倦者，大有不得已之苦衷也。嗚呼！後人讀朱子注釋之書，習以爲常，不知關係聖經如此。近世名公卿尚以「漢儒反經而經存，宋儒解經而經亡」立論，其亦妄矣。令周、程後若無朱子極力闡明，歸於一是，將博雜之家如止齋、同父，空虚之派如子韶、象山，各執異説，簧鼓其間。前有漢魏浮淺之詞，後有宋儒雜空之論，攪擾紛紜，薰蕕莫辨，雖有周、程諸書，亦僅若隱若現，既不獲朗然獨行，又有贗本參錯混淆，竊恐後世有志之士，聰明易惑，思慮若迷，欲求聖人作經傳心之旨，無由識其門徑，而終身無聞道之日矣。以此思之，朱子注釋之書，其所以關係聖經之明晦通塞，而傳繼往開來之統者爲何如，安可日讀其書而不原其心之維持如此其切，不知其功之勤勞如此其大也哉？

戊戌，朱子四十九歲。

跋范文正公家書云：「右范文正公與其兄子之書也。其言近而易知，凡今之仕者，得其説而謹守之，亦足以檢身而及物矣。然所謂自未嘗營私者，必若公之『先天下之憂而憂，後天下之樂而樂』，事上遇人，一以自信，不擇利害爲趨舍，然後足以充其名。而其所論親僚友以絶壅蔽之萌，明禁防以杜姦私之漸者，引而伸之，亦非獨效一官者所當知也。友人陳君明仲爲侯官宰，得公此帖，刻置坐隅以自觀省，而以其墨本見寄。某蓋三復焉，而深贊其言之近、指之遠，敢書其説於左方，庶幾覽者有以發焉。淳熙戊戌季夏閏月。」

文正公之訓，以莫營私利立本，與同官商量、禁鄉親興販，應物愈淺近、愈切實，情詞肫懇，溢於言外。朱子表章，以爲有官者法，而推本於先憂後樂之心。信哉，朱子是時雖在畎畝，豈能一日忘天下之憂樂哉！

己亥，朱子五十歲。

建陽學藏書記云：「古之聖人作爲六經以教後世，易以通幽明之故，書以記政事之實，詩以導情性之正，春秋以示法戒之嚴，禮以正行，樂以和心。其於義理之精微，古今之得失，所以該貫發揮，究竟窮極，可謂盛矣。而總其書，不過數十卷，蓋其簡易精約又如此。自漢以來，儒者相與尊守而誦習之，轉相授受，各有家法，然後訓傳之書始出。至於有國家者，歷年行事之迹，又皆各有史官之記，於是文字之傳益廣。若乃世之賢人君子，學經以探聖人之心，考史以驗時事之變，以至見聞感觸有接於外而動乎中，則又頗論著其說，以成一家之言。而簡册所載、篋櫝所藏，始不勝其多矣。然學者不欲求道則已，誠欲求之，豈可舍是而不觀哉。近世以來，乃有所謂科舉之業者以奪其志，士子相從於學校庠塾之間，無一日不讀書，然問其所讀，則舉非向之所謂者。嗚呼，讀聖賢之書而不通於心，不有於身，猶不免爲書肆，況其所讀又非聖賢之書哉！以此道人，乃欲望其教化行而風俗美，其亦難矣。建陽版本書籍行四方者，無遠不至，而學於縣之學者，乃以無書可讀爲恨。今知縣事會稽姚侯耆寅，始斥掌事者之餘金，鬻書於市，上自六經，下及訓傳、史記、子、集，凡若干卷，以充入之，而世儒所誦科舉之業者，一無得與於其間。諸生既得聖賢之書而讀之，又相與講於侯之意而知所興起也，來謁予文以記之。予惟姚侯之所以教其人固可書矣，而諸生之所以承侯之意者，亦當得書也。抑予猶願有告焉，諸君讀侯之書，其必有以通諸心、有諸身，而無徒爲是書肆者，則庶幾無負於侯之教，而是邦風俗之美，亦將有以異於往時矣。己亥二月。」

按：是記朱子斥科舉之業無當於聖賢之學明矣，後世評選時文，質之朱子，不得列於學官無疑，而乃以評語明朱子之學，其亦未讀是記而深思之也。

再定太極通書後序略曰：「先生之學之奥，其可以象告者，莫備於太極之一圖。若通書之言，蓋皆所以發明其藴，而『誠』、『動静』、『理』、『性命』等章爲尤著。程子之書，亦皆祖述其意，而李仲通銘、程邵公誌、顔子好學論等篇，乃或并其語而道之。故清逸潘公誌先生之墓，而叙其所著之書，特以作太極圖爲首稱，而後乃以易説、易通繫之，其知此矣。淳熙己亥五月。」

按：朱子訂周子書，正其舛訛者有四：一，以太極圖説置於通書之後爲卒章，致序次顛倒，使讀者不知通書即以發明圖説之旨，而特據潘本正之；一，以通書各章有目，傳本乃削去之，使讀者不曉其旨，而特據潘本復之；一，以易説兩本皆假托，一辨其卦説本於陳忠肅所著，一辨其繫詞狙公罔衆狙之非；一，以朱子發謂此圖傳自陳摶、种放、穆修，而辨其非种、穆所及。凡此四説，其有功於周子豈淺鮮哉。若非朱子特識嚴辨，破似是亂真之弊，以復其舊，不獨易説駁雜支離之語混擾不清，即顛倒次序，削去章目，流傳日久，後人既無從知通書即以發明圖説之旨，而通書各章又豈易窮其藴奥如是之廣大而精微乎？況有子發之論，後人將以种、穆之學視之，又安知爲宋代理學之原，而定之以中正仁義、主静立極之教，實有所以開兩程大儒之脈乎？試會觀朱子兩序，如是以訂之辨之而且註之，又有語類所載以發明之，然後周子聖學大明於世。讀者甚毋易視而深究其所自來，則必知所以自淑矣。

朱子於太極、通書既有註，讀語類所載精要語，知朱子之學周子者深矣。其論「太極動静」，曰「太極只是箇極好至善底道理」，又曰「既有理，便有氣，既有氣，則理又在氣之中」。其論「聖人定之以中正仁義，而主静立人極焉」，曰「只理之定體便是」，又曰「只是那一箇定理在其中，截然不相侵犯，然其中又各有動静，如惻隱是動、仁是静，羞惡是動、義是静」，又曰「正是要人静定其心，自作主宰，程子恐只管静去，與事不交涉，却云敬則自虚静，須如此做工夫」，又曰「大抵以静爲主，如禮先而樂後」。其論「誠幾德」，曰「於此之時，宜當窮察，識其是非，其初有毫忽之微，至窮察之久，漸見充越之大，天然有箇道理開裂在那裏。此幾微之決，善惡之分也。若於此分明，則格致誠正、修齊治平，自已不得」。其論「動静」，曰「神之爲物，自超然於形器之表。貫動静而言，其體常如是而已」，又曰「静者爲主，故以蒙、艮終云」。其論聖學，曰「明通者静而動，公溥者動而静」。其論蒙艮，曰「止所當止，如君止於仁，臣止於敬，全是天理，更無人欲，則内不見己，外不見人，只見有理」。其他精語不可勝舉。朱子學周子者如此反身實體，所以日用之間只有此心天理主宰發見，直造聖人之域。而又語學者，使知從入門徑，其望後學誠心，至今躍躍紙上。後人讀朱子書，能如是反身實體，則可與入德矣。

隆興府學濂溪先生祠記云：「先生之言，其高極乎無極、太極之妙，而其實不離乎日用之間；其幽探乎陰陽五行造化之賾，而其實不離乎仁義禮智、剛柔善惡之際。其體用之一源，顯微之無間，秦漢以下未有臻此理者，而其實不外乎六經、論語、中庸、大學、七篇之所傳也。蓋其所謂太極云者，合天地萬物之理而一名之耳。以其無器與形而天地萬物之理無不在是，故曰『無極而太極』。以其具天地萬物之理而無器與形，故曰『太極本無極』也。是豈離乎生民日用之常而自爲一物哉？其爲陰陽五行造化之賾者，固此理也；其爲仁義禮智、剛柔善惡者，亦此理也。性此理而安焉者，聖也；復此理而執焉者，賢也。自堯、舜以來，至於孔、孟，其所以相傳之説，豈有一言以易此哉！己亥十月。」

按：是記見朱子窮究先儒書到極至處，總不離生民日用之常，未有一語涉於玄虛，此便是格物，與陸、王從入之途分明不同。後人讀朱子此記，須合答黄直卿所論太極書參看，實通太極於心，實有太極於身，體驗自己仁義禮智，渾然燦然之性，的的是太極在這裏。凡視聽言動、行持坐卧，無非吾心太極運用；眼前天地萬物，化育流行，無不與吾心太極契會。向時不能有，今實實有了；向時不能見，今實實見了。雖不能與造化融會無間，而此中生生之趣，實有合内外之妙，方是復而執之之實地，有可居，有可資，有逢原之樂也。若只通文義，不理會如何是太極，如何是復而執之之實，雖説得通暢條達，亦是紙上空言，與己何有？不惟失朱子立教之深心，反爲宗陸、王者所藉口而鄙笑矣。

知南康榜文云：

「當職久以疾病退伏里閭，比蒙聖恩，假守玆土，懇辭不獲，扶曳而來。到任之初，伏自惟念聖天子所以搜揚幽隱、付畀民社之意，固將使之宣明教化，寬恤民力，非徒責以簿書期會之最而已。顧雖不能，其敢不勉。今有合行詢訪勸諭事件下項：

「一、本軍土瘠民稀，役煩稅重，前後長吏非不欲多方措置，寬恤民力，實緣上供官物既已浩瀚，軍用所資亦復不少，只得逐急了辦目前，更無餘力，可以議此。是致民力日困，無復安土樂生之心。深可哀憐，安忍坐視。今恐管下士人父老僧道軍民等人，有能知得利病根原次第，合作如何措置可以寬恤，並請子細開具著實事狀，不拘早晚，赴軍披陳，切待面加詢問，審實相度，多方措置，庶幾户口歲增，家給人足，有以仰副聖天子愛養元元之意。

「一、本軍民俗號稱淳厚，廷少諍訟，獄少係囚。及按圖經，前代有太中大夫司馬暠、司徒從事中郎司馬延義、宜春縣令熊仁瞻，皆以孝行顯名。及至國初，又有義門洪氏，亦以累世義居，嫠婦陳氏守節不嫁，遂蒙太宗皇帝賜以宸翰，寵以官資，旌表門閭，蠲除徭役。此足見其風俗之美，非他郡之所及。又況天性人心不易之理，在昔既有，今豈無之？患在師帥不良，不加敦勸，是致頹靡，日陷偷薄。今請管下士民，鄉隣父老，歲時集會，並加教戒。間或因事反復丁寧，使後生子弟咸知修其孝弟忠信之行，入以事其父兄，出以事其長上。敦厚親族，和睦鄉隣。有無相通，患難相恤。庶幾風俗之美不愧古人，有以仰副聖天子敦厚風俗之意。

「一、本軍背負羌廬，前據彭蠡，地勢雄秀，甲於東南。禹跡所經，太史所遊，有聖賢之遺風。下逮東晉陶氏，則長沙、靖節祖孫相望；爰及聖朝劉氏，則屯田、祕丞父子相繼。皆有德業，著在丹青，宜其風聲氣俗猶有存者。後來之秀，接踵比肩。而比年以來，士風衰弊，而學校養士不過三十人，大比應書，人數亦少。雖講道修身之士或未必肯遊學校、入場屋，然詢於物論，以求物外之英豪，則亦未聞卓然有可稱。良由長民之吏未嘗加意，使里閭後生無所從學，以至於此。今請鄉黨父兄各擇其子弟之有志於學者，遣來入學，陪厨待補，聽講供課。本軍亦一面多方措置，增置學糧。當職公務之餘，亦當時時詣學，與學官同共講説經旨，多方誘掖，庶幾長材秀民爲時而出，有以仰副聖天子長育人材之意。

「右出榜星子、都昌、建昌縣并市曹，曉諭管下士民父老等，請詳前項事理，逐一遵稟，仰副聖朝愛民敦化之美意。并牒三縣照會及别給印榜，每縣各一百道，委巡尉分下鄉村張掛，不得隱匿。并牒軍學教授，請從長相度，合如何增添贍學錢糧，修立課試規矩，開具回報，切待措置施行。」

曉諭兄弟爭財産事云：「照對禮經，凡爲人子，不蓄私財，而律文亦有別籍異財之禁。蓋父母在上，人子一身尚非自己所能專有，豈敢私蓄財貨，擅據田園，以爲己物。此乃天性人心，自然之理，先王制禮，後王立法，所以順之而不敢違也。當職昨來到任之初，詢訪民俗，考按圖經，曾以司馬大夫、司馬中郎、熊縣令、洪義門孝行義居事跡勸諭士民，務修孝弟忠信之行，入事父兄，出事長上，敦厚親族，和睦鄉隣，有無相通，患難相恤，庶幾有以仰副聖天子敦厚風俗之意。今已累月，而誠意不孚，未有顯效。比閲詞訴，有建昌縣劉琉兄弟、都昌縣陳由仁兄弟，並係母親在堂，擅將家産私下指撥分併，互相推諉，不納賦税，争論到官，殊駭聽聞。除已行下建昌縣及索到陳由仁等指撥關約盡行毁抹，當廳説諭，令劉琉、陳由仁與其兄弟依舊同居共財，上奉母親，下率弟姪，協力家務，公共出納，輸送官物外，竊慮管屬更有似此棄違禮法、傷害風教之人，而長吏不能以時教訓糾禁，上負承流宣化之責，内自循省，不勝恐懼。今檢坐條法指揮下項，須至曉諭者。

「準律云云。」

白鹿洞書院揭示：

「父子有親，君臣有義，夫婦有別，長幼有序，朋友有信。

「右五教之目，堯舜使契爲司徒，敬敷五教，即此是也，學者學此而已。而其所以學之之序，亦有五焉，其別如左：

「博學之，審問之，慎思之，明辨之，篤行之。

「右爲學之序。學、問、思、辨四者，所以窮理也。若夫篤行之事，則自修身以至於處事接物，亦各有要，其別如左：

「言忠信，行篤敬；懲忿窒慾，遷善改過。

「右修身之要。

「正其誼，不謀其利；明其道，不計其功。

「右處事之要。

「己所不欲，勿施於人。行有不得，反求諸己。

「右接物之要。

「熹竊觀古昔聖賢所以教人爲學之意，莫非使之講明義理以修其身，然後推以及人，非徒欲其務記覽爲詞章，以釣聲名取利禄而已也。今之爲學者既反是矣，然聖賢所以教人之法具存於經，有志之士固當熟讀深思而問辨之，苟知其理之當然，而責其身以必然，則夫規矩禁防之具，豈待他人設之而後有所持循哉。近世於學有規，其待學者爲已淺矣，而其爲法又未必古人之意也。故今不復以施於此堂，而特取凡聖賢所以教人爲學之大端，條列如右，而揭之楣間。諸君其相與講明遵守，而責之於身焉，則夫思慮云爲之際，其所以戒謹而恐懼者，必有嚴於彼者矣。其有不然，而或出於此言之所棄，則彼所謂規者必將取之，固不得而略也。諸君其亦念之哉。」

勸農文云：「當職久處田間，習知穡事，兹忝郡寄，職在勸農。竊見本軍已是地瘠税重，民間又不勤力耕種耘耨，鹵莽滅裂，較之他處，大段不同。所以土脈疏淺，草盛苗稀，雨澤稍愆，便見荒歉，皆由長吏勸課不勤，使之至此。深懼無以下固邦本，仰寬顧憂，今有合行勸諭下項：

「一、大凡秋間收成之後，須趁冬月以前，將户下所有田段一例犂翻，凍令酥脆，至正月以後，更多著遍數，節次犂杷，然後布種，自然田泥深熟，土肉肥厚，種禾易長，盛水難乾。

「一、種田之後，春間須是揀選肥好田段，多用糞壤拌和種子，種出秧苗。其造糞壤，亦須秋冬無事之時，預先剗取土面草根，曒曝燒灰，施用大糞拌和，入種子在内，然後撒種。

「一、禾苗既長，便須及時趁早栽插，莫令遲緩，過却時節。

「一、禾苗既長，稈草亦生，須是放乾田水，子細辨認，逐一拔出，踏在泥裏，以培禾根。其塍畔斜生茅草之屬，亦須節次芟削，取令浄盡，免得分耗土力，侵害田苗。將來穀實，必須繁盛堅好。

「一、山原陸地，可種粟麥麻豆去處，亦須趂時竭力耕種，務盡地力，庶幾青黄未交之時，有以接續飲食，不至饑餓。

「一、陂塘之利，農事之本，尤當協力興修。如有怠惰不趂時工作之人，仰衆列狀申縣，乞行懲戒。如有工力浩瀚去處，私下難以糾集，即仰經縣自陳，官爲修築。如縣司不爲措置，即仰經軍投陳，切待別作行遣。

「一、桑麻之利，衣食所資，切須多種桑柘麻苧，婦女勤力養蠶織紡，造成布帛。其桑木每遇秋冬，即將旁生拳曲小枝，盡行斬削，務令大枝氣脈全盛，自然生葉厚大，餧蠶有力。

「一、大凡農桑之務，不過前項數條，然鄉土風俗亦自有不同去處，尚恐體訪有所未盡，更宜廣詢博訪，謹守力行，只可過於勤勞，不可失之怠惰。傳曰「民生在勤，勤則不匱」。經曰「惰農自安，不昬作勞，不服田畆，越其罔有黍稷」。此皆聖賢垂訓明白，凡厥庶民，切宜遵守。

「右令印榜勸諭民間，各請體悉前件事理，父兄教誨子弟，子弟遵承教誨，務敦本業，耕耘收斂，以養父母。毋或惰遊、賭博、喫酒、妨廢農桑。庶幾衣食給足，禮義興行，感召和平，共躋仁壽。淳熙六年十二月日。」

按：朱子初到南康，善政甚多，不能全録，兹略記數條。其訪利病、厚風俗、勸農桑也，則繼周、召之撫綏焉；其育人才、立學規也，則大魯、鄒之教澤焉。其中纏綿之情，懇到之誠，流露於文字行墨之間者，至今讀之，猶如接其聲容，勃勃感動，況當日親炙之者乎？至其設施措置，必有一段宜乎人情、合乎土宜之妙用，而今不可考矣。治天下以民事士風爲本，學朱子者，讀此數篇，反復玩味，推求其本天德、行王道、物我一體、吉凶同患之體用而景仰之、體佩之，其質之詩書所載何如也，其貲之孔孟所傳何如也，能無爲之神往不已哉！

南康及朱子門者有李敬子、周舜弼諸賢，旁郡有曹立之、萬正淳、張元德諸賢，生其時者何幸也！

答吴晦叔云：「未發之旨，既蒙許可，足以無疑矣。又蒙教以勿恃簡策，須是自加思索，超然自見無疑，方能自信。此又區區平日之病，敢不奉承？然此一義，向非得之簡策，則傳聞襲見，終身錯認聖賢旨意必矣。又況簡策之言，皆古先聖賢所以加惠後學，垂教無窮，所謂先得我心之同然者，將於是乎在，雖不可一向尋行數墨，然亦不可遽舍此而他求也。程子曰：『善學者，求言必自近。易於近者，非知言也。』愚意却願尊兄深味此意，毋遽忽易。凡吾心之所得，必以考之聖賢之書，脱有一字不同，更精思明辨，以益求至當之歸，毋憚一時究索之勞，使小惑苟解，而大礙愈張也。」

又答吴晦叔云：「元者，四德之長，故兼亨利貞；仁者，五常之長，故兼禮義智信。此仁者所以必有知覺，而不可便以知覺名仁也。大凡理會義理，須先剖析名義界分，各有歸著，然後於中自然有貫通處。雖曰貫通，而渾然之中所謂燦然者，初未嘗亂也。」

又答吴晦叔云：「兩魏之分，東則高歡，西則宇文，已非復有魏室矣。當是之時，見微之士固已不立乎其位。不幸而立乎其位，其賤者乎，則亦去之可也；其貴者乎，則左右近臣從君於西，社稷大臣守國於東，而皆必思所以爲安國靖難、興復長久之計，不濟則以死繼之而已，此外復何策哉。」

又云：「前所示教，引『巧言令色』、『剛毅木訥』兩條，以爲聖人所以開示爲仁之方，使人自得者。熹猶竊有疑焉，而前書亦未及論也。蓋此兩語，正是聖人教人實下功夫，防患立心之一術。果能戒巧令，務敦朴，則心不恣縱，而於仁爲近矣。非徒使之，由是而知仁也。大抵向來之説，皆是苦心極力要識仁字，故其説愈巧而氣象愈薄。近日究觀聖門垂教之意，却是要人躬行實踐，直内勝私，使輕浮刻薄、貴我賤物之態潛消於冥冥之中，而吾之本心渾厚慈良、公平正大之體常存而不失，便是仁處。其用功著力，隨人淺深，各有次第，要之須是力行久熟，實到此地，方能知此意味。蓋非可以想象臆度而知，亦不待想象臆度而知也。近因南軒寄示言仁録，亦嘗再以書論，所疑大概如此，而後書所論『仁』、『智』兩字，尤爲明白，想皆已見矣。」

四書皆格致切己工夫，須一一依此下手，方見親切。尤要緊者，第四書指示體驗極實落，立脚處確有依據，不徒語言文字，果能躬行實踐，直內勝私，吾之渾厚慈良、公平正大之心體常存不失，則上三書都有得力。然非從上三書用功，亦不能到直內勝私地位也。

答廖子晦云：「死生之論，向來奉答所論『知生事人』之問已發其端。近答嵩卿書，論之尤詳。意明者一讀當已洞然，而來書尚復如此，豈未嘗深以鄙意思之，而直以舊聞爲主乎？既承不鄙，又不得不有以奉報，幸試思之。蓋賢者之見所以不能無失者，正坐以我爲主，以覺爲性爾。夫性者理而已矣。乾坤變化，萬物受命，雖所禀之在我，然其理非有我之所得私也。所以『反身而誠』，蓋謂盡其所得乎己之理，則知天下萬物之理，初不外此，非謂盡得我之知覺，則衆人之知覺皆是此物也。性只是理，不可以聚散言。其聚而生散而死者，氣而已矣。所謂精神魂魄有知有覺者，皆氣之所爲也。故聚則有，散則無。若理則初不爲聚散而有無也。但有是理則有是氣，苟氣聚乎此，則其理亦命乎此耳，不得以水漚比也。鬼神便是精神魂魄。程子所謂『天地之功用，造化之迹』，張子所謂『二氣之良能』，皆非性之謂也。故祭祀之禮，以類而感，以類而應。若性則又豈有類之可言哉？然氣之已散者既化而無有矣，其根於理而日生者，則固浩然而無窮也。故上蔡謂『我之精神即祖考之精神』，蓋謂此也。然聖人之制祭祀也，設主立尸，焫蕭灌鬯，或求之陰，或求之陽，無所不用其極，而猶止曰『庶或享之』而已。其至誠惻怛、精微恍惚之意，蓋有聖人所不欲言者，非可以世俗粗淺知見執一而求也。豈曰一受其形，則此性遂爲吾有，雖死而猶不滅，截然自爲一物，藏乎寂然一體之中，以俟夫子孫之求，而時出以饗之耶？必如此説，則其界限之廣狹，安頓之處所，必有可指言者。且自開闢以來，積至於今，其重併積疊，計已無地之可容矣，是又安有此理耶？且乾坤造化如大洪爐，人物生生無少休息，是乃所謂實然之理，不憂其斷截也。今乃以一片大虚寂目之，而反認人物已死之知覺，謂之實然之理，豈不誤哉？又聖賢所謂歸全安死者，亦曰無失其所受乎天之理，則可以無愧而死耳。非以爲實有一物可奉持而歸之，然後吾之不斷不滅者得以晏然安處乎冥漠之中也。夭壽不貳，修身以俟之，是乃無所爲而然者。與異端爲死生事大、無常迅速，然後學者，正不可同日而語。今乃混而言之，以彼之見，爲此之説，所以爲説愈多而愈不合也。凡此皆亦粗舉其端，其曲折則有非筆舌所能盡者。幸併前兩説參考而熟思之，其必有得矣。若未能遽通，即置之，姑即夫理之切近而平易者，實下窮格工夫，使其積累而貫通焉，則於此自當曉解，不必別作一道理求也。」

按：答子晦書，朱子格物工夫實是窮至事物之理，欲其極處無不到也。夫鬼神死生之説至難窮矣，子晦之問亦儘有理，非胸有所見，透徹底裹，無纖微疑惑者，能抉其奥如指掌乎？澐向讀是篇，大概粗通，深入其微，難以透悟。後屢閲全集，凡有干涉，類記熟玩，如答連嵩卿公共道理、答李伯諫「死生人事，一以貫之」，答吴公濟「明其大本，究所自來」，答王子合「須辨得合有合無」、「魂魄之正便是陰陽」，答李堯卿「非有長生不滅之氣魄者，亦須知未始不長存」數説，嘗反復深究之。又如答程允夫、黄商伯、劉叔文、吕子約、董叔重、萬正淳、吴伯豐、汪長孺、方賓王、鄭子上、陳安卿、黄道夫、林德久、歐陽希遜、杜仁仲、李敬子以及語類中凡互相發明者，未嘗不條分其緒，合觀其理。始知致生致死之旨，的確不易，魂魄陰陽之合，極精微而廣大，而此書前後之義，乃暢然而無疑也。試究其大本所自來而言之。太極者，陰陽之根柢；陰陽者，太極之動静。自其命於人也，有太極、陰陽之元氣以成性，即有太極、陰陽之游氣以成形。元氣者，理氣渾然無間之原；游氣者，血氣生長少老之運。人特旋轉於其中而不覺，遂爲七情所動蕩，百物所引誘，終百年之身，止憑游氣用事，而理氣渾然無間之原漸衰漸消，忽不知其無有矣。有志者奮然猛省，知方寸之中元氣所宅，必以理爲主，理在即氣在，無有先後彼此之分。朱子所謂「氣之根於理而日生，浩然而無窮」者，實在於此。惟其能以理爲主，則主宰嚴明，一身血氣莫不循軌聽命，操其仁義忠信之本，盡其學問思辨篤行之功，務使方寸之中，私欲盡浄，天理流行，飽滿充足，無少欠缺，懇摯肫篤，無少間斷，與乾坤大洪爐之生生不息者合一無二。必如是，而後魂魄之正，便是陰陽。生如是生，死如是死，則聖賢之歸全安死，理無聚散，未始不長存者，原來如此。此皆朱子實從簡策窮究體驗自家身心，生理勃勃，只此便是太極陰陽，無有分别。窮理直到極精處，涵養直到極正處，只是這箇公共道理。其終始有不得而變者，故反復爲子晦道之，至詳且盡也。若陸、王者，不從簡策返己深思，明其大本，究所從來，以一己之精神靈覺爲不斷不滅之物，而保守之、培養之。雖其行事未嘗不當於理，而亦有不盡當者。要其所見，只以我爲主，以覺爲性，以爲實有一物可奉持而歸之，然後吾之不斷不滅者得以晏然安處於冥漠之中。是以非不窮理，而所窮者不精；非不存養，而所養者不正。勢不入於佛老而不能，即入於佛老而不自知其非。試以朱子鬼神死生之説辨之，有不了然哉！

答吴、廖書未詳何年，晦叔卒於丁酉，子晦録在癸巳以後，故載於未申間。

答程允夫云：「『可欲』之説甚善，但『可者欲之，不可者不欲，非善矣乎』，此語却未安。

蓋只可欲者便是純粹至善、自然發見之端，學者正要於此識得而擴充之耳。若云『可者欲之』，則已是擴充之事，非善所以得名之意也。又謂『能持敬則欲自寡』，此語甚當。但頭尾之意，以爲須先有所見，方有下手用心處，則又未然。夫持敬用功處，伊川之言詳矣，只云『但莊整齊肅則心便一，一則自無非僻之干』，又云『但動容貌、整思慮，則自然生敬』。只此便是下手用功處，不待先有所見而後能也。須是如此，方能窮理而有所見。惟其有所見，則可欲之幾瞭然在目，自然樂於從事，欲罷不能，而其敬日躋矣。伊川又言『涵養須用敬，進學則在致知』，又言『入道莫如敬，未有致知而不在敬者』。考之聖賢之言，如此類者亦衆。是知聖門之學別無要妙，徹頭徹尾，只是箇『敬』字而已。又承苦於妄念，而有意於釋氏之學，此正是元不曾實下持敬工夫之故。若能持敬以窮理，則天理自明，人欲自消，而彼之邪妄將不攻而自破矣。至於『鳶飛魚躍』之問，則非他人言語之所能與，亦請只於此用力，自當見得。蓋子思言『君子之道費而隱』，以至於天下莫能載、莫能破，因舉此兩句，以形容天理流行之妙。明道、上蔡言之已詳，想必有所不解，正是信不及耳。欲信得及，捨持敬窮理，則何以哉？至於張子韶、喻子才之徒，雖云親見龜山，然其言論風旨、規模氣象，自與龜山大不相似。而熹載其説於程氏遺書之後，試深考之，則世之以此學自名者，其真僞皆可覈矣。」

答方耕道云：「示問詳複，具審比日進學不倦之志，甚善甚善。顧淺陋何足以及此，然荷意之厚，不敢虛也。向者妄謂自立規程，正謂『正衣冠，一思慮，莊整齊肅，不慢不欺』之類耳。此等雖是細微，然人有是身，内外動息不過是此數事。其根於秉彝，各有自然之則。若不於此一一理會，常切操持，則雖理窮元奥、論極幽微，於我亦有何干涉乎？『弘毅』之云，雖聖賢所示之要，然恐其間更須細密，方有實用功處。不然，則所謂只作一場話説，務高而已者，不可以不戒也。若必謂有所見然後有所主，則程子所謂『未有致知而不在敬』者，是爲敬有待於見乎？見有待於敬乎？果以徒然之敬爲不足事，而必待其自然乎？長沙有二先生文集，朋友間亦必有遺書本子，暇日更求此二書，反復熟讀，不計近功，則知益當明而有以審乎此矣。前書所謂捨顯過、憂小失，正謂放飯流歠而問無齒决之類。舍此憂彼，則爲失其序耳。若日用功夫果能謹之於微，不使至於形顯，則善何以加？但恐言太高而難踐，則非所謂切問而近思耳。」

二書未詳何年，遺書成於戊子，外書成於乙未，故附於後。按福建志耕道爲善化尉，因見南軒書中長沙云云，自在此時。

玩二書皆以主敬爲第一著，學者缺小學工夫，必以主敬爲先，斷不可待有所見而後主敬也。至於秉彝自然之則，須一一理會，常切操持。即答程書「正要於此識得而擴充之」、「須是如此方能窮理而有所見」之旨。此處更切緊留意，纔有滋味，不能歇手。不然，主敬工夫必有間斷之弊。當與答陳超宗書參互體驗。

答張敬夫云：「類聚孔孟言仁處以求夫仁之説，程子爲人之意可謂深切。然專一如此用功，却恐不免長欲速好徑之心，滋入耳出口之弊，亦不可不察也。大抵二先生之前，學者全不知有『仁』字，凡聖賢説仁處，不過只作『愛』字看了。自二先生以來，學者始知理會『仁』字，不敢只作『愛』説，然其流復不免有弊者。蓋專務説仁，而於操存涵泳之功不免有所忽略，故無復優柔厭飫之味、克己復禮之實，不但其蔽也愚而已。而又一向離了『愛』字，懸空揣摸，既無真實見處，故其爲説恍惚驚怪，弊病百端，殆反不若全不知有『仁』字而只作『愛』字看却之爲愈也。某竊嘗謂，若實欲求仁，固莫若力行之近。但不學以明之，則擿埴冥行之患，故其蔽愚。若主敬致知交相爲助，則自無此蔽矣。若且欲曉得仁之名義，則又不若且將愛字推求。若見得仁之所以愛，而愛之所以不能盡仁，則仁之名義意思瞭然在目矣，初不必求之恍惚有無之間也。此雖比之今日高妙之説稍爲平易，然論語中已不肯如此迫切注解説破，至孟子方間有説破處，然亦多是以愛爲言，如惻隱之類。殊不類近世學者驚怪恍惚、窮高極遠之言也。今此録所以釋論語之言，而首章曰仁其可知，次章曰仁之義可得而求，其後又多所以明仁之義云者，愚竊恐其非聖賢發言之本意也。又如首章雖列二先生之説，而所解實用上蔡之意，正伊川説中問者所謂『由孝弟可以至仁』，而先生非之者，恐當更詳究之也。」

又答張敬夫云：「以愛論仁，猶升高自下，尚可因此附近推求，庶其得之。若如近日之説，則道近求遠，一向没交涉矣。此區區所以妄爲前日之論，而不自知其偏也。至謂類聚言仁亦恐有病者，正爲近日學者厭煩就簡、避迂求捷，此風已盛，方且日趨於險薄，若又更爲此以導之，恐益長其計獲欲速之心，方寸愈見促迫紛擾，而反陷於不仁耳。然却不思所類諸説，其中下學上達之方，蓋已無所不具，苟能深玩而力行之，則又安有此弊。今蒙來喻，始悟前説之非，敢不承命。然猶恐不能人人皆肯如此慤實用功，則亦未免尚有過計之憂。不知可以更作一後序，略采此意以警後之學者否？不然，或只盡載此諸往返議論以附其後，亦庶乎其有益耳。」

朱子與南軒論仁詳矣，此二篇又防驚怪恍惚、厭迂求捷之病而力言之者。早知後來學脈必有宗陸氏一派而不没其慈愛之良者，遂以所見影響便爲仁體，横説竪説，大驚小怪，挾爲不傳之秘，以誤學者，故不憚諄切與之説破也。其教人用力處，全在「力行」二字，即答吴晦叔躬行實踐、直内勝私之旨。至於「且將愛字推求」六句，即孟子或問正欲於此深識其本之旨。以視驚怪恍惚厭迂求捷之説相去霄壤，安可以此例彼，没先賢垂教之深心耶？又安可不辨其疑似之分，主敬致知交相爲助，以防其懸空揣摸之失耶？

定性說云：「定性者，存養之功至，而得性之本然也。性定則動静如一，而内外無間矣。天地之所以爲天地，聖人之所以爲聖人，不以其定乎？君子之學，亦以求定而已矣。故擴然而大公者，仁之所以爲體也；物來而順應者，義之所以爲用也。仁立義行，則性定而天下之動一矣，所謂貞也。夫豈急於外誘之除，而反爲是憧憧哉？然常人之所以不定者，非其性之本然也。自私以賊夫仁，用知以害夫義，是以情有所蔽而憧憧耳。不知自反，以去其所蔽，顧以惡外物爲心，而反求照於無物之地，亦見其用力愈勞，而燭理愈昧，益以憧憧而不自知也。『艮其背』，則不自私矣；行無事，則不用知矣。内外兩忘，非忘也，一循於理，不是内而非外也。不是内而非外，則大公而順應，尚何事物之爲累哉。聖人之喜怒，大公而順應，天理之極也。衆人之喜怒，自私而用知，人欲之盛也。忘怒則公，觀理則順，二者所以爲自反而去蔽之方也。夫張子之於道，固非後學所敢議。然意其强探力取之意多，涵泳完養之功少，故不能無疑於此。程子以是發之，其旨深哉。」

此說未詳何年，近思録成於乙未，故附於後。

朱子自己丑後涵養工夫極深極密，如諸說中多是此旨，惟其涵養深密，故窮理力行之功愈不能已，此所以大異於世之博物洽聞者也。如張子初見兩程夫子，猶不免於强探力索。朱子深有見於涵養爲定性之要著，遂專一於此而栽培充拓之，豈晚年始用力於本體哉？

答曾泰之云：「所喻鄉黨卒章疑義，此等處且當闕之，却於分明易曉、切於日用、治心修己處反復玩味，深自省察，有不合處，即痛加矯革，如此方是爲己工夫，不可只於文字語言上著力也。彼中士子有來學者，亦可以此告之。熹論語集注未嘗皆引胡先生説，所傳恐誤。此書之作，只是解説訓詁文義，免得學者汎觀費力。然所謂玩味省察功夫，却在當人，不在文字也。」

答林一之云：「不謂性命，集注甚明，恐未詳考之過，宜且平心寬意，反復玩味，必當自見。」

參觀二段，朱子諄諄教人玩味集注，曉得大義，就日用盡爲己功夫，方是善讀集注者。蓋朱子後三十年工夫，體驗涵養，深信四書一字一句皆是入德處，所謂義理栽培，正在於此。故口誦心維，見義理在這裏，不見文字語言。如此用功，涵養、讀書是一件事。後人學朱子如此用功，自信得章句、集注是訓釋人心中本然道理、當然工夫，不可須臾離者。乃陽明以未定立言，使正、嘉後學者以己意説經，朱子注解竟致塵封，全不從易曉處玩味省察，著力爲己，是誰咎歟！

答方伯謨云：「『大明終始』，傳意自明。其曰明曰見曰當，非人而何？更看楊遵道録中一段，尤分明矣。天人一理，人之動乃天之運也。然以私意而動，則人而不天矣。惟潛、見、飛、躍各得其時，則又以人當天也。然不言當天而言御天，以見遲速進退之在我爾。雖云在我，然心理合一，初無二體，但主心而言爾。」

又答方伯謨云：「夫子夢寐周公，正是聖人至誠不息處。然時止時行，無所凝滯，亦未嘗不灑落也。故及其衰，則不復夢，亦可見矣。若是合做底事，豈有所忽忘耶？以忘物爲高〔二〕，乃老莊之偏。」

此二段，朱子於易見天理人心合一處，於論語見聖人至誠不息處，正是解書即可透心性源頭，涵養讀書，非一而何？於此可驗默識默成之實，如此解書，豈非爲己實功乎？

答曾林方書年無可考，以集注、本義成於丁酉，故載於後。

答游誠之云：「示喻讀書玩理次第，甚慰所懷。但嚴立功程，寬著意思，久之自當有味，不可求欲速之功也。所論日用功夫，尤見爲己之意。但心一而已，所謂覺者，亦心也。今以覺求心，以覺用心，紛拏迫切，恐其爲病不但揠苗而已。不若日用之間以敬爲主而勿忘焉，則自然本心不昧，隨物感通，不待致覺而無不覺矣。故孔子只言克己復禮，而不言致覺用敬。孟子只言操存舍亡，而不言覺存昧亡。謝先生雖喜以覺言仁，然亦曰心有知覺，而不言知覺此心也。請推此驗之，所論得失自可見矣。克齋記近復改定，今別寫去。後面不欲深詆近世之失，『波動危迫』等語，皆已削去。但前所論性情脈絡、功夫次第，自亦可見底裏，不待盡言而後喻也。因見南軒，試更以此意質之，當有以相發明爾。」

又答游誠之云：「鄙意亦非以覺爲不佳，但謂功夫用力處在敬而不在覺耳。上蔡云『敬是常惺惺法』，此言得之，但不免有便以惺惺爲仁之意，此則未穩當耳。窮理涵養，要當並進。蓋非稍有所知，無以致涵養之功；非深有所存，無以盡義理之奧。正當交相爲用而各致其功耳。」

答林伯和云：「大抵聖人之教，博之以文，約之以禮。而大學之道，以『明明德』爲先，『新民』爲後。近世語道者，務爲高妙直截，既無博文之功，而所以約之者又非有復禮之實。其工於記誦文詞之習者，則又未嘗反求諸身，而囂然遽以判斷古今、高談治體自任。是皆使人迷於入德之序，而陷於空虛博雜之中。其資質敦篤慤實，可以爲善，而智識或不逮人者，往往尤被其害，此不可不察也。爲老兄今日之計，莫若且以持敬爲先，而加以講學省察之功。蓋人心之病，不放縱即昏惰。如賢者必無放縱之患，但恐不免有昏惰處。若日用之問務以整齊嚴肅自持，常加警策，即不至昏惰矣。講學莫先於語、孟，而讀論、孟者又須逐章熟讀，切己深思，不通然後考諸先儒之說以發明之。如二程先生說得親切處，直須看得爛熟，與經文一般成誦在心，乃可加省察之功。蓋與講學互相發明，但日用應接、思慮隱微之間，每每加察。其善端之發，慊於吾心而合於聖賢之言，則勉厲而力行之；其邪志之萌，愧於吾心而戾於聖賢之訓，則果決而速去之。大抵見善必爲，聞惡必去，不使有頃刻悠悠意態，則爲學之本立矣。異時漸有餘力，然後以次漸讀諸書，旁通當世之務，蓋亦未晚。今不須預爲過計之憂，以失先後之序也。若不務此，而但欲爲依本分、無過惡人，則不惟無以自進於日新，正恐無本可據，亦未必果能依本分、無過惡也。無由面論，姑此布萬一，幸試留意焉。此紙勿以示人，但叔和、幾道及林兄昆仲諸人亦不可不知耳。」

又答林叔和云：「雖或紛冗，不得近書册，然此心此理隨處操存，隨處體察，亦無往而非學也。只在日間常切警省，勿令昏惰耳。」

按文集與叔和第三書論集註，自在丁酉後，故以二書附。

答廖子晦云：「所喻已悉，但事已如此，不若且靜以聽之。吾人所學，正要此處呈驗。若著些利害，便不免開口告人，却與不學之人何異？向見李先生說，若大段排遣不去，只思古人所遭患難，有大不可堪者，持以自比，則可以少安矣。始者甚卑其說，以爲何至如此，後來臨事却覺有得力處，不可忽也。若閤中不快，亦無可奈何，事已至此，已展不縮，已進不退，只得硬著脊梁與他厮捱，看他如何，自家决定，不肯開口告他。若到任滿，便作對移批書離任，則它許多威風都無使處矣，豈不快哉。東坡在湖州被逮時，面無人色，兩足俱軟，幾不能行，求入與家人訣，而使者不聽。雖伊川先生謫涪陵時，亦欲入告叔母而不可得。惟陳了翁被逮，聞命即行，使人駭之，請其入治行裝，而翁反不聽。奇哉奇哉，子晦勉旃，毋爲後人羞也。此間有吴伯起者，不曾講學，後聞陸子静門人説話，自謂有所解悟，便能不顧利害。及其作令，纔被對移它邑主簿，却不肯行，而百方求免。熹嘗以爲何至如此。若對移作指使，即逐日執杖子去知府廳前唱喏；若對移做押録，即逐日抱文案去知縣案前呈覆。更做耆長、壯丁，亦不妨與他去做，況主簿乎？吴不能用，竟憤鬱成疾死。當時若放得下，却未必死。今不免死，枉陪了許多下情，所失愈多。雖其臨機失於斷决，亦是平時欠了持論也。志士不忘在溝壑，勇士不忘喪其元，此夫子所以有取於虞人，而孟子發明之。李先生説『不忘』二字是活句，須向這裏參取。愚謂若果識得此意，辦得此心，則無入而不自得，而彼之權勢威力亦皆無所施矣。」

按：子晦乾道五年進士，先除潯州教授，後知莆田縣。此書正官莆田時，姑附於後。

象山教人，不以居敬爲主，只養虚静本體，又不講學讀書，不知心中道理是如何。雖養得精神，亦是半明半暗，不知事物義理所在是如何。雖應付得去，亦是拖泥帶水。及遭困處窮，便氣消志喪，平日所養衰弱無有，全然倚靠不得。此由於專養本原而不講學讀書之過也。惟朱子立教必先主敬，終日整齊嚴肅，以立大本，又必講學讀書，從聖賢遺訓中體認自己心性、四德之所存所發，體認天下事物萬理之所感所通，不鹵莽略過，不參錯己見。又省察幾微之動而充之克之，務使時時截斷，時時整嚴，只安貧賤，識得此意，辨得此心，堅守牢固，徹始徹終，雖值蹇頓不稍摇動，只是這裏持守，不敢尺寸失足，以虧性體，則立本之學庶乎有得。又必隨其識力，旁通世務，研究經綸以爲致用之具，此講學讀書即所以培植根本，包涵運用，不可一日緩者也。以視陸、王之教，不講學讀書而高心空腹者，何如哉？

朱子曰：「困厄有輕重，力量有大小，若能一日十二辰點檢自己，念慮動作都是合宜，仰不愧，俯不怍，如此而不幸填溝壑，喪軀殞命，有不暇恤，只得成就一箇是處。如此則方寸之間全是天理，雖遇大困厄，有致命遂志而已，亦不知有人之是非向背，惟其是而已。」

又曰：「今説求放心，説來説去，却似釋老説入定一般，但彼到此便死了。吾輩却要得此心主宰得定，方賴此做事業，所以不同也。其道問學、盡精微、道中庸等工夫，皆自此做，儘有商量。若此心上工夫，則不待商量賭當，即今見得如此，則更無閑時，行時、坐時、讀書時、應事接物時皆有著力處，大抵只要見得，收之甚易而不難也。」

又曰：「静坐非是要如坐禪入定，斷絶思慮，只收歛此心，莫令走作閑思慮，則此心湛然無事，自然專一。及其有事，則隨事而應，事已則復湛然，不要因一事惹出三件兩件。古人自少小時便做了這工夫，灑掃加帚，至於學詩、學樂舞、學弦誦，皆要專一。若不做這功夫，却要讀書看義理，恰似要立屋無地基，且無安頓屋柱處。今且説那營營底心，會與道理相入否，會與聖賢之心相契否，今求此心，正爲要立箇基址。得此心光明，有箇存主處，然後爲學，便有歸著不錯。」

又曰：「人只是此一心，今日是，明日非，不是將不是底換了是底；今日不好，明日好，不是將好底换了不好底。只此一心，但看天理、私欲之消長如何爾。以至千載之前，千載之後，與天地相爲終始，只此一心讀書，亦不須牽連引證以爲工。如此纏繞，皆只是爲人；若實爲己，則須是將己心驗之，見得聖賢説底與今日此心無異，便是工夫。」

又曰：「於善惡二者始分之中，須著意看教分明，及其流出，善者一向善，惡者一向惡，問善惡分處，只是天理人欲耳。」

曰：「只執此爲説不濟事，須要驗之此心，真知得如何是天理，如何是人欲，幾微間極索理會。此心常常要惺覺，莫令頃刻悠悠憒憒。」大雅云：「此只是持敬爲要。」曰：「敬不是閉眼默坐便爲敬，須是隨事致敬，要有行程去處。如今且未論齊家、治國、平天下，只截自格物、致知、誠意、正心、修身爲説，此行程也。方其當格物時，便敬以格之，當誠意時，便敬以誠之。以至正心、修身以後，節節常要惺覺執持，令此心常在，方是能持敬。今之言持敬者，只是説敬，非是持敬。若此心常在軀殼中爲主，便須常如烈火在身，有不可犯之色。事物之來，便成兩畔去，又何至如是纏繞。」

問：「知至到意誠之間，意自不聯屬，須是別識得天理人欲分明，盡去人欲，全是天理，方誠。」朱子曰：「固是。這事不易言，須是格物精熟，方到此。居常無事，天理實然，有纖毫私欲，便能識破他。」

又曰：「此一箇心，須每日提撕，令常惺覺，頃刻放寬，便隨物流轉，無復收拾。如大學一書，豈在看他言語，正欲驗之於心如何。『如好好色，如惡惡臭』，試驗之吾心，好善惡惡，果能如此乎？閒居爲不善，見君子則掩其不善而著其善，是果有此乎？一有不至，則勇猛奮躍不已，必有長進處。今不知爲此，則書自書，我自我，何益之有。」

或問：「『求放心』，愈求愈昏亂，如何？」朱子曰：「即求者，便是賢心也，知求則心在矣。今以已在之心復求心，即是有兩心。此心不待宛轉尋求，即覺其失，覺處即心，何更求爲？自此更求，自然愈失。」

又曰：「於格物、致知、誠意、正心、修身之際，要得常見一箇明德隱然流行於五者之間，方分明。」

又曰：「某近因病中兀坐存息，遂覺有進步處。大抵人心流濫四極，何有定止，一日十二時中，有幾時在軀殼內。與其四散閑走，無所歸著，何不收拾，令在腔子中。」

此十段皆余大雅紀戊戌以後所聞，雖不皆是戊戌，姑以所録之年敘之。

按一段，朱子是時已進夭壽不貳地位矣。二段，朱子居敬久得領要，道問學工夫即從此做，與釋氏只見得便了，大不同也。三段，朱子靜坐與坐禪不同，即程子不拘思慮與應事，皆要專一之意。四段，朱子直透到天地聖賢皆是一心，即太極、西銘之旨，體驗得極平穩。若後儒張皇太過，不知皆朱子所深非，而反以爲發前人所未發，亦未曾細讀朱子書，而輕於立言也。五段，言居敬工夫如此，纔有行程去處，規模階級可尋，得此下手入門，瞭如指掌，非止靜坐也。六段，朱子工夫不尚高遠，只盡卑邇，致知、誠意切要合一處在此。念菴言貞明是本體，知善知惡是流行。思默言能知是本體，所知是發用。其旨意皆根良知。朱子言天理實然即是本體，能識破他即是流行、發用，其旨意根明德。前朝先儒多矜獨見，其實不知朱子也。七段言居敬讀書是合一事。八段言求則心在覺處，即心不向外求也。九段言用工夫都要見明德流行，即心理貫通也。十段自言病中進步，深信求放心最爲學第一義，是此時久悟本體，而涵養有素也。玩此十段，居敬窮理，有體有用。宗陸、王者多言朱子晚年方悟本體，曷觀於此而自悔其失言乎？

【校勘記】

〔一〕皆粗見其梗概　「粗」，原作「初」，據清華鈔本、晦庵集卷八一改。

〔二〕以忘物爲高　「忘物」，原作「忽忘」，據清華鈔本、晦庵集卷四四改。

朱子聖學考略卷五

庚子，朱子五十一歲。

答曹立之云：「録示陸兄書，意甚佳。近大冶萬正淳來訪，亦能言彼講論曲折，大概比舊有間矣，但覺得尚有兼主舊説，以爲隨時立教，不得不然之意。似此意思，却似漸有揜覆不明白處。以故包顯道輩仍主先入，尚以讀書講學爲充塞仁義之禍。此語楊子直在南豐親聞其說。而南軒頃亦云傅夢泉者揚眉瞬目云云，恐不若直截剖判，便令今是昨非平白分明，使學者各洗舊習，以進於日新之功，不宜尚復疑貳秘藏，以滋其惑也。」

又答曹立之云：「極欲一見渠兄弟，更深究此，而未可得。向許來此，今賤迹既不定，恐其聞此旱嘆，又未必成來，深以爲恨。元祐諸公不能開導君心，固爲有罪，然謂不當斥逐小人，使至相激，則亦未通。但當時施行有過當處，此則不可不鑒耳。陳太丘亦是不當權位，故可以逶迤亂世而免於小人之禍。若以其道施之朝廷而無所變通，則亦何望其能有益於人國哉！然此恐亦姑論其理之當然，若熹自爲之，必有甚於元祐諸公之所爲，而陷於范滂、陽球之禍必矣。」

萬正淳來訪，見五十二卷答伯豐第一書。「荆州之訃」云云，自在庚子。玩「近日」二字，當是同時，後書云「旱暵」，庚子無疑矣。

玩答曹第一書，顯道以讀書講學爲充塞仁義之禍，此即陽明洪水猛獸之説所自來也。按象山語録云先生於門人最屬意惟傅子淵，先生臨終前數日，有自衡陽來呈子淵與周益公論道五書，先生手不釋，歎曰「子淵擒龍打鳳底手段」。由是觀之，象山專於求心，見此一物在我，便自高大，視六經爲註脚，非不講求義理，而即此輕視聖言之心，生出許多病痛，故其學終於虚，流於狂，致令門人揚眉瞬目，空腹大言而不悟也。玩第二書，知朱子即物窮理、讀書講學之實效，陸氏所萬不及者，於此益見矣。

答吕伯恭書云：「子壽相見，其説如何？近得書，其徒曹立之來訪，氣質儘佳，亦似知其師説之誤。持得子静近答渠書與劉淳叟書，却説人須是讀書講論，然亦自覺其前説之誤矣。但不肯翻然説破今是昨非之意，依舊遮前掩後，巧爲飾説。只此氣象，却似不佳耳。」

曹立之墓表云「後五年，予守南康，立之果來」，蓋庚子也。觀遮前掩後之言，則朱子不信象山明矣。非冰炭而何？

又答吕伯恭書云：「欽夫之逝，忽忽半載，每一念之，未嘗不酸噎。所論荆州從遊之士多不得力，此固當深警，然彼猶是他人不得力，今自循省，乃是自家不曾得力，此尤爲可懼。不知老兄看得此病合作如何醫治？幸以一言就緊切處見教，千萬之望。子壽兄弟得書，子静約秋凉來遊廬阜，但恐此時已换却主人耳。渠兄弟今日豈易得，但子静似猶有些舊來意思。聞其門人説，子壽言其雖已轉步，而未曾移身，然其勢久之亦必自轉。回思鵞湖講論時是甚氣勢，今何止什去七八耶。」

此庚子七月書也。子静舊習，朱子時望其改，誨人無倦之心也。苟信之矣，又何爲望其改也。

答吴茂實書云：「近來自覺向時工夫止是講論文義，以爲積集義理，久當自有得力處，却於日用工夫全少檢點。諸朋友亦只如此用工夫，所以多不得力。今方深省而痛懲之，亦願與諸同志勉焉。幸老兄徧以告之也。陸子壽兄弟近日議論與前大不同，却方要理會講學。其徒有曹立之、萬正淳者來相見，氣象皆儘好，却是先於情性持守上用力。此意自好，但不合自主張太過，又要得省發覺悟，故流於怪異耳。若去其所短，集其所長，自不害爲入德之門也。然其徒亦多有主先入不肯捨棄者，萬、曹二君却無此病也。」

此書陽明載入定論，至「徧以告之」止，下數行皆删去，實不可解。情性持守上用力，集其長也，主張太過，省發覺悟，流於怪異，去其短也。陽明以上數行爲晚同，將下數行亦晚同乎？況全少檢點，即檢點日用，又豈同於陸氏乎？曹表明言庚子立之來見，陽明强指爲晚同，不知何意也？朱子文集自在天壤，後世學者有目有心，安能欺人哉！

答傅子淵書云：「荆州云亡，忽忽歲晚，比又得青田教授陸兄之訃，吾道不幸，乃至於此。每一念之，痛恨無窮。想平生師資之義，尤不能爲懷也。所示荆州問答，讀之敬夫之聲容恍若相接，悲愴之餘，警策多矣。但其間有鄙意所未安者，更容熟復，續奉報歸納也。大抵賢者勇於進道而果於自信，未嘗虚心以觀聖賢師友之言，而一取決於胸臆。氣象言語，只似禪家，張皇鬭怒，殊無寛平正大、沉浸醲郁之意。荆州所謂有『拈槌竪拂』意思者，可謂一言盡之。然左右初不領略，而渠亦無後語，此愚所深恨也。」

按：此六書皆在南康時筆也。朱子教學苦心，於此益見。聞陸氏有讀書講學意，則引之；聞其不肯轉身，則憂之；知其先於情性持守上用功，則許之；知其主張太過，流於怪異，則非之。至子淵似禪家張皇鬭怒，則隱闢之。以學脈言，朱、陸自是冰炭。以聖人立教之心言，陸氏不幸不受朱子之裁成，而朱子誨人不倦之心，默契先聖矣。

上封事云：「臣嘗謂天下國家之大務莫大於恤民，恤民之實在省賦，省賦之實在治軍。

若夫治軍、省賦以爲恤民之本，則又在夫人君正其心術以立紀綱而已矣。董子所謂正心以正朝廷，正朝廷以正百官，正百官以正萬民，正萬民以正四方，蓋謂此也。夫民之不可不恤，不待智者而後能知，亦不待明者然後能言也。然欲知其憔悴困窮之實，與其所以致此之由，則臣請以所領之郡推之，然後以次而及其所以施置之方焉。臣請按南康爲郡，土地瘠薄，生物不暢，水源乾淺，易得枯涸，人民稀少，穀賤農傷，固已爲貧國矣。而其賦税偏重，比之他處，或相倍蓰。民間雖復盡力耕種，所收之利，或不足以了納税賦，須至别作營求，乃可陪貼輸官。是以人無固志，生無定業，不肯盡力農桑，以爲子孫久遠之計。幸遇豐年，則賤糶禾穀，以苟目前之安，一有水旱，則扶老攜幼，流移四出，視其田廬，無異逆旅之舍。蓋出郊而四望，則荒疇敗屋，在處有之。故臣自到任之初〔一〕，即嘗具奏，乞且將星子一縣税錢，特賜蠲減。又嘗具申提點坑冶司，乞爲敷奏，將夏税所折木炭價錢量減分數。其木炭錢已蒙聖慈曲賜開允。獨減税事，漕司相度，方上版曹，若得更蒙聖恩，特依所請，則一方憔悴困窮之民，自此庶幾復有更生之望矣。然以臣計之，郡之接境江、饒等州，土田瘠薄，類此者非一郡一縣而已也，税賦重大如此者，非一料一色而已也。若不大爲經理，深加隱恤，雖復時於其間少有縱舍，如以杯水救一車薪之火，恐亦未能大有所濟，而剥膚椎髓之禍必且愈深愈酷而不可救。元氣日耗，根本日傷，一旦不幸而有方數千里之水旱，則其横潰四出，將有不可如何者。未知陛下何以處此？此臣之所謂民之憔悴困窮而不可不恤者然也。而臣所謂省賦理軍者，請復爲陛下言之。夫有田則有租，爲日久矣。而今日民間特以税重爲苦者，正緣二税之入，朝廷盡取以供軍，而州縣無復贏餘也。夫二税之入盡以供軍，則其總有常數，其時有常限，而又有貼納水脚轉輸之費，州縣皆不容有所寬緩而減免也。州縣既無贏餘以給官吏、養軍兵，而朝廷發下離軍、歸正等人又無紀極，支費日增，無所取辦，則不免創於二税之外，别作名色，巧取於民。且如納米收耗，則自七斗、八斗，以至於一倍、再倍而未止也。豫借官物，則自一年、二年，以至三年、四年而未止也。此外有月樁、移用諸雜名額，拋賣乳香、科買軍器、寄招軍兵、打造鐵甲之屬，自版曹總所以至漕司，上下相承，遞相促迫。今日追究人吏，明日取勘知通，官吏無所從出，不過一切取之於民耳。蓋不如是，無以補舊欠、支目前，雖明知其一旦發覺，違法抵罪而不及顧也。夫以罪及其身而不暇恤，尚何暇於民之恤乎？以此觀之，則今日民貧賦重，其所從來，亦可知矣。若不計理軍實而去其浮冗，則民力決不可寬。然國家蹙處東南，恢復之勳未集，所以養兵而固圉者，常患其力之不足，則兵又未可以遽減。竊意惟有選將吏、覈兵籍，可以節軍貲；開廣屯田，可以實軍儲；練習民兵，可以益邊備。誠能行此三者，而又時出禁錢以續經用，民力庶幾其可寬也。今將帥之選，率皆膏粱呆子、厮役凡流，徒以趨走應對爲能，苞苴結託爲事，物望素輕，既不爲軍士所服，而其所以得此差遣，所費已是不貲。以故到軍之日，惟務裒斂刻剥，經營賈販，百種搜羅，以償債負。債負既足，則又别生希望，愈肆誅求。蓋上所以奉權貴而求陞擢，下所以飾子女而快己私，皆於此乎取之。至於招收簡閱、訓習撫摩，凡軍中之急務，往往皆不暇及。軍士既已困於刻剥，苦於役使，而其有能者又不見優異，無能者或反見親寵，怨怒鬱積，無所伸訴。平時既皆悍然有不服之心，一旦緩急，何由可恃？至於軍中子弟，亦有素習弓馬、諳曉戰陣者，例皆不肯就本軍投募，而朝廷反爲之分責州郡，枉費錢物，拖拽短小生疏無用之人，以補軍額。凡此數端，本末巨細，無不乖錯。而所謂將帥者，私欲飽滿，鑽研有效，則又可以束裝問塗，而望他軍之積以爲己資矣。故近歲以來，管軍臣僚遷代之速，至有一歲而再易者。是則不惟軍中利病無由究知，冗兵浮食日益猥衆，而此人之所盜竊破費，與夫送故迎新，百色支用，已不知其幾何矣。至於總餽輸之任者，亦皆負倚幽陰，交通賄賂，其所程督驅催東南數十州之脂膏骨髓，名爲供軍，而輦載以輸於權倖之門者，不可以數計。若乃屯田、民兵二事，又特爲誕謾小人竊取官職之資，而未聞其有絲毫尺寸可見之效。凡此數弊，天下之人孰不知之，而任事之臣略不敢一言以告陛下。惟務迫趣州縣，使之急征横賦，戕伐邦本。而其所以欺陛下者，則曰如是而國可富，如是而兵可强。陛下亦聞其説之可喜而未究其實，往往誤加奬寵，畀以事權。是以比年以來，此輩類皆高官厚禄，志滿氣得，而生民日益困苦，無復聊賴。草茅有識之士〔二〕，相與私議竊歎，以爲莫大之禍、必至之憂近在朝夕，顧獨陛下未之知耳。爲今之計，欲計軍食以紓民力，則必盡反前之所爲，然後乃可冀也。蓋授將印、委利權，一出於朝廷之公議，則可以絶苞苴請託之私。務求忠勇沉毅、實經行陣、曾立勞效之人，則可以革輕授非才之弊。無苞苴請託之私，則刻剥之風可革。將得其人，則軍士畏愛奮厲。蒐閲以時，而竄名冗食者不得容於其間。得人而久其任，則上下相安，緩急可恃，而又可以省送迎之費。軍之汰卒，與凡北來歸正、添差任滿之人，皆可歸之屯田，使之與民雜耕，而漸損其請給。其有材勇事藝之人，則計其品秩而多與之田，因以爲什伍之長，使教其人習於馳射擊刺行伍之法。罷去諸州招軍之令，而募諸軍子弟之驍勇者，别授以田，使隸尺籍。大抵令與見行屯田、民兵之法相爲表裏，擇老成忠實、通曉兵農之務者，使領其事，付以重權，久其事任。毋貪小利，毋急近功，俟其果能漸省列屯坐食之兵，稍損州郡供軍之數，然後議其課最，增秩而因任之。如此十數年間，自然漸見功效。若其功效未能遽見之間，而欲亟圖所以紓州縣民間目前之急者，則願深詔主計將輸之臣，且於見今樁積金穀綿絹數内，每歲量撥三二十萬，視州郡之貧乏者，特與免起上供官物三五分而代其輸。向後軍籍既覈，屯田既成，民兵既練，則上項量撥之數可以漸減，而州郡免起之數可以漸增。州縣事力既益寬舒，然後可以禁其苛斂，責以寬恤，歲課而時稽之，不惟去其加耗預借、非法科斂之弊，又視其土之肥瘠、稅之輕重而均減之。庶幾窮困之民得保生業，無復流移漂蕩之意。所在曠土亦當漸次有人開墾布種，而供上之賦亦當自然登足，次第增羨，不俟程督迫促，而國真可富，兵真可强矣。此臣之所謂省賦、治軍之説然也。至於所謂其本在於正心術以立綱紀者，則非臣職之所當及。然天下萬事之根本源流有在於是，雖欲避而不言，有不可得者。且臣頃於隆興初元誤蒙召對，蓋已略陳其梗概矣。今請昧死復爲陛下畢其説焉。夫所謂綱者，猶網之有綱也；所謂紀者，猶絲之有紀也。網無綱則不能以自張，絲無紀則不能以自理。故一家則有一家之綱紀，一國則有一國之綱紀。若乃鄉總於縣，縣總於州，州總於諸路，諸路總於臺省，臺省總於宰相，而宰相兼統衆職以與天子相可否而出政令，此則天下之綱紀也。然而綱紀不能以自立，必人主之心術公平正大，無偏黨反側之私，然後綱紀有所繫而立。君心不能以自正，必親賢臣、遠小人。講明義理之歸，閉塞私邪之路，然後乃可得而正也。古先聖王所以立師傅之官，設賓友之位，置諫諍之職，凡以先後縱臾，左右維持，惟恐此心頃刻之間或失其正而已。原其所以然者，誠以天下之本在是，一有不正，則天下萬事將無一物得其正者，故不得而不謹也。今天下之事，如前所陳，亦可見矣。陛下欲恤民則民生日蹙，欲理財則財用日匱，欲治軍則軍政日紊，欲恢復土宇，則未能北向以取中原尺寸之土，欲報雪讐恥，則未能係單于之頸而飲月氏之頭也。此其故何哉？宰相、臺省、師傅、賓友、諫諍之臣皆失其職，而陛下所與親密、所與謀議者，不過一二近習之臣也。此一二小人者，上則蠱惑陛下之心志，使陛下不信先王之大道，而悅於功利之卑説，不樂莊士之讜言，而安於私褻之鄙態，下則招集天下士大夫之嗜利無恥者，文武彙分，各入其門，所喜則陰爲引援，擢置清顯，所惡則密行訾毁，公肆擠排。交通貨賂，則所盜者皆陛下之財；命卿置將，則所竊者皆陛下之柄。雖陛下所謂宰相、師保、賓友、諫諍之臣，或反出入其門墻，承望其風旨。其幸能自立者，亦不過齪齪自守，而未嘗敢一言以斥之。其甚畏公論者，乃略能驚逐其徒黨之一二，既不能深有所傷，而終亦不敢明言以擣其囊橐巢窟之所在。勢成威立，中外靡然向之，使陛下之號令黜陟不復出於朝廷，而出於此一二人之門，名爲陛下之獨斷，而實此一二人者陰執其柄。蓋其所壞，非獨壞陛下之綱紀而已，乃併與陛下所以綱紀者而壞之。使天下之忠臣賢士深憂永歎，不樂其生，而貪利無恥、敢於爲惡之人，四面紛然攘袂而起，以求逞其所欲。然則民又安可得而恤，財又安可得而理，軍政何自而修，土宇何自而復，而宗廟之讎恥又何時而可雪耶？」

按：此篇言恤民、省賦、治軍三事，反復詳盡。其弊皆由孝宗任用近習小人，使軍政壞，則賦不能省，民不暇恤，百患生矣。故朱子痛言之，雖陸宣公、李忠定奏議，不能過此。孝宗不知前席下問，實見施行，所以積弱愈甚，再傳以至於亡。

與陳帥畫一劄子：

「一、本路諸郡旱損處多，竊料將來賑濟用米不少。然今來旱勢甚廣，近郡之穀不復可仰，須廣爲規畫，多致米斛，乃可接濟。至於乾道七年，本軍得米凡五萬石，然流殍之民不可勝數，田里空虚，至今未復，此不可不早慮也。似聞總所積穀頗多，日就陳腐，更久亦不堪用。若得商量措置，且就支此米餉給諸軍，而計諸路綱運除檢放外，更許截留，分與諸州般運賑糶，收簇價錢所管，或俟豐年補前本色斛斗，亦爲利便。

「一、目今旱勢如此，而漕司差人在此催發舊欠。夫催欠之與救荒，事體各别，不可雙行。欲乞一言，且與追回。其他州縣，想亦有此，并得一例施行，尤爲幸甚。若是户部指揮，漕司自合申請停緩。或不敢言，則丞相自當言之，亦致和消沴之一術，而救急安民之切務也。

「一、去年赦恩所放官物，諸司依舊理催。欲乞帥司因此旱傷作，訪聞檢舉，行下諸州，令逐一具申，特與蠲放。

「一、旱災如此，良由賦斂苛急，民氣不和所致。欲乞丞相建言，乞將赦恩所放之後一年官物，并行除放。

「一、本軍建昌縣去年放旱米三千餘石，總所、漕司累次行下，令於上供軍用數内分豁，此甚允當。今漕司忽變其説，令本軍全於軍用數内除豁，不得減上供數。熹有劄子懇兩漕，别本具呈，乞賜鈞念，一言及之，是亦救荒之助也。

「一、本軍申漕倉兩司乞撥錢米修結石寨狀，别本具呈，并乞鈞念。或蒙應副，亦可并下諸州，放此施行。募民充役，可以集官事、濟饑民、消盜賊，伏乞鈞照。

「熹復有愚懇，欲從漕司借留六年上供零米五千餘石，約今冬或來春可還。有狀申漕司，今亦録呈，乞賜宛轉及之，幸甚。適又檢得乾道七年省劄，亦録使概上呈，恐今歲事體不減此也。提舉遞舖司牒有近日雨水日多之説，恐江東已霑足矣。此獨無有，奈何。」

與江東王漕劄子云：「此自五月半間得雨之後，枯旱至今。雖有得少雨處，殊不沾洽，早稻已無可言，晚禾亦未可保。民情皇皇，未知所以慰安之者。而使司差人在郡追人吏、催官物者凡三四輩，熹雖不敢拒違台命，然當此之時，督責縣道，追擾農民，則實有所不忍。得賜追還，令得一意講求備禦賑恤之政，以救此遺民於溝壑之中，不勝幸甚。其可辦者，熹自不敢緩也。又建昌去歲檢放，總所已行下，今均在上供州用數中，而反未蒙使司除豁上供之數，尤非所望於仁人君子者。

「熹前幅所禀之外，更有石隄一事，已具公狀申聞，不審台慈賜念否？若今之君子，固不敢以此望之。惟執事者倘以禹、稷之心爲心，則此一役也而可以兩濟。得蒙垂意，不勝幸甚。

「熹前幅所稟去冬放旱事，初已得使帖，如總司之云矣。既而中改，一予一奪，殊不可曉。今别具公狀及劄子，乞賜台覽。若決不可行，則熹於此不容宿留，便當自劾去官，雖重得罪，不敢辭矣。本欲初秋即申祠請〔三〕，又遭旱虐，自以爲義不當求自逸，故勉强於此。若不獲已，則亦不免冒此嫌耳。一生忍窮，不敢求仕，正爲如此。且未來此時，知友皆以爲于公之仁必能庸崔君，今乃反爲所誤，而姚提點平生不相識，乃能俯聽愚言，一奏減本軍木炭錢二千貫，不審亦嘗聞之否？熹老矣，已無意於人間，不堪久此鬱鬱也。」

與漕司畫一劄子：

「一、本軍昨具奏，乞依乾道七年例，支撥錢米應副。後來照得元數頗多，恐難應副，遂再具實欠軍糧米奏，乞截留六年殘欠五千石，及今年擬放七分外三分米一萬餘石，庶幾數少易撥。今續契勘諸縣檢放分處大段乾損處多，恐不能及三分之數。即雖蒙朝廷許截上件米，亦恐不足支遣，更俟取到實放數外合納之數，却行紐計欠數申稟，或别具奏，乞送使司，預乞台照。

「一、本軍常平米通兩縣計五萬石，見行取會下户仰食之人數目未到，候將來冬後闕食，即將上件米斛，分等第糶給，別具措畫，詳細申聞。或恐米數不足，即乞支撥應副。熹已兑那諸色官錢往鄰近收糴，約可得萬餘石。但苦錢少，而近地米價已高難運耳。

「一、石隄已差官計料，以俟徐推之來。此舉本不敢容易，蓋欲因此贍給饑民，一舉兩利，切乞留念。

「一、去秋建昌檢放米，當依台諭申省部，乞下使司，乞賜保明除豁。然此又是一重往復，不知徑自使司申請如何〔四〕？此已一面申部矣。

「一、星子減税，省部對補之説，乃似肉糜之論，可付一笑。若本軍本縣自有名色可補，即何用更乞減放耶？近世議論大抵如此，令人氣塞。見已別具公狀申聞，仍申朝省，極論其繆，預乞台悉。

「一、聞得贛、吉諸州及湖北鼎、澧諸州皆熟。得湖南詹憲書云，湖北米船填街塞巷，增價招邀，氣象甚可喜。欲乞更與帥相商度，乞奏指揮兩路，不得阻絶客販，許下流被害州軍徑具奏聞，重作行遣。此一項早乞留意。」

與周參政劄子云：「今歲之旱，其勢甚廣。比見連日降旨，所以爲祈禱寬恤之計者，足以知聖主之憂勞矣。然所謂禁屠宰、决杖罪、放房緡，及茶鹽賞錢者，恐未足以爲應天之實。而今日又報蠲放綱運欠米十石以下者，此尤近於兒戲，欲以此消已成之災，息未形之患，吁，亦難矣。成湯桑林之禱，宣王側身修行之意，其反求諸己者爲如何哉！熹竊思之，今日之事，應天之實有四：曰求直言，曰修闕政，曰黜邪佞，曰舉正直。恤民之大者有六：曰重放税租，乞行下諸路監司，察州郡不受訴者，郡守察其縣令，皆以名聞。曰通放米船，乞下江西、湖南路，仍許下流諸路州軍具奏，重行責罰。曰勸分賑乏，曰截留綱運，曰嚴禁盜賊，曰糾劾貪懦。區區念此至熟悉矣，欲叩首信眉，一言於上，又慮出位干時，未必取信。故敢以告於執事，伏惟都俞之暇，從容造膝，一爲明主極言之，則天下幸甚。」

勸諭救荒云：「契勘本軍管内久闕雨澤，祈禱未應，田禾已有乾損去處，皆由長吏不明，政刑乖錯，致此災殃。永念厥愆，實深悼懼。除已具申朝省及諸監司，乞行寬恤賑濟，及檢計軍倉兩縣常平米見管萬數不少，又已多方招邀米船，近日出糶，仍兑借諸色銀往外州循環收糴，準備賑濟。況朝廷愛民如子，聞此災傷，非晚必有存恤指揮〔五〕，將來決然不至大段狼狽。今有預行勸諭將來事件下項：

「一、本軍日前災傷人户，多致流移，一離鄉土，道路艱辛，往往失所，甚者横有死亡，抛下墳墓、田園、屋宇，便無人爲主。一向狼籍，至今遺迹尚有存者，詢問來歷，令人痛心。況今淮南、湖北等路亦不甚熟，舍此往彼，等是饑餓，有何所益？今勸人户各體州縣多方救恤之意，仰俟朝廷非常寬大之恩，各且安心著業。更切祈禱神明，車戽水漿，救取見存些少禾穀，依限陳訴所傷田段頃畝，聽候官司減放税租，賑濟米斛，不可容易流移，别致後悔。

「一、今勸上户有力之家，切須存恤接濟本家地客，務令足食，免致流移。將來田土抛荒，公私受弊。

「一、今勸上户接濟佃火之外，所有餘米，即須各發公平廣大仁愛之心，莫增價例，莫減升斗，日逐細民告糴，即與應副。則不惟貧民下户獲免流移饑餓之患，而上户之所保全，亦自不惟不多。其糶米數多之人，官司必當保明，申奏推賞。其餘措借出放，亦許自依鄉例，將來填還不足，官司當爲根究。如有故違不肯糶米之人，即仰下户經縣陳訴，從官司究實。

「一、今勸貧民下户，既是平日仰給於上户，今當此凶荒，又須賴其救接，亦仰各依本分，凡事循理。遇闕食時，只得上門告糴，或乞賒借生穀與米。如妄行需索，鼓衆作鬧，至奪錢米，如有似此之人，定當追捉根勘，重行決配遠惡州軍。其尤重者，又當别作行遣。

「一、早禾已多損旱，無可奈何，只得更將早田多種蕎麥及大小麥，接濟食用。」

與王運使劄子云：「熹復有少禀：近準使牒奉行詔書，取會本軍金穀出納大數。初欲一一從實供申，偶會得池州式樣，官吏皆以爲當效其所爲，可無後悔，遂止據有正當窠名合收之數以爲收支之數，而凡州郡多方措畫以添助支遣者，皆不敢載，大約所供才十之二三，而米猶不在數中也。見欲一面如此攢寫供申，然在鄙意終有未安。蓋聖詔所爲丁寧，使臺所爲取索〔六〕，凡以欲知州縣有無之實而均給之，以寬民力耳。今乃如此，在熹素心，則爲上欺使臺以及君父，在州縣利害，則恐今既自謂有餘，後日將不得蒙均給之惠以病其民也。是以深切疑之，未敢不以實對。然官吏之説，則又有二端焉。其一以爲州郡措置所收窠名，多不正當，恐有譴責，莫任其咎。此則便文自營之計，熹所不敢避也。其一以爲若盡實供具出數，今日固未必實有均給之惠，而盡實供具入數，異時上官所見不同，或將按籍而取之，則州郡必致重困。此則其説不爲無理，而熹有所不敢違也。是以尤竊疑之，又未敢遽以實對。伏念旬日，不能自定，敢以此私於下執事。伏惟台慈，開示所鄉，使得奉以從事，不勝幸甚。」

與星子諸縣議荒政書云：「熹爲政不德，致此旱災，雖已究心，多方措置，庶幾吾民得以保其生業，而免於饑餓流離之苦，然竊自念智力短淺，不惟精神思慮多所不周，而事體次第亦須由軍而縣，方能推以及民。若非二縣同官各存至公至誠之心，深念邦本民命之重，相與協力，豈能有濟？今有愚見，懇切布聞，條具如後：

「一、逐縣知佐既是同在一縣，協力公家，當以至公至誠之心相與。凡百事務切要通情，仔細商量，從長措置，自然政修事舉，民受其賜。苟或上忽其下，惟務私己吝權，下慢其上，但知偷安避事，則公家之務何由可濟？況今災數非常，民情危迫，經營措置當如拯溺救焚之急，不可小有遲緩齟齬，有誤民間性命之計。切告深體此意，盡革前弊，庶幾事有成功，民受實惠。

「一、檢放之恩，著在令甲，謹已遵奉施行。今請同官當其任者，少帶人從，嚴切戒約，給與糧米錢物，不得縱容需索搔擾。又須不憚勞苦，逐一親到地頭，不可端坐寬涼去處，止憑鄉保撰成文字。又須依公檢定分數，切不可將荒作熟，亦不可將熟作荒。其間或有疑似去處，或有用力勤苦之人，寧可分明過加優恤，不可縱令隨行胥吏受其計囑，別作情弊。

「一、勸諭上户，請詳本軍立去帳式，令鄉衆依公推舉，約定所蔭客户、所糴米穀數目。縣司略備酒果，延請勸諭，厚其禮意，諭以利害，不可縱令胥吏非理搔擾。上户既是富足之家，必能體悉此意。其間恐有未能致悉之人，亦當再三勸諭，審其虚實，量與增減。如更詐欺抵拒，即具姓名申軍，切待別作施行。

「一、根括貧民，請詳本軍所立帳式，行下諸都隅官保正〔七〕，仔細抄劄，著實開排，再三叮嚀説諭，不得容情作弊，妄供足食之家，漏落無告之人。將來供到，更與本都喚集父老貧民〔八〕，逐一讀示，公共審實，衆議平允，即與保明。如有未當，就令改正，將根括隅官保正重行責罰。

「一、將來糶米，亦請一面早與上户及糴米人户公共商議置場去處，務令公私貧富遠近之人各得其便。大抵官米只於縣市出糶，上户米穀即與近便鄉村置場出糶，不須般載往來，徒有勞費。如有大段有餘不足去處，及將來發糶常平米斛，即具因依申來，切待別行措置。

「一、凡郡中行下寬恤事件，各請誠心公共推行。如有未當，或未盡事宜，更望仔細示喻，當行改正。

「右件如前，各請痛察。如或未蒙聽從，尚仍前弊，致此饑民一有狼狽，即當直以公法從事，不容更奉周旋矣。千萬至懇至懇。」

奏勸諭到賑濟人户狀云：「照對本軍今歲旱傷，細民闕食，已行下管屬星子、都昌、建昌縣，勸諭到上户張世亨等承認米穀，賑糶接濟民間食用。已行下逐縣，告示上户，依所認數目，樁管在家，伺候差官審實監糶去後。續準行在尚書户部符，九月十九日辰時，準淳熙七年九月十三日勅，中書門下省檢會，昨準乾道七年八月一日勅節文：『訪聞湖南、江西間有旱傷州軍，竊慮米價踴貴，細民艱食，理合委州縣守令勸諭有米斛富室上户，如有賑濟饑民之人，許從州縣審究指實，保明申朝廷，依今來立定格目，給降付身補授名目。』内無官人一千五百石補進義校尉，願補不理選限將仕郎聽。二千石補武校尉，如係進士，與免文解一次。

不係進士，候到部與免短使一次。四千石補承信郎〔九〕，如係進士，與補上州文學。五千石補承節郎。如係進士，補迪功郎。符本軍疾速施行。本軍遂恭禀行下星子、都昌、建昌縣，勸諭承認賑糶米穀之人。如願將來賑濟，依今來所降指揮格法推賞去後。今據都昌、建昌縣狀申，勸諭到元認賑糶米穀稅户張世亨、張邦獻、劉師輿、黄澄四名，各情願依格法，將米穀賑濟饑民，乞依今降指揮保奏推賞。本軍已行下逐縣，告示張世亨等依數樁管米斛，伺候本軍給曆付饑民，及差官前去監轄，賑濟饑民，請領食用。候見的實賑過米數，别行保奏推賞外，須至奏聞者。」

大修荒政。

按年譜云：時值大旱，至秋，約苗失收什八已上。乃竭力措置，爲救荒備。會詔江東帥守恤民隱、决滯獄，以銷旱災，且頒勸分賞格。因即二事推廣爲奏，乞降特旨，減前所申星子縣税，及三年赦文已蠲官租，禁州郡勿得催理。若囚繫淹延，則在特詔大臣一員專督理官，嚴立程限，排日結絶乃可。因以賞格諭富室，得米二萬石，使樁留以待。復奏請截留綱運，乞轉運、常平兩司錢米充軍糧、備賑濟。選官吏授以方略，俾視境内，具知荒歉分數、户口多寡、蓄積虚實。既覈饑民之數，乃造曆頭牌面，印付三縣，俾散給之。郡濱大江，舟艤岸者遇大風輒淪溺，至是募民築隄捍舟，冀稍振業，饑者、舟患亦息。預戒三縣，每邑市、鄉村四十里則置一場，以待賑糶，合爲三十五場。其闕食甚者，先加賙給。比冬，遂以旱傷分數告於朝，乞蠲各税租本軍苗米四萬六千五百餘石，檢放三萬七千四百餘石。奉旨三等以下人户，夏税畸零並與倚閣。放數既寬，民以故無流徙。

辛丑，朱子五十二歲。

正月，開場濟糶。

按年譜云：初既分場，選見任、寄居、指使、添差、監押、酒税、監廟等大小使臣三十五員，各涖一場，以轄糶事，而分委縣官巡察之，以戢減尅乞覓之弊。至是人户悉令赴場就糴，鰥寡孤獨之人，則用常平米依令賑濟。又慮農事將起，民間乏錢，凡各糴者，皆濟半月。都昌無米，自郡運而往，千里之内，莫不周浹。凡三月結局，所活饑民老幼二十一萬七千餘口。其施設次第，人争傳録以爲法。時孝宗臨御日久，垂意恤民，凡所奏請，無不報可。以故得行其志，民無流離損瘠之患。

按：此數篇，朱子救荒之策，全在預積米穀，放免賦税，周知實數饑民，遴選廉能官員，防察作姦吏胥，體恤勸諭上户，以及築隄行賞等事，竭盡心力，不憚勞苦而親行之。是以民受實惠，慶更生。有志民瘼者，須逐件考究，使胸有定見，法有條理，庶不愧爲民父母，而信朱子體用該備之學實可坐言而起行矣。

朱子與陸象山及僚友諸生至白鹿洞書院講習。

二月，陸象山訪朱子於南康。朱子帥僚友諸生，與俱至白鹿洞書堂，請升講席。象山爲講「君子喻於義，小人喻於利」一章，深明義利之辨。朱子請書於簡，自爲之跋，稱其發明懇到，切中學者隱微深錮之病。朱子與人爲善、大公無私之誠意，極其懇摯矣。

答呂伯恭書云：「子静舊日規模終在，其論爲學之病，多説如此即是意見，如此即是議論，如此即是定本。某因與説既是思索，即不容無意見；既是講學，即不容無議論；統論爲學規模，亦豈容無定本？但隨人材質病痛而救藥之，即不可有定本耳。渠却云正爲多是邪意見、閑議論，故爲學者之病。某云如此即是自家呵斥，亦過分了，須著『邪』字、『閑』字，方始分明，不教人作禪會耳。又教人恐須先立定本，方始説得無定本的道理。今如此一概揮斥，其不爲禪學者幾希矣。渠雖唯唯，然終亦未竟窮也。子静之病〔一〇〕，恐未必是看人不看理。自是渠合下有些禪底意思，又是主張大過，須説我不是禪，而諸生錯會了，故其流至此。如所喻陳正己，亦其訶以爲禪者，某未識之，不知其果然否也。大抵兩頭三緒，東出西没，無提撮處。從上聖賢，無此樣轍。方擬湖南，欲歸途過之，再與子細商訂。偶復蹉跌，未知久遠竟如何也。然其好處自不可掩覆，可敬服也。他時或約與俱詣見，相與劇論尤佳。」

吕伯恭與朱子云：「子静留得幾日，鵞湖氣象已全轉否？」故朱子答之。

通辨云：「南康之會，朱子於象山取其講義，而終譏其禪，疑信相半如此。」非也，不獨言信不可，即言疑亦不可。朱子明言子静是禪，渠又説不是禪，闢之至矣。此即前書所謂遮前掩後，巧爲飾説之意。講義可取，亦是渠有得處，故敬服其長，乃取善公心，非信其學。渠既是禪，直斷其禪，不同如冰炭，又豈僅疑之乎？

乞住招軍買軍器罷新寨狀云：「具位熹，照對本軍見準上司備準朝省指揮，招填缺額禁軍，及拋買軍器物料，并向來申請乞行省罷管下都昌縣創置新寨，逐項利害除已具公狀申聞外，合行恭禀者。

「一、準安撫司備準樞密院劄子，立定本軍軍額，招填禁軍共五百人。今照本軍舊管禁軍額數至多，蓋緣承平之際〔一二〕，户口繁多，投募者衆。州郡又未有諸色上供，及揀汰歸正使臣軍員，倉庫充溢，足以支遣。近年以來，税重民貧，户口逃散，已是無人應募。州郡上供之額既重，冗食之數又多，並無留州得用錢米可以養贍。所以招收常不及額，猶尚支遣不足。蒙朝廷察見上件事理，於淳熙七年内已降指揮，權以二百人爲額。今來又準上項指揮，照應見管二百人外，尚缺三百人。雖已遵依，分委兵官招收，緣本軍僻陋小郡，户口不多，目今雖是荒年，尚乃無人應募。設若有人應募，其添招禁軍三百人，每年合用糧米五千四百石，料錢八百六十四貫文省，春冬衣絹一千三百五十四，紬一百五十四、綿四千五百兩，衣錢七百六十五貫，委是數目浩瀚，即無合撥窠名可以支遣。況當荒歉之後，税苗蠲放殆盡，見在人數尚且支給不行，若不申陳，竊慮虚負稽緩之責。欲望鈞慈，特賜敷奏，乞依元降指揮，且以二百人爲額。如以州郡武備不備，必欲招足元數，亦乞限一年添招十人。庶幾數十年間，漸還舊貫，而州郡得以漸次措畫，不致違誤。

「一、準轉運司備準樞密院行下，拋買第十一料至十五料甲葉牛皮數。竊緣郡境民貧〔一二〕，不堪搔擾，十一至十五料節次具申，未敢行下收買。獨十四料幸蒙漕司申奏蠲免，而又已有拋買第十五料指揮。竊緣本軍三縣去歲大旱，民間貧困，異於常時，官司夏、秋二税，檢放倚閣，無可催理。逐月官兵請俸尚且積壓，無可支遣。今來雖是漸次起催新税，然旱荒之後，民氣未蘇，尤當存恤撫摩，庶幾不致流散。若更分拋下縣，催督買發，官司初無合破官錢，不過科擾取辦。上件軍器既未有急切用處，徒爾驅逐饑民，使之逃亡失業，因致死亡，有負朝廷救荒恤民之意，事屬不便。欲望鈞慈軫念，特賜敷奏，權與蠲免。候二三年後，年穀豐熟，却令漸次收買，起發施行。

「一、照對本軍淳熙五年内，蒙提刑司奏請，於管下都昌縣創置營寨，招刺軍兵，彈壓盜賊，已行依應。旋招到軍兵二十名，及於管下巡檢司各差撥兵士十名，并於本軍添差兵官内差委一員，專一在寨統轄教閲〔一三〕。今照都昌爲邑百餘里，見有棠陰、四望、松門、楮溪、大孤山五寨土軍，額管四五百人，縣郭又有弓手八十人，足可彈壓盜賊。當時止緣盜徒倪四等乘船經過縣岸，提刑高公泗一時申請添置。此寨見在縣郭，當五寨之中，而與尉司相去僅百餘步，委是虚設，徒費帑廪。昨來備述利害，及以本軍匱乏，無以贍給，累具申陳，乞行省罷此寨。欲將招到軍兵併歸四望山寨，填補闕額之數。未蒙行下。欲望鈞慈特賜敷奏，依所乞施行。」

乞禁保甲擅關集劄子云：「契勘保甲之法，什伍其民，使之守護里閭，覺察姦盜，誠古今不易之良法也。然既許其蓄藏兵仗，備置金鼓，則其節制階級，似亦不可不嚴。竊見目今見行條法，累降指揮，但有團結教習之文〔一四〕，初無戒令糾禁之法。鄉里豪右，平居挾財恃力，已不可制，一旦藉此尺寸之權，妄以關集教閲爲名，聚衆弄兵，凌弱暴寡，拒捍官司，何所不至？如本軍都昌縣劉邦逵等，只緣劉彦才争競，聞得官司追呼，遂於盛夏輒行關集，鳴鑼持仗，過都越保，欲以報復怨讐，抗禦捕吏。向非託於保甲之名，安敢公然如此？某除已將劉邦逵等依相毆報寃爲名，結集徒黨立社法，等第決配編管外，仍具利害申使司，欲望台慈詳酌，特賜行下，約束施行。區區之懷，別有愚見，更望使司特賜敷奏，明降指揮。今後應保甲首領等人，輒以鬭集教習爲名，聚衆弄兵，欲以恐脅官司，報怨拒捕者，比凡人之法，特加一等收罪。庶幾豪强知畏，不致夤緣敗壞良法，委實利便。須至申禀者。」

按：朱子自丁丑同安滿任家居至戊戌，凡二十餘年。中間兩辭編修、祕書郎，而就郡守者。侍從之職，在匡君行道，一有不合，翩然而歸，義也。當時朝政邪正雜行，君子小人並用，佞幸弄權，軍政不修，朱子處此，必不能一日安其位，勢也即義也。若夫郡守猶可行政，故竭力盡職，此出處之正道，而亦爲兆之深意也。合觀三年中，愛民勸農，教士飭吏，訓官治軍，正風俗，崇祀典，種種實心實政，非同條教具文。而救荒大政，條理井然，情詞懇惻，至今可深味焉。朱子是時滿腔子是惻隱之心，居敬窮理直是一事，徹内徹外無有二境。性體中道理滿足，直達流行，措之政事，自有左右逢原之妙。然非平日窮理之功，極深研幾，以充拓其性體廣大之量，亦未易到此地位也。嗚呼！以朱子之聰明睿智，迥出學子百倍，猶閑居念載，著實讀書，事事講求，方得心、理、事合一。古人量而後入，學優而仕如此。後世讀朱子書者，須反身實求，自度立心行事能勝民社之寄否，豈可輕言仕哉？豈可略窮理而不充拓其性體哉？

延和奏劄二云：「臣聞人主所以制天下之事者，本乎一心，而心之所主，又有天理、人欲之異。二者一分，而公私邪正之塗判矣。蓋天理者，此心之本然，循之則其心公而且正；人欲者，此心之疾疢，循之則其心私而且邪。公而正者逸而日休，私而邪者勞而日拙，其效至於治亂安危有大相絶者，而其端特在夫一念之間而已。舜、禹相傳，所謂『人心惟危，道心惟微，惟精惟一，允執厥中』者，正謂此也。臣嘗竊怪陛下以大有爲之資，膺受付託，憂勤願治，恭儉愛民，二十年於此矣，而間者臨軒，慨然發歎，乃或未免以治效之不進爲憂。因竊以是推之而得其説，請昧萬死爲陛下一二陳之。夫天下之治固必出於一人，而天下之事則有非一人所能獨任者。是以人君既正其心，誠其意於堂阼之上、突奥之中，而必深求天下敦厚誠實、剛明公正之賢以爲輔相，使之博選士大夫之聰明達理、直諒敢言、忠信廉節，足以有爲有守者，隨其器能〔一五〕，寘之列位，使之交修衆職，以上輔君德，下固邦本，而左右私褻使令之賤無得以姦其間者。有功則久其任，不稱則更求賢者而易之。蓋其人可退而其位不可以苟充，其人可廢而其位不可以輕奪，此天理之當然而不可易者也。人君察於此理，而不敢以一毫私意鑿於其間，則其心廓然大公，儼然至正，泰然行其所無事而坐收百官衆職之成功。一或反是，則爲人欲私意之病，其偏黨反側，黯闇猜嫌，固日擾擾乎方寸之間，而姦僞讒慝叢脞眩瞀，又將有不可勝言者，此亦理之必然也。恭惟陛下即政之初，蓋嘗選建豪英，任以政事矣。不幸其間不能盡得其人，或以庸陋闒茸不堪委寄，或以朋比欺罔自速罪辜，而陛下之心又本有前日權臣跋扈之疑，是以不復廣求賢哲，而姑取軟熟易制、承順不違之人以充其位。於是左右私褻使令之賤始得以奉清閒，備驅使，而宰相之權日輕。既而陛下亦慮其勢有所偏，而因重以壅己也，則又時聽外庭之論，雖甚狂訐，無所違忤。意者將以陰察此輩之負犯而操切之，欲其有所忌憚而不敢肆於爲惡。陛下之用力則已勞矣，而其翕張禽縱之機，周防畏備之計，又可謂無遺巧矣。然而天下之勢，終不免於偏有所重，而治亂安危之效又未能盡如聖志之所欲。蓋既未能循天理，公聖心，以正朝廷之大體，則固已失其本矣，而又欲兼聽士大夫之公言，以爲駕馭之術，則士大夫之進見有時，而近習之從容無間。士大夫之禮貌既莊而難親，其議論又苦而難入；近習便辟側媚之態既足以蠱心志，其胥吏狡獪之術又足以眩聰明。此其生熟甘苦既有所分，則恐陛下未及施其駕馭之策，而先已墮其術中矣。是以比來陛下雖欲微抑此輩，而此輩之勢日重；雖欲兼採公論，而士大夫之勢日輕。重者既挾其重以竊陛下之權，其輕而姦者又借力於陛下之所重，以爲竊位固寵之計。中外相應，更濟其私。至於姦窮惡稔，蹤跡敗露，然後其素輕者不免於譴呵，然猶委蛇盤薄，不失其崇資峻秩，而攫取陛下之厚賜優禮以去。其素重者，則陛下固未嘗一問其朋比援附之姦也。日往月來，浸淫耗蝕，使陛下之德業日隳，綱紀日壞，邪佞充塞，賄賂公行，兵怨民愁，盜賊間作，災異數見，饑饉薦臻。蓋群小相挻，人人皆得滿其所欲，惟有陛下了無所得，而國家顧乃獨受其弊。是則陛下之勞既不足以成天下之務，而反以敗之，其巧既不足以勝群小之姦，而反以助成其勢。若彼之所以蔽遮天理，濁亂聖心，則將益深錮而遂至於不可解。蓋其失萌於一念之疑大臣，而其爲害展轉至此，所謂差之毫釐，謬以千里者，臣恐陛下於此偶未察也。是以往歲蒙恩賜對，去年應詔言事，皆以明理正心之説陳於陛下之前，惓惓深衷，實在於此。而學淺詞拙，不足以啓發聖意，恐懼至今。乃幸復以職事，得望清光，敢畢其餘忠如此。誠願陛下深察天理，以公聖心，廣求賢忠，以修聖政，則夫左右私褻使令之賤，固已無隙可投，以誤恩顧，則又痛斥而遠屏之，以永除後日蔽遮濁亂深固之害。庶幾天下之事猶可復爲，而陛下之國家將不至於卒受群小之弊。臣至愚極陋，學無所成，獨有螻蟻愛君憂國之心不能自已，妄論至此，悲憤填臆。伏惟陛下赦其罪而納其忠，深爲宗廟社稷大計，不俟終日，斷然行之，則不惟愚臣之幸，實天下之幸。」

貼黄

「臣去年所進封事，恐元本不存。今別繕寫成册，用袋重封，已於閤門投納，乞賜聖旨宣索。此劄亦係臣親手書寫，目昏筆縱，前劄已具貼黄奏陳，并乞聖照。」

此篇言正君心，用賢才，關係極大，發明近習小人固寵，蠹國之害，尤反復詳盡。

始信大學「惟仁人放流之」，解上三爻「解而拇」、「小人退」、「射隼高墉」之訓的確不刊。不去小人，欲用君子，難矣哉！

十二月，視事於西興。

按年譜，朱子初受命，即印榜招海商，販廣米至浙東。許以不收力勝及雜稅錢，到則依價出糶，更不裁減。至是海商米舟已輻輳矣。日與僚屬寓公鈎訪民隱，規畫纖悉，晝夜不倦，至廢寢食。分畫既定，則親出按歷。始於會稽諸縣，次及七郡，窮山長谷，靡所不到，拊問存恤，不遺餘力。然每出皆乘輕車，屏徒御，一身所需皆自齎以行，秋毫不及州縣。以故所歷雖廣，而部内不知。官吏憚其風采，夙夜戒飭，常若使者壓其境，至有自引去者。婺有朱縣尉不伏賑糶，及紹、衢屬吏賈祐之等不恤荒政，皆按劾其罪。大抵措畫類南康時，而用心尤苦，所活不可勝計。有短先生者謂其疏於爲政，

上謂宰相王淮曰：「朱熹政事却有可觀。」

朱子曰：「紹興時去得遲，已無擘畫，只依常行，先差一通判抄劄城下兩縣饑民。其人不留意，只抄得四萬來人，外縣却抄得多，遂欲治之而不曾。却託石天民重抄，得八萬人。是時已遲，天民云：『甚易。只關集大保長盡在一寺，令供出人之貧者[一六]。大保長無有不知，數日便辦，却分作數等賑濟賑糶。其初令畫地圖，量道里遠近，就僧寺或莊宇置糶米所，

於門首立木牕，關防再入之人〔一七〕。』」滕璘録。

朱子語次，問浙東旱，可學云：「浙東民户歌先生之德。」朱子曰：「向時到部，州縣有措置，亦賴朝廷應副，得以効力，已自有名無實者多。」因曰：「向時浙東先措置，分户高下出米〔一八〕，不知有米無米不同。有徐木者獻策，須是逐鄉使相推排有米者，時以事逼不曾行。今若行之一縣，甚易。大抵今時做事，在州郡已難，在監司尤難，以地濶遠，動成文具。惟縣令於民親，行之爲易。計米之有無，而委鄉之聰明誠信者處之。聰明者人不能欺，誠信者人不忍欺。若昏懦之人，爲人所給，譎詐之士，則務欲容私，此大不可。」鄭可學録。

按此二條皆辛亥所録，年譜序於視事西興之下，故因記之，得以詳考抄饑民、量遠近、推排有米之法。此惟真心愛民，實實奉行而不病民者，方能得其條理也。

奏救荒事宜狀云：「臣蒙恩將命浙東，奉行救恤。到官日夕考究，求所以上副焦勞之意。竊見浙東諸州例皆荒歉，台、明號爲最熟，亦不能無少損。而紹興府之饑荒，昔所未有，臣親目所睹，回思去歲南康之歉，猶謂之樂歲可也。賑救既在所急，事體宜先奏聞。今紹興八邑，餘姚、上虞號爲稍熟，然亦不及半收。新昌、山陰、會稽所損皆七八分，嵊縣旱及九分，蕭山、諸暨水旱相仍，幾全無收。今除餘姚、上虞稍似可緩外，且論蕭山等六縣，約其所收，不過十一。先次朝廷撥米一十四萬七千石，錢九萬貫，并本司前官申朝廷，於衢、婺州通融撥到義倉錢三萬八千七十五貫一百文，明州義倉米五千石，數目非不多。州郡日夕惟賑濟是務，官吏稍解事者皆奔走不暇，雖寄居士大夫亦不敢寧處，不可謂不留意。然終未有能救饑莩之實，民情嗷嗷，日甚一日，不獨下户乏食，而士子宦族、第三等人户，有自陳願預乞丐之列者。驗其形骸，誠非得已。兼自秋來，賣田折屋，斫伐桑柘，鬻妻子，貨耕牛，無所不至，不較價之甚賤，而以得售爲幸。典質則庫户無錢，舉貸則上户無力，藝業者技無所用，營運者貨無所售，魚蝦螺蚌久已竭澤，野菜草根取掘又盡。百萬生齒〔一九〕，饑困支離，朝不謀夕。其尤甚者，衣不蓋形，面無人色，扶老攜幼，呼號宛轉，所在成群，見之使人酸辛怵惕，不忍正視。其死亡者蓋亦不少。臣深究其所以然，正緣紹興地狹人稠，所產不足充用，稔歲亦資鄰郡，非若浙西米斛之多。又以和買偏重，無巨富之家，連遭水旱，兼失蠶麥，些小積穀，春首勸糶，無有存者。上户先已匱乏，是以細民無所仰給，狼狽急迫，至於如此。大抵荒歉自五分以下，猶可措置，蓋以五分之粟給十分之人，稍行勸分，便可苟活。今以虛空之境而荒及九分，則一分之粟既不能給十倍之人，而户口甚多，所闕浩瀚，亦有非移民、移粟所能補助者。臣所目見心思，兼詢訪士大夫父老者既如此，復約墾田收租之數以證之。除餘姚、上虞外，今將田畝計其歲入，六縣爲田度二百萬畝，每畝出米二石，計歲收四百餘萬。又將今再抄劄山陰、會稽兩縣口數，以約六縣之數，則山陰、會稽丁口半於諸暨、嵊縣，而比新昌、蕭山相去不遠。絶長補短，兩縣當六縣四分之一。今抄劄山陰、會稽四等、五等貧乏之户計三十四萬口，四等之稍自給及上三等者不預焉，則統計六縣之貧民，約須一百三十萬口，併上户當不下百四十萬。計稔歲所斂四百萬石米，除上供及州用外，養百四十萬之生齒，日計猶不能及二升之數，則所謂樂歲無餘者，既信而有證矣。又約六縣所蠲放分數以計，今歲民間所收不過十分之一，則所不收之米約計三百六十萬石，而所收止四十萬石。闕乏數目如此浩瀚，則所謂補助無策者，又信而有證矣。今將紹興府先所得錢一十二萬八千七十五貫一百文，并臣所得三十萬貫，除五萬貫諸州申到已無見在，又措留五萬貫均給諸州外，不過共折米八萬二千餘石，并諸項米一十四萬石。總而計之，不及其田租所闕十分之一。今來措置，除蕭山僅能口給半月外，其餘五縣以户計之，日之所得固已不過一二升者，若以口計之，則日之所得又不過一二合。是僅足以使之皆知聖主憂勞憫恤，不忍坐視之意而已。若謂如此而便足以救其必死之命，則固難指準。然遂欲以百三十萬之貧民盡仰官司，口以升計，麥秋之前九十餘日，當爲粟百萬石，則亦非朝廷今日事力之所及也。然臣竊謂有司之力誠有限量，而聖主天地父母覆載生育之心則無終窮。以有限之力言之，則救護之切，撥賜之多，誠若不可以有加之今日。然以陛下無窮之心論之，則豈不欲使此邦更得數十萬石之粟，以必救數十萬人之命，其忍直以無可奈何處之，而孰視其饑餓顛仆於前乎？故臣輒敢歷敘其所見聞考驗之實本末如此，而別具施行事目，以干聖聽，惟陛下哀憐財幸。意迫情切，言無倫次，臣無任惶恐俟皋之至。」

此篇敘旱災情形，歷歷如見。後世君相，內外大小百官，皆當書一通置座右。呂新吾實政録序萬曆九年、十年關中山右旱災之慘，更甚於此。當參互考究，始知備荒宜預也。

此篇首有「回思去歲南康之歉」之語，當在辛丑五十二月。

壬寅，朱子五十三歲。

瓊州學記略云：「昔者聖王作民君師，設官分職，以長以治。而其教民之目，則曰父子有親、君臣有義、夫婦有別、長幼有序、朋友有信五者而已。蓋民有是身，則必有是五者，而不能以一日離。有是心，則必有是五者之理，而不可以一日離也。是以聖王之教，因其固有，還以導之，使不忘乎其初。然又慮其由而不知，難以久而不壞也，則爲之擇其民之秀者，群之以學校，而聯之以師儒，開之以詩書，而成之以禮樂。凡所以使之明是理而守之不失，傳是教而師之無窮者，蓋亦莫非因其固有而發明之，而未始有所務於外也。」又曰：「因爲之書其所聞於古者以告之，使瓊之士知夫所以爲學者，不外於身心之所固有，而用其一日之力焉。則其德成行修，而無所疑於天下之理，將無難者，而凡所謂功名事業云者，其本已在是矣。若彼記誦文詞之末，則非吾事之所急，又何足爲重輕乎？」

按：此篇朱子教人明理守理，自復身心所固有，不可外求諸記誦文詞之末，實是切要。而陽明以爲狥外，不知何説也？

奏巡歷合奏聞陳乞事件狀云：「臣自正月四日起離紹興府迤邐巡歷〔二〇〕，有合奏聞陳乞事件，今具下項。欲望聖慈檢會臣前兩狀所奏，及今所陳事理，再賜官會三十萬貫，速行舊歲之賞，痛減度牒之價，庶幾儲備稍豐，官吏更敢放手救活饑民。其作捺湖埂，亦係一縣新年農事利害之大者，并乞特依所乞，早賜給降。

「一、臣初六日到三界鎮，見有餓損人口頗多，其死亡者亦已不少。七日至嵊縣，八日至本縣清化孝節鄉，所見尤多，饑羸尤甚。據其稱説，皆自八九月來闕食至今，其死亡者不可勝數，道殣相望，深可憐憫。臣謹已再於昨蒙給賜錢内取撥五千貫，付紹興府通判吴津，令收拾賑給嵊縣、新昌及三界鎮一帶病困之人，庶幾稍獲安存，未至一向死損。但恐錢少不足支用，伏乞睿照，早賜接濟。

「一、臣初九日入諸暨界，所有縣之東南一帶山鄉，所見病損人數絶少。問之鄉人，云是去年稍得收成去處。却見令佐鄉官稱説，縣北湖鄉一帶接連蕭山，病死人多，不減嵊縣。

臣亦再撥給賜錢五千貫，付紹興府通判劉俁，令收拾諸暨、蕭山病困之人。及根刷到勸諭上户賑糶米未曾出糶之數尚有四千餘石，已牒通判劉俁及本縣催促赴塲，增添人户，每户除單丁外，更與一口收糶。及有人户陳訴，乞借官錢，及早修捺湖埂。緣臣曾與帥臣王希吕連狀奏乞給降米斛，未蒙應副。今恐失時，浸損二麥，兼廢農工，已逐急於給賜錢内借撥三千貫應副。所有三項錢米雖已支撥，尚恐數少，未足支用。伏乞睿照，早賜拯濟。

「一、臣十三日入婺州界，以後事體，續具奏聞。大抵婺州災傷，比之紹興府分數頗輕，州縣措置亦似稍有倫理。伏乞睿照。」

奏巡歷婺衢救荒事件狀云：「臣昨按視紹興府嵊縣、諸暨縣，已具事奏聞訖。續於正月十二日入婺州浦江縣界，歷義烏、金華、武義縣，由蘭溪縣界入衢州龍遊、西安、常山、開化、江山縣。今有合奏聞事，謹具下項。

「一、婺州諸邑，蘭溪水旱相仍，被災最甚。金華次之，而境内馬海、白沙一帶爲尤甚。其他又次之，惟永康一縣爲稍輕。大概通計，比之紹興府諸邑，事體殊不侔，然諸縣措置不無乖謬。以臣所見，武義坊郭已有饑民，而訪聞蘭溪、金華山谷之間，流殍已衆。幸今守臣錢佃頗能究心料理，專委通判一員往來檢察，請到鄉官五員，日夕商議，計當不至大段闕敗。臣尚恐其所有錢米不足支用，已於昨蒙聖恩所賜錢内，取撥台州、處州義倉米錢五萬貫，應副本州糴米糶濟，伏乞睿照。

「一、衢州、常山、開化水旱最甚，江山次之，西安、龍遊又次之，通計其實不減婺州。但緣當時州郡吝於檢放，常山、開化係災傷極重去處，而常山所放僅及一分六釐有奇，開化又止一釐一毫而已。故文案之間，但覺災傷輕可，而兩邑之民陰受其害，不可勝言。聞得歲前死亡已多，今之所見，羸餓之民亦有甚於婺州諸邑者。西安雖輕於兩邑，而聞芝溪一源向來俞七、俞八作過去處，人民已極困悴，加之守倅皆已遞替，吏民懈弛，無復條貫。臣竊憂之，已輒行下本州，所得朝廷許撥義倉米五萬石内，將一萬石專充賑濟。專委曹官兩員、鄉官三員，分縣措置，收拾饑餓羸困之人，貌驗支給。伏乞睿旨。

「一、婺州諸邑，有災傷稍重而巡歷未到處，回程當一一點檢，別具奏聞。伏乞睿照。」

奏救荒畫一事件狀云：「臣竊見本路諸郡頻年災傷，蒙被聖恩，僅獲全濟。今又亢旱，周遍七州，其幸免者不過三五縣。比之去年，被災地方大段濶遠，至於公私蓄積則連年饑歉，支移發散，略已無餘，其餘措置尤爲費力。臣本欲此月上旬巡歷諸郡，計度合用錢米，詢訪合行事務，回日類聚奏聞，庶免頻煩天聽。今爲紹興府會稽縣界蝗蟲害稼，見行監督掩捕埋瘞，已是累日，未見衰減，未敢起發前去。竊慮合奏請事漸致後時，有失及早措畫。今略條具一二，冒昧以聞。伏望聖慈憫此一方重罹災數，特賜矜恤，早賜施行，不勝幸甚。

「一、臣昨曾具奏，乞詔州縣照應省限理納夏税，不得促限追呼，已蒙聖慈頒下施行。今聞諸州間有不遵稟者，公行文移，必要七月上旬取足，顯屬違戾。兼昨具奏，乞將紹興府去年住催夏税人户納過之數依倣秋苗所放分數，特與比折今秋合納之數，亦蒙聖慈行下，又爲户部巧爲沮難，行下本府，催督愈峻。今來既是復有災傷，豈是追呼箠撻、催督税賦之時？欲望聖慈特降指揮，令被災州郡將所管縣分被災重處特與寬限，勸諭送納。其不係被災縣分内有被災鄉分，亦合較量輕重，依此施行。其紹興府理折夏税，亦乞直降指揮，依臣所乞施行，庶幾遭難遺民稍獲安業。

「一、臣昨具奏諸州雨暘次第，曾有貼黄奏稟，乞詔諸州依條受理旱帳，及早差官檢放事。蓋爲田稻既是乾損，及其未穫之際，便行檢踏，即荒熟之狀明白易知，非惟官司不得病民，亦使姦民無由僥倖。所以著令訴旱，自有三限，夏田四月，秋田七月，水田八月，蓋欲公私兩便。近來官吏不曾考究令文，但據傳聞云訴旱至八月三十日斷限，遂至九月方檢旱田，則非惟田中無稼之可觀，至於根查，亦不復可得而見矣。於是將旱損旱田一切不復檢踏蠲放，窮民受苦，無所告訴。而其狡猾有錢賂吏者，則乘此暗昧，以熟爲荒〔二一〕，瞞官作弊，皆不可得而稽考。去歲本路諸州大率皆然，欲乞降指揮劄下轉運司及本司，遍牒諸州縣，疾速受理旱狀。目下差官檢踏旱田荒熟分數〔二二〕，其中晚稻田却候八月受狀，節次檢踏。如有奉行違慢，後時失實之處，許兩司按劾以聞，庶幾窮民將來獲霑實惠。目下聞此德音，便知朝廷存恤之意，不至猖狂，別生妄念，仰勞宵旰之憂，實爲利便。

「一、賑恤之備，去年諸郡公私猶有蓄積，緣今春支用數多，悉已無餘。今被災之民既是不可不加接濟，則其費皆當出於朝廷。臣本欲遍詢諸郡，約見合用實數，然後奏請。今恐因循後時，失於措置。兼聞衢、婺、明州守臣皆欲丐祠而去，台州亦申本司乞撥錢糴米，數目甚多。又見臣僚劄子論衢州等處見已乏食，及有指揮行下閩、廣，勸諭客米前來温州接濟。可見一路州軍荒歉匱乏，事勢已急。臣今且約一路之數，權以一百萬貫爲率〔一三〕，欲望聖慈特賜開許，印給度牒官會，早賜給降。其度牒欲乞就十分錢數之内且給三分，依近降指揮，每道且賣五百貫文省，或依元價作四百貫文省。容臣約度，分俵諸州守臣，令其多方措置，變轉收糴。庶幾趂此早穀成熟之際，便於左近有米去處價直尚平之時，節次收拾，免致臨時倉卒，貴價收糴，緩不及事。

「一、訪聞諸州府村落已有强借刼奪之患，此在官司固當禁約，然亦須先示存恤之意，然後禁其爲非，庶幾人心懷德畏威，易以彈戢。若慢不加省，待其生事，然後誅鉏，則所傷已多，所費又廣。況其不勝，何患不生？乞降指揮，早撥上項錢數，使爲臣者得以奉承宣布，遍行曉諭，即德意所孚，固有以銷厭禍亂之萌矣。然後明詔安撫、提刑兩司，察其敢有作過倡亂之人，及早擒捕，致之典憲，庶幾姦民知畏，不至生事。

「一、去歲獻納糶濟之人，近已各蒙聖恩，補授官資，無不感戴。然去歲所降減半指揮，止於紹興一府施行。今則一路皆荒，事體不同。乞降指揮，檢會當來耿延年所乞事理，許於浙東一路通行。

「一、檢準常平免役令，諸興修農田水利而募被災饑流民充役者，其工直糧食，以常平錢穀給。臣契勘本路水利，極有廢壞去處，亦有全未興創去處，欲俟將來給到錢物，即令逐州計度合興修處，雇募作役，既濟饑民，又成永久之利，實爲兩便。

「一、伏見州縣之吏不爲不多，而其間才能忠信可倚仗者，極不易得。將來七州糶濟，往來督察，用人必廣。乞降指揮，特許將得替、待闕、丁憂、致仕及在法不應差出之官權行差使，候結局日如舊，庶可集事。

「右謹録奏聞，謹奏。」

簽黄

「臣所乞錢數雖多，然以今日明州中色米價計之，方糴得二十四五萬石，散之七州，不爲甚多，而盤運水脚糜費又在其外。伏乞聖照。

「臣所乞紹興府理折夏税事理極爲分明，然在中夏以前，未經再旱之時行之，固若有過優者。在今日再旱之後，人物煎熬，朝不謀夕之際，沛然行之，以紓民力，則恐未爲甚過。況今據大數，通府所放秋苗，不過六分三釐，以此計之，所減夏税，亦不甚多。若依去年比例言之，今年夏税亦合住催。況此是補還去年之數，直行放免，不爲過當。重念臣自論此事，上爲省部所嫉，下爲州郡所仇，藉躪形迹，無所不至。原其本心，只爲陛下愛養疲民，護惜根本，誠亦何罪而至於此？切望聖明哀憐照察。

「臣竊詳，在法檢視蠲閣隸轉運司，臣今敢以爲請者，蓋緣蠲閣、賑恤，本是一事，首尾相須。若蠲放後時失實，使饑民已被輸納追呼之擾，然後復加賑恤，則與割肉啗口無異。故臣妄意欲得參與其事，庶幾血脈貫通，使聖朝賑恤之恩不爲虚枉。伏乞聖照。

「臣所奏請，固皆今日所當施行，而此項最爲急切。竊恐大臣進呈之際，謾將一二項不甚緊要事節量行應副，却將此項沉溺，不爲施行。俟臣再請，則又費月日，致失機會。且如明州糴米一事，臣本是四月二十三日以後節次申奏。是時明州米船輻輳，正好收糴，乃不施行。及至六月十一日方得指揮，則所有船米已爲上户收糴殆盡矣。今朝廷施行事體緩慢，姦弊百端，不稱陛下救焚拯溺之意，大率類此。臣不敢越職奏聞，惟是此事切乞斷自聖志，力賜主張。蓋不惟一路民命所繫，實亦國家休戚所關，陛下獨留聖慮。

「臣曾摹得蘇軾與林希書，説熙寧中荒政之弊，費多而無益，以救之遲故也。其言深切，可爲後來之龜鑑，近已刻石本司。緣是臣下私書，不敢容易繳進。今有一本，急於申奏，不及如法標背，已申納尚書省，或蒙宣索，一賜觀覽，仍詔大臣常體此意，不勝幸甚。

「此項以後，係是次緊，内推賞、差官兩條，亦乞早留聖意。」

乞留婺州通判趙善堅措置賑濟狀：

「臣據知婺州錢佃申：『備據國學進士唐季淵等狀〔二四〕：「本州去歲遭旱特甚，通判、朝奉郎趙善堅協力措置災傷，廣求利害，籍貧乏家七十萬口，置濟糶場五百餘所，勸諭上户，糶米借貸，排日煮粥，以食民之不給，津遣隣郡流移，收養小兒遺棄〔二五〕，病者醫藥以療之，無流移凍餒之人，存活者幾百萬口，實迹可考。今歲闔郡乾旱，祈禱尚未感通，饑餓狼狽，指日可待，趙善堅前來賑濟有方。況今歲之旱甚於去歲，善堅解罷在即，不惟邦民失所倚賴，而州郡亦大失裨助。乞特敷奏，權留在州，同共措置賑濟。」佃契勘云云。』臣照對婺州去歲災傷，本州通判趙善堅措置濟糶，存恤饑民，委有勞效。本官雖將任滿，本州今歲又遭旱傷，比之去年尤甚，緊要知得措置首尾官員，差委幹辦。欲望聖慈特賜睿旨，許從本州守臣錢佃備到士民連狀所請，令善堅在任，同錢佃協力措置災傷，庶免誤事。須至奏聞者。」

奏巡歷沿路災傷事理狀：

「今具沿路災傷事理下項，須至奏聞者。

「一、臣七月十六日再到田間看視蝗蟲，大者絶少，而小者尚多。當處多是早中禾稻，皆已成熟，多被吃損。人户皆稱檢官未到見分數，不敢收割。臣已牒本府催促，所差下官日下出門，前來檢視去訖。又支錢付曹娥監鹽官，收買十四、十五都蝗蟲，并行埋瘞。續據上虞、餘姚縣申到本縣蝗蟲頗多，亦已行下催促，支錢收捕埋瘞。今來頻得雨澤，遠近沾足，竊意其蟲必當殄滅。已牒本府一面審實具奏，伏乞聖照。

「一、臣十七日經歷上虞縣界，田皆遭旱，彌望焦赤。間有近水去處，尚有些小可望收成。觀其災傷，委是至重，而本縣不受人户投訴，反將投訴人户刷具舊欠，監繫門頭，及出招子，催督賦税，無問貧富大小人户，五日一限，逐限輸官之外，人吏定要乞錢一百文省。其不到者，即差公人下鄉追捉，搔擾尤甚，乞覓尤多。人户不勝其苦，一月之間，遮臣泣訴者至五七百狀。臣已送本府存恤，究治施行去訖。更乞聖慈特賜指揮，庶幾州縣有所懲戒，免致重困饑民，不勝幸甚。

「一、臣十八日到嵊縣，其旱勢尤甚於上虞。蓋紹興諸縣之旱，嵊爲最，而上虞次之，餘姚又次之。然上虞、餘姚去年猶得薄收，獨嵊縣一連三年遭此極重之災，雖其上户中家，已覺艱窘，鰥寡細民，則已有掇稗子而食者。臣曾支錢三十文，買到所採稗子一升，今申納尚書省，欲乞宣索，一賜觀覽，早降指揮，令紹興府將此三縣新舊税租特與倚閣，俟見秋苗合放分數，斷自宸衷，別賜處分，不勝幸甚。

「一、臣十九日至新昌縣。是日午後，連得大雨，幾至通夕。本縣先來亦苦乾旱，早稻皆已失收，中、晚之田亦已龜拆。方自中旬以來，連日得雨，田中遂皆有水，中、晚之禾間有可望去處，可勝上虞等縣。但諸縣大抵旱乾日久，得雨後時，秋序已深，氣候寒冷，其間稻田雖尚青活，而不復能結實者亦多有之。荒熟之形，尤難分明。臣已遍牒檢視官員，切宜子細，不可差悞。伏乞聖照。

「一、沿路人户，已損田段不堪收割，皆欲及早耕犁布種蕎麥、二麥之屬，接續喫用。但以檢放未定，不敢施工。欲望聖慈特降指揮，催促檢放，庶幾不妨民間及早耕種。其有闕少種糧之人，更令官司量行應副，尤爲厚幸。

「一、臣二十一日入台州天台縣界。以後事理，尋別具奏聞。伏乞聖照。」

奏救荒事宜畫一狀：

貼黄

「奏爲本路災傷，已蒙聖慈支降錢三十萬貫，更乞揍作一百萬貫，及別有畫一奏聞等事，伏候勅旨。

「臣昨以本路薦被災傷，輒以賑恤事宜一二條奏。伏蒙聖慈曲賜俞允，仍賜錢三十萬貫，以充七郡糴濟之用，德意甚厚。臣謹以奉宣詔旨頒布遠近，饑饉餘民感激受賜，歡聲如雷，此固足以見陛下天地父母生成覆育之恩矣。然臣愚暗，不知分量，輒敢更有無厭之請，觸冒萬死，復以奏聞。伏惟陛下少留聖聽，臣不勝幸甚。今具下項：

「一、臣昨奏請給降錢一百萬貫爲一路救荒之備，已蒙聖慈開允應副三十萬貫，不勝幸甚。然臣自昨者具奏之後，續據諸州申到所乞錢數，明州一百萬貫，婺州六十萬貫，處州十萬貫，台州十萬貫，而紹興府、衢、温州尚未申到，計其所需當亦不下三二十萬。大抵通以一路計之，約二百餘萬貫始可足用。而臣向來所請不及其半，致陛下未知合用實數，其所予者又不及所請之半，臣之罪大無所逃刑。惟有及今據實披露，尚冀可補萬一。臣竊計本路四十一縣，除得熟縣分不過十數，其餘大抵皆荒。且以三十縣計之，若得二百萬貫，則一路可得米五十萬石，而一縣當得一萬六千餘石。若止得一百萬貫，則一縣但可得米八千餘石。今乃僅得三十萬貫，則是一路得米不過七萬餘石，而一縣止二千餘石而已。其逐縣合糴給户口雖已立式行下，取會未到，然以去年紹興諸邑之費推之，則一縣用米有至四五萬石者。況今歲之荒甚於去歲，一縣饑民之衆，其非八千二千石之所能濟，亦不待算計而可知矣。今欲少俟取見户數，而後計所不足，續有陳請，則恐地分濶遠，取會未能遽集之間，而已後糴米之期矣。冬春之間，糴者日衆，米價日高，臣恐用錢愈多，得米愈少，而民之饑者愈失望也。臣愚欲望聖慈深察前項事理，特降睿旨，更撥錢一百七十萬，揍前所給，通作二百萬貫，令臣及早分給諸州，廣行運糴。俟見糴給户口實數，却行計度支用，不盡之數，先次拘收回納，亦未爲晚。伏候聖旨。」

簽黄

「竊恐度牒官會發出太多，難以發洩，今減半賞格，已蒙施行。欲乞指揮紐計米數，量給空名告身五七十道，并度牒官會，揍成二百萬貫，付臣收掌。則富民聞之，願獻助者必多。如有應格之人，即乞許令提舉官與安撫司照應見行減半賞格，聚廳書填，當面給付，亦足以關防私曲情弊。伏乞聖照。

「二、臣昨奏乞依耿延年所奏，浙東一路獻助米斛人户，並與減半推賞，已蒙聖慈開允施行，不勝幸甚。但指揮内却有『將來檢踏，見得災傷最重處，方得保明取旨』之文，則臣恐聽者不能無疑，而未有應募之意也。臣雖已行下州縣，令人户願獻助者，先經本司自陳，待與標撥，赴災傷最重州縣送納支散，然人户未知省部人吏將來的將是何州縣作災傷最重去處，則終不能無疑。且天下一家，初無彼此，而本路災傷重處殆計八九，但令在在處處米穀堆積，而徐視饑民闕食尤甚去處搬運以往，則亦無處不可入納，又何必逆爲此不可取旨之端，以疑群聽，而誤饑民之命哉！臣愚欲望聖慈深察上件事理，特降睿旨，一依乾道七年耿延年所請已得指揮施行，而刪去今來所增委曲關防之語，使大哉之言、一哉之心有以宣著暴白於天下。則有餘粟者争先應募，而所賜之錢又可會計餘數，拘收回納，是亦所謂惠而不費者。伏候聖旨。

「一、臣昨具奏，乞詔州縣寬限催税，已蒙聖慈，特詔本路州縣將合納税賦並照省限催促，不得非理騷擾，不勝幸甚。但今年旱傷實非去年之比，若據事理，所有夏税自合依去年例，特與住催。竊緣節次蠲放，蒙恩已多，不敢便爲陳乞。但今八月十五日省限已滿，州縣自此必是公肆追呼，無所忌憚，使被災餘民無所告訴，馴致死徙，仰貽宵旰之憂。臣愚欲望聖慈深察上件事理，特詔有司，將本路被災縣分人户夏税權行住催，却俟檢放秋苗分數定日，却將夏税亦依分數蠲減，一併催理，庶幾饑民均被實惠。伏候聖旨。」

籤黄

「臣契勘紹興府今年人户丁錢已蒙聖慈盡數蠲放，今者本路諸州例遭災旱，而台州丁錢最重，下户尤以爲苦。欲望聖慈許將台州五縣第五等人户今年丁絹特與蠲放，庶幾千里饑民得免追呼決撻之擾，不勝幸甚。伏取聖旨。

「一、臣昨所奏逐項事理，並蒙開允，獨有依準舊制募饑民修水利一事，未蒙施行。臣竊見連年災旱，國家不忍坐視夫民之死，大發倉廩以拯救之，其費以巨億計。蓋其賑給者固不復收，其賑糶者雖曰得錢，而所折閱亦不勝計。仁聖之心，於此固無所吝，然饑民百萬，安坐飽食，而於公私無毫髮之補，則議者亦深惜之。故臣嘗竊仰稽令甲，私計以爲若微於數外有所增加，以爲募民興役之資，則救災興利，一舉而兩得之。其與見行糶給之法，利害之算相去甚遠。故不自揆，既以奏聞，而輒下諸州，委是通判詢究水利合興復處，以俟報可。至於近日巡歷，又得親見，所至原野，極目蕭條，唯是有陂塘處，則其苗之蔚茂秀實，無以異於豐歲。於是竊歎，益知水利之不可不修。自謂若得奉承明詔，悉力經營，令逐村逐保各有陂塘之利如此，則民間永無流離餓殍之患，而國家亦永無蠲減糶濟之費矣。不謂言語疏略，未蒙鑒照，敢竭其愚，重以爲請。伏望聖慈深察上件事理，許臣前項所請百七十萬貫者，而令於内量撥什三，候諸州通判申到合興修水利去處，即與審實應副。其合糶給人有應募者，即令繳納糶給由歷，就雇入役，俟畢工日，糶給如舊。則所損不至甚多，而可以成永久之利，絶凶年之憂。費短利長，未爲失策。伏候聖旨。」

簽黄

「一、臣又竊恐興修水利所費太多，難以支給。即乞且令貸與食利人户，雇工興役，却候將來豐熟年分，紐計米數，量分料次，赴官送納，樁管在官，尤爲利便。伏候聖旨。

「一、臣昨嘗面奏，乞令被災州縣人户苗米五斗以下，不候檢踏，先次蠲放，以絶下户細民奔走供億〔二六〕、計囑陪費之擾，誤蒙聖慈曲賜開納。今者本路復遭旱虐，竊欲取旨，依此施行。但今檢官已在田野，如蒙開允，即乞聖慈特降指揮，令轉運司疾速施行。若俟命下到臣巡歷去處，然後施行，却恐緩不及事。伏候聖旨。

「一、臣伏覩歲既不登，所在艱食，全賴商賈阜通之利，所宜存恤，不可騷擾。今米穀不得收税，雖有成法，而州縣場務多不遵守。至於往糴而有所挾之資，既糴而有所資之貨，則往來之間，經由去處，尤以邀阻抽税爲苦，是致客人憚於興販。欲望聖慈特降睿旨，申嚴舊法，仍詔有司，諸被災州縣人户欲興販物貨，往外州府收糴米穀〔二七〕，就闕米處出糶者，各經所在，或縣或州，或監司自陳所帶貨物，判執前去。其糴米訖所買回貨，亦各經所在自陳，判執回歸。往回所過，並不得輒收分文税錢，違者並依税米穀法，必行無赦。如蒙開允，即乞徑下轉運司，約束沿江瀕海所過場務，遵稟施行。庶幾商販流通，民食不匱。伏候聖旨。

「右謹録奏聞，伏乞勅旨。」

奏巡歷至台州奏行事件狀云：「臣照得本路州縣今歲旱傷。臣自七月十五日出巡，取道嵊縣，迤邐入台州按視，及預行措置賑恤事件，節次具奏外，臣已於八月十八日起離台州，取處州前去。所有台州奉行事件，須至奏聞者。

「一、臣七月二十三日到台州。二十五日，準尚書省劄子，恭奉聖旨，給降度牒三百道，官會一十五萬緡。臣即時分撥應副諸州外，仍於台州刷到常平司及諸州庫眼有管窠名錢八萬貫，及於降到錢會内撥錢二萬貫，共揍一十萬貫，量逐縣災傷輕重、地里濶狹，均撥應副。仍詢訪到土居官員士人誠實練事爲衆所服者，一縣數人，以禮敦請，令與州縣當職官公共措置，差募人船，前往得熟去處收糴米斛，循環賑糶。乃多方敦請上户説諭，或出米穀，或出錢物，并行運糴，添助賑糶。仍據本州申到見管常平義倉米五萬二千一石，已令樁管準備賑濟。及一面立式，選差都正鄉官等，家至户到，從實抄劄，法應糶濟大小户口，取見的確數目，各隨比近置場，以俟將來闕食，就行糶濟。仍立罪賞約束，不得泛濫抄劄，枉費官廩外，伏乞聖照。

「一、臣所經歷去處，得雨之後，晚稻之未全損者(二八)，並皆長茂，可望收成。但民間所種不多，僅當早稻十之一二。其早種未全損者，一皆抽莖結實，土人謂之二稻，或謂之傳稻，或謂之孕稻，其名不一。目今已有黄熟處，亦有尚帶青色處，村民得此接濟，所益非細。但其稻莖稀疏，秕多穀少，其色青者已逼霜露，難恐指擬。至於粟、荳、油蔴、蕎麥之類，却並有收，次第今冬未至絶乏。只爲薦饑，民無蓋藏，竊恐來春必至艱食。臣已面諭州縣官吏常切體訪，不拘早晚，但覺民間闕食，便行賑糶，收錢運糴，循環接濟，無損於官，有益於民，實爲利便。伏乞聖照。

「一、臣體訪到本州黄巖縣界分濶遠，近來出穀最多，一州四縣，皆所仰給。其餘波尚能陸運以濟新昌、嵊縣之闕。然其田皆係邊山瀕海，舊有河涇堰閘，以時啓閉，方得灌溉收成，無所損失。近年以來，多有廢壞去處，雖累曾開淘修築，又緣所費浩瀚，不能周徧。臣竊惟水利修則黄巖可無水旱之災，黄巖熟則台州可無饑饉之苦，其爲利害，委的非輕。遂於降到錢内支一萬貫，付本縣及土居官宣教郎林鼐、承節郎蔡鎬，公共措置，給貸食利人户，相度急切要害去處，先次興工。俟向後豐熟年分，却行拘納。其林鼐曾任明州定海縣丞，敦篤曉練，爲衆所稱。蔡鎬曾任武學諭，沉審果決，可以集事。但本縣知縣范興直不甚曉事，恐難倚仗，欲乞依本司已獲降到指揮，特與嶽廟，理作自陳。別選清强官權攝縣事，庶幾興役救荒，不至闕誤。伏候勑旨。

「一、臣前項所奏給降到錢三十萬貫，臣已分撥婺州八萬貫，衢州六萬貫，處州五萬貫，台州二萬貫，黄巖興修水利一萬貫，及明州定海縣亦乞興修水利，已撥一萬貫，共已撥二十三萬貫外，尚剩七萬貫。初欲分撥應副明州、紹興府，而明州申到，已奏乞撥錢一百萬貫，臣遂不敢拈出。兼婺、衢兩州連年荒歉，並無蓄積可以那兑運糴，竊恐將來更有欠闕，欲且留此錢數，更俟聖慈添撥到錢，即併諸州再行均給。所有添撥之數，已兩次具奏，今更於後項開説。伏乞聖照。

「一、臣於八月初三日及十二日兩次具奏，更乞聖慈添撥錢物，及紹興府、明州元降度牒官會所糴米斛，通揍作二百萬貫，又乞不候檢踏，先放五斗以下苗米。又乞權住催夏税零欠，俟檢放秋苗分數定日，并行除豁理納，又乞申嚴米穀免税舊法，仍乞特降指揮，與免往回貨物及搭帶税物。亦已日久，未奉進止。欲乞聖慈詳臣兩狀，早賜指揮。伏候勅旨。

「右謹録奏聞，伏候勅旨。」

奏鹽酒課及差役利害狀云：「臣竊見本司所管鹽酒課利，國計所資爲甚廣，而民情所患爲最深。久欲條奏，顧以救荒方急，有所不暇。今以罪疾，力請投閑，惓惓之私懷不能已。輒有己見，冒昧奏陳。如有可採，乞别選忠厚通敏之臣，付以其事，令其詳細稽考，因事制宜，使民情亟得去其所患，而國家永不失其所資，實爲利便。至於差役一事，亦屬本司所管，今亦有少利害，并具其説如後，須至奏聞者。

「一、浙東所管七州，而四州瀕海。既是産鹽地方，而民間食鹽，必資客鈔。州縣又有空額，比較增虧，此不便之大者。夫産鹽地方距亭場去處，近或跬步之間，遠亦不踰百里，故其私鹽常賤而官鹽常貴。利之所在，雖有重法，不能禁止。故販私鹽者，百十成群，或用大船般載，巡尉既不能訶，州郡亦不能詰。或乞覓財物，或私收税錢，如前日所奏，台州一歲所收二萬餘貫是也。以此之故，除明、越兩州稍通客販，麤有課利外，台、温兩州全然不成次第。民間公食私鹽，客人不復請鈔。至有一場一監，累月之間不收一袋，不支一袋，而官吏縻費，吏卒搔擾，有不可勝言者。然以有比較之法，州縣恐有殿罰，則不免創立鹽舖，抑勒民户，妄作名色，抑令就買。出入暗昧，不可稽考。大略瘠民以肥吏，困農民以資游手，爲州縣、爲提舉主管者非不知之，然皆以國計所資，不敢輒有陳説。日深月久，民愈無聊。若不變通，恐成大患。臣生長福建，竊見本路下四州軍舊行産鹽之法，令民隨二税納産鹽錢，而請鹽於官。近歲官鹽雖不支給，而民間日食私鹽，官司既得産鹽税錢，亦不復問其私販。雖非正法，然實兩便。欲乞聖慈特詔本司取會福建路轉運司下四州軍見行産鹽法，將本路地里遠近、鹽價高低，比附參考，立爲沿海四州鹽法，其餘州軍自依舊法施行，則亦革弊救民之一事也。

「一、酒坊之弊，其説有四。一曰官監，二曰買撲，三曰拍户抱額，四曰萬户抱額。臣竊以爲莫不便於官監，莫便於萬户，其他亦互有利害。而萬户之中亦不能無少利害，要在講究詳盡，然後施行，則庶乎其弊之可革矣。今官監之害，朝廷既知而罷之，然州郡占吝，多不遵户部漕司所撲，仍不廢罷，此則害雖除而未盡者也。買撲之害〔二九〕，在買人有稍折本柄；破壞家産之患，在衆人有挖托抑勒、捕捉欺凌之擾。拍户抱額，則庶幾矣。然或額重而抱納不前，或藉此而挖托搔擾，弊亦不異於買撲。惟萬户抱額最爲簡便，然須一州一縣通計田畝浮財物力而均出之，使無官户、民户之殊，城居、村居之異，一概均敷，立爲定籍，乃爲盡善。若舍官户而敷民户，舍城居而困村居，不立官簿而私置草簿，使吏得以陰肆出没走弄於其間，則又病矣。此法本路處州見已施行四五十年，民無争訟。今欲便取其法行於諸州，則恐本州課額素輕，非他州比。然他州課額雖多，少曾登足，若蒙聖恩深詔有司取淳熙六年、七年、八年三歲實催到庫之數，參校取中，立爲定額，然後以此科敷，俾爲萬户，則亦安民省事之一端也。

「一、臣於今年某月内，曾具奏差役利害事，申尚書省，幾數千言。内有徐詡所畫歇役年限一條，最爲詳密。而近準户部行下，乃無一言見施行者。欲望聖慈特賜宣索，觀其大概，然後付之愛民曉事、老成詳細之臣，令其看詳，擇其可行者，具爲條畫，别降指揮施行。」

提舉兩浙東路常平鹽茶公事，具社倉事目如後：

「一、逐年十二月分委諸部社首、保正副將舊保簿重行編排。其間有停藏逃軍及作過無行止之人隱慝在内，仰社首、隊長覺察，申報尉司追捉，解縣根究。其引致之家，亦乞一例斷罪。次年三月内，將所排保簿赴鄉官交納。鄉官點檢，如有漏落及妄有增添一户一口不實，即許人告，審實申縣，乞行根治。如無欺弊，即將其簿紐算人口，指定米數，大人若干，小兒減半，候支貸日，將人户請米狀拖對批填，監官依狀支散。

「一、逐年五月下旬新陳未接之際，預於四月上旬申府，乞依例給貸。仍乞選差本縣清强官一員、吏一名、㪷子一名前來，與鄉官同共支貸。

「一、申府差官訖，一面出榜排定日分，分都支散。先遠後近，一日一都。曉示人户，産錢六百文以上〔三〇〕，及自有營運，衣食不闕，不得請貸。各依日限具狀。狀内開説大人、小兒口數。結保，每十人結爲一保，遞相保委。如保内逃亡之人，同保均備取保。十人以下不成保不支。正身赴倉請米。仍仰社首、保正副、隊長、大保長，並各赴倉識認面目，照對保簿，如無僞冒重疊，即與簽押保明。其社首、保正等人不保，而掌主保明者聽。其日監官同鄉官入倉，據狀依次支散。其保明不實，別有情弊者，許人告首，隨事施行。其餘即不得妄有邀阻。如人户不願請貸，亦不得妄有抑勒。

「一、收支米，用淳熙七年十二月本府給到新添黑官桶及官㪷，每桶受米五㪷半。仰㪷子依公平量。其監官、鄉官人從，逐廳只許兩人入中門，其餘並在門外，不得近前挨拶攙奪人户所請米斛。如違，許被擾人當廳告覆，重作施行。

「一、豐年如遇人户請貸官米，即開兩倉，存留一倉。若遇饑歉，則開第三倉，專賑貸深山窮谷耕田之民，庶幾豐荒賑貸有節。

「一、人户所貸官米，至冬納還。不得過十一月下旬。先於十月上旬定日申府，乞依例差官將帶吏㪷前來，公共受納，兩平交量。舊例每石收耗米二㪷，今更不收上件耗米。又慮倉厫折閱，無所從出，每石量收三升準備折閱及支吏㪷等人飯米，其米正行附曆收支。

「一、申府差官訖，即一面出榜排定日分，分都交納。先近後遠，一日一都。仰社首、隊長告報保頭，保頭告報人户，遞相糾率，造一色乾硬糙米具狀，同保共爲一狀，未足不得交納。如保内有人逃亡，即同保均備納足。赴倉交納。監官、鄉官、吏、㪷等人至日赴倉受納，不得妄有阻節及過數多取。其餘並依給米，約束施行。其收米人吏㪷子，要知首尾。次年夏支貸日，不可差換。

「一、收支米訖，逐日轉上本縣所給印曆。事畢日，具總數申府縣照會。

「一、每遇支散交納日，本縣差到人吏一名、㪷子一名、社倉算交司一名、倉子兩名，每名日支飯米一㪷，約半月。發遣裹足米二石，共計米一十七石五㪷。又貼書一名、貼㪷一名，各日支飯米一斗，約半月。發遣裹足米六斗，共計四石二斗。縣官人從七名，鄉官人從共一十名，每名日支飯米五升，十日。共計米八石五斗。已上共計米三十石二斗，一年收支兩次，共用米六十石四斗。逐年蓋墻并買藁薦修補倉厫，約米九石。通計米六十九石四斗。

「一、排保式：某里第某都社首某人，今同本都大保長、隊長，編排到都内人口數下項。

「甲户大人若干口，小兒若干口，居住地名某處。或産户，開説産錢若干，或白煙、耕田，開店、買賣，土著、外來，係某年移來，逐户開列。

餘開

「右某等今編排到都内人户口數在前，即無漏落及增添一户一口不實。如招人户陳首，甘伏解縣斷罪。謹狀。

「年月日大保長姓名

隊長姓名

保正副姓名

社首姓名

「一、請米狀式：某都第某保隊長某人、大保長某人、下某處地名，保頭某人等幾人，今遞相保委，就社倉借米，每大人若干，小兒減半。候冬收日，備乾硬糙米，每石量收耗米三升，前來送納。保内一人走失事故，保内人情願均備取足，不敢有違。謹狀。

「年月日保頭姓名
甲户開名
大保長姓名
隊長姓名
保長姓名
社首姓名〔三一〕

「一、社倉支貸交收米斛，合係社首、保正副告報隊長、保長，隊長、保長告報人户。如闕隊長，許人户就社倉陳説，告報社首，依公差補。如闕社首，即申尉司定差。

「一、簿書鎖鑰，鄉官公共分掌。其大項收支，須監官簽押，其餘零碎出納，即委鄉官公共掌管。務要均平，不得徇私容情，别生姦弊。

「一、如遇豐年，人户不願請貸，至七八月而産户願請者聽。

「一、倉内屋宇什物，仰守倉人常切照管，不得毁損及借出他用。如有損失，鄉官檢點，勒守倉人備償。如些小損壞，逐時修整，大段改造，臨時具因依申府，乞撥米斛。」

具位朱熹奏節文：

「一、臣所居建寧府崇安縣開耀鄉有社倉一所，其法可以推廣行之他處。欲望聖慈行下諸路州軍，曉諭人户，有願置立者，州縣量支常平米斛，責付本鄉出等人户，主執斂散，隨宜立約，實爲久遠之利。其建寧府社倉見行事目，謹録一首進呈。伏望聖慈詳察，特賜施行。」

十一月二十八日，三省同奉聖旨，令户部看詳聞奏。

行在尚書户部

準淳熙八年十二月二十八日勅，中書門下省：尚書省送到户部狀，準淳熙八年十一月二十八日尚書省送到宣教郎、直祕閣、新提舉兩浙東路常平茶鹽公事朱熹劄子，奏：「臣所居建寧府崇安縣開耀鄉有社倉一所，係昨乾道四年鄉民艱食，本府給到常平米六百石，委臣與本鄉土居朝奉郎劉如愚同共賑貸，至冬收到元米。次年夏間，本府復令依舊貸與人户，冬間納還。臣等申府措置，每石量收息米二斗，自後逐年依此斂散。或遇小歉，即蠲其息之半，大饑即盡蠲之。至今十有四年，量支息米，造成倉厫三間收貯，已將元米六百石納還本府。其見管三千一百石，並是累年人户納到息米，已申本府照會，將來依前斂散，更不收息，每石只收耗米三升。係臣與本鄉土居官及士人數人同共掌管，遇斂散時，即申府差縣官一員監視出納。以此之故，一鄉四五十里之間，雖遇凶年，人不闕食。竊謂其法可以推廣，行之他處，而法令無文，人情難强。妄意欲乞聖慈特依義役體例，行下諸路州軍，曉諭人户，有願依此置立社倉者，州縣量支常平米斛，責與本鄉出等人户主執斂散。每石收息二斗，仍差本鄉土居官員、士人有行義者與本縣官同共出納。收到息米十倍本米之數，即送元米還官，却將息米斂散，每石只收耗米三升。其有富家情願出米作本者，亦從其便，息米及數亦與撥還。如有鄉土風俗不同者，更許隨宜立約，申官遵守，實爲久遠之利。其不願置立去處，官司不得抑勒，則亦不至搔擾。就此今日之言，雖無所濟於目前之急，然實公私儲蓄預備久遠之計。及今歉歲施行，人必願從者衆。伏望聖慈詳察，特賜施行。取進止。」三省同奉聖旨，令户部看詳聞奏。本部今檢準紹興重修常平免役令下項，諸州常平錢穀及塲務錢不足，申提舉司通一路之數移用，仍聽互相兑便支撥。諸義倉附常平倉監，專兼管廒屋，以轉運司倉充其積藏，而應兑換者，準常平法。無轉運司倉處，撥充常平物。諸義倉計夏、秋正税，無正税穀處，物帛之類折爲穀者準此。每一㪷別納五合，應豐熟計一縣九分以上，即納一升。同正税爲一鈔，不收頭子、脚乘錢及耗，限一日先次交入本倉。出剩通正税，候盤量畢，亦限一日據數紐撥。即正税不及一㪷，並本户放税二分以上及孤貧不濟者，免納。諸倉穀唯充賑給，不得他用。縣遇災傷，當職官體量，自第四等以下闕倉户給散。若放税七分以上，通第三等給。並預申提舉司審度行訖奏。諸災傷，計一縣放税七分以上，第四等以下户乏種食者，雖舊有欠闕，不以月分，聽結保貸借。即穀不堪充種子者，紐直以錢，各成貫石，給限二年，隨税納，仍免息。州預以應支數保明申提舉司行訖，申尚書户部。雖計一縣放税不及七分，而本户放税及七分者，準此。本部看詳，欲行下諸路提舉司，徧下本路諸州縣曉示，任從民便。如願依上件施行，仰本鄉土居或寄居官員有行義者，具狀赴本州縣自陳，量於義倉米内支撥。其斂放之事，與本鄉耆老公共措置，州縣並不須干預抑勒。仍仰提舉司類聚具申，聽候朝廷指揮奏聞事。十二月二十二日，三省同奉聖旨，依户部看詳到事理施行。奉勅如右，牒到奉行。前批十二月二十四日辰時，付户部施行，仍關合屬去處。須至指揮。

兩浙東路提舉常平司主者，仰一依今來勅命指揮，疾速施行。關合去處，符到奉行。

跋語云：「淳熙八年冬十有一月己亥，臣某以備使浙東，奉行荒政，蒙恩召入延和殿，戒諭臨遣，因得以所居建寧府崇安縣開耀鄉社倉本末推説條奏。誤蒙開納，即詔頒其法於四方。而臣某又以使事適獲奉承，仰戴皇仁，頓首幸甚。因竊惟念里社有倉，實隋、唐遺法，往歲里中妄意此舉所以收恤民隱者，蓋偶合其微指。顧以國家未定著令，是以不能遠及，且懼其弗克久。今乃得蒙上恩，徧下郡國，將遂得與闔宇之間，含生之類，均被仁聖之澤於無窮，固已不勝大幸。而荒陬下里，斗升之積，又得上爲明詔之所稱揚，下爲四方之所取則，抑又有榮耀焉。故敢具刻尚書户部所被勅命下浙東提舉常平司者，厝於故里本倉廳事，而記其説如此。俾千萬年含哺鼓腹之儔，有以無忘帝力之所自云。淳熙九年四月丙辰，臣朱熹拜手稽首謹言。」

勸立社倉榜云：「當司恭奉聖旨，建立社倉，已行印榜，遍下管内州縣勸諭。尋據紹興府會稽縣鄉官，新嘉興主簿諸葛修職名千能。狀，乞請官米置倉給貸，而致政張承務、名宗文。新台州司户王迪功、名若水。衢州龍游縣袁承節名起予。等，又乞各出本家米穀，置倉給貸。當司契勘前件官員，心存惻怛，惠及鄉閭，出力輸財，有足嘉尚。除已遵依所降指揮具申朝廷外，須至再行勸勉，量出米穀，恭禀聖旨，建立社倉。庶幾益廣朝廷發政施仁之意，有以養成閭里睦婣任邺之風。再此勸諭，各請知委。九年六月八日。」

前年譜載朱子視事於西興一段，紀其大要，最該括詳盡。夫浙東之荒，異於尋常。觀條奏救荒事宜一疏，自然如痛負身，迫不容已。細閲歷郡情形，委曲措置之法，暸如在目。如核饑民實數，檢災田，及時量米多寡，設場遠近，請二百萬貫，放五斗下米，住催夏税，捐放舊欠，免商米税，減官會價，兼用土官寓公，糾劾貪守污令，推賞助人，奏均和買貸，修水利，陳鹽酒課及義役差役利害等事，條理分明，讀者宜盡心焉。朱子不忍坐視饑民，仁心也，勤勞救此饑民，善政也，仁心善政，内外一致。倘久於其任，言聽諫行，亦足試天德王道之體用於萬一。卒以劾唐仲友見阻於王淮，良可惜已。夫救荒善策，無踰積貯。東南水地，猶可通商，山狹旱荒，難以措手，運數石米，費幾兩金。每縣饑民不止數萬，雖有四五萬石之穀，莫致千百餘里之程。合三十縣計之，必不能一時聚百萬石穀也。待斃者衆，言之痛心。計惟先時力行社倉，每縣由數千石積致數萬石，則可無虞矣。古人三登良法，舍積貯豈有他策哉？牧民者審之念之。

癸卯，朱子五十四歲。

答項平父書云：「所諭曲折及陸國正語，三復爽然，所警於昏惰者爲厚矣。大抵子思以來，教人之法惟以尊德性、道問學兩事爲用力之要。今子静所説，專是尊德性事，而某平日所論，却是道問學上多了。所以爲彼學者多持守可觀，而看得義理全不仔細。又别説一種杜撰道理遮蓋，不肯放下。而某自覺雖於義理上不敢亂説，却於緊要爲己爲人上多不得力。今當反身用力，去短集長，庶不墮一邊耳。」

按象山年譜，壬寅秋，除國子監正，載此書於癸卯。子静所説，專是尊德性一言，非信之也，不過取其持守可觀，如禪家問主人翁在之説，且姑容之，不與競耳。去短集長，正朱子廣大處。人有一善，聖人亦取之。若云疑信相半，則非矣。既疑之而又信之，稍有定見者且不然，而謂朱子然乎哉？是知答平父書非信也，有可取者取之而已。曹立之墓表非疑也，其不可者决言其不可而已，兼取兩家之長，亦可取者取之也。至云「勉力於吾之所急」，則不然。彼説明矣，所養之深，所蓄之厚，亦取其長也。「葱嶺帶來」，斷其禪而非疑之也。通辨屢以「疑信相半，未定如此」立言，殆未及細考耳。須深究朱子用功之序，未得如何，已得如何，其未得、已得不同於象山如何。了了言之，自知始終與陸氏大懸殊矣。

道一編指此書爲朱子晚年信取象山之證，篁墩原不知學，抑亦象山之罪人也。其言之非，雖不足責，得通辨闢之，亦可醒學者矣。

五月，表曹立之墓云：「立之幼穎悟，長知自刻勵，聞張敬夫講道湖湘，欲往見之，不能致。有告以沙隨程氏學古行高者，即往從之，得其指歸。既又聞陸氏兄弟獨以心之所得者爲學，其説有非文字言語之所及者，則又往受其業，久而若有得焉。子壽蓋深許之，而立之未敢以自足也，則又寓書以講於張氏。然敬夫尋没，立之竟不得見。後得其遺文，考其爲學始終之致，於是乃有定論不疑。其告朋友書有曰：『學必貴於知道，而道非一聞可悟，一超可入也。循下學之則，加窮理之功，由淺而深，由近而遠，則庶乎其可矣。今必先期於一悟，而遂至於棄百事以趨之，則吾恐未悟之間，狼狽已甚，又況忽下趨高，未有幸而得之者耶？』此其晚歲用力之標的程度也。」

通辨云：「前似信而此表尤疑，疑信相半，未定如此。」非也。

答諸葛誠之書云：「示諭競辨之端，三復惘然。愚意比來深欲勸同志者，兼取兩家之長，不可輕相詆訾。就有未合，亦置勿論，而姑勉力於吾之所急。不謂乃以曹表之故，反有所激，如來喻之云也。不敏之故，深以自咎。子卿平日所以自任，正欲身率學者一於天理，而不以一毫人欲雜於其間，恐决不至如賢者之所疑也。義理，天下之公，而人之所見未有能盡同者，正當虚心平氣，相與熟講而徐究之，以歸於是，乃是吾黨之責。而向來講論之際，見諸賢往往皆有立我自是之意，厲詞忿色，如對讐敵，無復少長之序、禮遜之容，至今常不滿也。」

通辨云「猶是中年疑信相半之説」，非也。玩下答平父書，則知朱子不明斥之意矣。

答項平父書云：「駡坐之説，何乃至是？吾人爲學别無巧妙，不過平心克己爲要耳。朋友議論不同，不能下氣虚心，以求實是，此深可憂。誠之書來，言之甚詳，已略報之，可取一觀，此不復云也。聞宗卿、子静蹤跡，令人太息。然世道廢興，亦是運數。吾人正當勉其在己者以俟之，不必深憤歎，徒傷和氣，損學力，無益於事也。」

合答平父、誠之書及曹表觀之，皆在一年，而若有不同。非不同也，「專是尊德性事」，取其長也，「看得義理全不仔細」，是其短也。象山云「不知尊德性，安有所謂道問學」，朱子不詰其所謂尊德性非子思子之旨者，容之也，即不輕相詆訾之意也。某卻是道問學上多了，非不用尊德性工夫也。「道非一聞可悟，一超可入」者，即「看義理不仔細」，非尊德性之真諦也。朱子總是取其長，容其短，因門人競辨之過，而不欲啓兩家爭端。教誨之心，亦良苦矣。學脈之不正，早已見之。而通辨乃云「中年疑信相半」，是大不然。一專是尊德性事」，即程子云「釋氏上有敬以直内之説」，豈信其學哉？且答誠之第二書有云「大家商量箇是處」，正見朱子正大光明，虚心求益。子静所學，尚未必是，正須商量講求耳，何信之有？

甲辰，朱子五十五歲。

答吕子約云：「前書所喻正容謹節之功，比想加力。此本是小學事，然前此不曾做得工夫，今若更不補填，終成欠闕，却爲大學之病也。但後書又不免有輕内重外之意，氣象殊不能平，愚意竊所未安。大抵此學以尊德性、求放心爲本，而講於聖賢親切之訓以開明之，此爲切要之務。若通古今、考世變，則亦隨力所至，推廣增益，以爲補助耳。不當以彼爲重，而反輕凝定收斂之實，少聖賢親切之訓也。若如此説，是學問之道不在於己而在於書，不在於經而在於史，爲子思、孟子，則孤陋狹劣而不足觀，必爲司馬遷、班固、范曄、陳壽之徒，然後可以造於高明正大、簡易明白之域也。夫學者既學聖人，當以聖人之教爲主。今六經、語、孟、中庸、大學之書具在，彼以了悟爲高者既病其障礙而以爲不可讀，此以記覽爲重者又病其狹小而以爲不足觀。如是，則是聖人所以立言垂訓者，徒足以誤人而不足以開人，孔子不賢於堯舜，而達磨、遷、固賢於仲尼矣，無乃悖之甚耶？」

呂寺丞固是好博，故朱子箴之。而「學以尊德性、求放心爲本」數行，是聖學一定次序，非但救浙學之弊而已也。

張南軒文集序略云：「自其幼壯，不出家庭，固已得夫忠孝之傳。既又講於五峰之門，以會其歸，則其所以默契於心者，人有所不得而知也。獨其見於論説，則義利之間，毫釐之辨，蓋有出於前哲之所欲言而未及究者。措諸事業，則凡宏綱大用，巨細精微，無不洞然於胸次，而無一毫功利之雜。是以論道於家，而四方學者爭鄉往之；入侍經帷，出臨藩屏，則天子亦味其言，嘉其績，且將倚以大用，而敬夫不幸死矣。敬夫既没，其弟定叟裒其故稿，得四巨編，以授予曰：『先兄不幸早世，而其同志之友亦少存者。今欲次其文以行於世，非子之屬而誰可？』予受書愀然，開卷亟讀，不能盡數篇，爲之廢書太息流涕而言曰：『世復有斯人也耶？無是人而有是書，猶或可以少見其志，然吾友平生之言，蓋不止此也。』因復益爲求訪，得諸四方學者所傳凡數十篇。又發吾篋，出其往還書疏，讀之亦多有可傳者。方將爲之定著繕寫，歸之張氏，乃或者已用別本摹印而流傳廣矣。遽取觀之，蓋多向所講焉而未定之論，而凡近歲以來談經論事、發明要道之精語，反不與焉。予因慨念敬夫天資甚高，聞道甚早，其學之所就，既足以名於一世，然察其心，蓋未嘗一日以是而自足也。比年以來，方且窮經會友，日反諸心，而驗諸行事之實，蓋有所謂不知年數之不足者，是以其學日新而無窮。其見於言語文字之間，始皆極於高遠，而卒反就於平實。此其淺深疏密之際，後之君子其必有以處之矣。顧以次序之不時，使其說之出於前而棄於後者，猶得以雜乎篇帙之間，而讀者或不能無疑信異同之惑，是則予之罪也已夫。於是乃復亟取前所蒐輯，參互相校，斷以敬夫晚歲之意，定其書爲四十四卷。嗚呼，使敬夫而不死，則其學之所至、言之所及，又豈予之所得而知哉！淳熙甲辰十有二月辛酉。」

按：南軒先生之學受之五峰先生，其初就發處擴充，如重修嶽麓書院記、艮齋銘諸篇，多是此旨。故以爲發而後察，察而後存也。及聞朱子主敬立本之說，專用力於敬，深歎周子主靜立極之妙，如答吴晦叔、吕伯恭、劉宰、潘叔昌、胡廣仲諸書可考也。大抵朱子所謂「始極於高妙，卒就平實」者，正指其從發見用功，便說到天地合德，鬼神同用，變化不測；從孝弟用功，便說到無一物不在吾仁之中。雖其理如此，未免太高。

後乃操之主一無適之地，察之念慮感發之微，謹之視聽言動之間，得之紬繹舊聞反身識理之趣，步步平實，有行程去處，無復向來高妙語矣。其答朱子有云：「某邇來思慮，只覺向來所講之偏，惕然内懼，不敢不勉。每得來書，益我厚矣。」又云：「某數年來務欲收斂，於本原處下工。覺得應事接物時，差帖帖地。」此皆朱子所發明，而南軒先生後來虚心服膺，親切得力者也。讀者以朱子所序而細密求之則幾矣。

答萬正淳書云：「所論大概，只是如此。但日用間須有箇欛柄，方有執捉，不至走失。若只如此空蕩蕩地，恐無撈摸也。中只是應事接物無過不及，中間恰好處，閲理之精，涵養之久，則自然見得也。」

萬正淳見朱子於南康，載五十二卷答伯豐第一書，荆州之訃云云，故録答正淳書於庚子後。此書句句是教人立本工夫，何曾專用力於文字耶？玩己酉答王子合論温故知新，則讀書立本只是一事，合内外用功矣。

答林擇之書云：「此中見有朋友數人講學，其間亦難得朴實頭負荷得者。因思日前講論，只是口説，不曾實體於身，故在己在人，都不得力。今方欲與朋友説日用之間常切檢點氣習偏處、意欲萌處，與平日所講相似與不相似，就此痛著工夫，庶幾有益。陸子壽兄弟近日議論，却肯向講學上理會。其門人有相訪者，氣象皆好，但其間亦有舊病。此間學者，却是與渠相反，初謂只如此講學漸摩，自能入德，不謂末流之弊只成説話，至於人倫日用最切近處，亦都不得毫毛氣力，此不可不深懲而痛警也。」

朱子既曰「氣象皆好」，集其長云爾，又曰「亦有舊病」，終不信陸子之學也。細玩前後，朱子之不厭不倦如是哉！自此教人檢點氣象意欲，故黄、廖諸君子皆得聞道。象山不能檢點氣習意欲，故子淵狂躁，子堅髡黥，朱陸之判，一一了然。而象山年譜止載此書下數語，截去上半節，又摘「亦有舊病」一語，以是爲朱子病，不亦愚乎？

答潘恭叔書云：「學問根本在日用間持敬集義工夫，直是要得念念省察，讀書求義乃其間之一事耳。舊來雖知此意，然於緩急先後之間，終是不覺有倒置處，誤人不少。今方自悔耳。」

此朱子自言教人根本工夫内外交盡，其源頭處與象山不同，陽明何得援爲定論？此書亦不可考其年月，玩書中語意，與答林、吴二書同，故附序其後。

按：答林擇之、吴茂實、恭叔三書，象山年譜載其一，陽明定論皆載之，竟以朱子自悔支離與象山同，大謬大謬。朱子答方賓王云：「非以今日之誠意正心爲是，即悔前日之格物致知爲非也。」又云：「浙中士友多主一偏之論，故爾過憂。然存養之功，亦不專在静坐，須於日用動静之間無處不下工夫，乃無間斷。」答陳膚仲云：「陸學固有似禪處。然鄙意近覺婺州朋友專事聞見而於自己身心全無功夫，所以每勸學者兼取其善。要得身心稍稍端静，方於義理知所决擇。非欲其兀然無作，以冀於一旦豁然大悟也。」以此三書考之，伯恭、恭叔兄弟皆婺州人，皆講論事功之學，婺州士友多從其説。則朱子之答林、吴、潘者，正爲恭叔輩專事聞見、無身心工夫而砭濟之，非欲專重静養，而以講學爲支離也。且一曰「似禪」，一曰「非欲其兀然無作」，已早防陸學流弊矣。奈何拘其文，不考其意，漫指爲晚同乎？

答包顯道書云：「既未免讀書，則不曾大段著力理會，復是何説？向見前舉程文，從頭駡去，如人醉酒發狂，當街打人，不可救勸，心甚疑之。今乃知其病之有在也。」

答包詳道云：「示喻爲學之意，自信不疑如此，他人尚復何説？然觀古人爲學，只是升高自下，步步踏實，漸次解剥，人欲自去，天理自明，無似此一般作捺紐捏底工夫，必要豁然頓悟，然後漸次修行也。曾子工夫，只是戰兢臨履是終身事。中間一『唯』，蓋不期而會，偶然得之，非是别有一節工夫做得到此。而曾子本心蘄向，必欲得此，然後施下學之功也。所論『當論是非，不當論平險』者，甚善。然是則必平正，緣不是，故有險耳。此説甚長，非幅紙可既也。」

又答包詳道云：「示喻曲折，足見進道之力。然若是氣質之偏，只得如此用力，則固不失爲近本，而於獨善其身有得力處。今却便謂聖門之學只是如此，全然不須講學，纔讀書窮理，便爲障蔽，則無是理矣。顏子一問爲邦，夫子便告以四代之禮樂。若平時都不講學，如何曉得？禮記有曾子問一篇，於禮文之變纖悉曲盡，豈是塊然都不講學耶？東坡作蓮華漏銘，譏衛朴以己之無目而欲廢天下之視，來喻之云無乃亦類此乎？」

答包敏道云：「示喻已悉。求放心固是第一義，然如所謂『軌則一定』而浩然獨存，使赤子之心全復於此，而明義之本先立於此，然後求聞其所未聞，求見其所未見，亦可謂凌躐倒置而易其言矣。聖賢示人，模範具在，近世乃有竊取禪學之近似者，轉爲此説，以誤後生。後生喜其爲説之高、爲力之易，便不肯下意讀書，以求聖賢所示之門户，而口傳此説，高自標致，亂道誤人，莫此爲甚。三復來喻，恐未免此。」

玩答傅書，子淵之狂悖，朱子已先知之，猶不棄之，而且教之，望其能改，庶可共學耳。及乙巳見其大畔乎道，始鳴鼓而攻矣。若答包書，「竊取禪學之近似」云云，直指象山之差，但不斥言。至三包之妄，只以不屑教教之。此四人，即前書所云「其徒多有主先入，不肯舍去」者，故以法言立教，朱陸冰炭於此益信。陽明第執答林、吴、潘書以爲晚同，何不讀此而參考哉？

玩答林、吴云「深省而痛懲之」，是教以持敬集義實處用功也，答傅、包云「不虚心觀聖賢師友之言，平時不講學，如何曉得」，是教以讀書窮理也。蓋不用持敬集義實工，專以讀書爲學，固不得力，而不下意讀書以求聖賢所示之門户，徒口傳一般作捺紐捏工夫，矜爲捷得，其流弊可勝言哉！此二層轉關，學者果身入其中，未有不讀書者。到得讀書講義，雖檢身心，未探原本，其弊無所淵涵。從而疑之，且深造之，方信朱子教人持敬集義是親切語。過此二關，從居敬窮理實用工夫，兩件只是一件。到此地位，方信朱子教法是孔、孟明善誠身，知性存心之正傳，果非陸王比也。如不曾親歷，掠得影響，或任其所見墮於一邊，不味朱子正教，自疑偏誤，終於偏誤耳，豈能知朱子哉？

按：包敏道「軌則一定」六句，亦似先立根基以從事問學，而朱子深非之，朱子知言之學，見於此矣。學者即能收歛身心，亦必從事居敬窮理，漸明漸止，愈止愈明，斷無一旦豁然大悟，赤子之心全復於此之理。必欲如此，非入釋氏禪定不能。到得定時，自不肯讀書窮理，致起思慮，以摇静體。渠却不如此説，必假「軌則一定，浩然獨存，復赤子之心，立明義之本」等語以附於儒脈。所以朱子云「竊禪家之近似轉爲此説，以誤後生」，爲能勘透陸學隱情也。若答陳膚仲「身心稍稍端静」二句，即大學或問主敬格物致知之功，「非欲其兀然無作」二句，正見無一旦能復赤子之心。句句對看，其義豈不了然耶？

答包書亦未詳何年，姑以「其徒來相訪」之語，附記於此。

答李濱老云：「今世學者，幸得諸老先生爲之先唱，指示要途，以趨聖賢之域，而不能自淺及深，自近及遠，循序以進。或乃探測幽微，馳騖於言意之表，以是徒爲談說之資，而卒無所得於造理行事之實。其幸不至於中道而廢者，必流於佛、老之歸而不悟。」

答汪太初云：「近世學者不知聖門實學之根本次第，而溺於老、佛之說。無致知之功，無力行之實，而常妄意天地萬物、人倫日用之外別有一物，空虛玄妙，不可測度，其心懸懸然惟徼倖於一見此物，以爲極致，而視天地萬物本然之理、人倫日用當然之事，皆以爲是非要妙，特可以姑存而無害云爾。蓋天下之士不志於學，則泛然無所執持而徇於物欲，幸而知志於學，未有不墮於此者也。抑嘗聞之，學之雜者似博，其約者似陋，惟先博而後約，然後能不流於雜而不揜於陋也。故中庸明善在誠身之前，而大學誠意在格物之後[三二]，此聖賢之言可考者然也，足下其試思之。」

此二書，朱子任南康時答。其闢陸學處直透底裏，何得執答林、吴、潘書爲晚同哉？其亦不深考矣。

黄商伯問云：「未發之前，惟當敬以持養；既發之後，又當敬以察之。未發之中，不待推求而已瞭然於心目。一有求之之心，則其未發者固已不得而見矣。剖析可謂明白。呂氏欲求中於未發之前而執之，誠無是理。然既發之情是心之用，審察於此，未免以心觀心。

前章或問謂別以一心求此一心、見此一心爲甚誤，論語或問『觀過知仁』章亦有此說。豈非學者不能居敬以持養，格物以致知，專務反求於心，急迫危殆，無科級依據，或流入於異端，與始終持敬、體用相涵、意味接續者爲不同也？」朱子云：「已發之處，以心之本體權度，審其心之所發，恐有輕重長短之差耳。所謂『物皆然，心爲甚』者是也。若欲以所發之心別求心之本體，則無此理矣。此胡氏『觀過知仁』之說所以爲不可行也。」

此書未詳何年。按宋史本傳，商伯見朱子於南康，故附於庚子後。

玩朱子之答，最明最精。須於自已心中體驗是如此，方見得力，稍有一毫信不及，便是影響。其要緊在本體權度，難得的確。此非居敬窮理集義，實實下工夫，培養此心公平正大之體段在這裏，雖欲以此審其所發，何從得此本體權度也？縱天命之性，原有公平正大之權度，一時清明，未嘗不見。而識力未至，其中夾雜氣拘物蔽之偏，則不當者多。且恐直任本心，又走向那一邊去矣。惟朱子居敬窮理集義既久，常覺此心有安於義理而不妄動氣象，此是本體權度呈露。以此審其所發，則輕重長短自見，所以不差。此項工夫最親切精密，教人金針，立萬世之師，特爲拈出，學者從此循途以往，必有得力時也。若不如此用功，遽欲以所發求本體，終是擾擾於遷動之中，以所發求所發，不亦没世窮年而無所得耶？

答吕子約書云：「比日竊惟體候益佳健矣，但來書以爲勞耗心力所致，而諸朋友書亦云讀書過苦使然。不知是讀何書，若是聖賢之遺言，無非存心養性之事，决不應反至生病，恐又是太史公作祟耳。孟子言學問之道惟在『求其放心』，而程子亦言『心要在腔子裏』。今一向耽著文字，令此心全體都奔在册子上，更不知有己，便是箇無知覺、不識痛癢之人。雖讀得書，亦何益於吾事邪？況以子約平日氣體不甚壯實，豈可直以耽書之故，遂忘饑渴寒暑，使外邪客氣得以乘吾之隙，是豈聖人謹疾、孝子守身之意哉？」

道一、定論載學問之道數語，以爲晚同，不獨失朱子因人施教之意以誤後世，並不知朱子存心養性之事爲何解。徒節録先賢之言，以申己説。通辨攻其蔀障極明。但此書中云「實爲伯恭惜」，是時伯恭已卒，通辨序於乙未，誤矣。故正之。

又答吕子約書云：「日用功夫，比復如何？文字雖不可廢，然涵養本原而察於天理人欲之判，此是日用動静之間，不可頃刻間斷底事。若於此處見得分明，自然不到得流入世俗功利權謀裏去矣。某亦近日方實見得向日支離之病，雖與彼中證候不同，然其忘己逐物、貪外虚内之失則一而已。程子説『不得以天下萬物撓己，己立後自能了得天下萬物』。今自家一箇身心，不知安頓去處，而談王説霸，將經世事業别作一箇伎倆商量講究，不亦誤乎？相去遠，不得面論，書問間終説不盡，臨風歎息而已。」

此朱子直指存養省察工夫，以戒子約之博雜。而陽明以爲晚同，當不然也。

此二書未詳何年。以前書爲伯恭惜，與此書同意，故附之。

答陳超宗云：「爲學雖有階漸，然合下立志，亦須略見義理大概規模。於自己方寸間，若有箇惕然愧懼、奮然勇决之志，然後可以加之討論玩索之功，存養省察之力，而期於有得。夫子所謂志學，所謂發憤，政爲此也。若但悠悠泛泛，無箇發端下手處，而便謂可以如此平做將去，則恐所謂莊敬持養、必有事焉者，亦且若存若亡，徒勞把捉，而無精明的確、親切至到之效也。但如彼中誠是偏頗，向日之言正爲渠輩之病，却是賢者之藥，恐可資以爲益耳。以今觀之，政不必爾。但將聖賢之言事理就己心上作一處看，隨得隨守，久之須自有開明處也。」

答潘叔昌云：「學者先須置身於規矩法度中，使持於此者足以勝乎彼，則自然有進步處。如孔子告顔淵以非禮勿視、聽、言、動爲克己之目，亦可見矣。若自無措足之地，而欲搜羅抉剔於思慮隱微之中，以求所謂人欲之難免者而克之，則亦代翕代張，没世窮年而不能有以自立矣。」

答王子充云：「今日之弊，務講學者多闕於踐履，專踐履者又遂以講學爲無益。不知因踐履之實以致講學之功，使所知益明，則所守益固，與彼區區口耳之間者，不可同日而語矣。不然，所存雖正，所發雖審，恐終未免於私意之累，徒爲拘滯而卒無所發明也。」

答劉定夫云：「鄙意且要得學者息却許多狂妄身心，除却許多閑雜説話，著實讀書。初時儘且尋行數墨，久之自有見處。最怕人説學不在書，不務佔畢，不專口耳，下稍説得張皇，都無收拾，只是一場大脱空，真是可惡。細讀來書，尚有此意，非區區所欲聞也。」

答王欽之云：「所須問目，竊謂不必如此。但取一書從頭逐段子細理會，久之必自有疑有得。若平時泛泛，都不著實循序讀書，未説義理不精，且是心緒支離，無箇主宰處，與義理自不相親。又無積累功夫，參互考證，驟然理會一件兩件，若是小小題目，則不足留心，擇其大者，又有躐等之弊，終無浹洽之功，非區區所以望於尊兄者，故不敢承命浼聞。但願頗采前説，而以論語爲先。一日只看一二段，莫問精麤難易，只從頭看將去。讀而未曉則思，思而未曉則讀，反復玩味，久之必自有得矣。近年與朋友商量，亦多以此告之，然未見有看得徹尾者。人情喜新厭常乃如此，甚可歎。論語二十篇，尚不耐煩看得了，況所謂死而後已者，又豈能辨如此長遠功夫耶？」

又答王欽之云：「來書謂窮理不必泥古人言句，固是。然亦豈可盡捨古人言句哉？程子曰『窮理亦多端，或讀書講明道理，或論古今人物，別其是非，或應事接物，求其當否，皆窮理也』。夫講道明理，別是非而察之於應事接物之際，以克去己私，求夫天理，循循而進，無迫切陵節之弊，亦何患與古人背馳也？若欲盡捨去古人言句，道理不明，是非不別，泛然無所決擇，雖欲惟出處語默之察，譬之適越者不知東西南北之殊，僕僕然奔走於途，其不北入燕，則東入齊、西入秦耳。」

此六書亦未詳年歲，皆是遇象山後，教人著實立志、居敬、讀書，三件只是一件，句句有滋味，故附於此。學者當潛心體驗，立志居敬，是第一要緊工夫。然必著實讀書，浸淫灌溉，覺得聖賢言語即是心中義理，渾融貫通，如食之飽，如衣之暖，則立志居敬，克己力行，漸到居安資深、逢原地位矣。不然，氣質伏私，脱空入禪，弊必至此。非身體之，不知朱子學脈之正也。

答項平父書云：「示喻此心元是聖賢，只要於未發時常常識得，已發時常常記得，此固持守之要。但聖人指示爲學之方周遍詳密，不靠一邊，故敬義立而德不孤。若如今説，只恃一箇敬字，更不做集義工夫，其德亦孤立而易窮矣。須是精麤本末隨處照管，不令工夫少有空闕不到之處，乃爲善學也。此心固是聖賢本領，然學未講，理未明，亦有錯認人欲作天理處，不可不察。識得、記得，不知所識所記指何物而言，若指此心，則識者記者復是何物？心有二主，自相攫拏，聖賢之教恐無此法也。持守之要，大抵只是要得此心常自整頓，惺惺了了，即未發時不昏昧，已發時不放縱耳。愚見如此，不知子静相報如何？因風録示，或可以警所不逮也。伊川先生云『涵養須用敬，進學則在致知』，此兩句與從上聖賢相傳指訣如合符契〔三三〕，但講學更須寬平其心，深沉詳細，以究義理要歸處，乃爲有補。若只草草領略，就名數訓詁上著到，則不成次第耳。」

玩此書及前書，當合看，故附之。朱子原兼尊德性、道問學用工夫，而「常自整頓，惺惺了了」之語，尤尊德性扼要處。其以尊德性予象山者，亦取其持守有力，以自提撕。其平氣虛心，深沉詳細，不覺流露出來，何得執道問學上多了，遂定朱陸分派乎？

答周叔謹書云：「應之恨未得相見，其爲學規模次第如何？近來呂、陸門人互相排斥，此由各徇所見之偏，而不能公天下之心，以觀天下之理，甚覺不滿人意。應之皆嘗學於兩家，不知其於此看得果如何？因話扣之，因書喻及爲幸。某近日亦覺向來説話有太支離處，反身以求，正坐自己用功亦未切耳。因此減去文字工夫，覺得閑中氣象甚適。每勸學者亦且看孟子『道性善』、『求放心』兩章，著實體察收拾爲要。其餘文字，且大概諷誦涵養，未須大段著力考索也。」

陽明列此書於晚年。按與叔謹第二書云「朝廷方遣使命行經界」，經界事在庚戌，首云「應之相聚所講何事」，而此書云「恨未得相見」，則在其前可知。且此亦朱子自言「體察收拾爲要」，未見與陸同也。玩語意與答諸葛誠之書同，故附於此。

答李叔文云：「諭及爲學次第，甚慰所懷。但向來所説性善，只是且要人識得本來固有，元無少欠，做到聖人，方是恰好。纔不到此，即是自棄。故孟子下文再引成覸、顔淵、公明儀之言，要得人人立得此志勇猛向前，如服瞑眩之藥，以除深錮之病，直是不可悠悠耳。求放心不須注解，只日用十二時中常切照管，不令放出，即久久自見功效，義理自明，持守自固，不費氣力也。若添作一「求仁」字，即轉見支離，無摸索處矣。歎美之詞，乃胡氏説，大非孟子本意，今亦未須論，但看孟子本説足矣。此不是要解説「性」字，蓋是要理會此物善惡，教自家信得及，做得功夫不遲疑耳。」

此書未詳何年。按集中所載前三書皆自南康歸閩語，故附於癸卯後。宗陸、王者，多言朱子偏於道問學，本體不虚，豈知朱子哉！如此書直教人從心中體認性善，實下工夫收斂，切不可添求仁字，旨哉斯言。蓋自家性善，只是一團天理藹然湛然，正大光明氣象在這裏，著不得字樣作幫補。一著字樣，便涉支離，便難摸索，又不同於無善空蕩蕩的没有欛柄處。此惟身到心到者，方理會此氣象。的是至善，無一毫添著處，却是實有欛柄處也。只此一書，便見朱子德性至善，無聲無臭，異於陸、王者在此。

答吕子約云：「論語所記，皆聖賢言行之要。果能專意玩索，其味無窮，豈有固滯之理？竊恐却是不曾專一，故不見其味而反以爲固滯耳。至如讀易，亦當遵用程子之言，卦、爻、繫辭，自有先後，今亦何所迫切而手忙脚亂一至此耶？所論主一主事之不同，恐亦未然。主一只是專一，蓋無事則湛然安静而不驚於動，有事則隨事應變而不及乎他。是所謂主事者，乃所以爲主一者也。觀程子書中論敬處，類集而考之，亦可見矣。若是有所係戀，却是私意，雖似專一不舍，然既有係戀，則必有事已過而心未忘，身在此而心在彼者。此其支離畔援，與主一無適非但不同，直是相反。今比而論之，亦可謂不察矣。凡前後所言，皆瞻前顧後、一前一却之論，不曾坦然驀直行得數步，此亦一箇大病根株，恐當痛下工夫刊削，不可悠悠。」

答潘叔昌云：「承喻，李、陸、孫氏之書，慨然有感，此見進學不倦之意。然愚意學者當且就聖門文字中研究，得箇入頭處，却看此等。其合者固所不遺，其不合者亦易看破，自然不費力也。嘗私怪彼中朋友不肯於論語、孟子、中庸、大學深下功夫，而泛觀博取於一時議論之間，所以頭緒多而眼目少，規模廣而意味不長。試以孟子論子路、管仲處觀之，可見其得失矣。」

玩此二書，朱子立本之旨明白極矣。操之之功，只在專一講聖賢親切之訓以開明之。彼以讀書講學爲狥外者，豈其然哉！夫讀書講學，必以四書、六經爲主，以小學、近思録、周、程、張、朱書爲階梯，有箇入處，然後看史，則合與不合，了然不差。尤其要者，惟朱子集中有門徑，有權衡，要在學者心會身體而自得之，非可苟也。

年譜云「甲辰辨浙學極力，爲吕潘輩言之」，此二書語意相近，故附之。

答方賓王書云：「所論近世識心之弊，深中其失。古人之學所貴於存心者，蓋將推此以窮天下之理。今之所謂識心者，乃欲恃此而外天下之理。是以古人知益崇而禮益卑，今人則論益高而其狂妄恣睢也愈甚。得失亦可見矣。」

玩朱子此書，所謂涵養根本用功處，與象山不同。

又答方賓王書云：「心固不可不識，然静而有以存之，動而有以察之，則其體用亦昭然矣。近世之言識心者，則異於是。蓋其静也，初無持養之功；其動也，又無體驗之實。但於流行發見之處，認得頃刻間正當底意思，便以爲本心之妙不過如是。擎夯作弄，做天來大事看，不知此只是心之用耳。此事一過，此用便息，豈有只據此頃刻間意思，便能使天下事事物物無不各得其當之理耶？所以爲其學者，於其功夫到處，亦或小有效驗，然亦不離此處。而其輕肆狂妄不顧義理之弊，已有不可勝言者。此真不可以不戒。然亦切勿以此語人，徒争競辨之端也。」

二書所言，皆是斥陸學之非，但不顯言之耳。二書亦不可考其何年。末一書有云

「浙中聞頗有船粟可濟民食，不知此來氣象復如何」，朱子浙東救荒在壬寅，且玩「徒增競辨」一言，自在卯、辰間，故附之。

答陳同甫云：「所謂『人心惟危，道心惟微，惟精惟一，允執厥中』者，堯、舜、禹相傳之密旨也。夫人自有生而梏於形體之私，固不能無人心矣，然必有得於天地之正，又不能無道心矣。日用之間，二者并行，迭爲勝負，而一身之是非得失、天下之治亂安危，莫不係焉。是以欲其擇之精而不使人心得以雜乎道心，欲其守之一而不使天理得以流於人欲，則凡其所行，無一事之不得其中，而於天下國家無所處而不當。夫豈任人心之自危，而以有時而泯者爲當然，任道心之自微，而幸其須臾之不常泯也哉？夫堯、舜、禹之所以相傳者既如此，至如湯、武，則聞而知之，而又反之以至於此者也。夫子之所以傳之顔淵、曾參者此也，曾子之所以傳之子思、孟軻者此也。故其言曰『一日克己復禮，天下歸仁焉』，又曰『吾道一以貫之』，又曰『道不可須臾離也，可離非道也，是故君子戒慎乎其所不睹，恐懼乎其所不聞』，又曰『其爲氣也，至大至剛，以直養而無害，則塞乎天地之間』。此其相傳之妙，儒者相與謹守而共學焉，以爲天下雖大，而所以治之者不外乎此。然自孟子既没，而世不復知有此學。一時英雄豪傑之士，或以資質之美、計慮之精，一言一行，偶合於道者，蓋亦有之。而其所以爲之田地本根者，則固未免乎利欲之私也。而世之學者稍有才氣，便不肯低心下意，做儒家事業、聖學功夫。又見有此一種道理，不要十分是當，不礙諸般作爲，便可立大功名、取大富貴，於是心以爲利，争欲慕而爲之。然又不可全然不顧義理，便於此等去處，指其須臾之間偶未泯廢底道理，以爲只此便可與堯、舜、三代比隆，而不察其所以爲之田地本根者之無有是處也。」

又云：「夫人只是這箇人，道只是這箇道，豈有三代、漢、唐之别？但以儒者之學不傳，而堯、舜、禹、湯、文、武轉相授受之心不明於天下，故漢、唐之君雖或不能無暗合之時，而其全體却只在利欲上。此其所以堯、舜、三代自堯、舜、三代，漢祖、唐宗自漢祖、唐宗，終不能合而爲一也。今若必欲徹去限隔，無古無今，則莫若深考堯、舜相傳之心，法湯、武反之之功夫，以爲準則而求諸身，却就漢祖、唐宗心術微處，痛加繩削，取其偶合而察其所自來，黜其悖戾而究其所從起，庶幾天地之常經、古今之通義，有以得之於我。不當坐談既往之迹，追飾已然之非，便指其偶同者以爲全體，而謂其真不異於古之聖賢也。且如約法三章固善矣，而卒不能除三族之令，一時功臣無不夷滅。除亂之志固善矣，而不免竊取宫人以私侍其父，其他亂倫逆理之事，往往皆身犯之。蓋舉其始終而言，其合於義理者常少，而其不合者常多；合於義理者常小，而其不合者常大。但後之觀者於此根本功夫自有欠闕，故不知其非而以爲無害於理，抑或以爲雖害於理而不害其獲禽之多也。觀其所謂學成人而不必於儒〔三四〕，攬金銀銅鐵爲一器而主於適用，則亦可見其立心之本在於功利，有非辨説所能文者矣。夫成人之道，以儒者之學求之，則夫子所謂成人也；不以儒者之學求之，則吾恐其畔棄繩墨，脱略規矩，進不得爲君子，退不得爲小人。正如攬金銀銅鐵爲一器，不惟壞却金銀，而銅鐵亦不得盡其銅鐵之用也。不傳之學一事，却恐更須討論，方見得從上諸聖相傳心法，而於後世之事有以裁之而不失其正。若不見得，却是自家耳目不高，聞見不的，其所謂洪者，乃混雜而非真洪，所謂慣者，乃徇流而非真慣。竊恐後生傳聞，輕相染習，使義、利之辨不明，舜、蹠之塗不判，眩流俗之觀聽，壞學者之心術，不惟老兄爲有識者所譏，而朋友亦且陷於收司連坐之法，此某之所深憂而甚慮者。故敢極言，以求定論。」

又答陳同甫云：「古之聖賢，從本根上便有惟精惟一功夫，所以能執其中，徹頭徹尾，無不盡善。後來所謂英雄，則未嘗有此功夫，但在利欲場中頭出頭没。其資美者乃能有所暗合，而隨其分數之多少以有所立。然其或中或否，不能盡善，則一而已。來喻所謂『三代做得盡，漢唐做得不盡』者，正謂此也。然但論其盡與不盡，而不論其所以盡與不盡，却將聖賢事業去就利欲場中比並較量，見其有彷彿相似，便謂聖人樣子不過如此，則所謂毫釐之差千里之謬者，其在此矣。且如管仲之功，伊吕以下誰能及之？但其心乃利欲之心，迹乃利欲之迹，是以聖人雖稱其功，而孟子、董子皆秉法義以裁之，不少假借。蓋聖人之目固大，心固平，然於本根親切之地、天理人欲之分，則有毫釐必計，絲髮不差者。此在後之賢所以密傳謹守以待將來，惟恐其一旦舍吾道義之正，以徇彼利欲之私也。今不講此，而遽欲大其目、平其心，以斷千古之是非，宜其指鐵爲金，認賊爲子，而不自知其非也。若夫點鐵爲金之譬，施之有教無類、遷善改過之事則可，至於古人已往之迹，則其爲金爲鐵，固有定形，而非後人口舌議論所能改易久矣。今乃欲追點功利之鐵，以成道義之金，不惟費却閑心力，無補於既往，正恐礙却正知見，有害於方來也。若謂漢唐以下便是真金，固無待於點化，而其實又有大不然者。蓋聖人者，金中之金也，學聖人而不至者，金中猶有鐵也，漢祖、唐宗用心行事之合理者，鐵中之金也，曹操、劉裕之徒，則鐵而已矣。夫金中之金乃天命之固然，非由外鑠，淘擇不净，猶有可恨。今乃無故必欲舍棄自家光明寶藏，而奔走道路，向鐵鑪邊查礦中撥取零金，不亦悞乎？帝王本無異道，王通分作兩三等，已非知道之言。且其爲道，行之則是，今莫之禦而不爲，乃謂不得已而用兩漢之制，此皆卑陋之説，不足援以爲據。若果見得不傳底絶學，自無此弊矣。今日許多閑議論，皆原於此學之不明，故乃以爲笆籬邊物而不知省，其爲喚銀作鐵，亦已甚矣。來諭又謂『凡所以爲此論者，正欲發儒者之所未備，以塞後世英雄之口而奪之氣，使知千塗萬轍，卒走聖人樣子不得』。以愚觀之，正恐不須如此費力。但要自求見得道理分明，守得正當，後世到此地者，自然若合符節，不假言傳。其不到者，又何足與之爭耶？況此等議論正是推波助瀾，縱風止燎，使彼益輕聖賢而愈無忌憚，又何足以閉其口而奪其氣乎？」

道心之旨，肇自堯、舜，歷聖相傳，數千餘年，宋周、程始接其統，朱子大發明之。與同甫往復再三者，非好辨也。漢、唐賢明之君，無有精一工夫，間有是處，多是暗合，諸儒亦然。同甫取其言行之合理者，便指爲與唐、虞、三代不殊，是視漢祖、唐宗即堯、舜、湯、武，視蕭何、曹參、劉向、匡衡、房玄齡、杜如晦、韓愈、李白之功業文詞，即伊、周之經綸誓告、雅頌，紊亂聖學，無所底止矣。朱子一生經濟文章原於道心，故特辨明之。上承堯、舜不傳之絶學，下正後世學者之宗旨，其功豈在禹下哉！

按年譜，甲辰力辨浙學之非。

答康炳道云：「所論爲學之失，由其但以致知爲事，遂至陷溺。此於今日之弊，誠若近之。然恐所謂致知者，正是要就事物上見得本來道理，却與今日討論制度、較計權術者，意思功夫迥然不同。若致得吾心本然之知，豈復有所陷溺耶？正坐論事而不求理，遂至生此病痛耳。熹於此非敢有所與奪，但見邪説横流，恐爲吾道之害，故不得不極言之。信之與否，則在乎人焉。若既排闢之，又假借之，則恐其弊將有至於養虎而遺患者矣。然區區於此，亦固未嘗有所絶於人而不與其進也。彼若幡然覺悟，去邪歸正，又豈熹之所能拒哉？

東萊文字須子細整頓成編，乃可商量。但此事亦不宜甚緩，蓋人生不堅固，若過却眼前諸人，即此事無分付處矣。」

此書未詳何年。東萊卒於辛丑，故附於卷後。

朱子格致工夫，原與討論制度者大不同。事物本來道理與吾心本然之知，只是一理。如民當養，理也，吾心知民當養，理也。惟事物道理見不透，吾心本然之知亦不透，所貴格物以致其本然之知。程子云「合内外之道」，正謂此也。陽明指爲徇外，亦未讀此書，而何輕於立論耶？

朱子曰：「未發已發，只是一項工夫。未發固要存養，已發亦要審察。遇事時時復提起，不可自怠，生放過心。無時不存養，無時不省察。」

又曰：「人之一心，當應事時常如無事便好。」

或云：「只瞑目時，已是生妄想之端。讀書心在書，爲事心在事，只是收聚得心，未見敬之體。」朱子曰：「静坐而不能遣思慮，便是静坐時不曾敬。敬只是敬，更尋甚敬之體。」

能敬便是本體在，方會得已發未發是一件工夫，應事常如無事之旨。然不從已發未發説着實體驗過來，安能知此？

又曰：「心不可有一物。喜怒哀樂固欲得其正，然過後須平了。且如人有喜心，若以此應物，便是不得其正。」

朱子是時，已是不遷怒地位。

或問：「顔子死而不亡之説，先生既非之矣，然聖人制祭祀之禮，所以事鬼神者，恐不止謂但有此理，須有實事。」朱子曰：「若是見理明者，自能知之。明道所謂『若以爲無，古人因甚如此説？若以爲有，又恐賢問某尋』，其説甚當。」

朱子於鬼神道理了然久矣。

又曰：「大凡看文字，少看熟讀，一也。不要鑽研立説，但要反覆體驗，二也。埋頭理會，不要求效，三也。三者學者當守此。」

以上六條皆萬人傑録。存養讀書，朱子齊頭用功如此。

或問：「此心未能把得定，如何？」朱子曰：「且論是不是，未須論定不定。」

「是」字是存養要訣，若陸、王則論定不定矣。

問：「敬何以用功？」朱子曰：「只是内無妄思，外無妄動。」

如此方能身心肅然，表裏如一。

問：「學者講明義理之外，亦須理會時政。凡事當一一講明，使先有一定之説，庶它日臨事，不至面墻。」朱子曰：「學者若得胸中義理明，從此去量度事物，自然泛應曲當。人若有堯舜許多聰明，自做得堯舜許多事業。若要一一理會，則事變無窮，難以逆料，隨機應變，不可預定。今世文人才士開口便説國家利害，把筆便述時政得失，終濟得甚事？只是講明義理，以淑人心，使世間識義理之人多，則何患政治之不舉耶？」

三段皆潘柄録。合觀之，居敬窮理，不可缺一也。

又曰：「所謂窮理者，事事物物各自有箇道理，窮之須要周盡。若見得一邊，不見一邊，便不該通。窮之未得，更須款曲推明。蓋天理在人，終有明處。『大學之道，在明明德』，謂人合下便有此明德。雖爲物欲掩蔽，然這些明底道理未嘗泯絶。須從明處漸漸推將去，窮到是處，吾心亦自有準則。窮理之初，如攻堅物，必尋其罅隙可入之處，乃從而擊之，則用力爲不難矣。孟子論四端，便各自有箇靶柄，仁、義、禮、智皆有頭緒可尋。即其所發之端，求其可見之體，莫非可窮之理也。」

又曰：「學者貪做工夫，便看得義理不精。讀書須是子細，逐句逐字要見著落。若用工麤鹵，不務精思，只道無可疑處，非無可疑，理會未到，不知有疑爾。」

朱子所謂窮理，原不向外尋求，只就自家明德發端處推廣。所謂讀書須求自家疑處，仍是明吾心道理也。

又曰：「未知學問，此心渾爲人欲；既知學問，則天理自然發見，而人欲漸漸消去者，固是好矣。然克得一層，又有一層，大者固不可有，而纖微尤要密察。」

又曰：「學者工夫，只求一箇是。凡事皆用審箇是非，擇其是而行之。聖人教人，諄諄不已，只是發明此理。『十五志學』，所志只在此；『三十而立』，所立只在此；『四十而不惑』，又不是別有一般道理，只是見得明，行得到。爲聖爲賢，皆只在此。」

以上周謨録。前一段言克己，後一段言立脚在天理上，再無移易處。

又曰：「學者實下工夫，須是日日爲之，就事親、從兄、接物、處事理會取。其有未能，益加勉行。如此之久，則日化而不自知，遂只如常事做將去。」

問：「『動静』兩字，人日間静時煞少，動時常多。」朱子曰：「若聖人動時，亦未嘗不静。至衆人動時，却是膠擾亂了。」

又曰：「四者人所不能無，但不可爲所動。若順應將去，何不得其正之有？」

又曰：「定亦有淺深。如學者思慮凝定，亦是定。如道理都見得徹，各止其所，亦是定，只此地位已高。」

以上程端蒙録。動時静，聖人地位固難到，然動静體驗，正是致中和切要功夫。静中既認得性體，只恐動中擾亂，不能順應。若能實用窮理、讀書、克己、盡倫、存義工夫，道理見得徹，有箇立脚處，則静時動時漸有疊定意思。朱子思定理定，分別最精，陸、王思定耳。如程、朱方是理定，陸、王何以思定沉静之功多，而窮理之功少也？

問：「禮記正義載五養老、七養老之禮。」朱子曰：「漢儒説制度有不合者，多推從殷禮去。大抵古人制度，恐不便於今。如鄉飲酒禮節文甚繁，今强行之，畢竟無益。不若取今之禮酌而行之。」

或問：「爲政者當以寬爲本，而以嚴濟之。」朱子曰：「某謂當以嚴爲本，而以寬濟之。曲禮謂『涖官行法，非禮威嚴不行』，須是令行禁止。若曰令不行，禁不止，而以是爲寬則非也。」

又曰：「方今朝廷只消置一相，三參政兼六曹，如吏兼禮，户兼工，兵兼刑。樞密可罷，如此則事易達。又如宰相擇長官，長官却擇具寮。今銓曹注擬，小官繁劇，而又不能擇賢。每道只令監司差除，亦好。每道仍只用一監司。」人傑因舉陸宣公之言，以爲豈有爲臺閣長官則不能擇一二屬吏，爲宰相則可擇千百具寮？曰：「此説極是，當時如沈既濟亦有此説之意。」

朱子問人傑：「姚崇擇十道使，患未得人，如何？」曰：「只姚崇説患未得人，便見它真能精擇。」曰：「固是。然唐鑑却貶之。唐鑑議論大綱好，欠商量處亦多。」又云：「范文正、富文忠當仁宗時，條天下事，亦只説擇監司爲治，只此是要矣。」

以上萬人傑録。

又曰：「唐時州縣上供少，故州縣富，兵在藩鎮，朝廷無甚養兵之費。自本朝罷了藩鎮，州郡之財已多歸於上。熙、豐間又令州郡見看軍額幾人，折了者不得補却，以其費樁管上供，而朝廷得錢物甚多。今天下兵約四五十萬，又皆羸弱無用之人，所費不可計。今若要理會，須從此起。」

又曰：「賑濟之策，初且大綱，如抄人口之類，亦且待其抄來如何。如不實，有人訟，然後或添或去，却罪官吏。一細碎，便生病。屯田亦然，且理會大處。如薛士龍輩皆有一定格子，細細碎碎，皆在我手裏，且只一出使委人，如何了得？又此等事，須是上下一心，方行得。」

又曰：「嘗與劉樞言，某做時，且精選一箇吏部尚書，使得盡搜羅天下人才。諸部長官得自辟屬官，却要過中書吏部尚書考察。朝官未闕人時，亦未得薦。俟次第闕人，却令侍從以下各舉一二人。只舉一二人，彼亦不敢以大段非才者進。今常常薦人，一切都淡了。又併天下監司，一路只著一漕一憲，茶鹽將兼了。」

問：「今日之軍政，只有君相上下一心，揀之又揀，如太祖時方好。」朱子曰：「只有揀練便用。太祖時即用。如揀而養十數年，又老了，依舊無用。」

又曰：「天下事自有箇大根本處，每事又各自有箇緊要處。」端蒙録。

又曰：「天下事有大根本，有小根本。正君心是大本，其餘萬事各有一根本。如理財以養民爲本，治兵以擇將爲本。」

按此條不知何氏録。上一條得此方明，故附之。

朱子於擇宰相、擇監司、選將練兵、禮法工料，事事講究，此爲明體達用之學。陸、王治事，亦料理得，而教學別是一説，體用絶不相蒙。殆雜佛、老、管、商以爲學，而異於聖人之道矣。

【校勘記】

〔一〕故臣自到任之初　「到」，原作「外」，清華鈔本同，據晦庵集卷一一改。

〔二〕草茅有識之士　「有識」，原作「末職」，清華鈔本同，據晦庵集卷一一改。

〔三〕本欲初秋即申祠請　「祠」，原作「詞」，據清華鈔本、晦庵集卷二六改。

〔四〕不知徑自使司申請如何　「知」，原作「如」，清華鈔本同，據晦庵集卷二六改。

〔五〕非晚必有存恤指揮　「晚」，原作「輕」，據清華鈔本、晦庵集卷九九改。

〔六〕使臺所爲取索　「爲」，原作「謂」，清華鈔本同，據晦庵集卷二六改。

〔七〕行下諸都隅官保正　「都」，原作「郡」，據清華鈔本、晦庵集卷二六改。

〔八〕更與本都喚集父老貧民　「都」，原作「郡」，據清華鈔本、晦庵集卷二六改。
〔九〕四千石補承信郎　「承」，原作「陳」，據晦庵集卷一六改。
〔一〇〕子静之病　「病」，原作「學」，清華鈔本同，據晦庵集卷三四改。
〔一一〕蓋緣承平之際　「承」，原作「成」，據清華鈔本、晦庵集卷二〇改。
〔一二〕竊緣郡境民貧　「民貧」，二字原倒，據晦庵集卷二〇乙正。清華鈔本作「民窮」。
〔一三〕專一在寨統轄教閲　「教」，原作「放」，據清華鈔本、晦庵集卷二〇改。
〔一四〕但有團結教習之文　「結」，原作「給」，據清華鈔本、晦庵集卷二〇改。
〔一五〕隨其器能　「器」，原作「氣」，據清華鈔本、晦庵集卷一三改。
〔一六〕令供出人之貧者　「人之貧者」，原作「人人皆貧者」，據清華鈔本、語類卷一〇六删改。
〔一七〕關防再入之人　「防」原闕，清華鈔本同，據語類卷一〇六補。
〔一八〕分户高下出米　「米」，原作「來」，據清華鈔本、語類卷一〇六改。
〔一九〕百萬生齒　「萬」，原作「里」，清華鈔本同，據晦庵集卷一六改。
〔二〇〕臣自正月四日起離紹興府迤邐巡歷　「離」，原作「奏」，清華鈔本同，據晦庵集卷一六改。
〔二一〕以熟爲荒　「熟爲」二字原闕，據晦庵集卷一七補。清華鈔本是句作「以熟」二字。
〔二二〕目下差官檢踏旱田荒熟分數　「旱」，原作「早」，清華鈔本同，據晦庵集卷一七改。
〔二三〕權以一百萬貫爲率　「權」，原作「動」，據清華鈔本、晦庵集卷一七改。

〔二四〕備據國學進士唐季淵等狀　「季」，原作「李」，據晦庵集卷一七改。

〔二五〕收養小兒遺棄　「棄」，原作「業」，據晦庵集卷一七改。

〔二六〕以絶下户細民奔走供億　「億」，原作「役」，據清華鈔本、晦庵集卷一七改。

〔二七〕往外州府收糴米穀　「外」，原作「來」，據清華鈔本、晦庵集卷一七改。

〔二八〕晚稻之未全損者　「者」，原作「事」，據晦庵集卷一八改。

〔二九〕買撲之害　「害」，原作「官」，據清華鈔本、晦庵集卷一八改。

〔三〇〕産錢六百文以上　「錢」，原作「前」，據晦庵集卷九九改。

〔三一〕社首姓名　「首」，原作「長」，據晦庵集卷九九改。

〔三二〕而大學誠意在格物之後　「大學」二字原闕，據晦庵集卷四六補。

〔三三〕此兩句與從上聖賢相傳指訣如合符契　「合」，原作「何」，據晦庵集卷五四改。

〔三四〕觀其所謂學成人而不必於儒　「學」字原闕，清華鈔本同，據晦庵集卷三六補。

朱子聖學考略卷六

乙巳，朱子五十六歲。

答陸子靜書云：「奏篇垂寄，得聞至論，慰沃良深。語圓意活，渾浩流轉，有以見所養之深、所蓄之厚。但向上一路未曾撥轉處，未免使人疑著，恐是葱嶺帶來耳。」

象山奏對在甲辰。

象山輪對五劄，敷陳詳明，朱子稱之，亦取其論治道之長也。至於人君根本處，要在格物致知、誠意正心，而象山總不言及。五劄之末，但言垂拱無爲而百事詳，何言之易也？朱子窺見其隱，絕無居敬窮理工夫，故直斷之曰「葱嶺帶來」，豈疑信相半哉。前言專是尊德性事，而通辨云疑信相半，此言養深蓄厚，而通辨又云疑信相半，不知尊德性一語不過言其能收斂身心，即「葱嶺帶來」之意，養深蓄厚，不過言其詞意渾浩，亦由所養所蓄而然。意各有指，原無相信處。是時朱子已五十六矣，按其年，考其學，正是存省有得合一之候。集中文字，了了可見。即以此書觀之，細味語意，都是砭礪，安有纖毫信底意思？讀者深體之，則自見耳。

與劉子澄云：「近年道學，外面被俗人攻擊，裏面被吾黨壑壞。婺州自伯恭死後，百怪都出，至如子約，别一般差異底話，全然不是孔孟規模，却做管、商見識，令人駭歎而已。伯恭自有些拖泥帶水，致得如此，又令人追恨也。子静一味是禪，却無許多功利術數。目下收斂得學者身心，不爲無力，然其下梢無所据依，恐亦未免害事也。去年被人强作張、吕畫贊及敬夫集序，今並録呈。婺州學者甚不樂也。」

張敬夫集序作於甲辰十二月。

其收斂學者身心即是禪，傅子淵輩之凶狠，子静之教之害也。朱子憂之如此，尚曰信之哉？

又與劉子澄書云：「子静寄得對語來，語意圓轉渾浩，無凝滯處，亦是渠所得效驗，但不免些禪底意思。昨答書戲之云：『這些子恐是葱嶺帶來。』渠定不伏。然實是如此，諱不得也。近日建昌説得動地，撑眉努眼，百怪俱出，甚可憂懼。渠亦本是好意，但不合只以私意爲主，更不講學涵養，直做得如此狂妄。世俗滔滔，無話可説，有志於學者又爲此説引去，真吾道之不幸也。公度書來，似有此病痛，不知季章如何？學問固是須著猛勇，然此猛勇却要有箇用處。若只兩手握拳，努筋著力，枉費十分氣力，下梢無可成就，便須只是怪妄而已。吴伯起資質本是大段昏弱，故得此氣力，便能振勵而短長相補，不至於怪。然亦失之偏枯，恐不能大有所就。若資性中本有些子精神，被此發作，如陽藏人喫却伏火丹砂，其不發狂者幾希耳。近日因看大學，見得此意甚分明。聖賢已是八字打開了，但人自不領會，却向外走作耳。」

通辨載至「吾道之不幸也」止，以爲二家冰炭自此始，是矣。然冰炭至此而極，不自此始也。建昌謂傅子淵。淵，建昌人。

丙午，朱子五十七歲。

易學啓蒙序云：「聖人觀象以畫卦，揲蓍以命爻，使天下後世之人皆有以決嫌疑，定猶豫，而不迷於吉凶悔吝之塗，其功可謂盛矣。然其爲卦也，自本而幹，自幹而支，其勢若有所迫而不能已。其爲蓍也，分合進退，縱横順逆，亦無往而不相值焉。是豈聖人心思智慮之所得爲也哉？特氣數之自然形於法象，見於圖書者，有以啓於其心而假手焉耳。近世學者類喜談易，而不察乎此，其專於文義者，既支離散漫而無所根著；其涉於象數者，又皆牽合傅會而或以爲出於聖人心思智慮之所爲也。若是者予竊病焉，因與同志頗輯舊聞，爲書四篇，以示初學，使毋疑於其説云。淳熙丙午暮春既望。」

啓蒙之作，朱子非得已也。伏羲有先天卦畫，而後天道理統括無疑；文、周有後天卦畫、彖象爻辭，而先天道理散見各别。孔子十翼，根本先天，發明後天，無所不備。程子易傳，闡晰後天、而未啓先天。當時學易者如黄中、機仲輩，雜説蠭起，無所折衷，朱子憂之。本邵子之書著啓蒙四卷，載河圖、洛書、先天卦畫圖，以明無聲無臭之中具有太極、兩儀、四象、八卦之理。在天如此，在人亦然。載後天卦畫圖，明著策，考變占，以明陰陽老少之中具有卦象、卦體、卦德、卦變之妙，承乘應敵吉凶悔吝之用。人事顯然，天運可見。使人本先天以立其基，而於一卦一爻、一事一物，如卜筮所得，推求其象，考究其理，以盡後天之散殊，詳後天以致其用，而常戰戰兢兢，履薄臨深，如上帝臨汝，不敢戲豫，不敢馳驅，以完先天之本原。此朱子著啓蒙以立教之旨也。如啓蒙五贊、答袁機仲諸書、易語類，皆當反復潛玩，心體身行，庶得朱子之旨，可復向上根原矣。

孝經刊誤後記云：「某舊見衡山胡侍郎論語説，疑孝經引詩非經本文，初甚駭焉，徐而察之，始悟胡公之言爲信。而孝經之可疑者不但此也，因以書質之沙隨程可久丈。程答書曰『頃見玉山汪端明亦以爲此書多出後人傅會』，於是乃知前輩讀書精審，其論固已及此。又竊自幸有所因述，而得免於鑿空妄言之罪也。因欲掇取他書之言可發此經之旨者，别爲外傳，如冬温夏清、昏定晨省之類，即附始於事親之傳。顧未敢耳。淳熙丙午八月十二日記。」玩焉。

孝經十八章，朱子分前六章爲經，後十二章爲傳，最分明。其中辨論，皆當潛

答陸子静書云：「昨聞嘗有丐外之請而復未遂，今定何如？莫且宿留否？學者後來更得何人？顯道得書云嘗詣見，不知已到未？子淵去冬相見，氣質剛毅，極不易得。但其偏處亦甚害事，雖嘗苦口，恐未必以爲然。今想到部，必已相見，亦嘗痛與砭礪否？道理雖極精微，然初不在耳目見聞之外，是非黑白，即在面前。此而不察，乃欲别求玄妙於意慮之表，亦已誤矣。某衰病日侵，去年災患亦不少，此數日來，病軀方似略可支吾，然精神耗減，日甚一日，恐終非能久於世者。所幸邇來日用工夫頗覺有力，無復向來支離之病。甚恨未得從容面論，未知異時相見，尚復有異同否耳。」

象山年譜載此書於丙午。

此書陽明所録止「衰病」以下數行耳。首已明言子淵所學之非，末數語朱子自言涵養得力，原非以象山之學爲是。云未知復有異同否，同不同未可知也。通辨攻篁墩、陽明之捕風捉影，誠然。

細玩與象山書，朱子之不同於陸，已一一言之矣，特篁墩、陽明未之知耳。「剛毅

不易得」者，譏子淵也。「偏處亦甚害事」者，責子淵之高大自許也。「雖嘗苦口」二句，見子淵不受教也。「亦嘗痛與砭劑否」，見象山當痛砭劑之，亦知其不痛砭劑之也。「道理」三句，言不當求之玄妙也。「此而不察」三句，言子淵之求玄妙即象山之教之誤也。「邇來」三句，朱子自言涵養有力，實實信得及也。「未知異時」三句，見自家所得與象山異同未可必，子淵不以爲然，想象山亦未必以爲然，而料其必有異也。首尾二百餘言，無一字與象山同，而陽明以爲晚同，篁墩以爲未及胥會而陸已下世。二家之欺世至此，然亦不能欺人也。此書之在丙午，朱、陸年譜、文集，的確可憑。自丙午以後，朱子答象山書，一云「一味慢罵虛喝，心欲求勝」，一云「肆支蔓躁率之詞」〔一〕，一云「陰實祖用其說，而改頭換面，陽諱其所自來」，如此者甚多，冰炭極矣。稍能讀書者皆知之，衹程、王之自立說耳，安能援陸附朱，以欺來學哉？

答程正思書云：「所論皆正當確實，而衛道之意又甚嚴，深慰病中懷抱。省試得失，想不復置胸中也。告子『生之謂性』，集註雖改，細看終未分明。近日再改一過，此處覺得尚未有言語解析得出，更俟欵曲細看。他時相見，却得面論。祝汀州見責之意，敢不敬承。蓋緣舊日曾學禪宗，故於彼說雖知其非，而不免有私嗜之意，亦是被渠說得遮前掩後，未盡見其底蘊。譬如楊、墨，但能知其爲我兼愛，而不知其至於無父無君；雖知其無父無君，亦不知其便是禽獸也。去冬因其徒來此，狂妄凶狠，手足盡露，自此乃始顯然鳴鼓攻之，不復爲前日之唯阿矣。浙學尤更醜陋，如潘叔昌、呂子約之徒，皆已深陷其中。不知當時傳授師説，何故乖訛便至於此，深可痛恨。元善遂能辨此，深可歎賞。深慚老繆放過此著，今日徒勞頰舌，用力多而成功寡也。」

答程正思謂「去冬其徒來此」等語，與前答子靜所云「子淵去冬相見」同，答公度、幾道語意亦同。答正思一云「雖知其非」，一云「譬如湯、墨」，朱子久知其是禪，特未盡見底藴耳。「曾學禪宗，未免私嗜」云者，非私嗜其學也。須玩「知其非」三字，其學已非矣，但其「收斂身心，亦甚有力」，即取其長之意云爾。朱子嘗曰：「釋氏説玄空，便是空無物；又説真空，却是有物。與吾儒説略同。但他不管天地四方，只是理會一箇心。」又嘗曰：「看釋氏下工夫，直是自日至夜，無一念走作别處去。學者一時一日之間，是多少閑雜念慮，如何似得他？只惜他所學非正學，枉了工夫。」知此，則知「私嗜」之言，蓋有説焉。同一「收斂不走作」之解，其中大有分别。釋氏之「收斂不走作」，雖曰有物而内外俱空；象山之「收斂不走作」，奉禪空爲宗而以知覺應事接物；朱子之「收斂不走作」，主敬窮理而内外合一。惟其一於主敬窮理而兼取衆長，所以取其「收斂不走作」者，只在用力凝定處。此所謂「曾學禪宗，未免私嗜」之意之旨也。若不透徹此解而泥字面，既知其學之非而又嗜之，是嗜其非正之學矣。不獨上下文義自相矛盾，而於朱子聖學之功未見得其領要也。至於「唯阿」云者，蓋以象山陰釋陽儒而猶有慕儒之心，又其氣質剛猛，不肯虛心下意，求友集益，第以巽言往來，冀渠一悟，自去所蔽，共爲講學，庶幾歸於一是，而廣吾道之傳。卒以私意爲主，狂悖百出，乃得盡見底蘊，不憚極力攻之。此則朱子之苦心衷腸，皎如日月者也。通辨乃云「朱子初年因嘗參究禪學，與象山所見亦同。以故私嗜唯阿，時稱其善」，則大非矣。故不得不詳辨之，以俟後之君子。

南軒先生云：「明道先生爲條例司屬官，是介甫初爲參政時，正欲就其中調護變化之。後來見他執拗不可回，爲天下害，故在臺中力論之，無非中節也。」澐以朱子初遇象山，以吾黨孤弱，亦欲變化之。後來見其妄自尊大，俯視聖賢，故力攻之。朱子待象山即程子待介甫之心，南軒知程子，後儒不知朱子，可慨已。

答劉公度書云：「建昌士子過此者多，方究得彼中道理端的是異端，誤人不少。向見賢者亦頗好之，近亦覺其非否。」

答趙幾道書云：「所論時學之弊甚善〔二〕，但所謂冷淡生活者，亦恐反踶而禍大耳。孟子所以舍申、商而距楊、墨者，正爲此也。向來正以吾黨孤弱，不欲於中自爲矛盾，亦厭繳紛競辨，若可羞者，故一切容忍，不能極論。近乃深覺其弊，全然不曾略見天理彷彿，一味只將私意東作西捺，做出許多詖淫邪遁之説，又且空腹高心，妄自尊大，俯視聖賢，滅棄禮法。只此一節，尤爲學者心術之害，故不免直截與之説破。渠輩家計已成，決不肯舍。然此説既明，庶幾後來者免墮邪見坑中，亦是一事耳。」

朱子與象山一切容忍，亦以任道者少，雖或稍近禪宗，必誘而進之。北宋諸儒兼通禪學，多有其人，若萬、曹二君之去邪歸正，固朱子所深願者。及傅子淵輩大畔聖道，不可誨化，故與程、趙諸同志鳴鼓以攻，非始信其説而至此始攻之，乃向已覺其弊，而至此深覺其非也。通辨言前此疑信相半，至此始覺其非，亦未詳朱子之言之意乎？

問：「二程專教人持敬，持敬在主一，浩熟思之。若能每事加敬，則起居語默在規矩之内，久久精熟，有『從心所欲不踰矩』之理。顔子請事四者，亦只是持敬否？」朱子曰：「學莫要於持敬，故伊川謂『敬則無己可克，省多少事』。然此事甚大，亦甚難，須是造次顛沛必於是，不可須臾間斷，如此方有功，所謂『敏則有功』。若還今日作，明日輟，放下了又拾起，幾時得見效？修身、齊家、治國、平天下，都少箇敬不得。如湯『聖敬日躋』，文王『小心翼翼』之類，皆是。只是他便與敬爲一。自家須用持敬〔三〕，稍緩則忘了，所以常要惺惺地。久之成熟，可知道『從心所欲不踰矩』。顔子止是持敬。」

又曰：「敬有甚物，只如畏字相似。不是塊然兀坐，耳無聞，目無見，全不省事之謂，只收斂身心，整齊純一，不恁地放縱，便是敬。」

主敬工夫，依此做去，方有程途。

問：「二程説格物，謂當從物物上格之，窮極物理之謂也。或謂格物不當從外物上留意，特在吾一身之内，是『有物必有則』之謂。如何？」朱子曰：「外物亦是物，格物當從伊川之説，不可易。灑掃應對中，要見得精義入神處，如何分内外？」

三段皆邵浩録。玩「灑掃應對中」三句，朱子是時格物已内外俱徹矣。陽明議以徇外，安能識朱子。

朱子曰：「今日民困，正緣沿江屯兵費重。只有屯田可減民力，見説襄、漢間儘有荒地。某云：當用甚人耕墾？曰：兵民兼用，各自爲屯。彼地沃衍，收穀必多。若做得成，敵人亦不敢窺伺。兵民得利既多，且耕且戰，便是金城湯池。兵食既足，可省漕運，民力自蘇。然後盡驅州郡所養歸明北軍，往彼就食，則州郡自寬。遲之十年，其效必著。須是擇帥既得其人，專一委任，許令辟召寮屬，同心措置，勿數更易，庶幾有濟。」邵浩。

又曰：「朝廷只當擇監司、太守，其餘幕職縣官容他各辟所知，方可責成天下。須是放開做，使恢恢有餘地乃可。」邵浩。

治天下在得人，得人在擇監司、太守，誠領要之論也。統天下而言，將、帥、監司、太守，大略須三百餘人。果得其人，治道可舉。其人固難，擇之亦難，養之教之，蓋有道矣。

丁未，朱子五十八歲。

三月，小學成。

按年譜云：朱子既發揮大學，以開悟學者，又懼其失序無本，而不足以有進也，乃輯此書，以訓蒙士，使培其根以達其枝。内篇四，曰立教，曰明倫，曰敬身，曰稽古。外篇二，曰嘉言，曰善行。修身之事，此略備焉。

小學一編，學者飲食之書也。張子云：「世學不講，男女從幼便驕惰壞了。」旨哉斯言！士人少時不讀小學，致言行不循禮法，雖陷於不知，及其知之，慚赧無地，良可歎惜。有志者便從脚下做起，須將稽古、嘉言、善行三篇熟讀反身，深思前賢何以能行，後人何以不能。真有惕然愧懼，奮然勇决之志，則知立教、明倫、敬身三篇，字字句句皆自家性命語，安得不玩味，安得不踐履？如此，方無負朱子之意云。

答陸子静書云：「税駕已久，諸況想益佳〔四〕。學徒四來，所以及人者在此而不在彼矣。區區所憂，一種輕爲高論，妄生内外精粗之別，以良心、日用分爲兩截，謂聖賢之言不必盡信，而容貌詞氣之間不必深察者。此其爲説乖戾狠悖，大爲吾道之害，不待他時末流之弊矣。此事不比尋常小小文義異同，恨相去遠，無由面論，徒增耿耿耳。」

答劉子澄書云：「居官無修業之益，若以俗學言之，誠是如此。若論聖門所謂德業者，却初不在日用之外。只押文字，便是進德修業地頭，不必編綴異聞，乃爲修業也。近覺向來爲學，實有向外浮泛之弊，不惟自誤，而誤人亦不少。方別尋得一頭緒，似差簡約端的，始知文字言語之外真別有用心處，恨未得面論也。浙中後來事體，大段支離乖僻，恐不止似正似邪而已，極令人難説。只得皇恐，痛自警省，恐未可專執舊説以爲取舍也。小學能爲刊行，亦佳，但須更爲稍加損益乃善。」

丙午已到敬義合一地位，而此書云爾者，蓋「簡約端的」即「敬便有義，義便有敬」之旨。「只押文字」二句，與「灑掃應對中，要見得精義入神處，如何分内外」同意，非僅丙申、庚子所見也。

答陸子書，通辨序於丁未，極確。答子澄書，亦在丁未，以小學成於丁未。觀此二書，則朱子因材之教益可見矣。答陸者即訓廖子晦、項平父之意也，答劉者即訓吕子約、林擇之之意也。道一編以答陸者爲早年定論，以答劉者爲晚年，顛倒已甚。大抵程、王兩家，皆以朱子早年異乎陸，晚年同乎陸，執一己之見，議朱子之學。止知答陸之書與陸相南北，而不知答劉之書與陸亦冰炭也。朱子以子澄務博，恐流於嫳學一派而箴之。且述自己平日博學未免有向外意，至今涵養得力，有所統會，以見不可專用心於文字耳。至於周、程小學等書，朱子奉爲神明，熟讀潛玩，以收斂身心者，象山多所不取，其不同已了然可見。即此書末一段與子澄言小學甚詳，正所謂「不在日用之外，簡約端的」，而與象山冰炭者，陽明删而不録，烏足以語朱子之學哉？

答陸子美云：「伏承示諭太極、西銘之失，備悉指意。然二書之説從前不敢輕議，非是從人脚根，依他門户，却是反復看來，道理實是如此，别未有開口處，所以信之不疑。而妄以己見輒爲之説，正恐未能盡發其奥而反以累之，豈敢自謂有扶掖之功哉。今來教及省從前所論，却恐長者從初便忽其言，不曾致思，只以自家所見道理爲是，不知却元來未到他地位，而便以己見輕肆抵排也。今亦不暇細論，只如太極篇首一句，最是長者所深排。然殊不知不言無極，則太極同於一物，而不足爲萬化之根柢；不言太極，則無極淪於空寂，而不能爲萬化之根本。只此一句，便見其下語精密，微妙無窮。而向下所説許多道理，條貫脈絡，井井不亂，只今便在目前，而亘古亘今，顛撲不破。只恐自家未曾見得如此分明直截，則其所可疑，乃在此而不在彼也。至於西銘之説，猶更分明，今亦且以首句論之。人之一身，固是父母所生，然父母之所以爲父母者，即是乾坤。若以父母而言，則一物各有一父母；若以乾坤而言，則萬物同一父母矣。萬物既同一父母，則吾體之所以爲體者，豈非天地之塞？吾性之所以爲性者，豈非天地之帥哉？古之君子，惟其見得道理真實如此，所以親親而仁民，仁民而愛物。推其所爲，以至於能以天下爲一家，中國爲一人，而非意之也。今若必謂人物只是父母所生，更與乾坤都無干涉，其所以有取於西銘者，但取其姑爲宏濶廣大之言，以形容仁體，而破有我之私而已。則是所謂仁體者，全是虛名，初無實體，而小己之私却是實理，合有分別。聖賢於此，却初不見義理，只是利害，而妄以己意造作言語，以增飾其所無，破壞其所有也。若果如此，則其立言之失，『膠固』二字豈足以盡之，而又何足以破人之梏於一己之私哉？大抵古之聖賢，千言萬語，只是要人明得此理。此理既明，則不務立論，而所言無非義理之言，不務正行，而所行無非義理之實。無有初無此理，而姑爲此言，以救時俗之弊者。不知子静相會，曾以此語細商量否？近見其所論王通續經之説，似亦未免此病也。如有未當，切幸痛與指摘，剖析見教。理到之言，不得不服也。」

按：答子静論太極，在戊申，則此書自在丁未。

朱子於太極一本萬殊、西銘理一分殊道理，實見得如此，了然備具於胸中。所以陰陽剛柔仁義，當前都是，民胞物與，宇宙内事，皆己分内事。惟其如是，是以敬便有義，義便有敬，直內便方外，方外便直內，內外本末，不是二事。朱子此時得於太極、西銘者，最深微，最廣大，子美不足以語此。故就二篇首句略言之，其大義已略見矣。

答呂子約云：「日用工夫，不可以老病而自懈，覺得此心操存舍亡，只在反掌之間。鄉來誠是太涉支離，蓋無本以自立，則事事皆病耳。來喻拈出劉康公語，甚善。但上面蹉却話頭，恐亦義理太多，費了精神，故向裏時少耳。聞子約教學者讀禮，甚善。然此書無一綱領，無下手處。頃年欲作一功夫，後覺精力向衰，遂不敢下手。近日潘恭叔討去整頓，未知做得如何。又聞講授亦頗勤勞，此恐或有未便。今日正要清源正本，以察事變之幾微，豈可一向汨溺於故紙堆中，使精神昏蔽，失後忘前，而可以謂之學乎？」

此書前一書本註丁未七月三日，此書本註九月十三日，自是丁未。且二書皆言詩，自是相去不遠。

呂寺丞以博覽爲學，朱子箴其支離，勉以向裏，此後所答多親切處，讀者須留意焉。「鄉來誠涉支離」數語，是言寺丞之弊，後儒以爲朱子自言，大失之矣。

答陳正己云：「示喻爲學大致及別紙數條，皆已深悉，但區區於此有不能無疑者。蓋上爲靈明之空見所持，而不得從事於博學篤志、切問近思之實，下爲俊傑之豪氣所動，而不暇用力於格物致知、誠意正心之本。是以所論嘗有厭平實而趨高妙，輕道義而喜功名之心，其浮陽動俠之意往往發於詞氣之間，絶不類聖門學者氣象，不知向來伯恭亦嘗以此相規否也？熹自年十四五時，既嘗有志於此，中間非不用力，而所見終未端的。其言雖或誤中，要是想像臆度。所幸内無空寂之誘，外無功利之貪，全此純愚，以至今日，反復舊聞而有得焉。乃知明道先生所謂『天理二字，却是自家體認出來』者，真不妄也。『冲漠無朕』一段，恐未可輕議。若當此時萬象未具，即是上面一截無形無兆，後來被人引入塗轍矣。賢者正作此見，何乃遽謂古今無人作此語耶？『敬以直内』，近思録註中別有一語，先生指意甚明。蓋雖不以爲無，然未嘗以爲即與吾之所謂『敬以直内』者無毫髪之差也。近來浙中怪論蠭起，令人憂歎，不知伯恭若不死，見此以爲如何也。」

玩書中「某自年十四五時」數行，知朱子少時並未專心學佛，不過所見未端的，如延平答問昭昭可考，即答汪、薛、許三書，亦自言其未絶意耳。後儒遂援以爲少年學禪之證，試細考此書，則其立説之非明矣。此書未詳何年，因「浙中」數語，故附記於乙巳後。閑闢録序此書於乙巳。

予向閲朱子語類云「象山是禪」，心竊疑之。以象山在人倫中，居家涖官，井井有法，未必是禪。閲象山文集、語録，稍覺其有禪意，猶未了然也。反復玩朱子立論詳明處，知其雜禪有由來焉。其養心也，稍有所著便爲心累，直空之惟恐不盡；其制行也，心有所發是其天性感動，必盡其力；其治世也，煞有機術，故用之必盡所長。及其學之成也，應事接物之間，因其所發，用其所長，果足以經理事物，而自心仍是不動空體。遂以爲聖學在是，一切典籍皆屬語言文字，竟謂之注脚而無疑矣。蓋人心之靈無所不可，而運用之發無時而息，力求其空則能空，力求其實則能實，務充所發則能充，僅行所發則能行，必兼其長則能兼，必專其長則能專。以空養心，以發制行，以長治世，空原於禪，發原於儒，長原於管，陸學之根實是如此。至於天地萬物本然之理，人倫日用當然之理，吾心「沖漠無朕，萬象森然已具」之理，渠固未之用力，而亦無由造其微也。陸曰「惡能累心」，又曰「善亦累心」。夫以善之累心，比之眼中之金玉屑而欲無之，是以心爲空空一無所有，百行萬善悉爲後起之迹。其去聖人定之以中正仁義而主靜立人極者，不知幾尋丈矣。緣其學不從格物入而從靜養入，故於太極陰陽，生人生物、源頭處、流行處未曾研究，但以空明爲體，作用爲用，其雜禪豈不了然哉？通辨及諸儒不於此抉其由來，僅以弄精魂闢之，亦難以服其徒之心矣。

答陳膚仲云：「讀書固收心之一助，然今只讀書時收得心，而不讀書時便爲事所奪，則是心之存也常少，而其放也常多矣。且胡爲而不移此讀書工夫向不讀書處用力，使動靜兩得，而此心無時不存乎？然所謂涵養工夫，亦非是閉眉合眼如土偶人，然後謂之涵養也。

只要應事接物之處不失此心，各得其理而已。諸書解偶未有定本，謾此奉報，可試思之。若於此得力，却遠勝看解也。」

此書亦未詳何年。以前書在甲辰，後書在戊申，故附記於乙巳後。書中「移讀書工夫向不讀書處用力，使動静兩得，心無不存」數語，是如見如承要旨，不可草草略過。

答姜叔權云：「示喻曲折，何故全似江西學問氣象？頃見其徒自説見處，言語意氣，次第節拍，正是如此，更無少異。恐是用心過當，致得如此張皇。如此不已，恐更有怪異事，甚不便也。長孺所見亦然。但賢者天資慈祥，故於惻隱上發，彼資禀粗厲，故别生一種病痛。大抵其不穩帖而輕肆動盪，則不相遠也。正恐須且盡底放下，令胸中平實，無此等奇特意思，方是正當也。」

答汪長孺云：「别紙所論，殊不可曉。既云識得八病，遂見天理流行昭著，無絲毫之隔，不知如何未及旋踵，便有氣盈矜暴之失，復生大疑，鬱結數日，首尾全不相應。似是意氣全未安帖，用心過當，致得如此，全似江西氣象。其徒有今日悟道而明日醉酒駡人者，嘗舉賈生論胡亥語戲之。今乃復見此，蓋不約而同也。此須放下，只且虚心平意，玩味聖賢言語，不要希求奇特，庶幾可救。今又曰先作云云工夫，然後觀書，此又轉見詭怪多端，一向走作矣。更宜詳審，不可容易也。」

玩此二書，應在乙巳、丙午間，故附之。

大抵江西學脈，從静坐中見得天人不限隔影響，遂謂道在於是，侮慢聖言，凌視同類，生出許多病痛。由其所養者，非仁義禮智渾然燦然之性，又不用讀書窮理小心體認工夫，故敢如此張皇。明儒龍溪、心齋皆是此病，是誰之咎歟？朱子深知陸學貽害後世，故嚴斥之。

答潘恭叔書云：「敬之一字，萬善根本，涵養省察、格物致知種種功夫，皆從此出，方有據依。平日講學非不知此，今乃覺得愈見端的親切耳。願益加功以慰千里之望。禮記如此編甚好，但去取太深，文字雖少而功力實多，恐難得就，又有擔負耳。」

按：此書前一書云「小學旦夕可就」，小學成於丁未，則前一書當在丙午。其書有云「周禮恐五峰之論太偏」，此書亦云「周禮即以祭禮、賓客、師田、喪紀之屬别爲一門」，與前書相類，亦當在丙午。然不敢遽定，故附於丙午後。且語意與答象山書正相契合，可見朱子主敬之學至丙午而益親切。然則答象山之書，陽明以爲同陸之證，愚即以爲朱子聖學卓立之證，而與象山不同之確據也。後幅論三禮甚詳，與陸學迥别。

朱子自己丑悟心貫動静後，處處用功，如答林擇之諸書，尤加意涵養，答薛士龍書，求之於句讀文義之間，謹之於視聽言動之際，身心内外，講學踐履，無不齊頭著力。

至丙申，與季通先生講論，專意涵養，而不輟講學之功，以益其栽培。又歷十二年至丙午，主敬親切，動静合一，是又一大關。詳見於子晦、文卿所録。其功全在博文約禮上著實做去，久而後純，豈陸學之收拾精魂所能企其萬一耶？

答吕子約云：「年來覺得日前爲學不得要領，自做身主不起，反爲文字奪却精神，不是小病。每一念之，惕然自懼，且爲朋友憂之。每得子約書，輒復恍然，尤不知所以爲賢者謀也。且如臨事遲回，瞻前顧後，即此亦可見得心術影子。當時若得相聚一番，彼此極論，庶幾有判决之助。今又失此機會，極令人悵恨。」

又答吕子約云：「示諭日用工夫，如此甚善。然亦且要見得一大頭腦分明，便於操舍之間有用力處。如實有一物，把住放行在自家手裏，不是謾説求其放心，實却茫茫無把捉處也。公而以人體之，只是無私心，而此理自然流行，非是公後又將此意尋討他也。」

又答吕子約云：「舊讀胡子知言，答或人『以放心求放心』之問，怪其覶縷散漫不切，嘗代之下語云『知其放而欲求之，則不放矣』。嘗恨學者不領此意。今觀來論，庶幾得之。所論必有事焉，鳶飛魚躍意亦甚當。孔子只説箇『先難後獲』一句，便是這話。後來子思、孟子、程子爲人之意轉切，故其語轉險，直説到活潑潑地處耳。知得如此，已是不易。更且虚心寬意，不要回頭轉腦，計較論量，却向外面博觀衆理，益自培植，則根本愈固而枝葉愈茂矣。若只於此静坐處尋討，却恐不免正心助長之病，或又失之，則一蹴而墮於釋氏之見矣，亦可戒也。讀書如論、孟，是直説日用眼前事，文理無可疑。先儒説得雖淺，却别無穿鑿壞了處。如詩、易之類，則爲先儒穿鑿所壞，使人不見當來立言本意。此又是一種功夫，直是要人虚心平氣，本文之下打疊，教空蕩蕩地，不留一字先儒舊説，莫問他是何人所説，所尊所親、所憎所惡，一切莫問，而唯本文本意是求，則聖賢之指得矣。」

玩此數書，朱子教吕寺丞立本制事讀書之法極備。不得止援責寺丞「鄉來誠涉支離」數語，指爲專事本體，晚年同陸也。蓋朱子立本工夫，至此益親切有味，凡制事讀書，皆是培養根本工夫，合内外動静，無時無處不用其力，所以答陸子有「日用得力」之語。於此數書，益信之矣。

按：吕寺丞云：「誨諭工夫，且要見一箇大頭腦，便於操舍間有用力處，如實有一物，把住放行在我手裏，不是謾説收其放心。某蓋嘗深體之。此箇大頭腦，本非外面物事，是我元初本有底。其曰『人生而静』，其曰『喜怒哀樂之未發』，其曰『寂然不動』，人汩汩地過了日月，不曾存息，不曾實見此體段，如何會有用力處？程子謂『這箇義理，仁者又看做仁了，知者又看做知了，百姓日用而不知，此所以君子之道鮮。此箇亦不少，亦不剩，只是看他不見』。不大段信得此話。及其言於『勿忘』、『勿助』間認取者，認乎此也，認得此，則一動一静皆不昧矣。惻隱、羞惡、辭讓、是非，四端之著也。操存久則發見多；忿懥、憂患、好樂、恐懼，不得其正也，放舍甚則日滋長。記得南軒先生謂『驗厥操舍，乃知出入』，乃是見得主腦，於操舍間有用力處之實話。蓋苟知主腦不放下，雖是未能常常操存，然語默應酬間，歷歷能自省驗，雖非實有一物在我手裏，然可欲者是我底物，不可放失；不可欲者非是我物，不可留藏。雖謂之實有一物在我手裏，亦可也。」朱子答云：「此段大概甚正當親切。」操存久則發見多，放舍甚則日滋長，此二句甚好。吕寺丞又云「誨諭胡子知言」云云。朱子答云：「此意大概亦好，但太支蔓，不直截，不覺却將此心放了。恐當一切掃去，且將所代五峰一語早晚提撕，令有箇要約處乃佳。不然，又似程子説温公爲中所亂矣。」吕寺丞又云「誨諭謂必有事焉」云云。朱子答云：「此段看得亦未親切，須知『必有事焉』，只此一句，便合見得天理流行，活潑潑地。方要於此著意尋討，便窒礙了。如説『先難』，先難只此二字，已見得爲仁工夫。然於此處才有計較，便夾雜了。故才説上句，便説下句，以急救之。如方安頓一物在此，又便即時除却，是非教人先安排此有事勿正之兩端，而就其中以求之也。」朱子答吕寺丞四書及此三書，其指示未發之中，至矣密矣。寺丞所問皆極親切，而朱子答之又進一層。蓋朱子答寺丞見於四十七卷者至詳且盡，故四十八卷所答，即將詳且盡者渾成一片，無有痕跡。必有從前許多工夫，到此方覺自己性體有要約處，不外朱子代知言一語，斷不能一蹴而至也。四十八卷後數書尤極微妙，學者通二卷前後而細味之，自知朱子與呂氏傳授聖學的確深微，其所不言者，可默會矣。

按：呂寺丞誨論工夫一段，是其從事朱子實有用力處。學者當潛玩，不可與朱子同序，故附載於此。

朱子云「一切掃去」，又云「只此一句，便合見天理流行，活潑潑地」，此是呂寺丞著實立志居敬窮理，有入門下手工夫，方如此說，並歸於一。若他人未用工夫，未嘗博學，便不如此說。故須合二卷通考之，則知朱子立教之次序矣。

此二書未詳何年。語意與前一書相近，姑附於丙丁後。

答黄直卿云：「爲學直是先要立本，文意却可且與説出正意，令其寬心玩味。未可便令考校同異，研究纖悉，恐其意思促迫，難得長進。將來見得大意，略舉一二節目，漸次理會，蓋未晚也。此是向來差誤，今幸見得，却須勇革，不可苟避譏笑，却誤人也。」

又答黄直卿云：「示諭讀書次第，甚善。但所論先天太極之義，覺得大段局促。日用之間，只教此心常明，而隨事觀理以培養之，自當有進。才覺如此狹隘拘迫，恐不能展拓也。」

又答黄直卿云：「所論太極散爲萬物，而萬物各具太極，見得道不可須臾離之意，而與一貫之旨、川上之歎、萬物皆備之説相合。學者當體此意，造次顛沛，不可間斷。此説大概得之。但周子之意若只如此，則當時只説此一句足矣，何用更説許多陰陽五行、中正仁義及通書一部種種諸説耶？通書中所謂誠無爲者，太極也；幾善惡者，陰陽也；德曰仁義禮智信者，五行也，皆就圖上説出。其餘如静虚動直、禮先樂後、淡且和、果而確之類，亦是圖中陰陽動静意。蓋既曰『各具太極』，則此處便又有陰陽五行許多道理，須要隨處一一盡得。如先天之説，亦是太極散爲六十四卦、三百八十四爻，而一卦之爻莫不具一太極，其各具一太極處，又便有許多道理，須要隨處盡得，皆不但爲塊然自守之計而已也。然此亦只是大概法象。若論日用功夫，則所守須先有箇自家親切要約處，不可必待見圖而後逐旋安排。其隨處運用，亦須虚心平氣，徐觀事理，不可只就圖上想像思維也。既先有箇立脚處，又能由此推考證驗，則其胸中萬理洞然，通透活絡，而其立處自不費力而愈堅牢開濶矣。若但寸寸銖銖比量凑合，逐旋將來做工夫，亦何由有進步處耶？」

朱子教勉齋「不可苟避譏笑，却誤人」，此非大勇不能。此心常明，隨事觀理以栽培之，即是「親切要約處」，即是「推考證驗，萬理洞然，通透活絡」之實功。有要可操，有塗可循，實能行之，則知太極、兩儀、象卦、陰陽、五行，的的只在此。誠幾德無欲、静虛動直、明通公溥之心，而不待他求矣。然須明得太極先天底道理，方能反身理會，其視陸氏不教人讀書講學者何如哉！

此三書未詳何年。玩言太極先天之旨，姑附於丙丁後。

答袁機仲云：「伏羲之易，初無文字，只有一圖以寓其象數，而天地萬物之理、陰陽始終之變具焉。文王之易，即今之周易，而孔子所爲作傳者是也。孔子既因文王之易以作傳，則其所論固當專以文王之易爲主。然不推本伏羲作易畫卦之所由，則學者必將誤認文王所演便爲伏羲始畫之易，只從中半説起，不識向上根原矣。」又云：「四象之名，所包甚廣。大抵須以兩畫相重、四位成列者爲正，而一二三四者，其位之次也；七八九六者，其數之實也。其以陰陽剛柔分之者，合天地而言也；其以陰陽太少分之者，專以天道而言也。若專以地道言之，則剛柔又自有太少矣。推而廣之，縱横錯綜，凡是一物，無不各有四者之象，不但此數者而已矣。此乃天地之間自然道理，未畫之前先有此象此數，然後聖人畫卦時依様畫出，揲蓍者又隨其所得掛扐過揲之數以合焉。非是元無實體，而畫卦揲蓍之際旋次安排出來也。來喻於此見得未明，竊恐且當先向未畫前，識得元有箇太極、兩儀、四象、八卦底骨子，方有商量。今未須遽立論也。用九、用六之文固在卦成之後，而用九、用六之理乃在卦成之前，亦是此理。但見得實體分明，則自然觸處通透，不勞辨説矣。」又云：「願高明毋以爲熹之説而忽之，姑且虛心遜志以求其通曉，未可好高立異而輕索其瑕疵也。玩之久熟，浹洽於心，則天地變化之神，陰陽消長之妙，自然瞭於心目之間，而其可驚可喜、可笑可樂，必有不自知其所以然而然者矣。言之不盡，偶得小詩，以寄鄙懷，曰：忽然半夜一聲雷，萬户千門次第開。若識無心涵有象，許君親見伏羲來。」

又答袁機仲云：「陽主進而陰主退，陽主息而陰主消，進而息者其氣强，退而消者其氣弱，此陰陽之所以爲剛柔也。陽剛温厚居東南，主春夏，而以作長爲事。陰柔嚴凝居西北，主秋冬，而以斂藏爲事。作長爲生，斂藏爲殺，此剛柔之所以爲仁義也。以此觀之，則陰陽剛柔仁義之位，豈不曉然？而彼揚子雲之所謂『於仁也柔，於義也剛』者，乃自其用處之末流言之。蓋亦所謂『陽中之陰、陰中之陽』，固不妨自爲一義，但不可以雜乎此而論之爾。向日妙湛蓋嘗面稟易中卦位義理層數甚多，自有次第，逐層各是一箇體面，不可牽强合爲一説。學者須是旋次理會，理會上層之時，未要攪動下層，直待上層都透徹了，又却輕輕揭起下層，理會將去。當時雖似遲鈍，不快人意，然積累之久，層層都了，却自見得許多條理，千差萬别，各有歸著，豈不快哉！若不問淺深，不分前後，輥成一塊，合成一説，則彼此相妨，令人分疏不下，徒自紛紛成鹵莽矣。此是平生讀書已試之效，不但讀易爲然也。」又云：「前書所論仁義禮智分屬五行四時，此是先儒舊説，未可輕詆。今者來書雖不及之，然此大義也，或恐前書有所未盡，不可不究其説。蓋天地之間，一氣而已，分陰分陽，便是兩物，故陽爲仁而陰爲義。然陰陽又各分而爲二，故陽之初爲木爲春爲仁，陽之盛爲火爲夏爲禮；陰之初爲金爲秋爲義，陰之極爲水爲冬爲智。蓋仁之惻隱方自中出，而禮之恭敬則已盡發於外；義之羞惡方自外入，而知之是非則已全伏於中。故其象類如此，非是假合附會。若能默會於心，便自可見。元、亨、利、貞，其理亦然，文言取類尤爲明白，非區區今日之臆説也。五行之中，四者既各有所屬，而土居中宫，爲四行之地、四時之主。在人則爲信，爲真實之義，而爲四德之地、衆善之主也。五聲、五色、五味、五臭、五藏、五蟲，其分倣此。蓋天人一物，内外一理，流通貫徹，初無間隔。若不見得，則雖生於天地間，而不知所以爲天地之理，雖有人之形貌，而亦不知所以爲人之理矣。故此一義切於吾身，比前數段尤爲要緊，非但小小節目而已也。」

又答袁機仲云：「垂喻易説，又見講學不倦，下問不能之盛美，尤竊欽仰已悉。鄙意别紙具呈，此但易中卦畫陰陽之分位耳，未是吾人切身之事。萬一愚見未合盛意，可且置之，更别向裏尋求，恐合自有緊切用功處也。」

玩答機仲書，孰謂朱子主卜筮之可疑哉？朱子之意，欲機仲反身心著實體驗，必以未畫前元有太極爲骨子，必以在人信實之義爲四德之地、衆善之主，爲切於吾身，不徒在卦畫陰陽分位上辨别也。讀易如此，他經皆然，方是居敬窮理只一件矣。

易學啓蒙成於丙午。三書皆言易理，姑附於丙丁後。

答余正叔云：「前日所論，正爲敬義工夫不可偏廢。彼專務集義而不知主敬者，固有虚驕急迫之病，而所謂義者或非其義，然專言主敬，而不知就日用間念慮起處，分别其公私義利之所在而决取舍之幾焉，亦未免於昏憒雜擾，而所謂敬者有非其敬矣。且所謂集義，正是要得看破那邊物欲之私，却來這下認得天理之正。事事物物，頭頭處處，無不如此體察，觸手便作兩片，則天理日見分明，所謂物欲之誘，亦不待痛加遏絶而自然破矣。若其本領，則當以敬爲主，更得集義之功以祛利欲之蔽，則於敬益有助。蓋有不待著意安排而無昏憒雜擾之病，上蔡所謂『去却不合做底事』，則於用敬有功，恐其意亦謂此也。當時鄙論不甚分明，今復如此剖析將去，使正叔知得鄙意，不是舍敬談義，去本逐末，正欲兩處用功，交相爲助，正如程子所謂『敬義夾持，直上達天德自此』者耳。今亦不須更生疑慮，别作商量，但請依此實下工夫，久遠純熟，便自見得也。」

又答余正叔云：「前者所論，未嘗欲專求息念，但以爲不可一向專靠書册，故稍稍放教虚閑，務要親切自己。然其無事之時，尤是本根所在，不可昏憒雜擾。故又欲就此便加持養，立箇主宰，其實只是一箇提撕警策，通貫動静。但是無事時只是一直如此持養，有事處便有是非取舍，所以有直内方外之别，非以動静真爲判然二物也。上蔡之説便是如此，亦甚要切。但如此警覺，久遠須得力爾。千萬且於日用間及論語中著力，令有箇會通處，即他書亦不難讀爾。」

書中疏主敬集義，曲折最明。所云「這下認得天理之正」，又云「無事時便加持養，立箇主宰」，尤是要緊血脈處。能立主宰，這裏便有方正氣象，這便是直内而方外，根本已具於此。只要栽培，遇事來即别是非，則這裏天理愈分明堅固。所以主宰通貫動静，非判然二物，須是久遠得力，造到參倚不捨，真通貫之候矣。若僅云凡朱子所言内外動静，未嘗有偏，豈足發明朱子之意哉？

答程正思云：「承喻致知力行之意，甚善。然欲以静、敬二字該之，則恐未然。蓋聖賢之學，徹頭徹尾只是一敬字，致知者以敬而致之也，力行者以敬而行之也。静字爲言，則亦理明心定，自無紛擾之效耳。今以静爲致知之由，敬爲力行之準，則其工夫次序皆不得其當矣。中庸所謂『博學、審問、慎思、明辨』者，皆致知之事，而必以『篤行』終之，此可見也。苟不從事於學問思辨之間，但欲以静爲主而待理之自明，則亦没世窮年而無所獲矣。」

此書未詳何年。以後忽被改除一書在戊申，故附於戊申前。

玩此書，則不讀書窮理而專静敬者，必不能明理，必流於虚寂，朱子已早見之矣。

答周舜弼云：「前此所示别紙，條目雖多，然其大概，只是不曾實持得敬，不曾實窮得理，不曾實信得性，不曾實求得放心，而乃緣文生義，虚費詞説，其説愈長，其失愈遠，此是莫大之病。只以其間所論曲折，及後段克伐怨欲、鄉原思學、瞻忽前後之類觀之，便自可見。若果是實曾下得工夫，即此等處自無可疑，縱有商量，亦須有著實病痛，不應如此泛泛矣。曾子一段，文意雖説得行，然似亦未是真見。似此等處，且須虚心涵泳，未要生説，却且就日用間實下持敬工夫，求取放心，然後却看自家本性元是善與不善，自家與堯舜元是同與不同。若信得及，意思自然開明，持守亦不費力矣。『君子而時中』，却是集註失於太簡，令人生疑。今已削去，只見存文義，已自分明。若不爲此句所牽，則亦無可疑矣。恐枉費思索，故並及之。然其切要工夫，無如前件所説，千萬留意。」

又答周舜弼云：「所論敬字工夫，於應事處用力爲難，此亦常理。但看聖賢説行篤敬、執事敬，則敬字本不爲默然無爲時設，須向難處力加持守，庶幾動静如一耳。克己亦别無巧法，譬如孤軍猝遇强敵，只得盡力舍死向前而已，尚何問哉？」

此二書未詳何年。程、周録皆在己亥後，故類附之。

朱子教人爲學，先要信得及，居敬持守，實下工夫，方有把柄。向難處力加持守，尤要緊著。不然，終難動静合一也。

朱子問竇：「看格物之義如何？」曰：「須是涵養清明，然後能格物。」曰：「亦不必專執此説。事到面前，須與他分别去，到得無事，又且持敬。看自家這裏敬與不敬如何，若是不敬底意思來，便與屏徹去，久之私欲自留不得。且要切己做工夫。且如今一坐之頃，便有許多説話，豈不是動。才不説話，便是静。一動一静，循環無已，便就此窮格，無有空闕時，不可作二事看。某向時亦曾説，未有事時且涵養，到得有事却將此去應物，却成兩截事。今只如此格物，便只是一事。且如『言忠信，行篤敬』，只見得言行合如此。下一句『蠻貊之邦行矣』，便未須理會。及其久也，只見得合如此言，合如此行，亦不知其爲忠信篤敬如何。而忠信篤敬自在裏許，方好。」

問竇從周：「曾看『格物』一段否？」因言：「聖人只説格物二字，便是要人就事物上理會。且自一念之微，以至事事物物，若静若動，凡居處、飲食、言語，無不是事，無不各有箇天理人欲。須是逐一驗過，雖在静處坐，亦須驗箇敬、肆。敬便是天理，肆便是人欲。如居處便須驗得恭與不恭，執事便須驗得敬與不敬。有一般人，專要就寂然不動上理會，及其應事，却七顛八倒，到了又牽動他寂然底。又有人專要理會事，却於根本上全無工夫。須是徹上徹下，表裏洞徹，如居仁便自能由義，由義便是居仁。敬以直内，便能義以方外；能義以方外，便是敬以直内。」

問竇云："尋常看敬字如何？"曰："心主於一而無有他適。"朱子曰："只是常要提撕，令胸次湛然分明。若只塊然獨坐，守著箇敬，却又昏了。須是常提撕，事至物來，便曉然判別得箇是非去。"竇云："每常胸次湛然清明時，覺得可悦。"曰："自是有可悦之理，只是敬好。敬以直内，便能義以方外。有箇敬便有箇不敬，常如此戒懼，方不睹不聞。未有私欲之際，已是戒懼了。及至有少私意發動，又却謹獨如此，即私意不爲吾害矣。"

此三段廖德明録，乃訓竇從周者，故序於丙午後。

問："曾理會敬否？"竇曰："程先生説主一之謂敬，無適之謂一。"曰："畢竟如何見得這敬字？"曰："端莊嚴肅，則敬便存。"曰："須是將敬來做本領。涵養得貫通時，才敬以直内，便義以方外。義便有敬，敬便有義。義便有敬，如居仁便由義，由義便居仁。"某説："敬莫只是涵養，義便分别是非？"曰："不須恁地説，不敬時便是不義。"

某説："如有邪正二人，欲某曲言之，雖死不可。"朱子曰："不要恁地説。惟天性剛强之人，不爲物欲所屈，如克伐怨欲，亦不要尋求勝他。如此則胸中朋從者多，反害事，只此便是克伐怨欲。只是虚心看物，物來便知是與非，事事物物皆有箇透徹無隔礙，方是。"又曰："且如説閑話多，亦是病。尋不是處去勝他，亦是病。便將來做克伐怨欲看了，一切掃除，若此心湛然常如明鏡，物來便見，方是。"

又曰：「心要精一。方静時，須湛然在此，不得困頓，如鏡樣明，遇事時方好。心要收拾得緊。如顔子『請事斯語』，便直下承當。」

此三段實從周録。

玩此六段，朱子涵養格物集義之功，皆統於敬，合而爲一，是又一大關矣。一段中云「未有事時且涵養」四句，實朱子自四十後用功之方。今云成兩截事，竊嘗疑之，漸獲恍然。方其用功時，自是將此去應物，亦以主敬未熟，義理未足，不免有存體待用，留心照管之意，心迹内外不能渾融。至於丙午，又用十餘年工夫，主敬熟矣，義理足矣。滿腔子主一無適、整齊嚴肅，滿腔子惻隱羞惡、恭敬是非之心，即此是敬，即此是格物集義。敬中有物，有義，格物集義，只是敬以貫通，無有心迹内外之别。故曰「才敬以直内，便義以方外。居仁便由義，由義便居仁」。回念從前用功立説，尚成兩截事也。是以與潘恭叔書言敬「親切」，而與子静書僅言「日用得力」，無復向來支離之病。蓋此時已動静合一，而自言之謙詞耳。當時子静既不相合，後世讀朱子書者又不詳玩深思，穿透曲折底裏，遂使此一段純熟工夫，不暢明其源委，不顯著於何年，而反云晚年方悟本體，中年疑信相半，豈足語朱子之學哉？澐生不敏，閲朱子書凡數周，亦不甚解。後方體驗涵泳而得之，深信「敬做本領，涵養貫通，敬便有義，義便有敬」之妙。所以一則云「此心湛然，物來便見」，再則云「敬做本領，涵養貫通，胸次湛然，便曉然判別」，皆由主敬格物集義之久，得其合一如是。自此後滔滔然入於聖人之域而無難。此澐管窺之見，彷彿其然，未知有當於朱子否也。後之學朱子者，必無惑於晚年方悟之説，又無惑於中年疑信相半之言，而細考朱子用功之次序，反之身心，實實體驗，然後歷年屢進之妙可得而喻也夫。

戊申，朱子五十九歲。

二月己巳，題太極西銘解後云：「始予作太極、西銘二解，未嘗敢出以示人也。近見儒者多議兩書之失，或乃未嘗通其文義而妄肆詆訶，予竊悼焉。因舉此解，以示學徒，使廣其傳。庶幾讀者由辭以得意，而知其未可以輕議也。」

自六經、四子之後，先儒遺書能繼其統者，惟太極、西銘。蓋天地之運行布濩，只是此理，人心之本得其正者，亦只是此理。太極、陰陽、五行，成男成女，無論氣化、形化，皆此理流通灌注，所以乾坤是大父母。而大人之學能繼述父母之志事者，必居敬窮理，了了徧徹，有天下一家、中國一人氣象渾全於胸中，宰制經綸，各有條理。此亘古亘今，首出庶物之大學業、大規模，惟周、張兩夫子能統會發出，而兩程子見之最親切者也。歷數十年，朱子生其後，居敬窮理之至，於乾坤化生之原，聖賢繼述之任，徹底透闢，孕育包涵，深信二書是歷聖相傳之嫡脈，後來學者無能出其範圍，於是章疏而句釋之，總括而統論之。不獨周、張兩夫子之精義昭然顯著，且使學者知二書實大學「明新止善」之根柢，中庸「盡性參贊」之實學。由此開拓心胸，增長識力，以讀六經、四子方有徑路門户以入道。其覺世婆心，勤懇於二書以定聖學之正宗者，可謂至矣。乃二陸輕肆詆訶，榛塞前聖之心傳，鼓惑後學之耳目，關係非小。朱子既闢其非，又書此以示學者，後又與象山申辨，闢陸嚴，衛道切，豈得已哉！

答劉公度書云：「所喻『世豈能人人同己，人人知己？在我者明瑩無瑕，所益多矣』，此等語言，殊不似聖賢意思。無乃近日亦爲異論漸染，自私自利，作此見解邪？臨川近説愈肆，荆舒祠記曾見之否？此等議論皆是學問偏枯，見識昏昧之故，私意又從而激之。若公度之説行，則此等事都無人管，恣意横流矣。」

篁墩以荆舒祠記爲早年，通辨闢之。篁墩之欺詐顛倒，無所逃避，真昌黎所謂群兒愚者也，自形其穢耳，何能欺世？即以是記言之，尤足見朱、陸之分焉。象山以介甫志在孔、孟、伊、周而自信不疑爲其弊，介甫豈真法孔、孟、伊、周哉？特假周禮之遺文，箝世儒之議論，以遂其言利專權之私耳。象山推崇其志而輕言其弊，其亦惑矣。至於熙寧排介甫者固有未當，而新法之行，人民流離，介甫不悔，象山不此之責，而咎排之者之非，抑又不可解者也。且云元祐諸臣不知自勉，而以分異人爲快，抑思使紹聖用事之人得以借口而作之俑者誰耶？不原禍本，寬宥首惡，而專責諸賢，真昌黎所云設淫詞而助之攻也。蓋由象山主於意念之私，學問不能虚心體察，見識不能正大高明，朱子抉其隱微，而以偏枯昏昧非之，直有學術世道之憂焉。象山猶悍然不顧，高大自許，以此篇爲明道之文，吾不知其所明者何道也。世有識者，試取朱子讀兩陳諫議遺墨反復潛玩，與祠記參觀互考，則朱、陸之黑白，一見而可決矣。

按：朱子曰：「江西之學，無了惻隱辭遜之心，但有羞惡之心，然不羞其所當羞，不惡其所當惡。有是非之心，然不是其所非，非其所是。」介甫言利賊民，象山乃以爲法孔、孟、伊、周，是無惻隱之心；語意一味狂叫，是無辭遜之心；以言利賊民之人而推崇之，是無是非之心，立言之差，至於如此。不自愧悔，遂至當羞惡者不羞惡，只是大言不慚，任氣質行去，顛倒是非都不顧，不窮理而高言頓悟。其害至此，朱子所以與門人力言之，那有一毫同處？

象山年譜載荆公祠記於戊申正月，則此書在戊申。

答劉子澄云：「比來日用事復如何？且省雜看，向裏做些工夫爲善。某病雖日衰，然此意思却似看得轉見分明親切。歲前看通書，極力説箇幾字，儘有警發人處。近則公私邪正，遠則廢興存亡，只於此處看破，便斡轉了。此是日用第一親切工夫。精粗隱顯，一時穿透，堯舜所謂『惟精惟一』，孔子所謂『克己復禮』，便是此事。」

按：書中云「去歲作高彦先祠堂記」，記作於丁未，則此書在戊申。幾字是關鍵，動而未形有無之間，此處正大親切，前後際皆得矣。

答陸子静云：「來書反復，其於無極、太極之辨詳矣。然以熹觀之，伏羲作易，自一畫以下，文王演易，自乾元以下，皆未嘗言太極也，而孔子言之。孔子贊易，自太極以下，未嘗言無極也，而周子言之。夫先聖後聖，豈不同條而共貫哉？若於此有以灼然實見太極之真體，則知不言者不爲少，而言之者不爲多矣，何至若此之紛紛哉？今既不然，則吾之所謂理者，恐其未足以爲群言之折衷，又況於人之言有所不盡者，又非一二而已乎？既蒙不鄙而教之，熹亦不敢不盡其愚也。且夫大傳之太極者，何也？即兩儀、四象、八卦之理具於三者之先，而藴於三者之内者也。聖人之意，正以其究竟至極，無名可名，故特謂之太極。猶曰『舉天下之至極，無以加此』云爾，初不以其中而命之也。至如北極之極、屋極之極、皇極之極、民極之極，諸儒雖有解爲中者，蓋以此物之極常在此物之中，非指極字而訓之以中也。極者至極而已，以有形者言之，則其四方八面，合輳將來，到此築底，更無去處，從此推出，四方八面，都無向背，一切停勻，故謂之極耳。後人以其居中而能應四外，故指其處而以中言之，非以其義爲可訓中也。至於太極，則又初無形象方所之可言，但以此理至極而謂之極耳。今乃以中名之，則是所謂理有未明，而不能盡乎人言之意者一也。通書理性命章，其首二句言理，次三句言性，次八句言命，故其章内無此三字，而特以三字名其章以表之，則章内之言，固已各有所屬矣。蓋其所謂靈、所謂一者乃爲太極，而所謂中者乃氣稟之得中，與剛善、剛惡、柔善、柔惡者爲五性而屬乎五行，初未嘗以是爲太極也。且曰『中焉止矣』，而又下屬於二氣五行化生萬物之云，是亦復成何等文字義理乎？今來諭乃指其中者爲太極而屬之下文，則又理有未明，而不能盡乎人言之意者二也。若論無極二字，乃是周子灼見道體，迥出常情，不顧旁人是非，不計自己得失，勇往直前，説出人不敢説底道理，令後之學者曉然見得太極之妙，不屬有無，不落方體。若於此看得破，方見得此老真得千聖以來不傳之秘，非但架屋上之屋，疊牀上之牀而已也。今必以爲未然，是又理有未明，而不能盡乎人言之意者三也。至於大傳既曰『形而上者謂之道』矣，而又曰『一陰一陽之謂道』，此豈真以陰陽爲形而上者哉？正所以見一陰一陽雖屬形氣，然其所以一陰而一陽者，是乃道體之所爲也。故語道體之至極，則謂之太極，語太極之流行，則謂之道。雖有二名，初無兩體。周子所以謂之無極，正以其無方所，無形狀，以爲在無物之前而未嘗不立於有物之後，以爲在陰陽之外而未嘗不行乎陰陽之中，以爲通貫全體，無乎不在，則又初無聲臭影響之可言也。今乃深詆無極之不然，則是直以太極爲有形狀、有方所矣，直以陰陽爲形而上者，則又昧於道器之分矣。又於『形而上者』之上，復有『況太極乎』之語，則是又以道上别有一物爲太極矣。此又理有未明，而不能盡乎人言之意者四也。至熹前書所謂不言無極，則太極同於一物，而不足爲萬化根本；不言太極，則無極淪於空寂，而不能爲萬化根本，乃是推本周子之意，以爲當時若不如此兩下説破，則讀者錯認語意，必有偏見之病，聞人説有即謂之實有，見人説無即謂之真無耳。自謂如此説得周子之意，已是太煞分明，只恐知道者謂其漏洩之過甚，不謂如老兄者乃猶以爲未穩而難曉也。請以熹書上下文意詳之，豈謂太極可以人言而爲加損者哉？是又理有未明，而不能盡乎人言之意者五也。來書又謂大傳明言易有太極，今乃言無，何耶？此尤非所望於高明者。今夏因與人言易，其人之論正如此。當時對之，不覺失笑，遂至被劾。彼俗儒膠固，隨語生解，不足深怪，老兄平日自視爲如何，而亦爲此言耶？老兄且謂大傳之所謂有，果如兩儀、四象、八卦之有定位，天地五行萬物之有常形耶？周子之所謂無，是果空虚斷滅都無生物之理耶？此又理有未明，而不能盡乎人言之意者六也。老子『復歸於無極』，無極乃無窮之義，如莊生『入無窮之門，以遊無極之野』云爾，非若周子所言之意也。今乃引之，而謂周子之言實出於彼，此又理有未明，而不能盡乎人言之意者七也。」

朱子此書，一段、二段言極與中不同，三段言無極是道體本然，非架屋疊牀，四段言不可以陰陽爲形上，不可以形上之上别有太極，五段言錯認語意，六段言周子言無極，即大傳言易有太極，七段言周子不同老子。大旨如是，而反復辨之必詳盡者，非得已也。蓋太極説是孔孟後統會易理，發明道原第一書，今象山以無極同於老子，竟以太極説與道德經一視矣。若不明辨其非，是使易理不明，道原蔽塞。後學日誦六經、四子，而其來歷之一原，用功之歸宿，總無著力處，幾不識此身此心何所安頓，此性此命何所凝聚，欲求定静，不根於中正仁義，而根於虚無寂滅，其流失不可勝言。此朱子所深憂，而辨之不遺餘力者也。

此書年譜載於戊申。

朱子曰：「乾九二，聖人之學，『可欲之善屬焉』。可欲之善，是自然道理，未到修爲，故曰聖人之學。坤六二，賢人之學，『有諸己之信屬焉』。有諸己，便欲執持保守，依文按本做，故曰賢人之學。『忠信進德，修辭立誠』，乾道也。是流行發用，朴實頭便做將去，是健之義。『敬以直内，義以方外』，坤道也。便只簡静循守，是順之義。大率乾是做，坤是守。乾如活龍相似，有猛烈底氣象，故九五曰『飛龍在天』，文言説得活潑潑地。到坤，便善了，六五只説『黄裳元吉』，文言中不過説『黄中通理，正位居體』而已。看易記取『陰陽』二字，看乾、坤，記取『健順』二字，便不錯了。」

再論湖南問答，朱子曰：「未發已發，只是一件工夫，無時不涵養，無時不省察耳。謂如水長長地流，到高處又略起伏則箇。如恐懼戒謹，是長長地做，到謹獨，是又提起一起，如水然，只是要不輟地做。又如騎馬，自家常常提掇，及至遇險處，便加些提控。不成謂是大路，便更都不管他，恁地自去之理。」正淳曰：「未發時當以理義涵養。」曰：「未發時著理義不得，纔知有理有義，便是已發。當此時有理義之原，未有理義條件。只是箇主宰嚴肅，便是涵養工夫。伊川曰：『敬而無失便是，然不可謂之中。但敬而無失，即所以中也。』」正淳又曰：「平日無涵養者，臨事必不能勉强省察。」曰：「有涵養者固要省察，不曾涵養者亦當省察。不可道我無涵養工夫，至於已發處更不管他。若於發處能點檢，亦可知得是與不是。今言涵養，則曰不先知理義底涵養不得；言省察，則曰無涵養省察不得。二者相捱，却成擔閣。」又曰：「如涵養熟者，固是自然中節，便做聖賢，於發處亦須審其是非而行。涵養不熟底，雖未必能中節，亦須直要中節可也。要知二者可以交相助，不可以交相待。」

朱子曰：「心要活，活是生活之活，對著死説。活是天理，死是人欲，必大録云：天理存則活，人欲用則死。周流無窮，活便能如此。」

玩此，朱子是時已通乾坤之德，工夫貫未發已發，而主宰嚴肅。「活是天理」二語，尤見本體昭明已久。即程子「心常要活」之旨，與謝上蔡所見大不同，不可以彼而例此也。

正淳曰：「陸氏說須是實得，如義襲只是强探力取。」朱子曰：「謂如人心知此義理，行之得宜，固自内發。人性質不同，或有魯鈍，一時見未到得，因人說出來，反之於心，見得爲是而行之，是亦内也。人心所見不同，聖人方見得盡。今陸氏只是要自渠心裏見得底，方謂之内。若別人說底，一句也不是。才自別人說出，便指爲義外，如此乃是告子之說。所以指文義而求之者，皆不爲内。故自家才見得如此，便一向執著，將聖賢言語便亦不信，更不去講貫，只是我底是。其病痛只在此。」

以上黄罃錄。發明象山執己見不讀書窮理之病，惟此段極透，亦朱子積學理明，自道得親切耳。明朝中葉以後，學術不正，皆由於此。不徹此病，終不能出新會、姚江窠臼。

「其體則謂之易，其理則謂之道，其用則謂之神」。人傑謂：「陰陽闔闢，屈伸往來，則謂之易；皆是自然，皆有定理，則謂之道；造化功用，不可測度，則謂之神。『其命於人』三句，只是就人道上說。」朱子曰：「就人一身言之，易猶心也，道猶性也，神猶情也。」翌日，再問云：「既就人身言之，却以就人身者就天地言之，可乎？」曰：「天命流行，所以主宰管攝是理者，即其心也。而有是理者，即其性也，如所以爲春夏，所以爲秋冬之理是也。至發育萬物者，即其情也。」

此萬人傑録，黄嵤録別出「窮格如是，體驗如是，方是天人合一之學」。

上封事云：「十一月一日，朝奉郎、直寶文閣、主管西京嵩山崇福宫臣朱熹謹齋沐具疏，昧死再拜，獻於皇帝陛下。臣猥以肅洒，蒙被聖知，有年於此矣。而兩歲以來，受恩稠叠，有加於前，顧視輩流，無與爲比。其爲感激之深，固有言所不能諭者。然竊惟念狂妄之言，抵觸忌諱，雖蒙聽納，不以爲罪。而伏俟數月，未見其有略施行者，臣誠不自知求所以堪陛下非常之恩者，而未知所出也。以是慙懼，久不自安。不意陛下又欲召而見之，臣愚於此仰窺聖意，尤不識其果何謂也。以爲欲聽其計策，則言已陳而不可用，以爲欲加之恩意，則寵既厚而無以加。二者之間，未有所當，此臣之所以徘徊前却，懇叩辭避，而不能已也。然而陛下猶未之許，則臣又重思之，前日進對之時，口陳之説，迫於疾作而猶有未盡言者。蓋嘗請以封事上聞，而久未敢進，豈非陛下偶垂記憶，而欲卒聞之乎？抑其別有以乎？臣不得而知也。然君父之命，至於再三，而爲臣子者堅卧於家，則臣於此實有所未安者。其所深慮，獨恐進見之後，所言終不可用，而又徒竊誤寵，如前之爲，則臣之辭受，將有所甚難處而終得罪者。是以輒因前請而悉其所言以獻，以爲雖使得至陛下之前，所言不過如此。伏惟聖慈幸賜觀省，若以其言爲是而次第行之，則臣之志願千萬滿足，退伏巖穴，死無所憾。萬一聖意必欲其來，則臣亦不過求一望見清光，而後懇請以歸而已。若見其言果無可取，則是臣所學之陋，他無所有，政使冒進，陛下亦將何所用之？不若因其懇請而許其歸休，猶足以兩有所全也。又況陛下之廷，侍從之列，方有造爲飛語，以中害善良，唱爲横議，以脅持上下，其巧謀陰計又有甚於前日之不思而妄發者。陛下無爲使臣輕犯其鋒，而復陷已覆之轍也。蓋臣竊觀今日天下之勢，如人之有重病，内自心腹，外達四肢，蓋無一毛一髪不受病者。雖於起居飲食未至有妨，然其危迫之證深於醫者，固已望之而走矣。是必得如盧扁、華陀之輩，授以神丹妙劑，爲之湔腸滌胃，以去病根，然後可以幸於安全。如其不然，則病日益深而病者不覺，其可寒心，殆非俗醫常藥之所能及也。故臣前日之奏輒引『藥不瞑眩，厥疾不瘳』之語，意蓋如此，而其言有未盡也。然天下之事，所當言者不勝其衆，顧其序有未及者，臣不暇言，且獨以天下之大本與今日之急務，深爲陛下言之。蓋天下之大本者，陛下之心也。今日之急務，則輔翼太子、選任大臣、振舉綱維、變化風俗、愛養民力、修明軍政六者是也。臣請昧死而悉陳之，惟陛下之留聽焉。臣之輒以陛下之心爲天下之大本者何也？天下之事千變萬化，其端無窮，而無一不本於人主之心者，此自然之理也。

故人主之心正，則天下之事無一不出於正；人主之心不正，則天下之事無一得由於正。蓋不唯其賞之所勸、刑之所威，各隨所向，勢有不能已者，而其觀感之間，風動神速，又有甚焉。是以人主以眇然之身，居深宫之中，其心之邪正，若不可得而窺者，而其符驗之著於外者，常若十目所視，十手所指而不可揜。此大舜所以有『惟精惟一』之戒，孔子所以有『克己復禮』之云，皆所以正吾此心而爲天下萬事之本也。此心既正，則視明聽聰，周旋中禮而身無不正。是以所行無過不及而能執其中，雖以天下之大而無一人不歸吾之仁者。然邪正之驗著於外者，莫先於家人，而次及於左右，然後有以達於朝廷而及於天下焉。若宫闈之内端莊齋肅，后妃有關雎之德，後宫無盛色之譏，貫魚順序，而無一人敢恃私恩以亂典常，納賄賂而行請謁，此則家之正也。退朝之暇，從容燕息，貴戚近臣、攜僕奄尹陪侍左右，各恭其職，而上憚不惡之嚴，下謹戴盆之戒，無一人敢通内外，竊威福，招權市寵以紊朝政，此則左右之正也。内自禁省，外徹朝廷，二者之間，洞然無有毫髮私邪之間，然後發號施令，群聽不疑，進賢退姦，衆志咸服。紀綱得以振而無侵撓之患，政事得以修而無阿私之失，此所以朝廷百官、六軍萬民無敢不出於正而治道畢也。心一不正，則是數者固無從而得其正。是數者一有不正，而曰心正，則亦安有是理哉？是以古先聖王兢兢業業，持守此心，雖在紛華波動之中、幽獨得肆之地，而所以精之一之，克之復之，如對神明，如臨淵谷，未嘗敢有須臾之怠，然猶恐其隱微之間，或有差失而不自知也。是以建師保之官以自開明，列諫諍之職以自規正，而凡其飲食、酒漿、衣服、次舍、器用、財賄，與夫宦官、宫妾之政，無一不領於冢宰之官，使其左右前後，一動一静，無不制以有司之法而無纖芥之隙，瞬息之頃得以隱其毫髮之私。蓋雖以一人之尊，深居九重之邃，而懔然常若立乎宗廟之中，朝廷之上，此先王之治所以由内及外，自微至著，精粹純白，無少瑕翳，而其遺風餘烈猶可以爲後世法程也。陛下試以是而思之，吾之所以精一克復而持守其心者，果嘗有如此之功乎？所以修身齊家而正其左右者，果嘗有如此之效乎？宫省事禁，臣固有不得而知者。然不見其形而視其影，不睹其内而占其外，則爵賞之濫，貨賂之流，閭巷竊言，久已不勝其籍籍矣。臣竊以是窺之，則陛下之所以修之家者，恐其未有以及古之聖王也。至於左右便嬖之私，恩遇過當，往者淵、覿、説、抃之徒，勢焰熏灼，傾動一時，今已無可言矣。獨有前日臣所面奏者，雖蒙聖慈委曲開譬，然臣之愚，終竊以爲此輩但當使之守門傳令，供掃除之役，不當假借崇長，使得逞邪媚、作淫巧於内，以蕩上心，立門庭、招權勢於外，以累聖政。而其有才無才，有罪無罪，自不當論。況其有才適所以爲姦，有罪而不可復用乎？且如向來主管喪事，欽奉几筵之命，遠近傳聞，無不竊笑。臣不知國史書之，野史記之，播於外國，傳於後世，且以陛下爲何如主也。縱有曲折，如前日所以諭臣者，陛下亦安能家置一喙而人曉之耶？刑餘小醜，不比人類，顧乃熒惑聖心，虧損聖德，以至此極，而公卿大臣拱手熟視，無一言以救其失，臣之痛心，始者惟在於此。比至都城，則又知此曹之用事者非獨此人，而侍從之臣蓋已有出其門者。至其納財之塗，則又不於士大夫而專於將帥。臣於前日亦嘗輒以面奏，而陛下諭臣，以爲誠當深察而痛懲之矣。退而始聞陛下比於環列之尹，已嘗有所易置，乃知陛下固已深察其弊，而無所待於人言。然猶未能明正其罪，而反寵以崇資巨鎮，使即便安。此曹無知，何所忌憚，況中外將帥，其不爲此者無幾，陛下亦未能推其類而悉去之也。陛下竭生靈之膏血，以奉軍旅之費，本非得已。而爲軍士者，顧乃未嘗得一温飽，甚者採薪織屨，掇拾糞壤以度朝夕，其又甚者，至使妻女盛塗澤，倚市門以求食也。怨詈謗讟，悖逆絶理，至有不可聞者。一有緩急，不知陛下何所倚仗？是皆爲將帥者巧爲名色，頭會箕斂，陰奪取其糧賜以自封殖，而行貨賂於近習以圖進用。彼此既厭足矣，然後時以薄少號爲羨餘，陰奉燕私之費，以嫁士卒怨怒之毒於陛下。且幸陛下一受其獻，則後日雖知其罪，而不得復有所問也。出入禁闥腹心之臣，外交將帥，共爲欺蔽，以至於此，豈有一毫愛戴陛下之心哉！而陛下不悟，反寵暱之，以是爲我之私人，至使宰相不得議其制置之得失，給諫不得論其除授之是非，以此而觀，則陛下所以正其左右，未能及古之聖王又明矣。且私之得名，何爲也哉？据己分之所獨有，而不得以通乎其外之稱也。故自匹夫而言，則以一家爲私而不得以通乎其鄉；自鄉人而言，則以一鄉爲私而不得以通乎其國；自諸侯而言，則以一國爲私而不得以通乎天下。至於天子，則際天之所覆，極地之所載，莫非己分之所有，而無外之不通矣，又何以私爲哉？今以不能勝其一念之私而至於有私心，以不能正其家人近習之故而至於有私人，以私心用私人，則不能無私費。於是内損經費之入，外納羨餘之獻，而至於有私財。陛下上爲皇天之所子，全付所覆，使其無有私而不公之處，其所以與我者亦不細矣。乃不能充其大，而自爲割裂以狹小之，使天下萬事之弊莫不由此而出，是豈不可惜也哉！若以時勢之利害言之，則天下之勢合則强，分則弱，故諸葛亮之告其君曰：『宫中府中，俱爲一體，陟罰臧否，不宜異同。若有作姦犯科及爲忠善者，宜付有司，論其刑賞，以昭陛下平明之治，不宜偏私，使内外異法也。』當是之時，昭烈父子以區區之蜀抗衡天下十分之九，規取中原，以興漢室。以亮忠智爲之深謀，而其策不過如此，可謂深知時務之要，而暗合乎先王之法矣。夫以蜀之小，而於其中又以公私自分彼此如兩國，然則是將以梁、益之半圖吴、魏之全。又且内小人而外君子，廢法令而保姦回，使内之所出者日有以賊乎外，公之所立者常不足以勝乎私，則是此兩國者又自相攻，而其内之私者常勝，外之公者常負也。外有隣敵之虞，内有陰邪之寇，日夜夾攻而不置，爲國家者亦已危矣。夫以義理言之既如彼，以利害言之又如此，則今日之事如不蚤正，臣恐陛下之心雖勞於求賢，而一有所妨乎此，則賢人必不得用，而所用者皆庸繆憸巧之人；雖勤於立政，而一有所礙乎此，則善政必不得立，而所行者皆阿私苟且之政。日往月來，養成禍本，而燕貽之謀未遠，輔相之職不修，紀綱壞於上，風俗壞於下，民愁兵怨，國勢日卑。一旦猝有不虞，臣竊寒心，不知陛下何以善其後也。然則臣之所謂天下大本惟在陛下之一心者，可不汲汲皇皇而求有以正之哉？至於輔翼太子之説，則臣前日所謂數世之仁者，蓋以微發其端，而未敢索言之也。夫太子天下之本，其輔翼之不可不謹，見於保傅傳者詳矣。陛下聖學高明，洞貫今古，宜不待臣言而喻。然臣嘗竊怪陛下所以調護東宫者，何其疏略之甚也？由前所論而觀之，豈非所以自治者，猶未免於疏略？因是亦以是爲當然而不之慮耶？夫自王十朋、陳良翰之後，宫寮之選，號爲得人，而能稱其職者蓋已鮮矣。而又時使邪佞儇薄、闒冗庸妄之輩，或得參錯於其間。所謂講讀，聞亦姑以應文備數，而未聞其有箴規之效。至於從容朝夕，侍遊燕者，又不過使臣宦者數輩而已。皇太子睿性夙成，閱理久熟，雖若無待於輔導，然人心難保，氣習易污。習於正則正，習於邪則邪，此古之聖王教世子者，所以必選端方正直、道術博聞之士與之居處，而又使之逐去邪人，不使見惡行。蓋常謹之於微，不待其有過而後規也。今三代之制雖不可考，且以唐之六典論之。東宫之官，師傅、賓客既職輔導，而詹事府、兩春坊實擬天子之三省，故以詹事、庶子領之，其選甚重。今則師傅、賓客既不復置，而詹事、庶子有名無實，其左、右春坊遂直以使臣掌之，何其輕且褻之甚耶？夫立太子而不置師傅、賓客，則無以發其隆師親友、尊德樂義之心，獨使春坊使臣得侍左右，則無以防其戲慢媟狎、奇衺雜進之害，此已非細事矣。至於皇孫德性未定，聞見未廣，又非皇太子之比，則其保養之具尤不可以不嚴。而今日之官屬尤不備，責尤不專，豈任事者亦有所未之思耶？謂宜深詔大臣，討論前代典故，東宫除今已置官外，別置師傅、賓客之官，使與朝夕遊處，罷去春坊使臣，而使詹事、庶子各復其職，宫中之事，一言之入，一念之出，必由於此而後通焉。又置贊善大夫，擬諫官以箴闕失。王府則宜稍倣六典親王之制，置賓友〔五〕、咨議以司訓導，置長史、司馬以總衆職。妙選耆德，不雜他材，皆置正員，不爲兼職，專其職掌，以責功效，則其官屬亦已略備矣。陛下又當以時召之，使侍燕遊，從容啓迪，凡古先聖王正心修身平治天下之要，陛下之所服行而已有效，與其勉慕而未能及、愧悔而未能免者，傾倒羅列，悉以告之。則聖子神孫，皆將有以得乎陛下心傳之妙，而宗社之安、統業之固，可以垂於永久而無窮矣。此今日急務之一也。至於選任大臣之説，則臣前所謂勞於求賢，而賢人不得用者，蓋已發其端矣。夫以陛下之聰明，豈不知天下之事，必得剛明公正之人而後可任也哉？其所以常不得如此之人，而反容鄙夫之竊位者，非有他也，直以一念之間未能撤其私邪之蔽，而燕私之好、便嬖之流，不能盡由於法度。若用剛明公正之人以爲輔相，則恐其有以妨吾之事，害吾之人而不得肆，是以選掄之際，常先排擯此輩，置之度外，而後取凡疲懦軟熟、平日不敢直言正色之人而揣摩之。又於其中得其至庸極陋，決可保其不至於有所妨者，然後舉而加之於位。是以除書未出而其物色先定，姓名未顯而中外已逆知其決非天下之第一流矣。故以陛下之英明剛斷，略不世出，而所取以自輔者，未嘗有如汲黯、魏徵之比，顧嘗反得如秦檜晚年之執政臺諫者而用之。彼以人臣竊國柄，而畏忠言之悟主以發其姦也，故專取此流，以塞賢路、蔽上心，乃其勢之不得已者。陛下尊居宸極，威福由己，亦何賴於此輩，而乃與之共天下之政，以自蔽其聰明，自壞其綱紀，而使天下受其弊哉！夫其所以取之者如此，故其選之不得而精；選之不精，故任之不得而重；任之不重，則彼之所以自任者亦輕。夫以至庸之材當至輕之任，則雖名爲大臣，而其實不過供給唯諾，奉行文書，以求不失其窠坐資級，如吏卒之爲而已。求其有以輔聖德，脩朝政，而振紀綱，不待智者而知其必不能也。下此一等，則惟有作姦欺，植黨與，納貨賄，以濁亂陛下之朝廷耳。其尤甚者，乃至十有餘年而後敗露以去，然其布列於後以希次補者，又已不過此等人矣。蓋自其爲臺諫，爲侍從，而其選已如此，其後又擇其尤碌碌者而登用之，則亦毋怪乎陛下常不得天下之賢材而屬任之也。然方用之之初，亦曰姑欲其無所害於吾之私而已，夫豈知其所以害夫天下之公者，乃至於此哉？陛下試反是心以求之，則庶幾乎得之矣。蓋不求其可喜而求其可畏，不求其能適吾意而求其能輔吾德，不憂其自任之不重，而常恐吾所以任之者之未重，不爲燕私近習一時之計，而爲宗社生靈萬世無窮之計。陛下誠以此取之，以此任之，而猶曰不得其人，則臣不信也。此今日急務之二也。至於振肅紀綱，變化風俗之説，則臣前所謂勤於立政而善政卒不得立者，亦已發其端矣。夫以陛下之心，憂勤願治不爲不至，豈不欲夫綱維之振、風俗之美哉？但以一念之間，未能去其私邪之蔽，是以朝廷之上忠邪雜進，刑賞不分，士夫之間志趣卑汙，廉恥廢壞，顧猶以爲事理之當然，而不思有以振厲矯革之也。蓋明於内然後有以齊乎外，無諸己而後可以非諸人。今宫省之間，禁密之地，而天下不公之道、不正之人，顧乃得以窟穴盤據於其間。而陛下目見耳聞，無非不公不正之事，則其所以熏蒸銷鑠，使陛下好善之心不著，疾惡之意不深，其害已有不可勝言者矣。及其作姦犯法，則陛下又未能深割私愛而付諸外廷之議、論以有司之法，是以紀綱不能無所撓敗。而所以施於外者，亦因是而不欲深究切之。且如頃年方伯連帥，嘗以有贓污不法聞者矣。鞫治未竟，而已有與郡之命。及臺臣有言，則遂與之祠禄而命爲自陳。至於其所藏匿作過之人，則又不復逮捕付獄。名爲降官，而實以解散其事。此雖宰相曲庇鄉黨以欺陛下，然臣竊意陛下非全然不悟其欺者。意必以爲人情各有所私，我既欲遂我之私，則彼亦欲遂彼之私，君臣之間，顔情稔熟，則其勢不得不少容之。且以爲雖或如此，亦未至甚害於事。而不知其敗壞綱紀，使中外聞之，腹非巷議，皆有輕侮朝廷之心。姦贓之吏則皆鼓舞相賀，不復畏陛下之法令，則亦非細故也。又如廷臣争議配享，其間邪正曲直，固有所在，則兩無所問而並去之。監司挾私以誣郡守，則不問其曲直而兩皆罷免。監司使酒以淩郡守，亦不問其曲直而兩皆與祠。宰相植黨營私，孤負任使，則曲加保全而使之去。臺諫懷其私恩，陰拱不言，而陛下亦不之問也。其有初自小官擢爲臺諫，三四年間，趨和承意，不能建明一事，則年除歲遷，至極其選。一日論及一二武臣罪惡，則便斥爲郡守而不與職名。從臣近典東畿，遠帥西蜀，一遭飛語，則體究具析，無所不至。及究析來上而所詿不實，則言之者晏然一無所訶。山陵諸使鬻賣辟闕，煩擾吏民，御史有言，亦無遺行，而或反得超遷。御史言及畿漕，則名補卿列而實奪之權。其所言者，則雖量加絀削，而繼以進用。從班之中，賢否尤雜，至有終歲緘默，不聞一言以裨聖聽者，顧亦隨群逐隊，排連儹補。其桀黠者乃敢造飛語，立横議，如臣前所陳者，而宰相畏其凶焰，反撓公議而從之。臺諫亦不敢以聞於陛下而請其罪。陛下視此綱紀爲如何？可不反求諸身而亟有以振肅之耶？綱紀不振於上，是以風俗頽弊於下。蓋其爲患之日久矣，而浙中爲尤甚。大率習爲軟美之態、依阿之言，而以不分是非、不辨曲直爲得計。下之事上，固不敢少忤其意；上之御下，亦不敢稍咈其情。惟其私意之所在，則千塗萬轍，經營計較，必得而後已。甚者以金珠爲脯醢，以契券爲詩文，宰相可啗則啗宰相，近習可通則通近習。惟得之求，無復廉恥。父詔其子，兄勉其弟，一用此術而不復知有忠義名節之可貴。其俗已成之後，則雖賢人君子，亦不免習於其説，一有剛毅正直、守道循理之士出乎其間，則群譏衆排，指爲道學之人，而加以矯激之罪。上惑聖聰，下鼓流俗，蓋自朝廷之上以及閭里之間，十數年來，以此二字禁錮天下之賢人君子，復如崇、宣之間所謂元祐學術者，排擯詆辱，必使無所容措其身而後已。嗚呼，此豈治世之事而尚復忍言之哉？又其甚者，乃敢誦言於衆，以爲陛下嘗謂今日天下幸無變故，雖有仗節死義之士，亦何所用。此言一播，大爲識者之憂，而臣有以知其必非陛下之言也。夫仗節死義之士，當平居無事之時，誠若無所用者。然古之人君所以必汲汲以求之者，蓋以如此之人，臨患難而能外死生，則其在平世，必能輕爵禄；臨患難而能盡忠節，則其在平世，必能不詭隨。平日無事之時得而用之，則君心正於上，風俗美於下，足以逆折姦萌，潛消禍本，自然不至真有仗節死義之事，非謂必知後日當有變故，而預蓄此人以擬之也。惟其平日自恃安寧，便謂此等人材必無所用，而專取一種無道理、無學識、重爵禄、輕名義之人，以爲不務矯激而尊寵之，是以綱紀日壞，風俗日偷，非常之禍伏於冥冥之中，而一旦發於意慮之所不及，平日所用之人，交臂降叛而無一人可同患難，然後前日擯棄流落之人，始復不幸而著其忠義之節。以天寶之亂觀之，其將相貴戚、近幸之臣，皆已頓顙賊庭，而起兵討賊，卒至於殺身湛族而不悔，如巡、遠、杲卿之流，則遠方下邑人主不識其面之人也。使明皇早得巡等而用之，豈不能銷患於未萌？巡等早見用於明皇，又何至真爲仗節死義之舉哉？「商鑒不遠，在夏后之世」，此識者所以深憂於或者之言也。雖以臣知聖學高明，識慮深遠，決然不至有此議論，然每念小人敢託聖訓以蓋其姦，而其爲害至於深沮天下忠臣義士之氣，則亦未嘗不痛心疾首，而不敢以識者之慮爲過計之憂也。陛下視此風俗爲何如，可不反求諸身而亟有以變革之耶？此今日急務之三四也。至於愛養民力，修明軍政之説，則民力之未裕，生於私心之未克，而宰相臺諫失職也；軍政之未修，生於私心之未克，而近習得以謀帥也。是數説者，臣皆已極陳於前矣，今請即民力之未裕而推言之。臣聞虞允文之爲相也，蓋取版曹歲入窠名之必可指擬者，號爲歲終羨餘之數，而輸之内帑。顧以其有名無實，積累挂欠，空載簿籍，不可催理者撥還版曹。其爲説曰内帑之積，將以備他日用兵進取不時之須，而版曹目今經費，已自不失歲入之數。聽其言誠甘且美矣，然自是以來，二十餘年，内帑歲入不知幾何，而認爲私貯，典以私人，宰相不得以式貢均節其出入，版曹不得以簿書勾考其存亡，其日銷月耗以奉燕私之費者，蓋不知其幾何矣，而曷嘗聞其能用此錢以易敵人之首，如太祖皇帝之言哉？徒使版曹經費闕欠日甚，督趨日峻，以至廢去祖宗以來破分良法，而必以十分登足爲限，以爲未足，則又造爲比較監司、郡守殿最之法以誘脅之，不復問其政教設施之得失，而一以其能剥民奉上者爲賢。於是中外承風，競爲苛急。監司明諭州郡，郡守明諭屬邑，不必留心民事，惟務催督財賦，此民力之所以重困之本，而税外無名之賦，如和買、折帛、科罰、月樁之屬尚未論也。其次則陛下所用之宰相，不能擇中外大吏，而惟狥私情之厚薄；所用之臺諫，不能公行糾劾，而惟快己意之愛憎。是以監司、郡守多不得人，而其賢者或反以舉職業忤臺諫而遭斥逐也。至於監司太多而事權不歸於一，銓法雖密而縣令未嘗擇人，則又其法之有未善者。然其本正，則此等不難區處；其本未正，則雖或舉此，臣恐未見其益而反有害也。又嘗即夫軍政之不修而推之，則臣聞日者諸將之求進也，必先掊克士卒以植私財，然後以此自結於陛下之私人，而祈以姓名達於陛下之貴將。貴將得其姓名，即以付之軍中，使自什伍以上，節次保明，稱其材武堪任將帥，然後具爲奏牘而言之陛下之前。陛下但見其等級推先，案牘具備，則誠以爲公薦而可以任矣。而豈知其諧價輸錢，已若晚唐之債帥哉？只此一事，有耳者無不聞，有口者無不道，然以其門户幽深，蹤跡詭秘，故無路得以窺其交通之實狀。是以雖或言之，而陛下終不信也。夫將者三軍之司命，而其選置之方乖刺如此，則彼智勇材略之人，其孰肯抑心下首於宦官宫妾之門？而陛下之所得以爲將帥者，皆庸夫走卒，固不知兵謀師律之爲何事，而惟尅剥之是先，交結之是圖矣。陛下不知其然，而猶望其修明軍政，激勸士卒，以强國勢，豈不誤哉？然將帥之不得人，非獨兵卒之受其弊也。推其爲害之弊，則又有以及乎民者。蓋將帥得人，則尺籍嚴而儲蓄羨，屯田立而漕運省。今爲將帥者如此，則固無望其肯核軍實而豐儲蓄矣。至於屯田，則彼自營者尤所不顧，故朝廷不免使之别置使者以典治之，而兵屯之衆，資其撥遣，則又不免使參其務。然聞其占護軍人，不肯募其願耕者以行，而强其不能者以往，至屯則偃蹇不耕，而反爲民田之害，使者文吏，其力蓋有所不能制者，是以陛下欲爲之切，而久不得成也。屯田不立，漕運煩費，諸州苗米至或盡數起發，而無以供州兵之食，則加耗斛面之弊紛紛而起，而民益困矣。又凡和買、折帛、科罰、月樁之類，往往亦爲供軍之故而不可除。若屯田立而所資於諸路者減，則此屬庶乎其皆可禁矣。今皆不然，則是置將之不善，而害足以及民也。凡此數者，根株深固，枝條廣濶，若不可以朝變而夕除者。然究其本，則亦在夫陛下之反諸身耳。聖心誠無不正，則必能出私帑以歸版曹矣；版曹不至甚闕，必能復破分之法，除殿最之科，以寬州縣矣；聖心誠無不正，則必能擇宰相以選牧守矣，擇臺諫以公刺舉矣；聖心誠無不正，則必能嚴宦官兵將交通之禁，而以選將屬宰相矣；宰相誠得其人，則必能爲陛下擇將帥以作士氣，計軍實、廣屯田以省漕運矣。上自朝廷，下達州縣，治民典軍之官既皆得人，然後明詔宰相，議省監司之員，而精其選，重其責。又詔銓曹，使以縣之劇易分爲等差，而常切詢訪天下之官吏能爲縣者，不拘薦舉之有無，不限資格之高下，而籍其姓名，使以次補最劇之縣，果有治績，則優而進之；不勝其任，則絀而退之。凡州縣之間，無名非理之供，横歛巧取之政，其太甚而可去者可以漸去，而民力庶乎其可寬矣。至於屯田之利，則以臣愚見，當使大將募軍士，使者招游民，各自爲屯，不相牽制。其給授課督、賞罰政令，各從本司，自爲區處。軍中自有將校可使，不須别置官吏，使者則聽其辟置官屬三五人，指使一二十人，以備使令。又擇從官通知兵農之務，兼得軍民之情者一員，爲屯田使，總治兩司之政，而通其奏請，趨其應副。又以歲時按行，察其勤惰之實，以行誅賞。如此則兩屯心競，各務其功，田事可成，漕運可省，而諸路無名非理之供、横歛巧取之政，前日有所不獲已而未可盡去者，今亦可悉禁，民力庶乎其益裕矣。此今日急務之五六也。凡此六事，皆不可緩，而其本在於陛下之一心，一心正則六事無不正。一有人心私欲以介乎其間，則雖欲憊精勞力以求正夫六事者，亦將徒爲文具，而天下之事愈至於不可爲矣。故所謂天下之大本者，又急務之最急，而尤不可以少緩者，惟陛下深留聖意而亟圖之。使大本誠正，急務誠修，而治效不進，國勢不强，中原不復，仇敵不滅，則臣請伏鈇鉞之誅以謝陛下。陛下雖欲赦之，臣亦不敢承也。然又竊聞之，今日士夫之論，其與臣不同者非一，及究其實，則皆所謂似是而非者也。蓋其樂因循之無事者，則曰陛下之年寖高，而天下亦幸無事，年寖高則血氣不能不衰，天下無事則不宜更爲庯人所擾。其欲奮厲而有爲者，則又曰祖宗之積憤不可以不攄，中原之故疆不可以不復，以此爲務，則臣心不待勸勉而自强；舍此不圖，則雖欲策厲以有爲，而無所向望以爲標準，亦歸於委靡而已。凡此二説，亦皆有理。而臣輒皆以爲非者，蓋樂因循者知聖人之血氣有時而衰，而不知聖人之志氣無時而衰也；知天下有事之不可以苟安，而不知天下無事之尤不可以少怠也。況今日之天下，又未得爲無事乎！且以衛武公言之，其年九十有五矣，猶箴儆於國，以求規諫，而作抑戒之詩以自警，使人朝夕誦之，不離於其側。此其年豈不甚高，而其戒謹恐懼之心豈以是而少衰乎？況陛下視武公之年，三分未及其二，而責任之重，地位之高，又有十百千萬於武公者。臣雖不肖，又安敢先處陛下於武公之下，而直謂其不能乎？且天下之事，非艱難多事之可憂，而宴安酖毒之可畏。政使功成治定，無一事之可爲，尚當朝兢夕惕，居安慮危，而不可以少怠。況今天下雖若未有目前之急，然民貧財匱，兵惰將驕，外有强暴之寇仇，内有愁怨之軍民，其他難言之患，隱於耳目之所不加，思慮之所不接者，近在堂奥之間，而遠在數千里之外，何可勝數？追計其前，既未有可見之效；却顧於後，又未有可守之規。亦安得遽謂無事，而遂以逸豫處之乎？其思奮厲者，又徒知恢復之不可忘，頹墮之不可久。然不知不世之大功易立，而至微之本心難保；中原之戎寇易逐，而一己之私意難除也。誠能先其所難，則其易者將不言而自辨。不先其難，而徒欲僥倖於其易，則雖朝夕談之不絶於口，是亦徒爲虚言，以快天時之意而已。又況此事之失，已在隆興之初，不合遽然罷兵講和，遂使宴安酖毒之害日滋日長，而卧薪嘗膽之志日遠日忘。是以數年以來，綱維解弛，釁孽萌生，區區東南，事猶有不勝慮者，何恢復之可圖乎？故臣不敢隨例迎合，苟爲大言，以欺陛下，而所望者，則惟欲陛下先以東南之未治爲憂，而正心克己，以正朝廷，修政事，庶幾真實功效可以馴致，而不至於别生患害，以妨遠圖。蓋所謂善易者不言易，而真有志於恢復者，果不在於撫劒抵掌之間也。論者又或以爲陛下深於佛、老之學，而得其識心見性之妙，於古先聖王之道，蓋有不約而自合者。是以不悦於世儒之常談死法，而於當世之務，則寧以管、商一切功利之説爲可取。今乃以其所厭飫鄙薄者陳於其前，亦見其言愈多而愈不合也。臣以爲此亦似是而非之論，非所以進盛德於日新也。彼老子、浮屠之説，固有擬於聖賢者矣，然其實不同者，則此以性命爲真實，而彼以性命爲空虚也。此以爲實，故所謂寂然不動者，萬理粲然於其中，而民彝物則，無一之不具。所謂感而遂通天下之故，則必順其事，必循其法，而無一事之或差。彼以爲空則徒知寂滅爲樂，而不知其爲實理之原，徒知應物見形，而不知其有真妄之别也。是以自吾之説而修之，則體用一原，顯微無間，而治心修身齊家治國，無一事之非理。由彼之説，則其本末横分，中外斷絶，雖有所謂朗徹靈通、虚静明妙者，而無所救於滅理亂倫之罪，顛倒運用之實也。故自古爲其學者，其初無不似有可喜，考其終則詖淫邪遁之見，鮮有不作而害於政事者。是以程顥常闢之曰：『自謂窮神知化，而不足以開物成務，言爲無不周徧，而實外於倫理；窮深極微，而不可以入堯、舜之道。天下之學，自非淺陋固滯，則必入於此。是謂正路之榛蕪，聖門之蔽塞，闢之而後可與入道。』嗚呼！此真可謂理到之言，惜乎其未有以聞於陛下者。使陛下過聽髡徒誑妄之説，而以爲真有合於聖人之道，至分治心、治身、治人以爲三術，而以儒者之學爲最下，則臣竊爲陛下憂此心之害於政事，而惜此説之布於來今也。如或未以臣言爲然，則聖質不爲不高，學之不爲不久，而所以正心修身以及天下者，其效果安在也？是豈可不思其所以然者而亟反之哉？若夫管、商功利之説，則又陋矣。陛下所以取之者，則以既斥儒者之道爲常談死法，而天下之務日至於前，彼浮屠之學又不足以應之，是以有味乎彼之言，而冀其富國强兵，或有近效耳。然自行其説，至今幾年，而國日益貧，兵日益弱，所謂近效者亦未之見。而聖賢所傳生財之道，理財之義，文武之怒，道德之威，則固所以爲富强之大，而反未有講之者也，豈不誤哉？今議者徒見佛、老之高，管、商之便，而聖賢所傳明善誠身、齊家治國平天下者，初無新奇可喜之説，遂以爲常談死法而不足學。夫豈知其常談之中自有妙理，死法之中自有活法，固非老、佛、管、商之陋所能彷彿其萬分也哉！伏惟陛下察臣之言，以究四説之同異而明辨之，則知臣之所言，非臣所爲之説，乃古先聖賢之說；非古先聖賢所爲之說，乃天經地義自然之理。雖以堯、舜、禹、湯、文、武、周、孔之聖，顏、曾、伋、軻之賢，而有所不能違也。則於臣之言與夫論者之說，其爲取舍從違，不終日而決矣。抑臣於此又竊有感而自悲焉。蓋臣之得事陛下，於今二十有七年矣，而於其間得見陛下，數不過三。自其始見於隆興之初，固嘗輒以近習爲言矣。辛丑再見，又嘗論之。今歲三見，而其所言又不過此。臣遐方下土田野之人，豈有積怨深怒於此曹，而固欲攻之以快己私也哉！其所以至於屢進不合而不敢悔者，區區之意，獨爲國之計，而不敢自爲身謀，其愚亦可見矣。然自頃以來，歲月逾邁，如川之流，一往而不復反。不惟臣之蒼顏白髮已迫遲暮，而竊仰天顏，亦覺非昔時矣。臣之鄙滯，固不能別有忠言奇謀，以裨聖聽，而陛下日新之盛德，亦未能有以使臣釋然而忘其夙昔之憂也，則臣於此安得不深有感而重自悲乎？身伏衡茅，心馳魏闕，竊不勝其愛君憂國之誠，敢冒萬死，刳瀝肺肝，以效野人食芹炙背之獻，且以自乞其不肖之身焉。伏惟陛下哀憐財赦而擇其中，則非獨愚臣之幸，實宗社生靈之幸。臣熹誠惶誠恐，昧死再拜謹言。」

是篇也，朱子内聖外王之學所由設施，以繼帝臣王佐之後者也。其喫緊處，在正君心一段。精一克復，以正其本；師保諫議，以正其行；冢宰之官，有司之法，以正其服食財賄、起居動静之節。内之后嬪宫人，外之貴戚近臣，無一不軌於正，然後百官萬民各得其正，此三代聖王之遺法，實可坐而言、起而行者。至於六事指陳時弊，顯有塗轍，不待大爲更張，而已各就繩墨矣，惜乎孝宗不能用也。後世帝王斷宜反復是篇，以定主治規模。凡宰相六部九卿等官，督撫布按府州縣等官，皆當各書一通，以立輔治尺度。由此及文集、語類講求治道之大綱細目，經書、史鑑考究治道之義理條件，一人倡之，百僚和之，治不古若者，未之有也。

延和奏劄五曰：「臣竊惟陛下以大有爲之資，奮大有爲之志，即位之初，慷慨發憤，恭儉勤勞，務以内修政事，外攘夷狄，汛掃陵廟，恢復土疆爲己任，如是者二十有七年於兹矣。而因循荏苒，日失歲亡，了無尺寸之效可以仰酬聖志，下慰人望，不審陛下亦嘗中夜以思，而求其所以然之説耶？以爲所任者非其人，則陛下之神明，豈可謂所任盡非其人？以爲所由者非其道，則陛下之仁聖，豈可謂所由盡非其道？以爲規模不定，則陛下之規模嘗定矣，以爲志氣不立，則陛下之志氣嘗立矣。然且若是，何耶？臣誠愚賤，竊爲陛下惑之，故嘗反復而思之，無乃燕閒蠖濩之中、虚明應物之地，所謂天理者有未純、所謂人欲者有未盡而然歟？天理有未純，是以爲善常不能充其量；人欲有未盡，是以除惡常不能去其根。爲善而不能充其量，除惡而不能去其根，是以雖以一念之頃，而公私邪正、是非得失之機，未嘗不朋分角立而交戰於其中。故所以體貌大臣者非不厚，而便嬖側媚之私顧得以深被腹心之寄；所以痼瘝豪英者非不切，而柔邪庸繆之輩顧得以久竊廊廟之權。非不樂聞天下之公議正論，而亦有時而不容；非不欲堲天下之讒説殄行，而亦未免於誤聽；非不欲報復陵廟之讐恥，而或不免於畏怯苟安之計；非不欲愛養生靈之財力，而或未免於歎息愁怨之聲。凡若此類，不一而足。是以所用雖不至盡非其人，而亦不能盡得其人；所由雖不至盡非其道，而亦不能盡合其道。規模蓋嘗小定，而卒至於不定；志氣蓋嘗小立，而卒至於不立。虛度歲月，以至於今，非獨不足以致治，而或反足以召亂；非獨不可以謀人，而實不足以自守；非獨天下之人爲陛下惜之，臣知陛下之心亦不能不以此爲恨也。間者天啓聖心，日新盛德，奮發英斷，整頓綱維，蓋有意乎天理之純而人欲之盡矣。然臣竊以事觀之，則猶恐其未免乎交戰之患也。蓋詰傳寫漏泄文字之罪，則便嬖側媚之流知所懼矣。然而去者未遠而復還，存者更進而愈深，則知陛下親寵此曹之意未衰也。罷累年竊位盜權之姦，則柔邪庸繆之黨知所懼矣，然而希次補者襲其迹以僥倖而不訶，當言責者懷其私以緘默而不問，則知陛下委任此輩之意猶在也。增置諫員，斥遠邪佞，則兼聽之美固有以異乎前日矣，然可諫之端無窮，則其或繼進而愈切，未知陛下果能納而用之否也？辨明誣枉，慰撫孤直，則燭幽之明固有以異乎前日矣，然造言之人無責，則其或捷出而益巧，未知陛下果能遠而絶之否也？謝却傲使，嘉獎壯圖，宜若可以勵苟安之志矣，而置將之權旁出奄寺，軍政敗壞，士卒愁怨，則恐未有以待天下之變；振廩蠲租，重禁科擾，宜若可以寬疲民之力矣。而監司不擇，守令貪殘，政煩賦重，元元失職，則恐未可以固有邦之本。即是數者而論之，則是所謂天理者雖小勝，而所謂人欲者終未盡除也。夫以陛下之神聖仁明，涖政之久，圖治之切，宜其晏然高拱，以享功成治定之安久矣。而歲月逾邁，四顧茫然，陰陽方争，勝負未決，不知將復何日何時，而可以粗見聖治之成也耶？聞之道路，比來士大夫之進説者多矣。然不探其本而徒指其末，不先其難而姑就其易，毛舉天下之細故而不本於陛下之身，營營馳騁乎事爲利害之末流。臣恐其未足以端出治之本，清應物之源，以贊陛下正大宏遠之圖，而使天下之事悉如聖志之所欲也。昔者舜、禹、孔、顔之間，蓋嘗病此而講之矣。舜之戒禹曰：『人心惟危，道心惟微，惟精惟一，允執厥中。』而必繼之曰：『無稽之言勿聽，弗詢之謀勿庸，謹乃有位，敬修其可願，四海困窮，天禄永終。』孔子之告顔淵，既曰：『克己復禮爲仁。一日克己復禮，天下歸仁焉。爲仁由己，而由人乎哉？』而又申之曰：『非禮勿視，非禮勿聽，非禮勿言，非禮勿動。』既告之以損益四代之禮樂，而又申之曰：『放鄭聲，遠佞人。鄭聲淫，佞人殆。』嗚呼！此千聖相傳心法之要，其所以極夫天理之全而察乎人欲之盡者，可謂兼其本末巨細而舉之矣。兩漢以來，非無願治之主，而莫克有志於此，是以雖或隨世以就功名，而終不得以與乎帝王之盛。或恥爲庸主而思用力於此道，則又不免蔽於老子、浮屠之説，静則徒以虚無寂滅爲樂，而不知有所謂實理之原，動則徒以應緣無礙爲達，而不知有所謂善惡之機。是以日用之間，内外乖離，不相爲用，而反以害於政事。蓋所謂千聖相傳心法之要者，於是不復講矣。臣愚不肖，竊願陛下即今日之治效泝而上之，以求其所以然之故，而於舜、禹、孔、顔所授受者少留意焉。自今以往，一念之萌，則必謹而察之，此爲天理耶？爲人欲耶？果天理也，則敬以擴之，而不使其少有壅閼；果人欲也，則敬以克之，而不使其少有凝滯。推而至於言語動作之間，用人處事之際，無不以是裁之。知其爲是而行之，則行之惟恐其不力，而不當憂其力之過也；知其爲非而去之，則去之惟恐其不果，而不當憂其果之甚也；知其爲賢而用之，則任之惟恐其不專，聚之惟恐其不衆，而不當憂其爲黨也；知其爲不肖而退之，則退之惟恐其不速，去之惟恐其不盡，而不當憂其有偏也。如此則聖心洞然，中外融徹，無一毫之私欲得以介乎其間，而天下之事將惟陛下之所欲爲，無不如志矣。詩云：『豐水有芑，武王豈不仕？貽厥孫謀，以燕翼子，武王烝哉。』矧今祖宗光明盛大之業付在陛下，將以傳之無窮，四海之内，所望於陛下者不但數世之仁而已。書曰：『若藥不瞑眩，厥疾不瘳。』惟陛下深留聖志，痛自刻勵而力行之，使萬世之後猶可以爲後聖法程。則宗社神靈永有依托，萬方黎獻永有歸往，天下幸甚！天下幸甚！臣孤陋寡聞，學無所就，前此兩蒙賜對，所言大意與此略同。辭不别白，旨不分明，曾不足以上悟聖心。而陛下哀憐，不忍終棄，使得復望清光。環視其中，無他所有，輒繹舊聞，復以此進。僭妄狂率，罪當萬死，伏惟陛下財赦，不勝恐懼。取進止。」

孝宗人欲未盡，天理未全，故有交戰之患。朱子歷歷説破，使了然其故，又示以用功之方。「自今以往」一段，言謹幾用人處事之道，實可施行。奈孝宗已老，又欲傳位，不能早用朱子，因循無功，大可歎息。明朝亦有賢君多犯此弊，皆不讀此篇之過也。

朱子曰：「姚崇擇十道使之説甚善。范富天章所條，亦只説到擇監司而已。今諸路監司猥衆，却如無一般，不若每路只擇一賢監司，其餘悉可省罷。」

因論薦舉之弊。朱子曰：「亦不難革。只是擇諸路監司，並得一好吏部尚書，揀薦得不是人材者退去，便須得人。今胡亂薦來，但不犯贓罪便得，若犯了贓，不過降得兩官。安得不胡薦？」

又曰：「今朝廷之議，不是戰便和，不和便戰。不知古人不戰不和之間，亦有箇且硬相守底道理。却一面自作措置，亦如何便侵軼得我！今五六十年間，只以和爲可靠，兵又不曾練得，財又不曾蓄得。説恢復底，都是亂説耳。」以上黄畬録。

擇吏部監司、練兵蓄財，是爲治要著。南宋皆不得法，漫説恢復，竟同兒戲，此朱子所深慨也。

【校勘記】

〔一〕一云肆支蔓躁率之詞　「率」原闕，清華鈔本同，據晦庵集卷三六補。

〔二〕所論時學之弊甚善　「甚善」原闕，清華鈔本同，據晦庵集卷五四補。

〔三〕自家須用持敬　「敬」，清華鈔本同，語類卷一二作「著」。

〔四〕諸況想益佳　「想」原闕，清華鈔本同，據晦庵集卷三六補。

〔五〕置賓友　「賓」，清華鈔本同，晦庵集卷一一作「傅」。

朱子聖學考略卷七

己酉，朱子六十歲。

二月，作大學章句序。

大學序以知性復性爲主。格物致知，知性也；誠正修齊治平，復性也。必知性然後能復性，孔孟之教，朱子所宗者。朱子先從端倪用功，後透至善性體，覺自然天則，性體皆備，只在窮理以栽培之，合内外之學也。舍朱子格物之法，其何入乎？

三月，作中庸章句序。

中庸序以道心爲主，道心即性情也，歷聖相傳，端的在此。朱子心地大正欽明，停停當當之中，常在這裏，不離一步。道心極大便是仁，道心極正便是義，道心極欽便是禮，道心極明便是知。擇善，擇道心爲主也；固執，執道心爲主也。主静御動，此道心也；即動皆静，此道心也；行達道九經，此道心也；肫肫淵淵浩浩，此道心也；參天配天，此道心也；育物成物，此道心也；通鬼神，此道心也；洋洋優優，此道心也；無聲無臭，此道心也。朱子聖學驪珠在手，通達萬變，徹始徹終，只是道心。是本體敬靜，是工夫本體工夫合一無間，俱於此序見之。世儒謂爲支離，豈可解乎？

著大學或問、中庸或問成。

按大學或問一書，發明經傳奧義，指示後學工夫，無不詳盡。有所循途，以次深造，而尤喫緊者，主敬、格物、誠意、正心四條。其補主敬，集程子、謝、尹四説，雖補小學未逮，直透到無思無爲一理，炯然敬以直内純一境地。故聖學成始成終，不外乎此。蓋自明格物之義，始於性情身心之近，推之倫物之類，極之天地鬼神之奥，必推究到一私不存、萬理瑩浄之極，則自家一心通乎内外，純是天理呈露充滿，此乃窮至於太極本無極源頭處，方能了澈至此。而其用功之始，則在格物，信乎升山涉水之舟車也。孰謂朱子格物有狥外之失哉？其著力誠意，去惡必盡，好善必篤。初學成德克己之功，必依此訓實落做去，方是真金。他家好言本體，視此爲第二義者，究至瞞昧雜私，如假金見火，鮮不銷鑠矣。迨其存養久，人欲浄盡，天理流行，未發如鑑之空，如衡之平，應事則姸媸輕重，當其本分，而此心渾如太虚，更無起倒，道理畢備，發見感通。朱子之心之虚明至此有成，而謂晚年方悔，何不詳考也？至於修齊治平，皆主敬格致誠正之功貫乎其中，無有踈漏，無有止息。此朱子生平最詳審之書，明白垂教之至者矣。後人反執意見以求勝，其可爲學術慨者矣！

按傳習録卷上陽明門人士德問格物之説一段，陽明所見，不過據朱子答何叔京等書爲定論，以爲晚年方悔，平日許多錯處皆不及改正，通辨攻之極詳。愚謂此即陽明不格物之弊也。以早年爲晚年，以屢改正者爲不及改正，以壯年悔者爲晚年方悔，以悔而純學積三十年者爲不久即去世，種種舛錯，不可枚舉。知之而故爲此語，以愚後世，是聖賢所深非也。不知而率爲此語以垂訓，是平日以讀書窮理爲向外工夫，故於格物致知之義一向錯解，兼朱子文集浩繁，不肯屈首紬心，從頭至尾，詳加檢閲，著實玩味，但以合於己意者爲晚同，不合己意者爲未及改正，堅執平日之成心，創爲同堂之偏論。至於得罪聖門，貽譏賢路，豈非格物之僻解，流弊無所底止哉？

按中庸或問一書，義理精明，辨别細密，而首章尤勘入微妙。其論性道教，原於天之元亨利貞，人之仁義禮智，以健順五常爲主，是道心來歷分明處也。既已來歷分明，則體道之功何容疏忽？君子戒懼於所不及見、不及聞，即是道心常在這裏不離，而不敢有須臾之間。若己所獨聞獨見，道心之靈，皎如日月，毫髮之間，是非了了，必於此尤加謹焉。蓋戒懼通貫動静，而謹幾一著，尤動中喫緊工夫，是以常存敬畏，無一刻之懈也。其體驗未發，已到極處。論程子「明鏡止水」之説曰：「聖人之心，未發則爲水鏡之體，已發則爲水鏡之用，非獨指未發言。」又曰：「當至靜之時，但有能知覺者而未有所知覺也。故以爲靜中有物則可；而便以纔思即是已發爲比，則未可。以爲坤卦純陰而不爲無陽，則可；而便以復之一陽已動爲比，則未可。」此皆窮究存養道心之本體，極密極微者也。純坤，陰也；微陽，坤中乾也，心地一片大虛靜而一點惺惺渾然在中，此邵子初動未生之旨，可想見朱子動而無動、靜而無靜之道心焉。道心如此，虛明純一，所以極其中和，而位育在吾心氣中矣。朱子是時六十，涵養道心，主宰靜定已久，陽明乃謂晚年方悔，而後儒因以本體不虛目之，豈其然哉！故予於此特發明之。

大學中庸或問著定已久，年譜敘於作序時，故仍之。

大學或問曰：「程子之說，切於己而不遺於物，本於行事之實而不廢文字之功，極其大而不略其小，究其精而不忽其粗，學者循是而用力焉，則既不務博而陷於支離，亦不徑約而流於狂妄；既不舍積累之漸而所謂豁然貫通者，又非見聞思慮之可及也。是於說經之意，入德之方，其亦可謂反覆詳備而無俟於發明矣。若其門人，雖曰祖其師說，然以愚考之，則恐其皆未足以及此也。蓋有以必窮萬物之理同出於一爲格物，知萬物同出於一理爲知至。如合內外之道，則天人物我爲一；通晝夜之道，則死生幽明爲一；達哀樂好惡之情，則人與鳥獸魚鱉爲一；求屈伸消長之變，則天地山川草木爲一者似矣。然其欲必窮萬物之理而專指外物，則於理之在己者有不明矣；但求衆物比類之同而不究一物性情之異，則於理之精微者有不察矣。不欲其異而不免乎四説之異，必欲其同而未極乎一原之同，則徒有牽合之勞，而不睹貫通之妙矣，其於程子之説何如哉？又有以爲窮理只是尋箇是處，然必以恕爲本而又先其大者，則一處理通而觸處皆通者，其曰『尋箇是處』者則得矣。而曰『以恕爲本』，則是求仁之方，而非窮理之務也。又曰『先其大者』，則不若先其近者之切也。又曰『一處通而一切通』，則又顔子之所不能及，程子之所不敢言，非若類推積累之可以循序而必至也。又有以爲天下之物不可勝窮，然皆備於我而非從外得也，所謂格物，亦曰反身而誠，則天下之物無不在我者，是亦似矣。然反身而誠，乃爲物格知至以後之事，言其窮理之至，無所不盡，故凡天下之理，反求諸身，皆有以見，其如目視耳聽、手持足行之畢具於此，而無毫髪之不實耳。固非以是方爲格物之事，亦不謂但務反求諸身，而天下之理，自然無不誠也。中庸之言明善，即物格知至之事，其言誠身，即意誠心正之功。故不明乎善，則有反諸身而不誠者，其功夫地位固有序而不可誣矣。今爲格物之説，又安得遽以是而爲言哉？又有以今日格一物，明日格一物，爲非程子之言者。則諸家所記程子之言，此類非一，不容皆誤。且其爲説，正中庸學問思辨、弗得弗措之事，無所咈於理者，不知何所病而疑之也。豈其習於持敬之約，而厭夫觀理之煩耶？抑直以己所未聞而不信他人之所聞也？又有以爲物物致察，宛轉歸己，如察天行以自强，察地勢以厚德者，亦似矣。然其曰『物物致察』，則是不察程子所謂『不必盡窮天下之物』也。又曰『宛轉歸己』，則是不察程子所謂『物我一理，纔明彼即曉此』之意也。又曰『察天行以自强，察地勢以厚德』，則是欲因其已定之名，擬其已著之迹，而未嘗如程子所謂『求其所以然，與其所以爲』者之妙也。獨有所謂『即事即物，不厭不棄，而身親格之以精其知』者，爲得『致字向裏』之意。而其曰『格之之道，必立志以定其本，居敬以持其志，志立乎事物之表，敬行乎事物之内，而知乃可精』者，又有以合乎『未有致知而不在敬者』之指，但其語意頗傷急迫，既不能盡其全體規模之大，又無以見其從容潛玩、積久貫通之功耳。嗚呼！程子之言，其答問反覆之詳且明也如彼，而其門人之所以爲説者乃如此。雖或僅有一二之合焉，而不免於猶有所未盡也，是亦不待於七十子喪，而大義已乖矣，尚何望其能有所發明，而有助於後學哉！間獨惟念昔聞延平先生之教，以爲『爲學之初，且當常存此心，勿爲他事所勝，凡遇一事，即當且就此事反覆推尋，以究其理，待此一事融釋脱落，然後循序少進，而别窮一事。如此既久，積累之多，胸中自當有灑然處，非文字言語之所及也』。詳味此言，雖規模之大，條理之密，若不逮於程子，其功夫之漸次，意味之深切，則有非他説所能及者。惟嘗實用力於此者，爲能有以識之，未易以口舌争也。」

按：朱子格物或問先敘程子九條用功之次第，後序五條涵養本原，以爲格物致知之本。又自申明其說，原諸天命，以見理之所自來。由小學進大學，以示用功之方。又言存心以立窮理之本，窮理以致盡心之功，其於格物之義，詳且盡矣。又力言程門弟子之説之差，何也？蓋吕、謝諸家親炙程子，苟集程説於前，不辨諸説於後，後之學者指諸説亦淵源於程子，雜然分途，不歸一是，勢必執其弟子之説而反失程子之本旨，是以朱子不得不明辨之，以垂教後學也。夫朱子辨諸説明矣，而吕、謝、楊三家尤當深思切究焉。循吕氏「萬物同出於一」之説而失之，不免用力於一而遺散殊變動之理矣；循謝氏「一處通一切通」之説而失之，不免用力於大而遺即事即物之理矣；循楊氏「反身而誠，無不在我」之説而失之，不免用力於内而遺修齊經綸之理，蹈鏡中萬象之弊矣。究其旨意之所在，喜於捷徑，而無積累既多久後貫通之序，偏於儱侗，而無條分縷析、有倫有要之規。雖遵其教未嘗無得力之效，而迫促籠罩，必有舛錯。推其立言之心，未必盡廢審察講習之業，而由其立言之法，則畸輕畸重，流弊難挽。即較之藏形匿影，别爲一種幽深恍惚、艱難阻絶之論者，相去懸遠，而各執一説，旨義不全，其爲不精曉程子之意，則大略同也。以視朱子「默識此心之靈」六句，五峰、延平兩先生之説，爲何如哉？大抵朱子格物之教，必收其放心、養其德性爲格物根基。其用功也，由中及外，由近及遠，由身心性情以及倫物天地之繁賾高深，逐事逐物，反覆推究，積累之多，自有脱然會而聚之、通而理之、一以貫之之候。此其本末之不可倒置，而内外之不可缺略者也。實用功者，當自體之。近有誤解即物窮理之説，以求之身心性情，同於幽深恍惚，第隨事物格去者，不知失朱子之意又幾億萬丈也。

中庸或問曰：「經文所指不睹不聞、隱微之間者，乃欲使人戒懼乎此，而不使人欲之私得以萌動於其間耳，非欲使人虚空其心，反觀於此，以求見夫所謂中者，而遂執之以爲應事之準則也。呂氏既失其指，而所引用『不得於言』、『必有事焉』、『參前倚衡』之語，亦非論孟本文之意。至謂隱微之間，有『昭昭而不可欺，感之而能應』者，則固心之謂矣。而又曰『正惟虚心以求，則庶乎見之』，是又别以一心而求此一心，見此一心也，豈不誤之甚哉？若楊氏『無適非道』之云則善矣，然其言似亦有所未盡。蓋衣食、作息、視聽、舉履皆物也，其所以如此之義理準則，乃道也。若曰所謂道者，不外乎物，而人在天地之間，不能違物而獨立，是以無適而不有義理之準則，不可頃刻去之而不由，則是中庸之旨也。若指物以爲道，則是不惟昧於形而上下之别，而墮於釋氏作用是性之失，且使學者誤謂道無不在，猖狂妄行，害有不可勝言者，不但文義之失而已。」

又曰：「呂氏此章之説，尤多可疑。如引『屢空』、『貨殖』及『心爲甚』者，其於彼此蓋兩失之。其曰『由空而後見夫中』，是又前章虛心以求之說，其不陷入於浮屠者幾希矣。蓋其病根正在欲於未發之前，求見夫所謂中者而執之。是以屢言之而病愈甚，殊不知經文所謂『致中和』者，亦曰當其未發，此心至虛，如鏡之明，如水之止，則當敬以存之，而不使其小有偏倚。至於事物之來，此心發見，喜怒哀樂，各有攸當，則又當敬以察之，而不使其小有差忒而已，未有如是之說也。且曰未發之前，則宜其不待著意推求而瞭然心目之間矣。一有求之之心，則是便爲已發，固已不得而見之，況又從而執之，則其爲偏倚亦甚矣，又何中之可得乎？且夫未發、已發，日用之間固有自然之機，不假人力。方其未發，本自寂然，固無所事於執，及其當發，則又當即事即物，隨感而應，亦安得塊然不動而執此未發之中耶？此爲義理之根本，於此有差，則無所不差矣。此呂氏之說所以條理紊亂，援引乖次，而不勝其可疑也，程子譏之，以爲不識大本，豈不信哉！楊氏所謂『未發之時，以心驗之，則中之義自見，執而勿失，無人欲之私焉，則發必中節矣』，又曰『須於未發之際能體所謂中』，其曰驗之、體之、執之，則亦呂氏之說也。」

按：中庸首章，或問辨諸說之差甚詳，而辨未發之中，尤不可不加體驗也。中庸輯略程、呂答問，朱子深幸此書之存，以爲呂氏問之之審，學者當虛心悉意以審其歸。而辨呂氏求中之非，又極其嚴者，蓋「求中」二字，學術所關，不可稍有差錯。若必欲於未發之前求見所謂中者，將愈求愈擾，不過忽起忽滅，倏往倏來，出没於思慮營營之境，而中卒不可見矣。夫未發之中，原本然完具，豈容用思慮求索？是以陷於以心求心、以心觀心之病，而無所定止。倘不極力辨明，學者誤趨於昭昭不可欺、感之而即應之途，又濟以空然後中之解，其不墮於浮屠者幾希。而原其致病之由，根於求見未發之中之念，遂至屢差，終無有合。楊氏之病，亦略相等。有志學道者，可不知所審哉！獨是辨吕明矣，而未發涵養之功，必有所以致力者焉。亦惟熟玩本篇所云當然之理，不外於吾之一心，必戒慎恐懼，瞭然心目之間，常若見其不可離者，則此心常明，不爲物蔽，而又謹幾微之際，無一毫人欲之萌，而純乎義理之發者，實實奉爲嚴師，實實主敬窮理集義，心在此，身在此，事在此，無一毫走作。積之之久，安於義理而不妄動，所謂「未發之中」，方可默會，不用想象臆度。此朱子既於答吕寺丞所喻「心無形體」一書明言之，而又力辨於或問。其指示後學存養要旨，可謂明白極矣。至於吕氏「顔子屢空見中，子貢聚聞見所應有限」之説，尤大不可者，陸、王皆是此等見識。至有「無知無不知，見聞爲次」，一種猖狂謬解，誰爲倡之而至此極？然則儒者所養所言，安可不致謹耶？

答王子合云：「李伯諫初去時，極要整頓學校。後來病痛多端，立脚不住，都放倒了。

大抵吾輩於貨色兩關打不透，便更無語可説也。大學解義平穩，但諸生聽者須時時抽摘問難，審其聽後果能反復尋繹與否。近覺講學之功不在向前，只在退後，若非温故，不能知新。蓋非惟不能知新，且並故者亦不記得。日用之間，便成相忘，雖欲不放其良心，不可得矣。此事切宜自警，並以提撕學者爲佳。如其不然，則吕藍田所謂『無可講者』，真不虚矣。若得他就此得些滋味趣向，立得一箇基址，即向後自住不得，若都茫然無本可據，徒然費人詞説，久遠成得甚事？切望於此留意。」

此書本注己酉閏五月十八日。按書中所云，即指示本體之謂也。朱子教人，原從講説中窮究聖賢格言，尋出滋味，用切己體驗工夫，曉得自家身心所在，加意持守，克治擴充。即注釋章句，亦是此意。後人徒向講説注釋用功，不識此意，是自不反身，不率朱子之教耳，豈可以病朱子哉？明儒得此意者，惟薛文清而已。

答陸子静書略云：「賢昆仲不見古人指意，乃無故創爲浮辨，三四往返而不能已，其爲湮蕪亦已甚矣。細考其間緊要節目，並無酬酢，只是一味慢罵虚喝，必欲取勝。未論顔、曾氣象，只子貢亦不肯如此，未可遽以此而輕彼也。」又云：「詳老氏之言有無，以有無爲二；周子之言有無，以有無爲一，正如南北水火之相反。請更仔細着眼，未可容易譏評也。」又云：「太極固未嘗隱於人，然人之識太極者少矣。往往只是於禪學中認得箇昭昭靈靈能作用底，便謂此是太極。不知所謂太極，乃天地萬物本然之理，亘古亘今，顛撲不破者也。迥出常情等語，只是俗談，即非禪家所能專有，不應儒者反當回避。況今雖偶然道著，而其所見所説，即非禪家道理。非如他人陰實祖用其説，而改頭換面，陽諱其所自來也。」

道一編序此辨在二家未會面之前，得通辨闢之，蒙翳一空，抉篁墩之指鹿爲馬，示後學以撥霧睹天，厥功偉矣。使成、弘時有人以是質之，篁墩有何面目立於士林耶？朱子之書往復數千言，無極、太極之旨，揭如日月。伊川好學論，即原本於太極圖説。象山既不虚心受朱子之言，又不窮理味程子之訓，但以己見肆爲誕蔓，故終陸之身，益成冰炭，而卒爲異學之歸也。

前篇文集、年譜載戊申十一月八日，則此篇自在己酉。朱子此書極詳，不能悉載。其透宗處，在「人之識太極」數語。其曰「昭昭靈靈能作用底」，與「太極乃天地萬物本然之理，亘古亘今，顛撲不破」者，是二耶？是一耶？如曰是二，不應昭昭靈靈之外别有本然之理。如曰是一，多有能守昭昭靈靈而不得其本然之理者。須實辨得分明是一而二，二而一，纔是孔、孟正脈。此非朱子，無與適從也。朱子確見元亨利貞之天道是天地萬物本然之理，仁義禮智之道心是吾心本然之理，而昭昭靈靈能作用底，即此而在，初非别是一物，而却與守昭昭靈靈者不同。此在人各從自心體驗出，有分别而渾一底氣象，方信得朱子見道體道，是孔、孟仁義禮智之正傳，實不同於陸氏；方信得朱子與陸氏辨者，實是闡明太極本然正脈，非以己見争勝。清瀾未見到此地，而僅以年之先後辨之，宜其不足以服彼徒矣。

朱子與陸氏辨「無極而太極」往復數書，後人多以兩家不能平心静氣，競勝從事。此亦不止一時一人之論，歷數百年來，皆作如此見解。而爲兩可之見者，必以委曲調停爲是。嗚呼，不知朱子實見得仁義禮智之道心，是吾心太極本然之理，烏能知朱子之學高出陸氏？其作如此見解，亦何足辨？獨朱子見道正識，埋没於衆口數百年，不見真面目，爲可歎也。予以朱子見太極本然之理，而陸氏只守昭昭靈靈者，非無據而云然。按陸氏答胡季隨云：「以顔子之賢，必不至有聲色貨利之累，忿狠縱肆之失。夫子答其問仁，乃有克己復禮之説。所謂己私者，非必如常人所見之過惡而後爲己私也。己之未克，雖自命以仁義道德自期，可以至聖賢之地，皆其私也。顔子之所以異乎人者，爲其不安乎此，極仰鑽之力，故卒能踐克己復禮之言，而知遂以至，善遂以明。」朱子曰：「陸子静説顔子克己，不是克去己私利欲之類，别自有箇克處，又不肯説破。某嘗代之下語云『不過要言語道斷，心思路絶耳』，此是陷溺人之深坑，切不可不戒。」又曰：「象山好説道顔子不似他人樣有偏處要克，只是心有所思，便不是了。這正是禪家之說，如杲老說不可說、不可思之類。」觀陸氏之言與朱子斷之者，則陸氏所指太極端有在矣。夫周子所謂太極者，中正仁義而已；聖人所以主静立極者，定之以中正仁義而已；君子所以修之者，主敬克己求至於定之以中正仁義而已。朱子註太極教後世，亦恐學者悖乎中正仁義，不爲聖賢而流於小人之歸，不憚諄復詳明，大闡厥旨，使有志者求無失乎太極。今陸氏曰：「自命以仁義道德，期至於聖賢，皆其私也。勢必掃除希聖賢存仁義之心，趨於好清浄樂寂滅之路。其所存者，昭昭靈靈空虚之體耳。」是豈能知周子無極、太極之本意者？即曰聖賢仁義道德之心，亦是無思無慮，然必功夫純熟，久之造到渾無思慮境地，非合下便掃除而不著思慮也。而陸氏便欲掃除，有識者能不心憂而深辨之哉。蓋天地之太極，只是元亨利貞之天道，故其昭昭靈靈者，歷萬古而不變；聖賢之太極，只是仁義禮智之道心，故其昭昭靈靈者，亦歷萬古而不變。如不會元亨利貞、仁義禮智之本然，而僅以昭昭靈靈爲太極，吾不知何以爲昭昭，何以爲靈靈，不屬知覺運動之氣而安屬耶？以昭昭靈靈之氣爲太極，而反詆仁義禮智之無聲臭而立根柢者爲老氏之言，其舛錯爲何如？是安得不究其所以然，而大聲疾呼於其間耶？且夫陸氏以仁義道德自命，聖賢自期，謂私爲當克者，亦惑於莊生坐忘之説耳。朱子直抉其隱，以爲言語道斷，心思路絶，杲老不可說、不可思之類，而陸氏立言之意一語道破，無所潛逃。夫不尊夫子之非禮勿視、聽、言、動爲克己，而以坐忘爲克己，何其違聖言而奉異教也。乃以周子「無極」二字與老氏文同而實異者爲不可，毋乃口之所言，筆之所書爲一説，而心之是崇是尚者又一説耶？嗚呼，讀朱子書者，必知朱子所見是吾心中正仁義之太極，不同於陸氏昭昭靈靈之太極，則知朱子所與往復者，乃不得已之苦心，雖欲調停而理有所不可，教有所難容，故再三言之不足，而大聲疾呼於其間也。無如後之識朱子所謂太極者亦少矣。謂兩家辨論，此爲勝氣，彼爲拒諫者，固不足言，即有尊先賢之心，不敢置一詞以爲兩是者，亦未爲當。不知太極之所以然，而徒爲調停之説，是終不知太極也。朱子闡發如此分明，後之學者猶不知太極之所以然，尚安望乎後來者耶？不知朱子所謂太極，即不知吾心之太極，不知吾心之太極，只爲先儒調停，其何益於吾心耶？予向亦爲調停之説，今數年來，漸透朱子所謂仁義禮知之太極是吾心本然之理，欲仍爲兩可而不得。予亦非好詆陸氏，特著朱子所以不同於陸氏者如此，於予心方暢然而無恨，是蓋有不得已焉耳。因紀其後云。

擬上封事曰：「臣竊惟皇帝陛下有聰明睿知之資，有孝友温恭之德，有寬仁博愛之度，有神武不殺之威。養德春宮垂二十年，一旦受命慈皇，親傳大寶，凡有血氣之屬莫不觀德聽風。而臣首蒙趨召，且辱賜對，其敢無説，以效愚忠。臣聞古之聖賢，窮理盡性，備道全德。其所施爲，雖無不中於義理，然猶未嘗少有自足之心。是以平居所以操存省察，而致其懲忿窒欲、遷善改過之功者，固無一念之間斷。及其身之所履，有大變革，則又必因是而有以大警動於其心焉。所以謹初始而重自新也。伊尹告太甲曰：『今王嗣厥德，罔不在初。』又曰：『今嗣王新服厥命，惟新厥德。』召公戒成王曰：『若生子，罔不在厥初生，自貽哲命。今天其命哲，命吉凶、命曆年，知今我初服，肆惟王其疾敬德。』蓋深以是而望於其君，其意亦已切矣。今陛下自儲貳而履至尊，由監撫而專聽斷，其爲身之變革，孰有大於此者？則凡所以警動其心而謹始自新者，計已無所不用其極矣。而臣之愚猶有懼焉者，誠恐萬分有一所以警動自新之目，或未悉舉，則釁孽之萌，將有作於眇綿之間，出於防慮之外者。是以輒忘疏賤，妄以平日私憂過計之所及者，深爲陛下籌之。則若講學以正心，若修身以齊家，若遠便佞以近忠直，若抑私恩以抗公道，若明義理以絶神姦，若擇師傅以輔皇儲，若精選任以明體統，若振綱紀以厲風俗，若節財用以固邦本，若修政事以攘夷狄，凡是十者，皆陛下所當警動自新，而不可一有闕焉者也。輒敢事爲之説，而昧死以獻。」

按：己酉封事，即戊申告孝宗者。臚列十項，使光宗逐條勉勵，更覺分明。而惓惓初服，謹始慎終之意，肫誠流露，惻惻動人，真召誥、洛誥之神髓也。

庚戌，朱子六十一歲。

答周叔謹云：「文字且虚心平看，自有意味。勿苦尋支蔓，旁生孔穴，以汩亂義理之正脈。中庸謹思之戒，蓋爲此也。子約書來，説得大段支離。要是義理太多，信口信筆，縱横去得，説得轉濶病痛轉深也。所云『須如顔子，方無一毫之非禮』，此説却是，但未知其意向在甚處。若云人須以顔子自期，不可便謂已至則可；若謂顔子方能至此，常人不可學也，即大不可。想渠必不至此誤，但亦只是每事須著一句纏繞，令不直截耳。公謹來書，依舊説得太多，更宜省約爲佳。朝廷方遣使命，行經界，議鹽法，此亦振民革弊之秋，但不免少勞心力耳。」

朱子教人讀書，以本文正脈爲主。若便生枝葉，即屬纏繞，雖是道理，去本文正脈已遠。故必義理正脈，到得積累多後，自然義理充足，不至支離，此窮理要法也。至於克己必以顔子爲法，以爲不能，即窮理不到處。書中云命行經界，是庚戌在漳州時。

玩「説得大段支離」一語，則丁未太涉支離，爲責寺丞無疑矣。

朱子曰：「心不定，故見理不得。今且要讀書，須先定其心，使之如止水、如明鏡，暗鏡如何照物？」

又曰：「一者其心湛然，只在這裏。」

又曰：「堯是初頭出治第一箇聖人，尚書堯典是第一篇典籍。説堯之德，都未下别字，欽是第一箇字。如今看聖賢千言萬語，大事小事，莫不本於敬。收拾得自家精神在此，方看得道理盡。看道理不盡，只是不曾專一。或云敬莫只是主一。曰：主一又是敬字注解。要之事無小無大，常令自家精神思慮盡在此。遇事時如此，無事時也如此。」

仲思問敬者德之聚。朱子曰：「敬則德聚，不敬則都散了。」

又曰：「求放心非以一心求一心，只求底便是已收之心。操則存非以一心操一心，只操底便是已存之心。心雖放千百里之遠，只一收便在此，他本無去來也。」

又曰：「某覺得今年方無疑。」

以上童伯羽録。

按此七段，朱子立言簡而旨意深。自家心體，時時收拾湛然在這裏。以此讀書應事，從本領做去，自學教人，皆步步踏實地。到此地頭，仍不敢輕言自得，直曰「今年方無疑」耳。不似江西家説天地，説聖賢，流爲傲睨凌厲之習而已。

淳冬至以書及自警詩爲贄見。朱子問：「平日如何用工夫？」曰：「只就己上用功夫。」「己上如何用工夫？」曰：「只日用間察其天理人欲之辨。」「如何察之？」曰：「只就秉彝良心處察之。」曰：「心豈直是發？莫非心也。今這裏説話也是心，對坐也是心，動作也是心，何者不是心？然則緊要着力在何處？」扣之再三，淳思未答。朱子縷縷言曰：「凡看道理，須要窮箇根源來處。如爲人父，如何便止於慈？爲人子，如何便止於孝？爲人君，爲人臣，如何便止於仁、止於敬？如論孝，須窮箇孝根原來處；論慈，須窮箇慈根原來處。仁敬亦然。凡道理皆從根原來處窮究，方見得確定，不可只道我操修踐履便了。多見士人有謹守資質好者，此固是好；及到講論義理，便偏執己見，自立一般門户，移轉不得，又大可慮。道理要見得真，須是表裏首末極其透徹，無有不盡；真見得是如此，決然不可移易，始得。不可只窺見一班半點，便以爲是。如爲人父，須真知是決然止於慈而不可易；爲人子，須真知是決然止於孝而不可易。善，須真見得是善，方始決然必做；惡，須真見得是惡，方始決然必不做。聖賢言語，須是真看得十分透徹，如從他肚裏穿過，一字或輕或重，移易不得始是。看理徹，則我與理一。然一下未能徹，須是浹洽始得。這道理甚活，其體渾然而其中燦然。上下數千年，真是昭昭在天地間，前聖後聖相傳，所以斷然而不疑。夫子之所教者，教乎此也，顏子之所樂者，樂乎此也。圓轉處儘圓轉，直截處儘直截。先知所以覺後知，先覺所以覺後覺。問『顏子之樂，只是天地間至富至貴底道理樂去。樂可求之否？』曰：『非也。此一下未可便知，須是窮究萬理，要令極徹。』已而曰：「程子謂『將這身來放在萬物中一例看，大小大快活』，又謂『人於天地間並無窒礙處，大小大快活』，此便是顏子樂處。這道理在天地間，須是真窮到底，至纖至悉，十分透徹，無有不盡，則與萬物爲一，無所窒礙，胸中泰然，豈有不樂？」

問：「看道理須尋根原來處，只是就性上看否？」朱子曰：「如何？」曰：「天命之性，萬理完具，總其大目，則仁義禮智，其中遂分別成許多萬善。大綱只如此，然就其中須件件要徹。」曰：「固是如此。又須看性所因是如何。」曰：「當初天地間元有這箇渾然道理，人生稟得便是性。」曰：「性只是理，萬理之總名。此理亦只在天地間公共之理，稟得來便爲我所有。」

又曰：「天下無不可説底道理。如爲人謀而忠，朋友交而信，傳而習，亦都是眼前事，皆可説。只有一箇熟處説不得。除了熟之外，無不可説者。未熟時，頓放這裏又不穩帖，拈放那邊又不是。然終不成住了也，須從這裏更著力始得。到那熟處，頓放這邊也是，頓放那邊也是，七顛八倒無不是，所謂居之安，資之深，左右逢其原。」

又曰：「敬不是只恁坐地。舉足動步，常要此心在這裏。」

徐問：「前夜説動靜相救，靜可救得動，動如何救得靜？」朱子曰：「須是明得這理，使無不盡。直到萬理明徹之後，此心湛然純一，便能如此。如靜也不是閉門獨坐，塊然自守，事物來都不應。若事物亦須應，既應了此心便又靜。心既靜，虛明洞徹，無一毫之累，便從這裏應將去。應得便徹，便是安而後能慮。事物之來，須去處置他。這一事合當恁地做，便截然斷定，便是慮而後能得。得是静，慮是動。如艮其止，止是静，所以止之便是動。如君止於仁，臣止於敬，仁敬是静，所以思要止於仁敬，便是動。固是静救動，動救静，然其本又自此心湛然純一，素無私始得。心無私，便動静一齊當理；心若自私，便都差了。動了又静，静了又動，動静只管相生，如循環無端。若要一於動静，不得。如人之噓吸，若一向噓，氣必絶了，須又當吸；若一向吸，氣必滯了，須又當噓。噓之所以爲吸，吸之所以爲噓，尺蠖之屈以求伸也，龍蛇之蟄以存身也，精義入神以致用也，利用安身以崇德也。一屈一伸，一闔一闢，一消一息，一往一來，其機不曾停。大處有大闢闔、大消息，小處有小闢闔、小消息，此理更萬古而不息。如目豈能不瞬，亦豈能常瞬？又須開，開了定，定了又瞬，瞬了又定，只管恁地去。消息闔闢之機，至纖至微，無物不有。」

問：「日用間如何是不聞不見處？人之耳目聞見常自若，莫只是念慮未起，未有意於聞見否？」朱子曰：「所不聞所不見，不是合眼掩耳，只是喜怒哀樂未發時。凡萬事皆未萌芽，自家便先恁地戒謹恐懼，常要提起此心常在這裏，便是防於未然，不見是圖底意思。」徐問：「講求義理時，此心如何？」曰：「思慮是心之發了。伊川謂存養於喜怒哀樂未發之前，則可，求中於喜怒哀樂未發之前，則不可。」

又曰：「戒謹恐懼是未發，然只做未發也不得。便是所以養其未發，只是聳然提起在這裏，這箇未發底便常在，何曾發？」或問：「恐懼是已思否？」曰：「思又别。思是思索了，戒謹恐懼正是防閑其未發。」或問：「即是持敬否？」曰：「亦是。伊川曰『敬不是中。只敬而無失，即所以中』。敬而無失，便是常敬，這中底便常在。」

以上陳淳録。

按：此七段，朱子造道益深，見地益達，於此可見。前二段窮究根原來處，十分透徹，直見到天地間公共一理，稟得來便爲我有，則根原在這裏，不可移易矣。三、四段居敬窮理，造到熟處，熟處即樂處，樂處即熟處，敬在這裏，理在這裏，所以熟，所以樂也。五、六、七段尤根原所在，湛然純一，防於未然，此是復其性體本然，涵養到極微渺無聲臭地位。即所云「這箇未發底便常在，何曾發」，言下道出炯炯氣象，便知其静中有物。所云仁敬嘘吸瞬定，動静相生，言下道出順化知化妙旨，便知其見大化齊而應事思慮，皆從這裏發的。是萬理明徹，一心篤恭之候矣。體驗到此，朱子雖遠，遺書尚存，真有聖言聖心，覿面呈露之妙。後儒輕議朱子者，不過一真如如不動之旨，何嘗夢見聖學精蘊耶？

又曰：「人亦須是通達萬變，方能湛然純一。」

又曰：「格物者如言性，則當推其如何謂之性；如言心，則當推其如何謂之心。只此便是格物。」

問謝氏惺惺之說。朱子曰：「惺惺乃心不昏昧之謂，只此便是敬。今人説敬，却只以整齊嚴肅言之，此固是敬。然心若昏昧，燭理不明，雖強把捉，豈得爲敬？」

問：「有事時須應事接物，無事時此心如何？」朱子曰：「無事時亦只如有事時模樣，只要此心常在也。」又問：「程子言『未有致知而不在敬』，如何？」曰：「心若走作不定，如何見得道理？且如理會這一件事未了，又要去理會那一件，少間都成没理會。」又問：「思慮難一，如何？」曰：「徒然思慮，濟得甚事。某謂若見得道理分曉，自無閑雜思慮。人之所以思慮紛擾，只緣未實見得此理。若實見得此理，更何暇思慮。天下何思何慮，不知有甚事可思慮也。」又問：「伊川嘗教人静坐，如何？」曰：「亦是他見人要多思慮，且以此教人收拾此心耳。若初學者亦當如此。」

問「操則存」。朱子曰：「心不是死物，須把做活物看。不爾，則是釋氏入定坐禪。操存者，只於應事接物之時，事事中理，便是存。若處事不是當，便是心不在。若只管兀然守在這裏，驀忽有事至於吾前，操底便散了，却是『舍則亡』也。」仲思問：「於未應接之時如何？」曰：「未應接之時，只是戒謹恐懼而已。」又問：「若戒謹恐懼，便是把持。」曰：「也須是持，但不是硬捉在這裏。只要提教他醒，便是操，不是塊然自守。」

蜚卿問：「孔子夢周公。若以聖人欲行其道而夢之耶？則是心猶有所動；若以壯年道有可行之理而夢之耶？則又不應虚有此兆眹也。」朱子曰：「聖人曷嘗無夢，但夢得定耳。須看他與周公契合處如何。不然，又不見别夢一箇人也。聖人之心，自有箇勤懇惻怛不能自已處，自有箇脱然無所繫累處。要亦正是以此卜吾之盛衰也。」

一之問：「存養多用静否？」朱子曰：「不必然，孔子却都就用處教人做工夫。今雖説主静，然亦非棄事物以求静。既爲人，自然用事君親，交朋友，撫妻子，御僮僕。不成捐棄了，只閉門静坐。事物之來，且曰候我存養。又不可只茫茫隨他事物中走。二者須有箇思量倒斷始得。」頃之復曰：「動時静便在這裏，動時也有静，順理而應，則雖動亦静。故曰『知止而後有定，定而後能静』。事物之來，若不順理而應，則雖塊然不交於物，以求静心，亦不能得静。惟動時能順理，則無事時能静，静時能存，則動時能得力。須是動時也做工夫，静時也做工夫，兩莫相靠，使工夫無間斷始得。若無間斷，静時固静，動時心亦不動，動亦静也；若無工夫，則動時固動，静時雖欲求静，亦不可得而静，静亦動也。動静如船之在水，潮至則動，潮退則止；有事則動，無事則静。雖然，動静無端，亦無截然爲動爲静之理。如人之氣，吸則静，嘘則動；問答之際，答則動，止則静，凡事皆然。且如涵養致知，亦何所始，但學者須自截從一處做去。程子爲學莫先於致知，是知在先。」又曰：「未有致知而不在敬者，則敬也在先。從此推去，只管恁地。」

以上劉砥録。

按：此七段，朱子涵養操持之學，一根於理。前四段皆以通變格物、惺惺見理爲主。惟其萬理明徹，主宰凝定得熟，所以事事中理，動静皆静，即夢亦定也。

又曰：「讀書須是虚心方得他。聖人説一字是一字，自家只平著心去秤停他，都不使得一毫杜撰，只順他去。某向時也杜撰説得，終不濟事，如今方見得分明，方見得聖人一言一字不吾欺。只今六十一歲，方理會得恁地。若或去年死，也則枉了。自今夏來，覺見得纔是聖人説話，也不少一箇字，也不多一箇字，恰恰地好，都不用一些穿鑿。莊子云『吾與之虚而委蛇』，既虚了，又要隨他曲折恁地去。今且與諸公説箇樣子，久之自見。」

此段楊道夫録。

按童、陳、劉三家録，皆是庚戌，惟徐録是庚戌以後，而與陳同在臨漳録者，亦是庚戌。故紀三家於此，徐録附本卷後。合四家録反復玩之，所載朱子主敬窮理之學，字字實踏平地，原非一日。自四十後，未發涵養，是日用本領工夫，讀書應事，必以是爲本。易註恒、艮二卦，皆以静爲主，太極註静者常爲主。有是根本，又有前後窮理工夫，積月累年，心中渾是至虛至明氣象。至六十一歲，方信得動時静便在這裏，方見得分明，理會得恁地。故動時心亦不動，此亦自有勤懇惻怛不能自已處，自有脱然無所繫累處之候也，豈偶然哉！江西家心定是念静、氣静，而理多未透。惟朱子直是理静，克念養氣，皆歸於理。丙午至此，又是一大關。自此後愈純愈熟，到聖人地位，豈江西家心定者可同日語哉？明者自别之。

四月，到漳郡，首頒禮教。

按：年譜云臨漳風俗薄陋，民不知禮，至有居父母喪而不服衰絰者。朱子首下教，述古今禮律，以開喻之。又採古喪葬嫁娶之儀，揭以示之，命父老解説，以訓子弟。其俗尤崇尚釋氏，男女至聚僧廬爲傳經會，女不嫁者私爲庵舍以居，悉禁之，俗爲大變。時詣學校，訓誘諸生，如南康時。其至郡齋，請業問難者接之不倦，又擇士之有行義知廉耻者，使列學職，爲諸生倡。

頒禮教，則有規矩可循，風俗漸正。然必尊禮賢良，以風示之，人心方有所興起。此治郡先務也。

條奏經界狀云：「準尚書省劄子，備奉聖旨指揮，令臣相度漳州，先行經界事聞奏者。臣衰晚迂疏，無所能似，猥蒙聖恩，畀以郡紱，静惟僥冒，常懼無以補報萬分。今者乃幸遭逢聖朝，不忘遐遠，推行仁政，首於二郡。以臣守是邦，使得與討論之列，其爲慶幸，何可勝言。臣自早年即爲縣吏，實在漳、泉兩郡之間，中歲爲農，又得備諳田畝之事。竊見經界一事，最爲民間莫大之利。其紹興年中已推行處，至今圖籍有尚存者，則其田税猶可稽考。貧富得實〔一〕，訴訟不繁，公私之間，兩得其利。獨此泉、漳、汀州不曾推行，細民業去産存，其苦固不勝言，而州縣坐失常賦，日朘月削，其勢亦將何所底止。然而此法之行，其利在於官府、細民，而豪家大姓、猾吏姦民皆所不便。故向來議臣屢請施行，輒爲浮言所阻，甚者至以汀州盜賊藉口，恐脅朝廷。殊不知往歲汀州累次賊盜，正以不曾經界，貧民失業，更被追擾，無所告訴，是以輕於從亂，其時初未嘗有經界之役也。以此相持，久無定論。不唯汀州之民不能得其所欲，而泉、漳二州亦復並爲所累。弊日益深，民日益困，論者惜之。今者議臣之請，且欲先行泉、漳二州，而次及於臨汀，既免一州盜賊過計之憂，又有以慰兩郡貧民延頸之望，誠不可易之良策也。臣雖多病，精力早衰，無以仰副使令，然不敢先一身之勞佚而後一州之利病，竊獨任其必可行也。然今已是仲秋，向去十月農隙之時只有兩月之久。若蒙聖慈特許施行，則所有合行事件，欲乞便令監司州郡一面施行。若候得旨方行奏請，更俟報可，竊恐遲緩不及於事。須至條畫，並此奏聞，今具下項：

「一、推行經界最急之務，在於推擇官吏。臣昨因本路諸司行下詢究，嘗具已見申陳，欲乞朝廷先令監司一員專主其事，使擇一郡守臣，汰其昏繆疲軟、力不任事如臣等者，而使郡守察其屬縣。令或不能，則擇於其佐；又不能，則擇於他官。一州不足，則取於一路；見任不足，則取於得替、待缺之中。皆委守臣踏逐申差，或權領縣事，或只以措置經界爲名，使之審思熟慮於其始，而委任責成於其終，事畢之後，量加旌賞。果得其人，則事克濟而民無擾矣。伏乞聖照，許賜施行。

「一、經界之法，打量一事最費功力，而紐折算計之法，又人所難曉者。本州自聞初降指揮，即已差人於鄰近州縣已行經界去處，取會到紹興年中施行事目，及募本州舊來有曾經奉行諳曉算法之人，選擇官吏將來可委者，日逐講究，聽候指揮。但紹興年中户部行下打量攢算格式印本，多方尋訪，未見全文，竊恐諸州亦未必有。欲乞聖慈特詔户部根檢謄録，點對行下。

「一、圖帳之法，始於一保，大則山川道路，小則人户田宅，必要東西相連，南北相照，以至頃畝之闊狹，水土之高低，亦須當衆共定，各得其實。其十保合爲一都，則其圖帳但取山水之連接與逐保之大界總數而已，不必更開人户田宅之闊狹高下也。其諸都合爲一縣，則其圖帳亦如保之於都而已，不必更爲諸保之別也。如此，則其圖帳之費亦當少減。然猶竊慮今日民力困敝，又非紹興年中之比，此費雖微，亦恐難以陪備。若蒙朝廷矜憐三郡之民，不忍使之更有煩費，則莫若令役户只作草圖草帳，而官爲置紙雇工，以造正圖正帳。專委守倅及所差官，會計買紙雇工之費，實用若干錢物，具申漕、憲兩司，許就本州所管兩司上供錢内截撥應副。如此，則大利可成，而民亦不至於甚病矣。又據龍巖縣尉劉璧申，經界之行，惟里之正長其役最爲煩重。疆理畝畝，分别土色，均攤税賦，其在當時，動經再歲。彼出入阡陌，妨廢家務，固已不勝其勞，一有廣狹失度，肥磽失宜，輕重失當，則詞訴並興，而督責又隨至矣。然有産則有役，適當重難，使出心力以應役使，亦無可奈何。然彼皆鄉民，安知經界書算，則必召募書人以代此役。而書人能書算，必嘗爲胥史之桀黠者，莫不乘時要求高價。執役之人急於期限，不免隨索應酬，而又簿書圖帳所用紙扎亦復不貲，執役之人安能勝此勞費？竊謂經界之在今日不可不行，行之亦不患無成。若里正、里長、書人、紙扎之費有以處之，則可舉行；若坐視其殫力耗財如曩日，恐非仁政之意也。臣竊詳此意，與臣所奏大指略同，而所陳利害更爲詳盡，伏乞參照，特許施行。

「一、紹興經界打量既畢，隨畝均産，而其産錢不許過鄉。此蓋以算數太廣，難以均敷，而防其或有走弄失陷之弊也。若使諸鄉産錢租額素來均平，則此法善矣；若逐鄉産錢租額素來已有輕重，即是使人户徒然遭此一番打量攢算之擾，而未足以革其本來輕重不均之弊，無乃徒爲煩擾而不免有害多利少之歎乎？今來推行經界，乃是非常之舉，不可專守常法。欲乞特許産錢過鄉，通縣均紐，庶幾百里之内輕重齊同，實爲利便。伏乞聖照，特許施行。

「一、本州民間田有産田，有官田，有職田，有學田，有常平租課田，名色不一，而其所納税租輕重亦各不同。政使坐落分明，簿書齊整，尚難稽考，何況年來産田之税既已不均，而諸色之田散漫參錯，尤難檢計。姦民猾吏並緣爲姦，實佃者或申逃閣，無田者反遭俵寄，至於職田俵寄不足，則或撥别色官錢以充之。如此之類，其弊不可偏舉。今來欲行經界，若更存留此等名字，則其有無高下仍舊不均，而名色猥多，不三數年，又須生弊。爲今之計，莫若將見在田土打量步畝，一概均産。每田一畝，隨九等高下定計産錢幾文，而總合一州諸色租税錢米之數，却以産錢爲母，别定等則，一例均敷。每産一文，納米若干，錢若干，去州縣遠處，遞減令輕。米只一倉受納，錢亦一庫交收，却以到官之數照元分數分隸，若干爲省計，若干爲職田，若干爲學糧，若干爲常平，逐旋撥入諸色倉庫。除逐年二税造簿之外，每遇辰、戌、丑、未之年，逐縣更令諸鄉各造一簿，今子、午、卯、酉年應辦大禮，寅、申、巳、亥年解發舉人。惟此四年，州縣無事。開具本鄉所管田數、四至步畝等第，各注某人管業。有典賣則云元係某人管業，某年典賣，某人見今管業，却於後項通結，逐一開具某人田若干畝，産錢若干，使其首尾互相照應。又造合縣都簿一扇，類聚諸簿，通結逐户田若干畝，産錢若干文。其有田業散在諸鄉者，則並就烟爨地分開排總結，並隨秋料稅簿送州印押，下縣知佐，通行收掌。人户遇有交易，即將契書及兩家砧基照鄉縣簿對行批鑿，則版圖一定而民業有經矣。但或者尚疑如此則本州産田納稅本輕而今當反重，官田納租本重而今當反輕，施行之後，争競必多。須俟打量了畢，灼見多寡實數，方可定議，其説似亦有理。伏乞聖照並與行下，俟一面打量了畢，别具利害申奏聞次。

「一、本州更有荒廢寺院，田産頗多，目今並無僧行住持，田土爲人侵占，逐年失陷賦稅不少。將來打量之時，無人照對，亦恐别生姦弊，加以數年，將遂不可稽考。欲乞特降指揮，許令本州出榜召人，實封請買。不唯一時田業有歸，民益富實，亦免向後官司稅賦因循失陷，而又合於韓愈所謂『人其人，廬其居』之意，誠厚下足民，攘斥異教，不可失之機會也。伏乞聖照，特許施行。

「右謹録奏聞，伏候勅旨。」

貼黄

第四項

「臣契勘産錢不得過鄉，此平世之常法也。然此法之來，亦甚未久。向來未立此法之時，産錢往往過鄉，割上烟爨去處。故州城縣郭所在之鄉，其産無不甚重，與窮山僻壤至有相倍蓰。考此逐鄉産錢租額所以本來已有輕重之所由也。伏乞聖照。」

第五項

「所謂俵寄者，正田不知下落，官司恐失租米，即以其租分俵寄搭鄰近人户，責令送納。推此一端，貧民受弊，亦可見矣。然他處不聞有此名字，獨漳州見之。伏乞聖照。」

第六項

「臣伏見本州城壁素來頹壞，高者不及丈餘，低者全是平地，居民日夜往來，不得禁制。向來沈師之亂，闔郡驚擾，不知所爲。向非朝廷威靈，尋即破滅，則此邦之患何可勝言。以往推來，此亦事之不可不慮者。今若許賣寺田，其錢欲乞且令本州樁管，别行相度，漸爲修築之計，務一兩得，莫便於此。並乞聖照。」

經界申諸司狀云：「熹頃在同安，嘗見惠安縣丞鄭昭叔自言知仙遊縣日，適值朝廷推行經界。初得户部行下事目，讀之茫然不曉所謂，而寮佐吏史亟請施行。因竊念己猶未曉，何以使人？乃閉閣謝事，覃思旬日，然後通曉，心口反復，更相詰難，胸中洞然，無復疑滯，然後集諸同官而告語之，使其有疑即以相問，如是數日，而同官亦無不曉者。同官既曉，然後定差保正、保長，闔縣通差，不以煙爨遠近爲拘，不以歇役新舊爲限，但取從上丁産高人，分爲二等，大者以備都副保正，小者以備大保長，各以紙籤書其姓名，分置兩貼。又於二貼各分四類，或物力高强，或人丁衆盛，或才智足任謀畫，或筋力可備奔走，各以其類，置於一貼。凡選一都一保，則必兼取此四色人，使之同事，令其各出所長，以相協濟。於是人皆悦從，相率就事。差役既定，然後以户部事目印本給之，又爲説其大意，使之退而講究，期以一日，悉集縣庭，凡有所疑，恣其請問，悉以己意詳爲解説，力疲氣乏，則請同官更番應之。如是五六日，凡爲保正、長者，亦無不悉曉其法。然後散遣打量，不過兩月，他邑差役未定，而仙遊打量已次第矣。熹嘗竊記其言，以爲若使被差之官，人人如鄭君之用心，則雖歲歲丈田，年年經界，亦無害於民者。今者幸遇朝廷復有推行此法之意，敢録其説，並以陳獻。如蒙採擇，上之朝省，下之屬部，不獨被差官吏有所取法，亦庶幾鄭君之心因以表白於後世。」

按：朱子答黄子耕云：「安仁經界文字，其畫一中所言户部行下者，即是李仲水所行。其言本縣措置者，即是當來邑中推廣其説，雖未及一一細觀，然亦可以見其不苟之意。鄉在臨漳，訪問打量算法，得書數種，比此加詳。然鄉民卒乍不能通曉，反成費力。後得一法，只於田段中間先取正方步數，却計其外尖斜屈曲處，約凑成方，却自省事。恨爲私意浮議所摇，不得盡力其間，以見均田平賦之効。」此書自在辛亥歸里後，未詳何時，故録於此。讀者合奏狀申狀而通考之，自知朱子留心人才之誠，直捷算法之要，皆道問學着實工夫，而不得行其志，惜哉！

朱子詣學，學官以例講書。歸謂諸生曰：「且須看他古人道理意思如何，今却只做得一篇文字讀了，望他古人道理意思處，都不曾見。」

熟聞知録趙師慮之爲人，試之政事，又得其實，遂首舉之。其詞曰：「履行深醇，持心明恕，聞者莫不心服。」

以上楊道夫録。

郡中元自出公牒，延郡士黄知録樵、施允壽、石洪慶、李唐咨、林易簡、楊士訓及淳與永嘉徐寓八人入學，而張教授與舊職事阻格。至是朱子下學，僚屬又有乞留舊有官學正，有司只得守法，言者不止。朱子變色厲詞曰：「郡守以承流宣化爲職，不以簿書財計獄訟爲事。某初到此，未知人物賢否，風俗厚薄。今已九月矣，方知得學校底裏，遂欲留意學校。所以採訪鄉評物論，延請黄知録，以其有恬退之節，欲得表率諸生。又延請前輩士人同爲之表率，欲使邦人士子識些向背，稍知爲善之方，與一邦之人共趨士君子之域，以體朝廷教養作成之意。不謂作之無應，弄得來没合煞。教授受朝廷之命，分教一方，其責任不爲不重，合當自行規矩。而今却容許多無行之人、争訟職事人在學，枉請官錢，都不成學校。士人先要識箇廉退之節，禮義廉耻，是謂四維。若寡廉鮮耻，雖能文要何用？某雖不肖，深爲諸君耻之。」

朱子於州治射堂之後圃，畫爲井字九區，中區石甃爲高壇，中之後區爲茆菴，菴三牕，左牕櫺爲泰卦，右爲否卦，後爲復卦，前扇爲剥卦。菴前接爲小屋。前區爲小茅亭，左右三區，各列植桃李而間以梅。九區之外，圍繞植竹。是日遊其間，笑謂諸生曰：「上有九疇八卦之象，下有九丘八陣之法。」

又曰：「近世修史之弊極甚。史官各自分年去做，既不相關，又不相示。亦有事起在第一年，而合煞處在二年，前所書者既不知其尾，後所書者不知其頭；有做一年未終而忽遷他官，自空三四月日而不復修者；有立某人傳，移文州郡索事實而竟無至者。嘗觀徽宗實録，有傳極詳，似只寫行狀、墓誌；有傳極略，如春秋様，不可曉其首末。雜手所作，不成倫理，然則如之何？本朝史以曆日爲骨，而參之以他書。今當於史院置六房吏，各專掌本房之事，如周禮官屬下所謂『史幾人』者，即是此類。如吏房有某注差，刑房有某刑獄，户房有某財賦，皆各有册系月日而書。其吏房有事涉刑獄，則關過刑房，刑房有事涉財賦，則關過户房。逐月接續爲書，史官一閲，則條目具列，可以依據。又以合立傳之人，列其姓名於轉運司，令下諸州，索逐人之行狀、事實、墓誌等文字，專委一官掌之，逐月送付史院。如此，然後有可下筆處。及異日史成之後，五房書亦各存之，以備漏落。」

又曰：「封建實是不可行。若論三代之世，則封建好處便是君民之情相親，可以久安而無患。不似後世郡縣，一二年輒易。雖有賢者，善政亦做不成。」又曰：「治愈大則愈難。爲監司不如做郡，做郡不如做縣。蓋這裏有仁愛心，便隔這一重。要做件事，他不爲做，便無緣得及民。」

以上陳淳録。

舉賢、教學、射圃、親民諸條，朱子行之，一方被化，猶有三代遺風。至於封建，參以古史餘論，乃不失先王意。然非最盛時，得數百俊乂，不能行也。

元亨利貞説云：「元亨利貞，性也，生長收藏，情也，以元生，以亨長，以利收，以貞藏者，心也。仁義禮智，性也，惻隱羞惡，辭讓是非者，情也，以仁愛，以義惡，以禮讓，以智知者，心也。性者，心之理也，情者，心之用也，心者，性情之主也。程子曰『其體則謂之易，其理則謂之道，其用則謂之神』，正謂此也。又曰：『言天之自然者，謂之天道；言天之付與萬物者，謂之天命。』又曰：『天地以生物爲心，亦謂此也。』」

易寂感説云：「易曰『无思也，无爲也，寂然不動，感而遂通天下之故』者，何也？曰：无思慮也，无作爲也。其寂然者無時而不感，其感通者無時而不寂也。是乃天命之全體，人心之至正，所謂體用之一源，流行而不息者也。疑若不可以時處分矣。然於其未發也，見其感通之體，於已發也，見其寂然之用，亦各有當而實未嘗分焉。故程子曰：『中者，言寂然不動者也；和者，言感而遂通者也。』然中和以性情言者也，寂感以心言者也，中和蓋所以爲寂感也。觀言字、者字，可以見其微意矣。」

二說未詳何年。啓蒙成於丙午，太極、西銘解出於戊申，故附於後。

朱子註易時，已徹天命人心之本然，於元亨利貞、易寂感二說見之矣。中庸首章說末云：「惟君子知道之不可須臾離者，其體用在是，則必有以致之，以極其至焉。蓋敬以直內，而喜怒哀樂無所偏倚，所以致夫中也；義以方外，而喜怒哀樂各得其正，所以致夫和也。敬義夾持，涵養省察，無所不用其戒謹恐懼。是以當其未發，而品節已具，隨所發用，而本體卓然，以至寂然感通，無少間斷，則中和在我，天人無間，而天地之所以位，萬物之所以育，其不外是矣。」細玩此說所云「未發而品節已具」，即「寂而無時不感」之謂，「隨發而本體卓然」，即「感而無時不寂」之謂，「中和在我，天人無間」，即「天心人心，性情之主」之謂。天命人心之本然，朱子已當體透徹。自此以往，功夫日熟日純，渾然燦然，直達天德，真孔、孟、周、程之大宗也。

太極說云：「動靜無端，陰陽無始，天道也。始於陽，成於陰，本於靜，流於動者，人道也。然陽復本於陰，靜復根於動，其動靜亦無端，陰陽亦無始，則人蓋未始離乎天，而天亦未始離乎人也。

「元亨，誠之通，動也；利貞，誠之復，静也。元者動之端也，本乎静；貞者静之質也，著乎動。一動一静，循環無窮，而貞也者，萬物之所以成終而成始者也。故人雖不能不動，而立人極者必主乎静。惟主乎静，則其著乎動也無不中節，而不失其本然之静矣。

「静者性之所以立也，動者命之所以行也，然其實則静亦動之息爾。故一動一静，皆命之行，而行乎動静者，乃性之真也。故曰『天命之謂性』。

「情之未發者性也，是乃所謂中也，天下之大本也；性之已發者情也，其皆中節則所謂和也，天下之達道也。皆天理之自然也，妙性情之德者心也，所以致中和、立大本而行達道者也，天理之主宰也。

「静而無不該者，性之所以爲中也，『寂然不動』者也；動而無不中者，情之發而得其正也，『感而遂通』者也。静而常覺，動而常止者，心之妙也，寂而感，感而寂者也。」

此説亦未考何年。太極註戊申授學者，姑附於後。

一段言天道、人道之本然。二段言立人極者必主静，雖動亦静。三段言動静皆要復性之真。四段、五段責成人在立心。心有主宰，一準天理，方能常覺常止，此是朱子直透天命，於動静用功最細密處，學者當潛心理會。

周禮三德說：或問：「『師氏之官，以三德教國子。一曰至德，以爲道本，二曰敏德，以爲行本，三曰孝德，以知逆惡』。何也？」曰：「至德云者，誠意正心、端本清源之事。道則天人性命之理，事物當然之則，修身齊家、治國平天下之術也。敏德云者，强志力行，畜德廣業之事，行則理之所當爲，日可見之跡也。孝德云者，尊祖愛親，不忘其所由生之事。知逆惡，則以得於己者篤實深固，有以真知彼之逆惡，而自不忍爲者也。至德以爲道本，明道先生以之。敏德以爲行本，司馬温公以之。孝德以知逆惡，則趙無愧、徐仲車之徒是也。凡此三者，雖曰各以其材品之高下，資質之所宜而教之，然亦未有專務其一，而可以爲成人者也。是以列而言之，以見其相須爲用而不可偏廢之意。蓋不知至德，則敏德者，散漫無統，固不免乎篤學力行而不知道之譏。然不務敏德而一於至，則又無以廣業而有空虛之弊。不知敏德，則孝德者僅爲匹夫之行而不足以通於神明。然不務孝德而一於敏，則又無以立本而有悖德之累。是以兼陳備舉而無所遺，此先王之教所以本末相資，精粗兩盡，而不倚於一偏也。」其又曰：「『教三行，一曰孝行，以親父母，二曰友行，以尊賢良，三曰順行，以事師長。』何也？」曰：「德也者，得於心而無所勉者也，行則其所行之法而已。蓋不本之以其德，則無所自得，而行不能以自修；不實之以其行，則無所持循，而德不能以自進。是以既教之以三德，而必以三行繼之，則雖其至末至粗，亦無不盡，而德之修也不自覺矣。然是三者，似皆孝德之行而已，至於至德、敏德，則無與焉。蓋二者之行，本無常師，必協於一，然後有以獨見而自得之，固非教者所得而預言也。唯孝德則其事爲可指，故又推其類而兼爲友、順之目以詳教之，以爲學者雖或未得於心，而事亦可得而勉，使其行之不已。而得於心焉，則進乎德而無待於勉矣。況其又能即事而充之，以周於事而泝其原，則孰謂至德、敏德之不可至哉？或曰三德之教，大學之學也，三行之教，小學之學也。鄉三物之爲教也亦然，而已詳。」

按此說未詳何年，姑附於三說後。

三德說經朱子發明，可了然矣。敏德如武侯、宣公、李、韓、范、富諸賢，與溫公相伯仲，實兼孝德。孝德如元魯山、丁平子輩，先趙、徐而稱，實兼敏德。三德皆全，方是程朱一脈，如南軒、勉齋兩先生，其庶幾乎？若不能兼，自有偏病，如朱子所云者。是以三行必由親父母而進之以尊賢良、事師長者，蓋有以也。

答林黄中云：「示諭邵氏本以發明易道，而於易無所發明。某則以爲易之與道，非有異也，易道既明，則易之爲書，卦爻象數，皆在其中，不待論說而自然可見。若曰道明而書不白，則所謂道者恐未得爲道之真也。不審高明之意果如何？其或文予而實不予，則某請以邵氏之淺近疎略者言之。蓋一圖之内，太極、兩儀、四象、八卦，生出次第、位置、行列，不待安排而粲然有序。以至於第四分而爲十六，第五分而爲三十二，第六分而爲六十四，則其因而重之，亦不待用意安排，而與前之三分焉者，未嘗不吻合也。比之並累三陽以爲乾，連疊三陰以爲坤，然後以意交錯而成六子，又先畫八卦於內，復畫八卦於外，以旋相加，而後得爲六十四卦者，其出於天理之自然與人爲之造作，蓋不同矣。況其高深閎闊，精密微妙，又有非某之所能言者。今不之察，而遽以不知而作詆之，某恐後之議今，猶今之議昔，是以竊爲門下惜之，而不自知其言之僭易也。」

按年譜云：戊申六月，奏事延和殿。又云：林栗與朱子論易及西銘不合，栗疏朱子欺慢，請行罷逐。玩此，則是書當在六月以前。

學者讀易，當以「易有太極，是生兩儀，兩儀生四象，四象生八卦」、「八卦成列，象在其中矣，因而重之，爻在其中矣」爲主。邵子六十四卦圖本於此，朱子特加發明，此易本然之理，不待安排而吻合者也。若夫累乾疊坤，以意交錯，先畫於內，後畫於外，説到人爲造作，便不是易本然之理矣。蓋易有先天、後天，必明於邵子先天之説，知易所由來，方見本然道理。再看後天卦畫，首震終艮，與夫三男得乾之初、中、上，三女得坤之初、中、上，皆是自然而然，無有安排。黄中不知邵子先天之易，故有交錯旋加之弊。乃敢輕詆邵子，豈可與言易哉？

答楊志仁云：「兩書所喻存養工夫，甚喜甚慰，固知他人不能如此著實用工，但此亦是依本分事，正不須把來作奇特想。只合趁此心地明淨處，大著胸懷，將世間道理，精粗表裏，從頭至尾理會一番，交他真箇通透無疑礙處，方是向進。若只守此些箇，不敢放開，每看義理，亦只揀取玄妙高遠、無形無象處，方肯理會，如此則遂成偏枯，倒向一邊，將爲有體無用之學，而與老、佛無以異矣。所論理氣先後等說，正坐如此。怕說有氣方具此理，恐成氣先於理，何故却都不看有此理後方有此氣。既有此氣，然後此理有安頓處，大而天地，細而螻蟻，其生皆是如此，又何慮天地之生無所付受耶？要之『理』之一字，不可以有無言，未有天地之時，便已如此了也。張子說得費力，惟是太極、通書數章說得極分明，某解得又極分明，可更子細看，便自見得也。『浩然之氣』，若據孟子所言，即合儘就粗處看，不須如明道先生之說。若欲理會明道先生說底，則只合就日用間己身上回頭識取，不須如此說徒費力也。」

此書未詳何年。以有「解得分明」之語，故附於戊申後。

朱子立教，必要世間道理通透無疑，不可只守些子爲有體無用之學，此所以異於陸、王也。即陸、王亦有用處，只是以法把持，恐於體用一源之理未得通透，故內本佛、老，外襲管、商。若不及陸、王者，內外皆佛、老矣。

答李守約云：「讀書之法無他，惟是篤志虛心，反復詳玩，爲有功耳。近見學者多是率爲穿鑿，便爲定論，或即信所傳聞，不復稽考，所以日誦聖賢書，不識聖賢之意。其所誦説，只是據自家見識撰成耳，如此豈復能有長進？前輩蓋有親見有道，而其所論終不免背馳處者，想亦坐此耳。所説持敬工夫，恐不必如此，徒自紛擾，反成坐馳。但只大綱收斂，勿令放逸，到窮理精後，自然思慮不致妄動，凡所營爲，無非正理。則亦何必兀然静坐，然後爲持敬哉？」

又答李守約云：「大中之説，不記向來所論首尾。此亦只是無事之時，涵養本原，便是全體；隨事應接，各得其所，便是時中；養到極中而不失處，便是致中；推到時中而不差處，便是致和。不可説學者方能盡得一事一物之中，直到聖人地位，方能盡得大中之全體也。仁包五常之説，已與令裕言之。如今朋友就文義上説，如守約儘説得去，只恐未曾反身真箇識得，故無田地可以立脚，只成閒話，不濟事耳。」

二書無年可考。守約所録語類在戊申以後所聞，姑附於戊巳後。

朱子訓守約，指出杜撰之弊，使知虛心玩聖言之本義；指出「窮理精後，思慮不妄動」，使知窮理大有益於持敬，不走虛静一路；指出「反身真箇識得」，使知有可立脚之田地。句句是根本工夫，而窮理精、不妄動，尤江西所不言。所以朱子之學，的是孔、曾正脈也。

又答劉公度云：「講學不厭其詳，凡天下事物之理、方册聖賢之言，皆須子細反復究竟。至於持守，却無許多事。若覺得未穩，只有默默加功著力向前耳。今聞廢書不講，而反以持守之事爲講説之資，是乃兩失其宜，下梢弄得無收煞，只成得杜撰揑合而已。」

又答劉公度云：「奮發猛舍之喻，甚善。然亦須以義理浸灌涵養，庶幾可以深固久遠。不然，一時意氣，恐未可恃也。如何便敢自保不復變耶？」

又答劉公度云：「究觀聖門教學，循循有序，無有合下先求頓悟之理。但要持守省察，漸久漸熟，自然貫通，即自有安穩受用處耳。」

又答劉公度云：「所論主敬之説，固學者切務，然亦要得講學窮理之功，見得世間道理，歷歷分明，方肯如此著力。若於聖賢之言有所忽略，不曾逐句逐字子細理會，見得道理都未分明，却如何捺生硬做得成？如所謂齋心致敬於平旦之頃，以求理之所在者，亦恐徒勞而無補也。古人之學，欲其造次顛沛之不離，今乃獨求之平旦之頃，則其他時節是勾當甚事耶？」又曰：「要當降心遜志，且就讀書講學上子細用功，久之自有見處。義理細密，直是使粗心看不得。乍看極似繁碎，久之純熟貫通，則綱舉目張，有自然省力處。」

按：朱子曰：「陸氏會説，其精神亦能感發人。一時被他聳動底，亦便清明，只是虛，更無底簞。思而不學則殆，正謂無底簞便危殆也。『山上有木漸，君子以居賢德，善俗』，有階梯而進，不患不到。今其徒往往進時甚鋭，其退亦速，纔到退時，便如墜千仞之淵。」又曰：「聖賢言語，一步是一步。近來一種議論，只是跳躑。初則兩三步做一步，甚則十數步作一步，又甚則千百步作一步，所以學之者皆顛狂。夫陸氏所以會説能感發人者，只是人心。聽者一時聳動，不覺悦而從之，即禪家『因地回向』之見，將千百步作一步，教人一超直入。資稟高明者，稍見心性影子，以爲本來面目如此，此所謂頓悟之説。悟之者，便敢大言狂狠，高自期許，不做講學窮理工夫，於事理多不能見到。故倚靠不得，一時意氣消餒，遂有墜淵之失。」公度惑於陸氏，朱子教以「讀書講學，見得世間道理，歷歷分明，方肯如此著力」，此程子栽培仁體切要之訓，即易、繫「知崇禮卑」之旨。脚踏實地，絶不傾倒，所宜守死而不變者也。孰謂朱子晚年專指本體而不教以講學窮理哉？孰謂朱子讀書講學之教止在句讀文義，而非尊德性之切務哉？

朱子云「見得世間道理歷歷分明，方肯如此著力」，又云「窮理精後，自然思慮不致妄動。凡所營爲，無非正理」，誠哉是言也。試論之。人之所以爲人者，仁義禮智渾然燦然之性而已。性統於心，必居敬以存其心，窮理以知其性。果能存心用力窮理，明得仁義禮知之性，是自家異於禽獸，上接聖賢根本，不可虧損餒葸，方實實下保全培養工夫；明得不義富貴是害性之物，方實實不處；明得習心習氣是戕性之機，方實實不爲所牽引；明得一切非禮是害心之毒，方實實能絶；明得遊思雜念是誘性之媒，方實實斬斷；明得撐眉弩眼是暴性之强賊，方實實謙下；明得畏懼因循是痿性之弱賊，方實實振發；明得貌言視聽是性之區宇，方實實端凝；明得惻隱羞惡、辭讓是非是性之萌芽，方實實直達；明得親義信序別是性之綱領，方實實擔當；明得天地是性之源頭，方實實敬事，明得萬物是性之胞與，方實實仁愛；明得窮居是性之本分，方實實安樂；明得在位是性之兼善，方實實施行；明得患難是性之摩厲，方實實順受；明得閑暇是性之休適，方實實恬静；明得自性與天地萬物是一箇，方實實有廓然大公物來順應意；明得生是此理，死即是此理，死生是性之終始，方實實盡生死，通晝夜，無一息二三意。造到如此精透明了，則平日紛擾皆消無有，心地中只是一塊天理發見昭融，一身行事，自然隨時隨處，無非心理貫通，是朱子將自家親切過來處明白指示。此所知益精，涵養益粹，講學窮理，實爲存心養性之助。惟實用功者能體之，而知其歷歷有省也。朱子曰：「到能致知，已有八九分了。」程子曰：「真知得方能行，後先一軌，心心相印。」故格物知性，孔孟正脈，程子接之，朱子繼之。陸、王家只存養得昭靈之心而不窮理，安得天理發見？即其直指人心亦能感發，止屬一時，難以持久。即能久矣，或夾氣質，或雜意見，窮理不精，害於涵養，朱子早言之矣。不知自反，反病程、朱格物爲狥外，其可歎乎？

答公度後四書，未詳何年。以前一書通辨載在戊申，故附於後。

答徐彦章云：「未發之前，固不可謂之無物，但便謂情性無二，更無虛静時節，則不可耳。蓋未發之前，萬理皆具，然乃虛中之實，静中之動，渾然未有形影著摸，故謂之中。及其已發，然後所具之實理，乃行乎動者之中耳。來喻本欲自拔於異端，然却有侵過界分處，而主張太過，氣象急迫，無沉浸醲郁之味，尤非小失。願且寬平其心，涵泳此理，而徐剖析於毫釐之際，然後乃爲真知儒佛之邪正，不必如是之迫切也。」

又答徐彦章云：「示喻主善之説，甚佳。但善守有動、静二者，相對而言，則静者爲主而動者爲客，此天理陰陽自然之理，不可以寂感之嫌而廢也。」

又答徐彦章云：「『中者無過不及之謂』，又曰『和者，中之異名』，若就厭動而求静，有體而無用耳。至於分别體用，乃物理之固然，非彼之言也。求之吾書，雖無體用之云，然其曰寂然而未發者，固體之謂也；其曰感通而方發者，固用之謂也。且今之所謂一者，其間固有動静之殊，則亦豈能無體用之分哉？非曰純於善而無間斷，則遂晝度夜思，無一息之暫停也。彼其外物不接，内欲不萌之際，心體湛然，萬理皆備，是乃所以爲純於善而無間斷之本也。今不察此，而又不能廢夫寂然不動之説，顧獨詆老、釋以寂然爲宗，無乃自相矛盾耶？大抵老、釋説於静而欲無天下之動，是猶常寐不覺，而棄有用於無用，聖賢固弗爲也。今説於動而欲無天下之静，是猶常行不止，雖勞而不得息，聖賢亦弗能也。蓋其實雖有彼此之殊，其倚於一偏而非天下之正理，則一而已。嗚呼，學者能知一陰一陽、一動一静之可以相勝，而不能相無，又知静者爲主而動者爲客焉，則庶乎不昧於道體，而日用之間有以用其力耳。」

又云：「於本有操持涵養之功，便是静中工夫。所謂静必有事者，固未嘗有所動也。但當動而動，動必中節，非如釋氏之務於常寂耳。」

答徐彦章三書，未詳何年。以語意義理與太極註同，姑附於戊申後，學者當潛玩焉。

此四段所言工夫旨趣甚微密，如静主動客，心體湛然，萬理皆備，静必有事，固未嘗動等語，非功深力到不能喻，彦章其深造矣乎！

答黄子耕云：「時事傳聞不一，然亦未知是否。衰病閑散，既無所効其區區，亦不敢深問也。示諭且看大學，俟見大指，乃及他書。此意甚善，但看時須是更將大段分作小段，字字句不可容易放過，常時暗誦默思，反復研究，未上口時須教上口，未通透時須教通透，已通透後便要純熟，直到不思索時此意常在心胸之間，驅遣不去方是。此一段了，又換一段看，令如此數段之後，心安理熟，覺得工夫省力時，便漸得力也。近日看得朋友間病痛尤更親切，都是貪多務廣，匆遽涉獵，所以凡事草率粗淺，本欲多知多能，下梢一事不知，一事不能；本欲速成，反成虛度歲月。但能反此，如前所云，試用歲月之功，當自見其益矣。至於作無益語，以本心正理揆之，誠是何補於事。但人不作自己功夫，向外馳走，便見得此等事重。若果見得自己分上合做底事，千條萬端，有終身勉勉而不能盡者，則亦自當不暇及此矣。」

又答黃子耕云：「格物致知，只是窮理，聖賢欲爲學者説盡曲折，故又立此名字。今人反爲名字所惑，生出重重障礙，添枝接葉，無有了期。要須認取本意，而就中看得許多曲折分明，便依此實下功夫，方見許多名字並皆脱離，而其功夫實處却無欠闕耳。」

二書未詳何年。黃㽦録在戊申，故附於後。

前答言讀書之法，後答言實下工夫，方見許多名字脱離，此是最親切語。果功夫到此，自知意味如是，難爲門外人道也。

答蔡季通云：「人之有生，性與氣合而已。然即其已合而析言之，則性主於理而無形，氣主於形而有質。以其主理而無形，故公而無不善；以其主形而有質，故私而或不善。以其公而善也，故其發皆天理之所行；以其私而或不善也，故其發皆人欲之所作。此舜之戒禹，所以有人心、道心之別，蓋自其根本而已然，非謂氣之所爲有過不及，而後流於人欲也。然但謂之人心，則固未以爲悉皆邪惡；但謂之危，則固未以爲便致凶咎，但既不主於理而主於形，則其流爲邪惡以致凶咎，亦不難矣。此其所以爲危，非若道心之必善而無惡，有安而無傾，有準的而可憑據也。故必其致精一於此兩者之間，使公而無不善者常爲一身萬事之主，而私而或不善者不得與焉，則凡所云爲，不待擇於過不及之間，而自然無不中矣。此舜戒禹之本意，而序文述之，固未嘗直以形氣之發盡爲不善，而不容有清明純粹之時，如來諭之所疑也。但此所謂清明純粹者，既屬乎形氣之偶然，則亦但能不隔乎理而助其發揮耳，不可便認以爲道心，而欲据之以爲精一之地也。如孟子雖言夜氣，而其所欲存者，乃在乎仁義之心，非直以此夜氣爲主也；雖言養氣，而其所用力，乃在乎集義，非直就此氣中擇其無過不及者而養之也。來諭主張『氣』字太過，故於此有不察，其他如分別中氣過不及處，亦覺有差。但既無與乎道心之微，故有所不暇辨耳。」

答胡季隨云：「恭叔所論，似是見熹舊説而有此疑，疑得大概有理，但曲折處有未盡耳。當時舊説誠爲有病，後來已多改定矣。大抵其言道不可離，可離非道，是故君子戒慎乎其所不睹，恐懼乎其所不聞，乃是徹頭徹尾，無時無處不下工夫，欲其無須臾而離乎道也。不睹不聞，與獨字不同，乃是言其戒懼之至，無適不然，雖是此等耳目不及無要緊處，亦加照管。如云聽於無聲，視於無形，非謂有所聞見處却可闊略，而特然於此加功也。又言莫見乎隱，莫顯乎微，故君子謹其獨，乃是上文全體工夫之中，見得此處是一念起處，萬事根原，又更緊切，故當於此加意省察，欲其自隱而見，自微而顯，皆無人欲之私也。觀兩「莫」字，即見此處是念慮欲萌，而天理人欲之幾，最是緊切，尤不可不下工處。故於全體工夫之中，就此更加省察，然亦非必待其思慮已萌，而後別以一心察之。蓋全體工夫既無間斷，即就此處略加提撕，便自無滲漏也。此是兩節，文義不同，詳略亦異。夫中庸本意欲人戒謹恐懼，以存天理之實而已，非是教人揣摩想象，以求見此理之影也。」

答呂子約云：「既言『道不可須臾離』，即是無精粗隱顯之間皆不可離，故言『戒懼乎不睹不聞』以該之。若曰『自其思慮未起之時早已戒謹，非謂不戒謹乎所睹所聞，而只戒謹乎不睹不聞也』。此兩句是結抹上文『不可須臾離』一節意思了，下文又提起説。無不戒謹之中，隱微之間，念慮之萌，尤不可忽。故又欲於其獨而謹之，又是結抹上文『隱微』兩句意思也。蓋無所不戒謹者，通乎已發未發而言，而謹其獨則專爲已發而設耳。」

三書未詳何年。答蔡書發明序文，其在作序後無疑矣。答胡、呂書辨戒懼、慎獨極精，故姑附於戊巳後。

按：答蔡書辨氣之清明純粹，不隔於理，不可認爲道心而據爲精一之地，此義最精。蓋清明純粹是氣，仁義禮智的確不易方是理。若認氣之清明純粹爲理，便有窮理不透、氣質夾雜之病。味此有得，則念臺主張氣質之説，不辨而知其謬矣。答胡、吕書，「戒懼」通已發未發，徹頭徹尾，無時不然，而謹獨就一念起處，萬事根原，是已發更緊要工夫。朱子説得如此分曉貫通，後人以爲截分動静，何其悖也？要之朱子是時工夫滴滴歸源，却涵蓋萬象。其答季通云：「所諭『以禮爲先』之説，又似『識造化』之云，不免倚於一物，未是親切工夫耳。大抵濂溪先生説得的當，通書中數數拈出『幾』字，要當如此，瞥地即自然有箇省力處，無規矩中却有規矩，未造化時已有造化。然後本隱之顯，推見至隱，無處不吻合也。」是書雖未詳何年，自在出太極、通書、西銘註後。朱子養得「幾」字活潑，一心中天理生幾，滿腔子皆是規矩，造化總在這裏。語嘿動静，耳聞目見，都是生幾，即粗見精，即見見隱，無有毫髮之間也。他家只養得心定，道理則半有半無耳，其爲異端之歸，於此辨之矣。

答項平父云：「爲學次第，儘有商量。大抵人之一心，萬理具備，若能存得，便是聖賢，更有何事。然聖賢教人，所以有許多門路節次，而未嘗教人只守此心者，蓋爲此心此理，雖本完具，却爲氣質之稟，不能無偏。若不講明體察，極精極密，往往隨其所偏，墮於物欲之私而不自知。近世爲此説者，觀其言語動作，略無毫髮近似聖賢氣象，正坐此耳。是以聖賢教人，雖以恭敬持守爲先，而於其中又必使之即事即物，考古驗今，體會推尋，内外參合。蓋必如此，然後見得此心之真，此理之正，而於世間萬事，一切言語，無不洞然了其白黑。大學所謂『知至意誠』，孟子所謂『知言養氣』，正謂此也。若如來喻，乃是合下只守此心，全不窮理，故此心雖似明白，然却不能應事，此固已失之矣。後來知此是病，雖欲窮理，然又不曾將聖賢細密言語，向自己分上精思熟察，而便務爲涉獵書史，通曉世故之學，故於理之精微既不能及，又并與向來所守而失之。所以倀倀無所依據，雖於尋常淺近之説亦不能辨而坐爲所惑也。夫謂不必先分儒、釋者，此非實見彼此皆有所當取而不可偏廢也。乃是不曾實做自家本分工夫，故亦不能知異端詖淫邪遁之害，茫然兩無所見，而爲是依違籠罩之説，以自欺而欺人耳。若使自家日前曾做得窮理功夫，此豈難曉之病耶？然今所謂心無不體之物，物無不至之心，又似只是移出向來所守之心，便就日間所接事物上比較耳。其於古今聖賢指示剖析、細密精微之藴，又未嘗入思議也。其所是非取舍，亦据己見爲定耳，又何以察夫氣稟之偏、物欲之蔽，而得其本心正理之全耶？便謂存誠愈固，養氣愈完，吾恐其察之未審而自許過高，異日忽逢一夫之説，又將爲所遷惑而不能自安也。中間得葉正則書，亦方似此依違籠罩而自處甚高，不自知其淺陋，殊可憐憫。以書告之，久不得報，恐未必能堪此苦口也。大學章句一本謾往，其言雖淺，然路脈不差，節序明審，便可行用，幸試詳之。」

此書脈絡，讀者須潛玩。首言爲學工夫，以主敬爲先，必實實窮理，見得此心之真，此理之正，方能所守不差，是曾、孟正脈。次言只守心而不窮理，既不能應事，并失所守者，皆必至之弊。末言無自家本分功夫，而比較取舍，不過自用己見，無當於本心正理之全。段段説透學者病痛，故須逐層體驗過來，如何心有欛柄，如何事理明白，自信朱子居敬窮理，齊頭用功，的確不易，雖欲缺其一而不敢也。彼家所守，亦堅不爲他説所惑，究守其所守，而是非取舍据己見爲定者，其徒則敝敗百出矣。

按：朱子答或人云：「近世學者多是向外走作，不知此心之妙，是爲萬事根本。却不知道其知之者，又只是撐眉努眼，喝罵將去，便謂只此便是良心本性，無有不善。若不操存踐履，講究體驗，則只此撐眉努眼，便是私意人欲，自信愈篤，則其狂妄愈甚，此不可不深察而遠避之也。」玩此段，即答項書中小註所云之意，正指象山之徒，故附載之。

按答項書未詳何年，因書内「大學章句一本」云云，故附於己酉後。

答趙子欽云：「子静後來得書，愈甚於前，大抵其學於心地工夫不爲無所見，但便欲恃此陵跨古今，更不下窮理細密工夫，卒並與其所得者而失之。人欲横流，不自知覺，而高談大論，以爲天理盡在是也，則其所謂心地工夫者，又安在哉？」

按：此書未詳何年。「愈甚於前」者，當指象山辨無極之書也，故附於己酉後。「恃此陵跨古今」數語，斷盡象山病痛，此須反身細看，方知意味。聖賢之心，原是兢兢業業底，即造到德盛境地，仍是這樣。若氣象粗厲，蔑視前賢，即此便是敬肆分關，便没心地工夫了。當從自心省驗，朱子之言深矣哉！

答邵叔誼云：「子静書來，殊無義理，每爲閉匿，不敢廣以示人，不謂渠乃自暴揚如此。然此事理甚明，識者自當知之，當時若便不答，却不得也。所與左右書，渠亦録來，想甚得意。大率渠有文字，多即傳播四出，惟恐人不知，此其常態，亦不足深怪。吾人所學，却且要自家識見分明，持守正當，深當以此等氣象舉止爲戒耳。太極等書四種謾附呈。」

子美言太極、西銘二書，象山不言西銘而專言無極者，蓋只認得老子「無極」二字，便駁周子「無極」之非，更不玩味其道理充塞宇宙貫徹細微之妙，反復説來，拈一「無」字，别無條理，朱子所以深非之。即其答邵叔誼書，尤喝罵無禮，至今讀之，其狂躁如在目前。

無極、太極之辨，朱、陸冰炭極矣，嗣後書問亦少。象山年譜載己酉八月六日，朱子書云云，正不知何所考也。

答鄭仲禮云：「示諭爲學之意甚善。讀書固不可廢，然亦須以主敬立志爲先，方可就此田地上推尋義理，見諸行事。若平居泛然略無存養之功，又無實踐之志，而但欲曉解文義，説得分明，則雖盡通諸經，不錯一字，亦何所益？況又未必能通而不誤乎？近覺朋友讀書講論多不得力，其病皆出於此，不可不深戒也。季隨、季忱爲學如何？近來有何講論？因書幸致此意。」

此書未詳何年。因此書前有啓蒙、大學章句之語，故附於己酉後。

此書教仲禮主敬立志爲先，而讀書窮理，就此田地上做工夫，須與答張元德、王欽之諸書參看。

答蘇晉叟云：「示及自警詩，甚善，然頗覺有安排湊合之意。要須只就日用分明要切處操存省察，而此意油然自生，乃佳耳。」

此書未詳何年。以集中載先墓一書，有「前此病足」數語，在戊申後，故附之。

宗陸、王者，多議朱子湊合之語。但朱子云然者，欲學者立心隱微中有生意，零星用功，自有不期而合之妙。若無本而湊合，則所深戒，觀此書及答直卿論太極立脚處可見矣。

答王子合云：「前書所云『實地功夫』者，甚善。但常存此意，時復提撕，勿令墜墮乃佳。今時學者，未論外誘多，只是因循怠惰，自放倒耳，真不可以不戒。至於『出門有礙』之説，似未然。自家持守處，固是不可放過，至於應事接物，同異淺深，豈容固必？但看得破，把得定，自不妨各隨分量，應副將去，何必如此懷不平之心，而浪自苦哉？纔有此等意思，恐亦便是本原有不察處，政不可作兩截看。」

前書本註己酉，故附後。此書欲子合處處向本原做工夫。

答吳伯豐云：「學問臨事不得力，固是靜中欠却工夫。然欲舍動求靜，又無此理。蓋人之身心，動靜二字，循環反復，無時不然。但常存此心，勿令忘失，則隨動隨靜，無處不是用力處矣。且更著實用功，不可只於文字上作活計。」

必大録在戊巳，故附後。此書教伯豐即動驗靜。

答劉履之云：「衰朽益甚，思與朋友反復講論，而外事紛擾，不能如願。如履之者，又相去之遠，不得早晚相見爲恨。然此事全在當人自家著力，雖日親師友，亦須自做功夫，不令間斷，方有入處。得箇入處，却隨時游心，自不相妨。雖應科舉，亦自不爲科舉所累。」

此書未詳何年。以砥饒後録庚戌所聞，故附於此。

「自做工夫，不令間斷，方有入處」，此切要語，惟實居敬窮理者始知入處。若不得箇入處，讀書治身，苟免過失而已。

或問「存心」。朱子曰：「存心只是知有此身，謂如對客，但知道我此身在此對客。」

又曰：學者須是爲己。聖人教人，只在大學第一句「明明德」上。以此立心，則如今端己斂容，亦爲己也，讀書窮理，亦爲己也，做得一件事是實，亦爲己也。聖人教人持敬，只是須從這裏説起。其實若知爲己後，即自然著敬。

又曰：「人只有箇仁、義、禮、知四者，是此身綱紐，别無他物。當於其發處體驗擴充將去，惻隱羞惡、辭遜是非，日間時時發動，特人自不能擴充耳。」又言：「四者時時發動，特有正不正耳。如暴戾愚狠，便是發錯了羞惡之心；含糊不分曉，便是發錯了是非之心；如一種不遜，便是發錯了辭遜之心。日間一正一反，無往非四端之發。」

以上李方子録。

又曰：「今人説養氣，皆謂在『必有事焉而勿正，心勿忘，勿助長』四句上，要緊未必在此。藥頭只在那『以直養而無害』及『集義』上，這四句却是箇炮炙煅煉之法。直只是無私曲，集義只是事事皆直，仰不愧於天，俯不怍於人，便是浩然之氣。而今只將自家心體驗到那無私曲處，自然有此氣象。」劉用之問「夜氣」之説。朱子曰：「他大意只在『操則存，舍則亡』兩句上。心一放時，便是斧斤之戕，牛羊之牧；一收斂在此，便是日夜之息，雨露之潤。

他要人於旦晝時，不爲事物所汩。」

又曰：「孟子説『先立乎其大者，則其小者弗能奪也』，此語最有力。且看他下一箇『立』字。昔汪尚書問焦先生爲學之道，焦只説一句，曰『先立乎其大者』，以此觀之，他之學亦自有要。卓然豎起自心，方子録云：「立者，卓然豎起此心。」便是立，所謂『敬以直内』也。故孟子又説：『學問之道無他，求其放心而已矣。』求放心非是心放出去，又討一箇心去求他，如人睡著覺來，睡是他自睡，覺是他自覺，只是要常惺惺。」趙昌父云：「學者只緣斷續處多。」曰：「只要學一箇不斷續。」

文蔚曰：「如天道流行，化育萬物，其中莫非至理；灑掃應對，酬酢萬變，莫非誠意寓於其間。」朱子曰：「不然。鳶飛魚躍，上下昭著，莫非至理，但人視之不見，聽之不聞，分將出來不得，須是於此自有所見。」因謂：「明道言此，引孟子『必有事焉而勿正心，勿忘，勿助長』爲證。謝上蔡又添入夫子『與點』一事。」且謂：「二人之言，各有著落。」文蔚曰：「明道之意，只説天理自然流行，上蔡則形容曾點見道而樂底意思。」朱子默然。又曰：「今且要理會『必有事焉』，將自見得。」又曰：「非是有事於此，却見得一箇物事在彼。只是『必有事焉』，便是本色。」文蔚曰：「於有事之際，其中有不能自已者。」曰：「即此便是。今且虚放在此，未須强説。如虚著一箇紅心時，復射一射，久後自中。」

此段於程子「鳶飛魚躍」之旨引而不發，如漢卿録、叔重舊説今説録，參考文義，則妙義顯著矣。

文蔚以所與李守約答問書請教。朱子曰：「大概亦是如此。只是尊德性工夫却不在紙上，在人自做。問學工夫，節目却多，尊德性工夫甚簡約。且如伊川只説一箇『主一之謂敬，無適之謂一』，只是如此，别更無事。某向來自説得尊德性一邊輕了，今覺見未是。上面一截，便是一箇坯子，有這坯子，學問之功方有措處。」

以上陳文蔚録。此段云「今覺見未是」一語不可泥。朱子是時尊德性之功已熟，而猶云然者，恐學者執向來所説，於尊德性工夫有缺耳。細玩只是如此，别更無事八字，非得力人不能道。

朱子問：「遺書中『欲夾持這天理，則在德』一段，看得如何？」必大對曰：「中庸所謂『苟不至德，至道不凝焉。』」朱子默然久之。必大問如何。曰：「此説亦得，然只是引證。畢竟如何是德？」曰：「只是此道理，因講習躬行後，見得是我之所固有，故守而勿失耳。」曰：「尋常看『據於德』，如何説？」必大以横渠「得寸守寸，得尺守尺」對。曰：「須先得了，方可守。如此説上，依舊認『德』字未著。今且説只是這道理，然須長長提撕，令在己者決定是做得如此。如方獨處默坐，未曾事君親，接朋友，然在我者已渾全是一箇孝弟忠信底人。以此做出事來，事親則必孝，事君則必忠，與朋友交則必信，不待旋安排。蓋存於中之謂德，見於事之謂行。易曰『君子以成德爲行』，正謂以此德而見諸事耳。德成於我者，若有一箇人在内，必定孝弟忠信，斷不肯爲不孝不弟不忠不信底事，與道家所謂養成嬰兒在内相似。凡人欲邊事，這箇人斷定不肯教自家做。故曰『默而成之，不言而信，存乎德行』。謂雖未曾説出來時，存於心中者，已斷是如此了，然後用得戒謹恐懼存養工夫。所以必用如此存養者，猶恐其或有時間斷故耳。程子所謂『須有不言而信者』，謂未言動時，已渾全是箇如此人，然却未有迹之可言，故曰『言難爲形狀』。」又言：「學者須學文，知道者進德而已。有德，則『不習無不利』。自初學者言之，他既未知此道理，則教他認何爲德。故必先令其學文。既學文後，知得此道理了，方可教其進德。聖人教人，既不令其躐等級做進德工夫，不令其止於學文而已。德既在己，則以此行之耳，不待外面勉强旋做，故曰『有德，則不習無不利』。凡此工夫，全在收斂近裏而已。中庸末章發明此意，至爲深切。自『衣錦尚絅』以下皆是，只暗暗地做工夫去。然此理自掩蔽不得，故曰『闇然而日章』。『淡而不厭，簡而文，温而理』，皆是收斂近裏。『知遠之近，知風之自，知微之顯』，一句緊一句。」朱子再三誦此六言，曰：「此工夫似淡而無味，然做時却自有可樂，故不厭；似乎簡略，然大小精粗，秩然有序，則又不止於簡而已。温厚似不可曉，而條目不可亂，是於有序中更有分别。

如此入細做工夫，故能『知遠之近，知風之自，知微之顯』。夫見於遠者，皆本於吾心，可謂至近矣，然猶以己對物言之。『知風之自』，則知凡見於視聽舉動者，其是非得失，必有所從來，此皆本於一身而言矣。至於『知微之顯』，則又説得愈密。夫一心至微也，然知其極，分明顯著。學者工夫能如此收斂，方可言德，然亦未可便謂之德，但如此則可以入德矣。其下方言『尚不愧於屋漏』，蓋已能如此做入細工夫，知得分明了，方能謹獨涵養。其曰『不動而敬，不言而信』，蓋不動不言時，已是箇敬信底人了。又引詩『不顯惟德』、『予懷明德』、『德輶如毛』言之，一章之中皆是發明箇『德』字。然所謂德者，實無形狀，故以『無聲臭』終之。」

甚哉，朱子之學異於陸氏也。陸氏教人静坐，氣質私欲夾雜在裏面，一旦觸發，並静虚氣象不可倚靠。其弊由於執德不固，見理不明，所以天理不爲己有也。玩朱子此段發揮程子之言中庸末章之義，實可持循。若存於心者，不能斷然必是孝弟忠信，則見於事者，必不能依理而行。雖良心發見，有意於戒謹恐懼，静坐氣質私欲倏起倏滅，所謂根苗已在依稀恍惚間，安望其發榮滋長？故必以得於己爲第一着，而以成德爲行示學者也。第朱子立此言者，爲學者能用功夫，收斂近己，使知實得，而不可恁地悠忽。若初學者茫然未知德所從來，徒勞思慮，何所執持？學文數行，即是格物工夫，必須熟玩大學首章「格物」章或問，先知得天命明德，是自家性命的道理，是人禽直罔的關頭。能存得，便是人，便是直生；不能存得，便是禽獸，便是罔生。由此研究漸漬，日積月累，歷之數年，此心必孝弟忠信方安，不然即不安。終日終夜在此醞釀，加以前言往行，栽培灌溉，躬行實踐，時刻不忘，纔有渾全，是箇孝弟忠信底人氣象在心中，此非可以一蹴到也。惟窮理居敬，齊頭用功，造到德成於我，則胸中都是天理，有箇不言而信者，漸漸可到篤恭地位矣。此朱子之學爲孔孟正宗，非他家從静虚入者所可抗衡也夫。

玩「以成德爲行」數行，知朱子所云「敬便有義，義便有敬，直内便方外，方外便直内」，是的確有依據工夫。存於心者斷是如此，非直内便方外乎？以此德見諸事、人欲邊事，這箇人斷定不肯教自家做，非方外便直内乎？方是内外合一之實境。

丘玉甫作別請益。朱子曰：「此道理儘説只如此，工夫全在人。人却聽得頑了，不曾真箇做。須知此理在己不在人，得之於心而行之於身，方有得力，不可只做册子工夫。」

戴明伯請教。朱子曰：「且將一件書讀。聖人之言，即聖人之心，聖人之心，即天下之理。且逐段看令分曉，則道理自逐旋分明。去得自家心上一病，便是一箇道理明也。道理固是自家本有，但如今隔一隔了，須逐旋揩磨呼喚得歸。然無一喚便見之理，如金溪只要自得，若自得底是，固善；若自得底非，却如何？不若且虛心讀書。」

玩前一段「不可只做册子工夫」，凡議朱子格物爲徇外者，非矣。玩後一段「聖人之心」四句，凡議朱子注釋爲文義章句者，非矣。朱子合身心書籍，總是一理一件，工夫如此切要，而不見信於後世，由於細心看語類者無人也。可慨哉！

朱子教人，必知此理在己，返之身心，讀書明理，方有實得。不返身心，散漫求理，無有是處，非朱子之教也。如江西家略於讀書，終隔一層。事物之理，即聖賢之心，即自己之心，不加講求，必有冥行顛倒之弊。故虛心讀書，明理去病，皆在於此。及門如勉齋、敬子、安卿諸先生，存心無一毫放鬆，無一毫偏戾，事理則處處貫徹，其得於朱子者深矣。

以上吴必大録。

又曰：「『戒謹不睹，恐懼不聞』，非謂於睹聞之時不戒懼也。言雖不睹不聞之際，亦致其謹，則睹聞之際，其謹可知。此乃統同説，承上『道不可須臾離』，則是無時不戒懼也。然下文謹獨既專就已發上説，則此段正是未發時工夫，只得説『不睹不聞』也。『莫見乎隱，莫顯乎微，故君子慎其獨』，上既統同説了，此又就中有一念萌動處，雖至隱微，人所不知而己所獨知，尤當致謹。如一片止水，中間忽有一點微動處，此最緊要著工夫處。」

語諸生曰：「人之爲學，五常百行，豈能盡常常記得？人之性五常爲大，五常之中仁尤爲大，而人之所以爲是仁者，又但當守『敬』之一字。只是常求放心，晝夜相承，只管提撕，莫令廢惰，則雖不能常常盡記衆理，而義禮智信之用，自然隨其事之當然而發見矣。子細思之。學者最是此一事爲要，所以孔門只是教人求仁。」

以上李閎祖録。一片止水，晝夜相承，隨事發見，是本體工夫。合一無間，全體發用，一以貫之之候矣，孰謂晚年方悟哉？

問「塞乎天地之間」。朱子曰：「天地之氣，無所不到，無處不透，是他氣剛，雖金石也透過。人便是稟得這箇氣，無欠闕，所以程子曰『天人一也』，更不分別。浩然之氣，乃吾氣也，養而無害，則塞乎天地；一爲私欲所蔽，則慊然而餒，却甚小也。」又曰：「浩然之氣，只是氣大敢做。而今一樣人，畏避退縮，事事不敢做，只是氣小；有一樣人，未必識道理，然事事敢做，是他氣大。如項羽『力拔山兮氣蓋世』，便是這樣氣，人須有蓋世之氣方得。」文蔚録云：塞天地只是氣魄大，如所謂氣蓋世。又曰：「如古人臨之以死生禍福而不變，敢去罵賊，敢去徇國，是他養得這氣大了，不怕他，又也是他識道理，故能如此。」

此不知何氏録。因註有文蔚録，故敘於戊申後。

王景仁問仁。朱子曰：「無以爲也。須是試去屏疊了私欲，然後子細體認本心之德是甚氣象,無徒講其文義而已也。」問:「或問『常目在之,真若見其參於前,倚於衡也,則成性存存,而道義出矣』,不知所見者,果何物耶?」朱子曰:「此豈有物可見?但是凡人不知省察,常行日用,每與是德相忘,亦不自知其有是也。今所謂顧諟者,只是心裏常常存著此理在。一出言,則言必有當然之則,不可失也;一行事,則事必有當然之則,不可失也,不過如此耳。初豈實有一物,可以見其形象耶?」

此李壯祖録,不紀年。壯祖,閎祖弟也,故敘於戊申後。

以上三段,一段言養氣,二段言寡欲,三段言存理。非寡欲存理,氣安得壯;非寡欲,理安得存?學者當識其次第。

又曰:「自早至暮,無非是做工夫時節。」

又曰:「萬事皆在窮理後。經不正,理不明,看如何地持守,也只是空。」

又曰:「聖賢言語似乎不同,然未始不貫。如夫子非禮勿視、聽、言、動,『出門如見大賓,使民如承大祭』,『言忠信,行篤敬』,這是一副當説話。到孟子又却説『求放心』、『存心養性』。大學又有所謂『格物致知,正心誠意』。至程先生又專一發明一箇『敬』字。若只恁看,似乎參錯不齊,千頭萬緒,其實只一理。」道夫曰:「泛泛於文字間,祇覺得異,實下工,則貫通之理始見。」曰:「然。只是就一處下工夫,則餘者皆兼攝在裏。聖賢之道,如一室然，雖門户不同，自一處行來，便入得。但恐不下工夫爾。」

又曰：「看大學，且逐章理會。須先讀本文，念得，次將章句來解本文，又將或問來參章句。須逐一令記得，反復尋究，待他浹洽。既逐段曉得，將來統看温尋過，這方始是。須是靠他這心，若一向靠寫底，如何得？」

又曰：「格物須是從切己處理會去。待自家者已定疊，然後漸漸推去。這便是能格物。」

又曰：「大學説一格物在裏，却不言其所格者如何。學者欲見下工夫處，但看孟子便得。如説仁義禮知，便窮到惻隱羞惡、辭遜是非之心；説好貨、好色、好勇，便窮到太王、公劉、文、武；説古今之樂，便窮到與民同樂處；説性，便格到纖毫未動處。這便見得他孟子胸中無一毫私意蔽窒得也。故其知識包宇宙，大無不該，細無不燭。」

問「致知之要，當知至善之所在」云云。朱子曰：「天下之理，偪塞滿前。耳之所聞，目之所見，無非物也。若之何而窮之哉？須當察之於心，使此心之理既明，然後於物之所在從而察之，則不至於泛濫矣。」

問「由中而外，自近而遠」。朱子曰：「某之意，只是説欲致其知者，須先存得此心。此心既存，却看這箇道理是如何。又推之於身，又推之於物，只管一層展開一層，又見得許多道理。」又曰：「九容，這便是一身之則所當然者。禮儀三百，威儀三千，皆是人所合當做而不得不然者，非是聖人安排這物事約束人。如洪範亦曰『貌曰恭』，以至於『睿作聖』，夫子亦謂『君子有九思』。此皆人之所不可已者。」

問：「『立志以定其本』，莫是言學便以道爲志，言人便以聖爲志之意否？」朱子曰：「固是。但凡事須當立志，不可謂今日做些子，明日便休。」又問「敬行乎事物之内」。曰：「這箇便是細密處，事事要這些子在。立志便要卓然在這事物之上。看是甚麽，都不能奪得他，又不恁地細細碎碎，這便是志立乎事物之表。所以今江西諸公多説甚大志，開口便要説聖説賢，説天説地，傲睨萬物，目視霄漢，更不肯下人。」問：「如此，則『居敬以持其志』都無了？」曰：「豈復有此！據他才説甚敬，便壞了那箇。」又曰：「五峰説得這數句甚好，但只不是正格物時工夫，却是格物已前事。而今却須恁地。」

以上楊道夫録。

此八段須細細體驗。其格物工夫要處，在察之於心，使心理既明，自家定疊，然後漸推去，此一定次序也。或曰：「恐記録有誤，心能察物，而曰察之於心，非以心察心乎？」非也。觀心説云：「心而自操則亡者存」，便知心而自察則昧者明，豈有以心察心之弊乎？

朱子問：「『顧諟天之明命』，如何看？」答云：「天之明命，是天之所以命我，而我之所以爲德者。雖曰至善，苟不能常提撕省察，使大用全體昭晰無遺，則人欲益滋，天理益昏，而無以有諸己矣。」曰：「此便是至善。但今人無事時，又却恁昏昏地；至有事時，又隨時逐物而去，都無一箇主宰。這須是常加省察，真如見一箇物事在裏，不要昏濁了他，則無事時自然凝定，有事時自然隨理而處，無有不當。」

按：至善，朱子固以事物言，此段正以本體言，言事物即包本體。蓋朱子立言，原未嘗説一邊，遺一邊，人心至善，合下該體用。後儒執朱子之解者，未詳考而心體之，故不免偏泥角勝之弊。

又曰：「四者心之所有，不可使之有所私。才有所私，便不能化，梗在胸中。今人才忿懥，雖有可喜事亦不喜，便是蹉過事理了。設使此心如太虚然，則應接萬務，各止其所，而我無所與，便視而見，聽而聞，食而知其味矣。看此一段，只是要人不可先有此心耳。」

蜚卿問：「『恕』字，古人所説有不同處。如『己所不欲，勿施於人』，便與大學『絜矩』、程子所謂『推己』都相似。如程子所引『乾道變化，各正性命』，及大學中『有諸己而後求諸人』，却兼通不得，如何？」朱子曰：「也只是一般。但對副處別，子細看便可見。某當初似此類，都逐項寫出，一字對一字看。少間紙上底通，心中底亦脱然。且如『乾道變化，各正性命』，各正性命底便如乾道變化底，所以爲恕。」直卿問：「程子言『如心爲恕』，如心之義如何？」曰：「萬物之心，便如天地之心；天下之心，便如聖人之心。天地生萬物，一箇物裏面便有一箇天地之心。聖人於天下，一箇人裏面便有一箇聖人之心。聖人之心自然無所不到，此便是『乾道變化，各正性命』，聖人之忠恕也。如『己所不欲，勿施於人』，便是推己之心做到那物上，賢者之忠恕也。這事便是難。且如古人云：『不廢困窮，不虐無告』，自非大無道之君，孰肯廢虐之者！然心力用不到那上，便是自家廢虐之。須是聖人，方會無一處不到。」

又曰：「一，譬如元氣，八萬四千毛孔無不貫通，是恕也。」又曰：「一以貫之，只是萬事一理。伊川謂『言仁義亦得，蓋仁是統體，義是分別』，某謂言禮樂亦得，『樂統同，禮辨異』。」言畢，復抗聲而誦曰：「天高地下，萬物散殊，而禮制行矣；流而不息，合同而化，而樂興焉。」

問：「不違仁，是此心純然天理，其所得在內。『得一善則服膺而弗失』，恐是所得在外。」朱子曰：「『得一善則服膺弗失』，便是『三月不違仁處』。」又問是如何。曰：「所謂善者，即是收拾此心之理。顏子三月不違仁，豈直恁虛空湛然，常閉門合眼静坐，不應事，不接物，然後爲不違仁。顏子有事亦須應，須飲食，須接賓客，但只是無一毫私欲耳。」

按：朱子云「服膺便是不違仁」，則中庸擇守之説，自是本體工夫合一之學。俗解一善嫌於偏外，失之遠矣。

道夫曰：「知崇便是博，禮卑便是約否？」朱子曰：「博然後崇，卑然後約。理窮盡卓然於事物之表，眼前都欄自家不住，如此則所謂崇；戒謹恐懼，一舉一動，一言一行，無不著力，如此則是卑。」又問：「知崇如天，禮卑如地，而後人之理行乎？」曰：「知禮成性，而天理行乎其間矣。」

以上楊道夫録。

按此六段，朱子是時久已造一貫地頭，天命至善，一也，隨事至善，貫也；心如太虚，一也，各止其所，貫也；樂，一也，禮，貫也；統體不違仁，一也，隨事不違仁，貫也；知禮成性，一也，天理行乎其間，貫也。玩「聖人之心，無所不到」數語，尤見朱子之心已純是天理，仰觀俯察，一切應用都是此理，所以庚戌有「見得分明，理會得恁地」之語。功深學到，左右逢原，非偶然也。彼一超直入如來地者，氣質物欲未化，全體大用未通，只握定些微靈光，烏足語此？宜其以道問學目之矣。

又曰：「明道定性書自胸中瀉出，如有物在後面逼逐他相似，皆寫不辦。」直卿曰：「此正所謂有造道之言。」曰：「然。只是一篇之中，都不見一箇下手處。」蜚卿曰：「擴然而大公，物來而順應，這莫是下工處否？」曰：「這是説已成處。且如今人私欲萬端，紛紛擾擾，無可奈何，如何得他大公？所見與理皆是背馳，如何便得他順應？」道夫曰：「這便是先生前日所謂『也須存得這箇在』。」曰：「也不由你存。此心紛擾，看著甚方法，也不能得他住。這須是見得，須是知得天下之理，都著一毫私意不得，方是所謂知止而後有定也。不然，只見得他如生龍活虎相似，更把捉不得。」

問「德不勝氣」一章。朱子曰：「張子只是説性與氣皆從上面流下來。自家之德，若不能有以勝其氣，則祇是承當得他那所賦之氣。若是德有以勝其氣，則我之所受，皆天之德，其所以賦予我者，皆天之理。氣之不可變者，惟死生修夭而已。蓋死生修夭，這却還他氣。至『義之於君臣，仁之於父子』，所謂『命也，有性焉，君子不謂命』也，這箇却須由我不由他了。」

道夫言：「看西銘，覺得句句是『理一分殊』。」朱子曰：「合下便有一箇『理一分殊』，從頭至尾，又有一箇『理一分殊』，是逐句恁地。」又曰：「合下一箇『理一分殊』，截作兩段，只是一箇天人。」道夫曰：「他説『乾稱父，坤稱母，予兹藐焉，乃混然中處』，如此則是三箇。」曰：「『混然中處』，則便是一箇。許多物事，都在我身中，更那裏去討一箇乾坤？」

道夫言：「羅先生教學者静坐中看『喜怒哀樂未發謂之中』，未發作何氣象。李先生以爲此意不惟於進學有力，兼亦是養心之要。而遺書有云：『既思則是已發。』昔嘗疑其與前所舉有礙，細思亦甚緊要，不可以不考。」直卿曰：「此問亦甚切。但程先生剖析毫釐，體用明白，羅先生探索本原，洞見道體，二者皆有功於世。善觀之，則亦『並行而不相悖』矣。況羅先生於静坐觀之，乃其思慮未萌，虚靈不昧，自有以見其氣象。初未害於未發。蘇季明以『求』字爲問，則求非思慮不可。此伊川所以力辨其差也。」朱子曰：「公雖是如此分解，羅先生説終恐做病。如明道亦説静坐可以爲學，謝上蔡亦言多著静不妨。此説終是小偏，才偏，便做病。道理自有動時，自有静時，學者只是『敬以直内，義以方外』，見得世間無處不是道理，雖至微至小處，亦有道理。便以道理處之，不可專要去静處求。所以伊川謂『只用敬，不用静』，便説得平，也是他經歷多，故見得恁地正而不偏。若以世之大段紛擾人觀之，若會静得固好。若講學，則不可有毫髮之偏也。」

彦忠問：「居常苦私意紛攪，雖即覺悟而痛抑之，然竟不能得潔静不起。」朱子笑曰：「此正子静『有頭』之説，却是使得。惟其此心無主宰，故爲私意所勝。若常加省察，使良心常在，見破了這私意只是從外面入，縱饒有所發動，只是以主待客，以逸待勞，自家這裏亦容他不得。此事須是平日著工夫，若看他起後方省察，殊不濟事。」

又曰：「爲學雖是立志，然書亦不可不讀。須將經傳本文熟復。如仲思早來所説專一靜坐，如浮屠氏塊然獨處，更無酬酢，然後爲得。吾徒之學，正不如此。遇無事則靜坐，有事則讀書，以至接物處事，常教此心光晗晗地，便是存心。豈可凡百放下，祇是靜坐！向日蜚卿有書，亦說如此，某答之云：『見有事自那裏過，却不理會，却只要如此，如何是實下功夫？』」

朱子問：「別看甚文字？」曰：「只看近思録。今日問過，明日復將來温尋，子細熟看。」曰：「如適間所說元亨利貞，是一箇道理之大綱目。須當時復，將來子細研究。如濂溪通書，只是反復說這一箇道理。蓋那裏雖千變萬化，千條萬緒，只是這一箇做將去。」

以上楊道夫録。

按此七段，朱子身心源流工夫畢見。如論定性書，推本知止有定；德勝氣，推本由我不由氣；西銘乾坤，推本都在我身中，此真透徹本原，不假外索。緊要工夫，只在主敬存心，使此心光明洞達，道理瞭然，則讀書應事，千條萬緒，只是這一箇做將去。豈晚年始悟本體以立教哉？

仲思言：「正大之體難存。」朱子曰：「無許多事。古人已自說了，言語多則愈支離。如公昨來所問涵養、致知、力行三者，便是以涵養做頭，致知次之，力行次之。不涵養則無主宰，如做事須用人，纔放下或困睡，這事便無人做主，都由別人，不由自家。既涵養，又須致知；既致知，又須力行。若致知而不力行，與不知同。亦須一時並了，非謂今日涵養，明日致知，後日力行也。要當皆以敬爲本，敬却不是將來做一箇事。今人多先安一箇『敬』字在這裏，如何做得？敬只是提起這心，莫教放散，恁地則心便自明，這裏便窮理、格物，見得當如此便是，不當如此便不是，既是了便行將去。今且將大學來讀，便見爲學次第，初無許多屈曲。」又曰：「古人於小學中已自把捉成了，故於大學之道無所不可。今人既無小學之功，却當以敬爲本。」

又曰：「人之一心，本自光明。常提撕他起，莫爲物欲所蔽，便將這箇做本領，然後去格物、致知。如大學中條目，便是材料。聖人教人將許多材料來修治平此心，令常常光明耳。按：「修治」字誤。伊川云：『我使他思時便思。』如此方好。倘臨事不醒，只爭一餉時，便爲他引去。且如我兩眼光晻晻，又白日裏在大路上行，如何會被人引去草中？只是我自昏睡，或暗地裏行，便被人胡亂引去耳。但只要自家常醒，得他做主宰，出乎萬物之上，物來便應。易理會底，便理會得，難理會底，思量久之，也理會得。若難理會底便理會不得，是此心尚昏未明，便用提醒他。」

此二段楊驤録。

問「致知在格物」。朱子曰：「知者，吾自有此知。此心虚明廣大，無所不知，要當極其至耳。今學者豈無一斑半點，只是爲利欲所昏，不曾致其知。孟子所謂四端，此四者在人心，發見於外。吾友還曾平日的見其有此心，須是見得分明，則知可致。今有此心而不能致，臨事則昏惑，有事則膠擾，百種病根皆自此生。」又問：「日用之間，作事接人，皆是格物窮理？」曰：「亦須知得根本。若不知得，只是作事，只是接人，何處爲窮理？」

此不知何氏録。因與上段類，故附之。

按：此朱子立教，以主敬知行爲主，甚重人心之知。人心自有知，自是光明，存心窮理，實是一事。存心是窮理之根，窮理即窮此心之理，窮物理亦是此心之理，無心外之理也。謂朱子析心、理爲二者，何不潛心細玩耶？

「或問格物問得太煩。」朱子曰：「若只此聯纏説，濟得自家甚事？某最怕人如此。人心是箇神明不測物事，今合是如何理會？這耳目鼻口手足，合是如何安頓？如父子君臣夫婦朋友，合是如何區處？就切近處，且逐旋理會。程先生謂『一草一木亦皆有理，不可不察』。」又曰：「徒欲汎然觀萬物之理，恐如大軍之遊騎，出太遠而無所歸。」又曰：「『格物莫若察之於身，其得尤切。』莫急於教人，然且就身上理會。凡纖悉細大，固著逐一理會。然更看自家力量了得底如何。」

問：「先生舊解致知，欲人明心之全體，新改本却削去，只説理，何也？」朱子曰：「理即是此心之理。檢束此心，使無紛擾之病，即此理存也。苟爲不然，豈得爲理哉？」問：「致知自粗而推至於精，自近而推至於遠，不知所推如世間甚事？」曰：「自無穿窬之心推之，至於以不言餂之類；自無欲害人之心推之，舉天下皆在所愛。至如一飯以奉親，至於保四海，通神明，皆此心也。」

問「忠恕一貫」。朱子曰：「不要先將忠恕説，且看一貫底意思。如堯之『克明峻德，黎民於變時雍』，這須從裏面發出來。曾子工夫已到，如事親從兄，忠信講習，千條萬緒，一身親歷之。聖人一點他便醒，元來只從一箇心中流出來。如夜來守約之説，只是曾子篤實，每事必反諸身，所謂孝，所謂禮，必窮到底。若只守箇約，却没實處。忠恕本末是一貫[二]，緣聖人告以一貫之説，故曾子借此二字以明之。一貫是無作爲底，忠恕是有作爲底。將箇有作爲底，明箇無作爲底。」寓問：「推廣得去，則天地變化，草木蕃；推廣不去，天地閉，賢人隱。如何？」朱子曰：「亦只推己以及物。推得去則物我貫通，自有箇生生無窮底意思，便有天地變化草木蕃氣象，天地只是這樣道理。若推不去，物我隔絶，欲利於己，不利於人。似此氣象，全然閉塞隔絶了，便似『天地閉，賢人隱』。」

問：「如何是體信達順？」朱子曰：「體信只盡這至誠道理，順即自此發出，所謂和者天下之達道。體信達順，即是主忠行恕。」問：「聰明睿智，皆由是出，是由恭敬出否？」

曰：「是心常恭敬，則常光明。」又贊言：「『修己以敬』一句，須是如此。這處差，便見顛倒錯亂。詩稱成湯『聖敬日躋』，聖人所以爲聖人，皆由這處來。這處做得工夫，直是有功。」

問：「謝氏謂『如天之於衆形，非物刻而雕之』，是如何？」朱子曰：「天只是一氣流行，萬物自生自長，自形自色，豈是逐一粧點得如此？聖人只是一箇大本大原裏發出，視自然明，聽自然聰，色自然温，貌自然恭，在父子則爲仁，在君臣則爲義，從大本中流出，便成許多道理。只是這箇一，便貫將去。所主是忠，發出去無非是恕。」

問：「惻隱之心因感而發，前輩令以此操而存之，充而達之。不知如何要常存得此心？」朱子曰：「此心因物方感得出來，如何强要尋討出？此心常存在這裏，只是因感時識得此體。平時敬以存之，久久會熟。善端發處，益見得分曉，則存養之功益有所施矣。」又曰：「學者要識得此心，存主在敬，四端漸會擴充矣。」

器之問：「孟子『平旦之氣』甚微小，如何會養得完全？」朱子曰：「不能存得夜氣，皆是旦晝所爲壞了。所謂『好惡與人相近者幾希』，今只要得去這好惡上理會。日用間於這上見得分曉，有得力處，夜氣方與你存。夜氣上却未有工夫，只是去『旦晝』理會，只兩字是箇大關鍵，這裏有工夫。日間進得一分道理，夜氣便添得一分；到第二日更進得一分道理，夜氣便添得二分；第三日更進得一分道理，夜氣便添得三分。日間只管進，夜間只管添，添來添去，這氣便盛。恰似使錢相似，日間使百錢，使去九十錢，留得十錢這裏；第二日百錢中，使去九十錢，又積得二十錢；第三日如此，又積得三十錢。積來積去，被自家積得多了，人家便從容。日間悠悠地過，無工夫不長進，夜間便減了一分氣；第二日無工夫，夜間又減了二分氣；第三日如此，又減了三分氣。如此梏亡轉深，夜氣轉虧損了。夜氣既虧，愈無根脚，日間愈見鑿壞。這處便是『梏之反復，違禽獸不遠』。亦似使錢，一日使一百，却侵了一百十錢，所有底更減了；第二日侵了百二十，所留底又減了。使來使去轉多，這裏底日日都消磨盡了。」因舉老子言：「『治人事天莫若嗇。夫惟嗇，是謂早復，早復之謂重積德，重積德，則無不克。』大意與孟子相似。但他是就養精神處説，其意自别。平旦之氣便是旦晝做工夫底様子，日用間只要此心在這裏。」

問：「初學精神易散，静坐如何？」朱子曰：「此亦好。但不專在静處做工夫，動作亦當體驗。聖賢教人，豈專在打坐上？要是隨處著力，如讀書，如待人處事，若動若静，若語若默，皆當存此。無事時，只合静心息念。且未説做他事，只自家心如何令把捉不定？恣其散亂走作，何益於學？孟子謂『學問之道無他，求其放心而已矣』，不然，精神不收拾，則讀書無滋味，應事多齟齬，豈能求益乎？」

寓問：「有事時應事，無事時心如何？」朱子曰：「無事時只得無事，有事時也如無事時模様。只要此心常在，所謂動亦定，静亦定也。」

寓問：「如古人詠歌舞蹈，到動盪血脈、流通精神處。今既無之，專靠義理去研究，恐難得悦樂。不知如何？」朱子曰：「只是看得未熟耳。若熟看，待浹洽，則悦矣。」又説寓：「讀書看義理，須是開闊胸次，令磊落明快，恁地憂愁作甚底？亦不可先責効。才責効，便有憂愁底意思，只管如此，胸中結聚一餅子不散。須是胸中寬閑始得。而今且放置閑事，不要閑思量，只專心去玩味義理，便會心精，心精便會熟。『涵養須用敬，進學則在致知』。無事時且存養在這裏，提撕警覺，不要放肆。到那講習應接，便當思量義理，用義理做將去。無事時，便著存養，收拾此心。」

寓問：「前夜先生所答一之動静處，曾舉云『譬如與兩人同事，須是相救始得』，寓看來，静却救得動，不知動如何救得静？」朱子曰：「人須通達萬變，心常湛然在這裏，亦不是閉門静坐，塊然自守。事物來，也須去應，應了，依然是静。看事物來，應接去也不難，便是『安而後能慮』。動了静，静了動，動静相生，循環無端。」又問：「此説相救，是就義理處説動静。不知就應事接物處説動静如何？」曰：「應事得力，則心地静；心地静，則應事分外得力，便是動救静，静救動。其本只在湛然純一，素無私心始得。無私心，動静一齊當理。才有一毫之私，便都差了。」

朱子謂寓曰：「文字可汲汲看，悠悠不得，急看方接得前面看了底。若放慢，則與前面意思不相接矣。莫學某看文字，到六十一歲，方略見得道理恁地。」

直卿云：「看來『神』字本不專説氣，也可就理上説。先生只就形而下者説。」朱子曰：「所以某就形而下説，畢竟就氣處多，發出光彩便是神。」味道問：「神如此説，心又在那裏？」曰：「神便在心裏，凝在裏面爲精，發出光彩爲神。精屬陰，神屬陽。説到魂魄鬼神，又是説到大段粗處。」

以上徐寓録。

按：此十二段，朱子工夫無毫髮向外處。「格物致知」二段，知處皆心上用工也。「忠恕一貫」、「體信達順」、「明聰温恭」、「惻隱存達」四段，行處皆心上用工也。「夜氣」一段，心上積累極分明也。求放心段，下手處也。「有事無事，只要此心常在」段，動静無間斷也。「通達萬變，此心湛然」段，格致誠正之功也。「無事時提撕不放，講習應接，用義理做去」段，動静之實功也。「動静相生相救」段，皆本於此心純一也。「心精神」段，體會到微渺處也。要皆就身心上著實收斂充廣，直是一心該括萬理，包羅萬象，而太極把柄，闔闢在我者。此六十一歲方見得道理恁地之意也。宗陸、王者以朱子之學爲徇外，其必直趨虚静爲向内無疑矣。

「寓問前夜」段，與陳録大同小異。

實録院略無統紀。修撰官三員，檢討官四員，各欲著撰，不相統攝，所修前後往往不相應。朱子嘗與衆議，欲以事目分之。譬之六部，吏部專編差除，禮部專編典禮，刑部專編刑法，須依次序編排，各具首末，然後類聚爲書，方有條理。又如一事而記數不同者，須置簿抄出，與衆會議，然後去取，庶幾存得總底在。惟葉正則不從。閎祖。

又曰：「今上下匱乏，勢須先正經界。賦入既正，總見數目，量入爲出，罷去冗費，而悉除無名之賦，方能救百姓於湯火中。若不認百姓是自家百姓，便不恤。」

又曰：「古者王畿千里而已，然官屬已各令其長推擇。今天下之大，百官之衆，皆總於吏部。下至宰執幹辦使臣，特其家私僕爾，亦須吏部差注，所以只是衮衮地鶻突差將去，何暇論其人之材否？今朝廷舉事，三省下之六部，六部下之監司，監司却申上六部，六部又備申三省，三省又依所申行下。只祠祭差官，其人不過在朝職事官，其姓名亦豈難記？然省中必下之禮部，禮部行下太常，太常方擬定申部，部申省，省方從其所申差官，不知何用如此迂曲？只三省事亦然。尚書關中書取旨，中書送門下審覆，門下送尚書施行。又如既有六部，即無用九卿。周家只以六卿分職，漢人只以九卿釐庶務，事各歸一。本朝建官，重三疊四，多少勞擾。此須大有爲後，痛更革之。若但宰相有志，亦不能辨，必得剛健大有爲之君自要做時方可。書曰『亶聰明，作元后，元后作民父母』。須是剛明勇智出人意表之君，方能立天下之事。又如今諸路兵將官，有總管、路分、路鈐、都監、監押、正將、副將，都不曾管一事。廂軍既無用，又養禁軍，禁軍又分揀中、不揀中兩等，然亦無用。又別養大軍，今大軍亦漸如廂、禁軍矣。此是耗蠹多少！『通其變，使民不倦』，今變而不通，民皆倦了，故鼓舞不動。國初緣藩鎮强，故收其兵權，置通判官。故已無前日可防之弊，却依舊守此法，可謂不知變也。只通判是要何用？繆者事事不管，只任知州自爲；强者又必妄作以撓郡政，是何益哉！」

又曰：「兵制、官制、田制，便考得三代、西漢分明，然與今日事勢名實皆用不得。如官制，不若且就今日之官罷其冗員，存其當存者，亦自善。」

又曰：「權重處便有弊。宗室權重則宗室作亂，漢初及晉是也；外戚權重則外戚作亂，兩漢是也。春秋之君，多逐宗族。晉惠公得國，便不納群公子；文公之入，即殺懷公。此乃異日六卿分晉之兆。」

以上吴必大録。

又曰：「濮議之争，結殺在王陶擊韓公、蔣之奇論歐公。伊川代彭中丞奏議，似亦未爲允。其後無收殺，只以濮國主其祀。可見天理自然，不由人安排。」

又曰：「稽古録一書，可備講筵官僚進讀。小兒讀六經了，令接續讀去，亦好。末後一表，其言如蓍龜，一一皆讀。宋莒公歷年通譜與此書相似，但不如温公之有法也。高氏小史亦好一書，但難得本子。」高峻，唐人，通鑑中亦多取之。以上李方子録。

因論監司巡歷受折送。朱子曰：「近法自上任許一次受。」直卿曰：「看亦只可量受。」曰：「某在浙東，都不曾受。」

吴茂實云：「政治當明其號令，不必嚴刑以爲威。」朱子曰：「號令既明，刑罰亦不可弛。苟不用刑罰，則號令徒掛墻壁爾。與其不遵以梗吾治，曷若懲其一以戒百？與其覈實檢察於其終，曷若嚴其始而使之無犯？做大事，豈可以小不忍爲心？」言經界。

又曰：「吾輩今經歷如此，異時若有尺寸之柄，而不能爲斯民除害去惡，豈不誠可罪耶？某嘗謂今之世姑息不得，直須共他理會，庶幾善弱可得存立。」

又曰：「屯田須是分而屯之，統帥屯某州，總司屯某州，漕司屯某州。以户部尚書爲屯田使，使各考其所屯之多少，以爲殿最，則無不可行者。今則不然，每欲行一文字，則經由數司，僉押相牽制，事何由成？」

又曰：「今諸道帥臣只曾作一二任監司，即以除之。有警則又欲其親督戰士，此最不便。萬一爲賊所虜，爲之奈何？彼固不足卹，然失一帥，其勢豈不張大？前輩謂祖宗用帥，取以二路，一是曾歷邊郡，一是帥臣子弟曾諳兵事者，此最有理。或謂戎幕宜用文武三四員，此意亦好。蓋經歷知得此等利害，向後皆可爲帥，然必須精選而任，不可泛濫也。」直卿言：「辛幼安帥湖南，賑濟榜文祇用八字，曰『劫禾者斬，閉糶者配』。」朱子曰：「這便見得他有才。此八字若做兩榜，便亂道。」又曰：「要之只是粗法。」

又曰：「銓擇之法，只好京官付之監司，選人付之郡守，各令他隨材擬職。州申監司，監司申吏部，長貳密察聞奏，下授其職，却令宰相擇監司，吏部擇郡守。如此則朝廷亦可無事，又何患不得人。」

又曰：「監司薦人後，犯贓犯罪，須與鐫三五資，正郎則降爲員郎，員郎則降爲承議郎以下。若已爲侍從，或無職名可鐫，則鐫其俸，或一切不與奏薦。如此則方始得他痛，恁地也須怕。今都不損他一毫。」

又曰：「某嘗謂令做監司不如做州郡，做州郡不如做一邑，事體却由自家。監司雖大於州，州雖大於邑，然都被下面做翻了，上面如何整頓？」

又曰：「爲守令第一是民事爲重，其次則便是軍政。今人都不理會。」

又曰：「爲税官，若是父兄宗族舟船過，只得稟明州府，請别委官檢税。豈可直拔放去？所以祖、宗立法，許相迴避。」又曰：「臨事須是分毫莫放過。如某當官，或有一相識親戚之類，如此越用分明，不肯放過。」

以上楊道夫録。

朱子言論間，猶有不滿於五峰論封建井田數事，嘗疏其説以質疑。朱子云：「封建井田，乃聖王之制，公天下之法，豈敢以爲不然？但在今日，恐難下手。設使强做得成，亦恐意外別生弊病，反不如前，則難收拾耳。此等事未須深論，他日讀書多，歷事久，當自見之也。」

右李枅録。

按：此一段不紀年，以與安卿録相類，附之。

以上所紀，如正賦數目，量入爲出，去重權，講稽古，修屯田，用將帥，行薦罰，諳民事，究軍政諸大事，皆教學者一一研窮。末言井田封建强做成，亦別生弊病，尤達變要論。所謂三代法度，必通之當今而可行者也。讀朱子書者，毋徒好立大言焉。

【校勘記】

〔一〕貧富得實　「實」，原作「失」，據晦庵集卷一九改。

〔二〕忠恕本末是一貫　「是一貫」，清華鈔本同，語類卷二七作「是説一貫」。